金融投资实验指导

（第二版）

张元萍 主编 | 郗文泽 副主编

JINRONG TOUZI
SHIYAN ZHIDAO

首都经济贸易大学出版社
Capital University of Economics and Business Press
·北 京·

图书在版编目(CIP)数据

金融投资实验指导/张元萍主编. --2 版. --北京:首都经济贸易大学出版社,2018.9
ISBN 978-7-5638-2301-7

Ⅰ.①金… Ⅱ.①张… Ⅲ.①金融投资 Ⅳ.①F830.59

中国版本图书馆 CIP 数据核字(2014)第 281059 号

金融投资实验指导(第二版)
张元萍 主 编
郁文泽 副主编

责任编辑 春 杨
封面设计 风得信·阿东 FondesyDesign
出版发行 首都经济贸易大学出版社
地 址 北京市朝阳区红庙(邮编 100026)
电 话 (010)65976483 65065761 65071505(传真)
网 址 http://www.sjmcb.com
E-mail publish@cueb.edu.cn
经 销 全国新华书店
照 排 北京砚祥志远激光照排技术有限公司
印 刷 北京九州迅驰传媒文化有限公司
成品尺寸 185 毫米×260 毫米 1/16
字 数 467 千字
印 张 17.5
版 次 2015 年 3 月第 1 版 **2018 年 9 月第 2 版**
2024 年 8 月第 6 次印刷
书 号 ISBN 978-7-5638-2301-7
定 价 39.00 元

第二版修订前言

《金融投资实验指导》经过3年的教学实践，在多所学校金融专业各类学生中使用，受到了广大师生的欢迎。

3年来，我国金融市场在不断对外开放的同时，自身也在不断完善，金融产品不断增加，陆续推出了原油期货、50ETF期权、白糖期权、豆粕期权等新的交易品种和交易机制。

本次修订是在《金融投资实验指导》第一版的基础上，紧密结合我国金融市场的对外开放步伐，增加了新的实验内容，提供有实践价值的模拟实验模块。

主要在以下几个方面做了修订。

1. 绪论中增加了一些简单的交易策略的解释，有助于初学者理解证券分析与证券交易的区别与联系。

2. 在实验环境上，以大智慧e－cube网页版交易系统为主，同时增加了智盛金融投资实战平台、中信证券期权全真模拟交易系统——至信全真版和汇点全真版的相关内容。

3. 期货模块增加了原油期货的相关内容。

4. 将期权交易模拟实验一章修订为商品期货期权、金融期权、期权组合三个模块，增加50ETF期权和组合的模拟交易实验，具体介绍了50ETF期权行情、策略、交易下单、组合策略等相关内容。

5. 其他各章内容整体上未进行大幅修改，只部分更新了相关的实验示例和图表。

全书修订版由天津财经大学张元萍任主编，天津财经大学郗文泽任副主编，张元萍修订绪论和第3章，郗文泽、段苏凌修订第1、2、6章，郗文泽、吕佳鸣修订第4、5、7章，郗文泽、周子昂修订第8、9、10、11章。

在本书的修订过程中，许多经验丰富的教师提供了重要的反馈和建议，在此对他们颇有价值的建议和思想贡献表示深深的谢意；我们也衷心感谢首都经济贸易大学出版社为本书出版付出巨大心血的编辑老师们。

张元萍

2018年9月

第二版前言

[illegible]

目　录

绪 论

21世纪，人类社会已步入信息时代。计算机技术和网络技术的迅猛发展正在逐步改变着传统的教学方法以及传统的教学模式，也对高等学校金融学教学提出了新的要求。越来越多的高等学校开始了金融学的实验教学。这种新的教学模式使教师在传授理论知识的同时，为学生提供了一种全新、逼真的现代实际工作环境，使学生在全真的环境中受到专业教育和技能培训。金融投资实验教学，不仅仅是教学手段的变化，也是教学方法和教学内容的重新组织与安排。

实验，是学生学习、验证、掌握基本理论，运用理论处理实际问题，进行实验技能和科学研究方法训练的重要环节。实验教材，是实验教学的基本文件，也是实验教学研究设计成果的表现形式。借助实验教材，可以更充分地调动学生学习的积极性，使学生在自主探索和合作交流中透彻地理解和把握教学内容。

通过实验，学生既可以检验与进一步学习在课堂上所学的基本原理与方法，也可以补充学习书本上没有，而实际工作中必须了解的业务知识，还有助于进一步学习其他专业理论与方法，缩短金融专业在校学生从事金融实践的距离，为培养高级应用型金融人才奠定坚实的基础。因此，我们应重视金融模拟实验教学，注重按金融模拟实验教学计划、实验目的和要求完成模拟实验的教学任务。

一、金融投资模拟实验的目的

随着社会主义市场经济的建立和发展，社会急需大批高级应用型金融人才，因此，要求金融专业的学生毕业后能缩短工作的适应期，尽快独立地开展工作。为了培养高级应用型金融人才，满足实际部门的需要，在开设金融理论课程的同时，增设金融模拟实验操作尤其必要。这种必要性表现在以下三个方面。

（一）巩固学习内容，掌握金融投资交易操作的基本技能

金融投资模拟实验，主要是通过在金融模拟实验室、课堂等场所对学生进行的金融交易模拟实验，使学生巩固所学的基本理论和知识，初步掌握金融投资交易操作的基本技能。

（二）加深对金融专业知识的理解和认识，提高对所学专业的兴趣

在基本掌握金融投资各种交易知识的基础上，再对照理论教材的学习，坚持把所学的金融基本原理和基本技术方法与金融交易操作的实验结合起来，坚持理论联系实际，从而加深对金融专业的认识，提高对所学专业的兴趣，为进一步学习金融专业课

打下坚实的理论和实践基础。

（三）理论联系实际，有利于培养高素质的、技能过硬的金融专业人员

在模拟实验中，学生亲自动手实验，既可以检验学生的实际动手操作能力，又可以培养学生懂理论、善操作的理论联系实际的工作作风，培养和造就大批忠于职守、勤奋工作、求真务实、遵守法纪、严守秘密和团结协作的金融专业人员。

二、金融投资交易的入市心理准备

金融市场交易有买有卖，有盈有亏，投资者既有失败的烦恼，又有成功的喜悦。因此，学生除了掌握经济、金融、操作分析等基础知识外，也要具备相应的投资常识和心理准备，提高自己的能力和心理素质，使自己不惧风险，不为人言驱使，不为失利动容，始终保持开朗豁达的心境。

1. **提倡投资，减少投机**

股票的收益来自两个部分：一是从发行公司获得的股息和红利；二是来自买卖的差价。股市上习惯于把长期持有股票，注重获取股息和股利的行为称为投资，而把频繁买进卖出，注重价差收入的行为称为投机。倾向于投机的投资者相对富于冒险精神，他们不甚关心对证券发行者的考察和分析，更多关心的是市场行情的变化和可能引起行情变化的各种信息，因为投机性投资的前提就在于正确预测市场可能发生的变化，并在分析这些变化的基础上，采取相应的策略买进卖出，赚取价差。

投资与投机没有严格的界限，二者往往同时体现在一个投资者身上。本来长期持有的股票，当价格上升到一定水平时出手，投资就变为投机；频繁买卖过程中将后市看好的股票持仓保存，获取股息和股利，投机又成为投资。侧重于投资行为的投资者，也希望能获得价差收益，但他们的行为较为保守，更倾向于较低的投资风险。

长期的投资行为是发行公司稳定发展的重要保证，投机行为则是影响股市健康发展的不良因素。但是，投机行为的迅捷获利对一切投资者的诱惑力又直接刺激股票市场的成长和繁荣，继而引来更多的投资资金。因为投机行为具有较多的赌博、欺诈等消极因素，有较大的风险性，所以，股市上应当提倡健康的投资行为。

2. **理智投资，量力而行**

涉足证券市场会受到很多因素的限制。投资者要冷静衡量自己的资金、信息、时间、心理素质状况和风险承受能力，根据自己的实际情况做出正确的投资决策。要充分考虑自己的心理承受能力和资金实力，有多少资金投多少资；有多大的承受能力，承担多大的风险，绝对不可心血来潮，草率行事。为了增强自身对风险的防范能力，明智的投资者绝不把资金一下子全部投入，总要保留部分现金以备不时之需。这样，即使万一失算，仍有东山再起的机会。自不量力，孤注一掷，往往是一败涂地的导火索。量力而行，理智投资，是规避风险的第一道防线。

3. **独立思考，切忌盲从**

投资者千差万别，心态各异。股市似乎有一种神奇的魔力，使他们在相互的影响

之下逐渐消除异议，形成一种整体性的倾向。这种倾向不但可以影响很多人的情绪和行为，有时甚至可以成为左右股市行情的巨大力量。当股市人声鼎沸时，大多数人会受到感染竞相入市，股价自然攀升；当大多数人悲观消极、抛售离市时，股价就会下跌。理智的投资者应该冷静考察股市上风起风落的原因，独立思考，合理利用市场情绪，杜绝盲目跟风，避免成为股市的牺牲品。

4. **广采信息，谨慎判断**

金融市场上各类信息纵横交错，很多信息都对行情有强烈的扰动作用。因此，信息灵通，情报准确及时，是投资者成功进行投资操作的重要条件；消息闭塞，武断投资，无异于盲人瞎马，很容易落得人仰马翻。投资者需要掌握的信息主要有三个方面：宏观经济信息、发行公司的信息和股市交易信息。

信息来源通常包括广播、电视、报纸、杂志等大众传媒，也有股市大盘、股票实时系统、上市公司公告报表等信息载体。广播电视节目中的新闻、财经消息、股市点评和行情介绍，上市公司提供的各类说明、年报和季报等都为投资者了解公司和股票信息提供了资料。另外，金融实验室电脑股票实时系统，既提供深沪两市大盘的即时行情和系统的历史资料，也提供所有上市公司股票具体的即时行情和全部历史记录，还提供全面的分析行情、预测数据和手段。投资者要善于利用一切可能的消息来源，并辨别真伪，做出正确判断，只有这样才能有的放矢，成为经常的赢家。

三、金融投资理念与策略

（一）金融投资理念

随着我国金融市场制度建设和监管的日益完善，机构投资者队伍迅速壮大，以价值发现型投资理念和价值培养型投资理念为主的理性价值投资逐步成为主流投资理念。

1. **价值发现型投资理念**

价值发现型投资理念是一种风险相对分散的市场投资理念。这种投资理念的前提是金融市场的价值是潜在、客观的。价值发现型投资理念所依靠的工具不是大量的市场资金，而是市场分析和基本面的研究，其投资理念确立的主要成本是研究费用。相对于价值挖掘型的投资理念，价值发现型投资理念为广大投资者带来的投资风险要小得多。这是因为三个原因：其一，价值发现型投资是一种投资于市场价值被低估的证券的过程，在证券价值未达到被高估的价值时，投资获利的机会总是大于风险；其二，由于某些证券的市场价值直接或间接与其所在的行业成长、国民经济发展的总体水平相联系，因此，在行业发展及国民经济增长未出现停滞时，证券的价值还会不断增加，在这种增值过程中又相应地分享着国民经济增长的益处；其三，对于某类具有价值发现型投资理念的证券，随着投资过程的进行，往往还有一个价值再发现的市场过程，这个过程也许还会将这类证券的市场价值推到一个相当高的水平。因此，在价值发现型投资理念下，只有具备国民经济增长和行业发展的客观前提，以此理念指导投资才能够在较大程度上规避市场投资风险。

2. 价值培养型投资理念

价值培养型投资理念是一种投资风险共担型的投资理念。这种投资理念指导下的投资行为既分享证券内在价值成长，也共担证券价值成长风险。其投资方式有两种：一种是投资者作为战略投资者，通过对证券母体注入战略投资的方式培养证券的内在价值与市场价值；另一种是众多投资者参与证券母体的融资，培养证券的内在价值和市场价值。在中国，前者如各类产业集团的投资行为，后者如投资者参与上市公司的增发、配股及可转债融资等。

（二）金融投资策略

在上述理性价值投资理念的基础上，根据投资者对风险收益的不同偏好，投资者的投资策略大致可分为三类。

1. 保守稳健型

保守稳健型投资者风险承受度最低，安全性是其考虑的最主要因素。从投资策略来看，保守稳健型投资一般选择两种证券：

（1）投资无风险、低收益证券，如国债和国债回购。投资的信息需求主要包括各类无风险证券的特征、到期收益率和期限结构，以及与之相关的宏观经济政策信息。

（2）投资低风险、低收益证券，如企业债券、金融债券和可转换债券。投资的信息需求主要包括发债企业和担保机构的信用等级、财务状况和市场价格走势等。

2. 稳健成长型

稳健成长型投资者希望通过投资获利，并确保足够长的投资期间。

从投资策略来看，稳健成长型投资一般选择投资中风险、中收益的证券，如稳健型投资基金、指数型投资基金、分红稳定持续的蓝筹股以及高利率、低等级企业债券等。投资的信息需求更多地体现在所选择投资品种的微观层面上。

3. 积极成长型

积极成长型投资者可以承受投资的短期波动，愿意承担因获得高报酬而面临的高风险。

从投资策略来看，积极成长型投资一般选择投资高风险、高收益证券，主要包括市场相关性较小的股票。由于我国证券市场目前还属于弱势有效市场，信息公开化不足，虚假披露时有发生，因此，这类投资的信息需求很难在理性上得到有效满足。

此外，对于风险收益既定型的投资者而言，证券组合投资也是一个不错的选择。该类投资的信息需求主要集中在投资组合产品的各项特征参数及其动态修正上，以保证投资组合的风格与其需求一致。

除了对上述不同的投资品种运用不同的投资策略外，对处于不同投资时机（如新股发行时、新股上市时、分红派息前后和多头市场除息期等）的同一投资品种，也应根据具体情况运用不同的投资策略。

四、金融投资分析法概述

（一）金融投资分析的主要流派

随着现代投资组合理论的诞生，证券投资分析开始形成界限分明的四个主要的分析流派，即基本分析流派、技术分析流派、学术分析流派和行为分析流派。其中，基本分析流派和技术分析流派是完全体系化的分析流派；学术分析流派与行为分析流派目前还不能据以形成完整的投资决策。但是，行为分析流派在市场重大转折点的心理及行为平衡的把握上往往有其独到之处；学术分析流派在投资理论方法的研究、大型投资组合的组建与管理以及风险评估与控制等方面具有不可取代的地位。

1. 基本分析流派

基本分析流派是指以宏观经济形势、行业特征及上市公司的基本财务数据作为投资分析对象与投资决策基础的投资分析流派；基本分析流派是目前西方投资界的主流派别。基本分析流派的分析方法体系体现了以价值分析理论为基础、以统计方法和现值计算方法为主要分析手段的基本特征。基本分析流派的两个假设为：股票的价值决定其价格和股票的价格围绕价值波动。因此，价值成为测量股票价格合理与否的尺度。

2. 技术分析流派

技术分析流派是指以证券的市场价格、成交量、价和量的变化以及完成这些变化所经历的时间等市场行为作为投资分析对象与投资决策基础的投资分析流派。该流派以价格判断为基础，以正确的投资时机抉择为依据。从最早的直觉化决策方式，到图形化决策方式，再到指标化决策方式，直到最近的模型化决策方式以及正在研究开发中的智能化决策方式，技术分析流派投资分析方法的演进遵循了一条日趋定量化、客观化和系统化的发展道路。投资市场的数量化与人性化理解之间的平衡，是技术分析流派面对的最艰巨的研究任务之一。

3. 学术分析流派

在现代投资理论诞生以前，学术分析流派分析方法的重点是选择价值被低估的股票并长期持有，即在长期内不断吸纳、持有所选定的上市公司股票。其代表人物是本杰明·格雷厄姆（Benjamin Graham）和沃伦·巴菲特（Warren Buffett）。现代投资理论兴起之后，学术分析流派投资分析的哲学基础是效率市场理论，投资目标为按照投资风险水平选择投资对象。学术分析流派的重要观点之一，即效率市场理论的含义：当给定当前的市场信息集合时，投资者不可能发展出任何交易系统或投资战略，从而可以获取超出由投资对象风险水平所对应的投资收益率的超额收益。长期持有投资战略以获取平均的长期收益率为投资目标的原则，是学术分析流派与其他流派最重要的区别之一。其他流派大多都以获取市场为投资目标。

4. 行为分析流派

行为分析流派认为，现代金融理论是建立在资本资产定价模型（CAPM）和有效市场假说（EMH）两大基石上的。这些经典理论承袭经济学的分析方法与技术，其模型与范式局限在“理性”的分析框架中，忽视了对投资者实际决策行为的分析。随着金融市场上各种异常现象的累积，模型和实际的背离使得现代金融理论的理性分析范式陷入了尴尬境地。在此基础上，20 世纪 80 年代行为金融理论悄然兴起，向 CAPM 和 EMH 的权威地位提出挑战。行为金融理论在博弈论和实验经济学被主流经济学接纳之际，对人类个体和群体行为的研究日益重视。其中，个体心理分析基于“人的生存欲望”“人的权力欲望”和“人的存在价值欲望”三大心理分析理论，旨在解决投资者在投资决策过程中产生的心理障碍问题。群体心理分析基于群体心理理论与逆向思维理论，旨在解决投资者如何在研究投资市场过程中保证正确的观察视角问题。行为金融学从人的角度解释市场行为，充分考虑市场参与者心理因素的作用，并注重投资者决策心理的多样性以及市场上出现的“羊群效应”、股价瞬间的暴涨与暴跌等非理性现象的解释，为人们理解金融市场提供了一个新的视角，弥补了现代金融理论只注重最优决策模型，简单地认为理性投资决策模型就是决定证券市场价格变化的不足。

（二）金融投资分析的主要方法

金融证券投资分析有三个基本要素：信息、步骤和方法。其中，金融证券投资分析的方法直接决定了金融投资分析的质量。

目前，金融证券投资分析运用的分析方法主要有三大类：第一类是基本分析，即主要根据经济学、金融学和投资学等基本原理推导出结论的分析方法；第二类是技术分析，即主要根据金融市场自身变化规律得出结论的分析方法；第三类是证券组合分析法，以多元化投资有效降低非系统性风险是该方法的出发点，量化分析为该方法的最大特点。

1. 基本分析法

基本分析又称基本面分析，是指证券分析师根据经济学、金融学和财务管理学及投资学等基本原理，对决定证券价值及价格的基本要素，如宏观经济指标、经济政策走势、行业发展状况、产品市场状况、公司销售和财务状况等进行分析，评估证券的投资价值，判断证券的合理价位，提出相应的投资建议的一种分析方法。

（1）基本分析的理论基础。基本分析的理论基础体现在两个方面。

第一，任何一种投资对象都有一种可以称之为“内在价值”的固定基准，且这种内在价值可以通过对该种投资对象的现状和未来前景的分析而获得。

第二，市场价格和内在价值之间的差距最终会被市场所纠正，因此，市场价格低于（或高于）内在价值之日便是买（卖）机会到来之时。

（2）基本分析的内容。基本分析的内容主要包括宏观经济分析、行业分析与区域分析以及公司分析三部分内容。

第一，宏观经济分析。宏观经济分析主要探讨各经济指标和经济政策对证券价格的影响。

经济指标分为三类：一是先行性指标。这类指标可以对将来的经济状况提供预示性的信息，如利率水平、货币供给、消费者预期、主要生产资料价格和企业投资规模等。二是同步性指标。这类指标的变化基本上与总体经济活动的转变同步，如个人收入、企业工资支出、GDP 和社会商品销售额等。三是滞后性指标。这类指标的变化一般滞后于国民经济的变化，如失业率、库存量和银行未收回贷款的规模等。

经济政策主要包括货币政策、财政政策、信贷政策、债务政策、税收政策、利率与汇率政策、产业政策和收入分配政策等。

第二，行业分析与区域分析。行业分析与区域分析是介于宏观经济分析与公司分析之间的中观层次的分析。行业分析主要分析行业所属的不同市场类型、所处的不同生命周期以及行业业绩对证券价格的影响；区域分析主要分析区域经济因素对证券价格的影响。一方面，行业的发展状况对该行业上市公司的影响是巨大的，从某种意义上说，投资某个上市公司实际上就是以某个行业为投资对象；另一方面，上市公司在一定程度上又受到区域经济的影响，尤其是我国各地区的经济发展极不平衡，产业政策也有所不同，从而对我国证券市场中不同区域上市公司的行为与业绩有着不同程度的影响。

第三，公司分析。公司分析是基本分析的重点，无论什么样的分析报告，最终都要落实在某家公司证券价格的走势上。对发行证券的公司状况如果没有进行全面的分析，就不可能准确地预测其证券的价格走势。公司分析侧重于对公司的竞争能力、盈利能力、经营管理能力、发展潜力、财务状况、经营业绩以及潜在风险等进行分析，借此评估和预测证券的投资价值、价格及其未来变化的趋势。

2. 技术分析法

技术分析是仅从金融市场的行为分析交易标的价格未来变化趋势的方法。金融市场的行为可以有多种表现形式，其中，交易标的的市场价格、成交量、价和量的变化以及完成这些变化所经历的时间是市场行为最基本的表现形式。

(1) 技术分析的基本假设。作为一种投资分析工具，技术分析是以一定的假设条件为前提的。这些假设是：市场行为涵盖一切信息、证券价格沿趋势移动、历史会重演。

第一，市场行为涵盖一切信息。这一假设是进行技术分析的基础。其主要思想是：任何一个影响证券市场的因素，最终都必然体现在股票价格的变动上。外在的、内在的、基础的、政策的和心理的因素，以及其他影响股票价格的所有因素，都已经在市场行为中得到了反映。技术分析人员只需关心这些因素对市场行为的影响效果，而不需关心导致这些变化的具体原因究竟是什么。

这一假设有一定的合理性，因为任何因素对证券市场的影响都必然体现在证券价格的变动上，所以它是技术分析的基础。

第二，证券价格沿趋势移动。这一假设是进行技术分析最根本、最核心的条件。其主要思想是：证券价格的变动是有一定规律的，即保持原来运动方向的惯性，而证券价格的运动方向是由供求关系决定的。技术分析法认为，证券价格的运动反映了一定时期内供求关系的变化。供求关系一旦确定，证券价格的变化趋势就会一直持续下去。只要供求关系不发生根本改变，证券价格的走势就不会发生反转。这一假设也有一定的合理性，因为供求关系决定价格在市场经济中是普遍存在的，只有承认证券价格遵循一定的规律变动，运用各种方法发现、揭示这些规律并对证券投资活动进行指导的技术分析法才有存在的价值。

第三，历史会重演。这一假设是从人的心理因素方面考虑的。市场中进行具体买卖的是人，是由人决定最终的操作行为，这一行为必然要受到人类心理学中某些规律的制约。在证券市场上，一个人在某种情况下按一种方法进行操作取得成功，那么以后遇到相同或相似的情况就会按同一方法进行操作；如果失败了，以后就不会按前一次的方法操作。证券市场的某个市场行为为投资者留下的阴影或快乐是会长期存在的，因此，技术分析法认为，根据历史资料概括的规律已经包含了未来证券市场的一切变革趋势，所以可以根据历史预测未来。这一假设也有一定的合理性，因为投资者的心理因素会影响投资行为，进而影响证券价格。

技术分析的三个假设有合理的一面，也有不尽合理的一面。例如，第一个假设是市场行为包括了一切信息，但市场行为反映的信息同原始的信息毕竟有一些差异，信息损失是必然的。正因为如此，在进行技术分析的同时还应适当进行一些基本分析和其他方面的分析，以弥补不足。又如，一些基本因素的确是通过供求关系影响证券价格和成交量的，但证券价格最终要受到其内在价值的影响。再如，第三个假设为历史会重演，但证券市场的市场行为是千变万化的，不可能有完全相同的情况重复出现，差异总是或多或少地存在。因此，技术分析由于说服力不够强、逻辑关系不够充分而引起人们不同的看法与争论。

（2）技术分析的要素。在金融市场中，价格、成交量、时间和空间是进行分析的要素。这些因素的具体情况和相互关系是进行正确分析的基础。

市场行为最基本的表现就是成交价和成交量。过去和现在的成交价、成交量涵盖了过去和现在的市场行为。技术分析就是利用过去和现在的成交价、成交量资料，以图形和指标分析工具来分析、预测未来的市场走势。在某一时点上的价和量反映的是买卖双方在这一时点上共同的市场行为，是双方的暂时均势点。随着时间的推移，均势会不断发生变化，这就是价和量关系的变化。一般来说，买卖双方对价格的认同程度通过成交量的大小得到确认。认同程度小，分歧大，成交量小；认同程度大，分歧小，成交量大。双方的这种市场行为反映在价和量上就往往呈现出这样一种趋势规律：价升量增，价跌量减。根据这一趋势规律，当价格上升时，成交量不再增加，意味着价格得不到买方确认，价格的上升趋势就会改变；反之，当价格下跌时，成交量萎缩到一定程度就不再萎缩，意味着卖方不再认同价格继续往下降了，价格下跌趋势就将会改变。成交价、成交量的这种规律关系是技术分析的合理性所在，因此，价和量是技术分析的基本要素，一切技术分析方法都是以价和量的关系为研究对象的，目的就是分析、预测未来的价格趋势，为投资决策提供服务。

在进行行情判断时，时间有着重要的作用。一个已经形成的趋势在短时间内不会发生根本改变，中途出现的反方向波动，对原来的趋势不会产生较大的影响。一个已形成的趋势又不可能永远不变，经过了一定时间又会有新的趋势出现。循环周期理论重点关注的就是时间因素，它强调了时间的重要性。

在某种意义上，空间可以认为是价格的一方面，是指价格波动能够达到的极限。

技术分析理论的内容就是市场行为的内容。粗略地进行划分，可以将技术分析理论分为K线理论、切线理论、形态理论、技术指标理论、波浪理论和循环周期理论六个类别。

3. 证券组合分析法

证券组合分析法是根据投资者对收益率和风险的共同偏好以及投资者的个人偏好确定投资者的最优证券组合并进行组合管理的方法。

证券组合分析的理论基础主要是：证券或证券组合的收益由它的期望收益率表示，风险则由其期望收益率的方差来衡量，证券收益率服从正态分布，理性投资者具有在期望收益率既定的条件下选择风险最小的证券和在风险既定的条件下选择期望收益率最高的证券这两个共同特征。

证券组合分析的内容主要包括哈里·马克维茨（Harry M. Markowitz）的均值方差模型、资本资产定价模型（CAPM）、特征线模型、因素模型、套利定价模型（APT）以及它们在实践中的应用。

五、交易策略

投资的两端分别是分析和交易，而连接这两端的是等待。分析的核心是商业理解力和概率思维，交易的核心是赔率和逆向思维，等待的核心是谨守能力圈和尊重常识。从长期来看，优秀的交易无法挽救糟糕的分析，优秀的分析却可能毁于糟糕的交易。因此，在开始交易时就应该了解一些基本的交易策略，结合分析，增加持股或持币阶段等待的耐心。

（一）左侧交易

左侧交易是在证券价格下跌或即将下跌到某个重要支撑位或底部区域时，直接逆向买入证券；在证券价格上涨或即将上涨到某个重要的阻力位或顶部区域时，卖出证券退出市场，而不等待证券价格转势，是一种逆势交易方法。

证券价格下跌的时候，底部什么时候出现不确定，但分析证券价格相对合理且有足够的吸引力和安全边际，就可以选择买入；证券上涨的时候，顶部什么时候出现不确定，但分析证券价格高估了，就可以选择卖出。

左侧交易的风险在于交易者的操作时点是选在没有出现确定的底部和顶部参考点的时候，所以短期内可能面临被套或踏空，因而在做出决定之前需要交易者拥有对技术分析工具熟练掌握和运用的能力，以及对证券市场形势准确理解的实力。

（二）右侧交易

右侧交易是指在证券价格下跌阶段性底部出现以后买入，或者在上涨阶段性顶部出现以后卖出。这种交易策略不需预测底部与顶部何时出现，而是等到底部与顶部出现后，进行买卖操作，是一种顺势交易的方法，不进行逆势操作，不预测未来。

右侧交易的风险在于交易者买入的时候趋势已经走好，看似风险相对小了很多，但由于右侧交易是在市场中长期趋势已经出现上涨，交易者往往需要追涨，而且是在证券价格上涨了一段时间后才追入的，这时候，市场主力资金可选择反手做空洗盘或者直接拉高出货，交易者因此遭受损失。

右侧交易还有一点很难把握的就是，一些经验丰富的交易者既不想追高，又期待能买入证券，心理上希望等到市场回调再买。但却遇到牛市时的主力资金逼空，即一旦开始起涨，基本就是连续上攻，根本不会有大的调整。于是，交易者又不得不追高。而真正市场开始回调，杀跌的手法是快速的，于是又担心不是调整而是破位，不但不敢买入，相反还会因为恐惧而止损退出。就这样反复矛盾，被主力完全地掌控住交易心态，最后所谓的右侧交易就变成了被动交易。

（三）动量策略

动量效应也称为惯性效应，在证券市场中，过去一段时间里表现优异的证券，很可能在未来（至少短时间内）继续表现出色；同样，过去表现糟糕的证券，在未来很可能继续表现糟糕。这一经典的投资结论在业界和学界都有不少实践与研究。

动量策略是通过“买高卖更高”的方式交易，赚的钱往往远多于低位买入然后等待它们的价值被发现。所以，在投资中不少交易者会持有强势股，卖出弱势股，并用卖出所得资金再次投入到势头正劲的证券中。

动量策略最大的问题是它的交易频率较高。市场中表现最佳的证券总是在不断变化，要想捕捉到涨幅最大的证券，就需要相对频繁地进行交易。而频繁的交易，一方面会提高手续费成本，另一方面也要求买卖的证券有足够的流动性。而如果市场的流动性差，动量策略的执行成本将大幅提高，侵蚀利润，特别是在交易数额较大的情况下。

此外，由于动量策略不断地追涨杀跌，追求近期涨幅高的证券，所以动量策略所寻找的，都是波动较大的证券。这就导致了动量策略本身是一个高波动率的策略，会让很多注重风险管理的交易者难以承受。

（四）反转策略

反转效应是股市表现出的一种现象或规律，其形成的原因涉及市场的诸多方面，比较复杂。基于反转效应，交易者可以通过买入过去收益率低的证券、卖出过去收益率高的证券来获利，这种利用证券价格反转效应构造的投资策略称为反转策略。

1992 年，里特（Ritter）等学者发现，在一段较长的时间内，价格涨幅较大的证券，将会有强烈的趋势大逆转的走势，而在给定的一段时间内，那些走势较差的证券，则会倾向于回升趋势，这就是反转效应。以下几个方面从理论上对反转效应进行了解释。

1. 均值回归

证券价格总是围绕其平均值上下波动，背离均值的上涨或者下跌趋势都只能维持比较短的时间，不能永远持续下去，最终会出现回归均值的反向运动。

2. 反应过度

反应过度是指当期证券价格对信息的反应超过了其真实影响，则下期证券价格会修复过度反应的部分，即表现出反转的现象。

3. 羊群效应

在一个投资群体中，单个交易者总是根据其他同类交易者的行动而行动，从而表现出跟随趋势的投资特点，这会加剧证券价格的偏离，从而使动量、反转的规律更加明显。

（五）配对策略

配对交易采用均值回归的思路。它监控两只高度相关的证券，当两只证券间的相关性减弱，即一只证券上涨而另一只证券下跌，则做多下跌的那只证券并做空上涨的那只证券，然后等待两只证券的价差收敛，回到正常水平。两只高度相关的价格出现背离由多种因素导致，可能因为临时的供求关系改变，或者是其中一只证券突发新闻，抑或是公司关键管理层变动等。

配对交易与传统证券交易最大的不同之处在于，它的投资标的是两只证券的价差，是一种相对价值而非绝对价值。同时又由于它在证券多头和空头方同时建仓，对冲掉了绝大部分市场风险，因而它又是一种市场中性策略，策略收益和市场指数走势的相关性很低。

配对交易作为一种市场中性策略，其优势是，配对交易关注两只证券的价格关系，无论涨跌都可以盈利。在构建配对交易的多空组合中，多头和空头之间形成了对冲。即便市场大跌，组合中多头的损失也可由空头弥补。其风险是，当使用的模型不再达到预期甚至失效，配对交易就会面临模型风险。模型风险的可能原因有多种，包括不精准的研究、错误的逻辑或计算。当策略不能按照计划执行时，配对交易面临执行风险。执行风险包括交易滑点及委托无法全部成交等。

第一篇

基础实验篇

第1章

金融投资实验软件

金融投资实验软件，是通过模拟的交易环境，促进学生对金融知识的理解，训练学生的实际操盘能力，为金融、经济管理、投资分析类专业及其他相关专业的学生走向社会提供一个理论结合实际的实习环境。本系统通过先进的数字卫星接收系统，可实时接收国内外证券、期货、外汇、黄金、大宗商品以及金融衍生品市场行情，可以进行在线模拟交易操作，还可以提供行情技术分析、上市公司及其财务分析以及宏观经济分析等重要功能。

一、金融投资实验行情分析软件

金融投资实验行情分析软件提供实时的国内证券、期货报价，国际外汇市场现汇和期汇的交易报价，各国股指行情及国内数十家商业银行的同步交易行情；提供美国芝加哥交易所（农产品）、伦敦金属交易所（金属）以及东京工业交易所（橡胶）等诸多国际期货交易所全部期货产品的实时交易行情。软件将真实的交易环境融入教学，教会学生在规避风险的同时获取利润。这一分析软件的功能特色主要有以下三项：

（1）进行技术图形分析。单一金融品种技术图形分析，可将主图切换成K线图、竹线图和收盘价图等，附图可以任意切换成25种专业技术分析指标，进行行情趋势分析。

（2）资讯信息丰富。信息内容覆盖世界各个金融贸易区，具体包括：第一时间播报重要经济数据、重大突发事件和市场即时变化等；提供国际、国内期货和现货市场资讯，涵盖有色金属、贵金属、粮油、棉花和橡胶等市场的各方面信息；提供全球外汇及其相关市场的即时信息。

（3）提供分析报告，即上市公司财务分析、背景资料以及宏观经济分析报告等。

二、金融投资实验模拟交易软件

金融投资实验模拟交易软件系统采用以授课教师专用账户管理学生账户的模式，服务器定时进行模拟交易资金结算，其主要功能的特点体现在三个方面。

（1）广泛的交易范围。本系统可以进行期货、现货和外汇等多种金融产品的模拟交易。系统能提供对全球任意多个交易所24小时连续交易的支持，可在使用中方便地加入新的交易所和交易品种。

（2）标准的交易规则。与现有的许多模拟交易系统相比，本系统在交易规则上更加完备和真实。在委托方面，系统能提供三种委托方式：限价委托、市价委托和止损委托。在成交判断方面，系统对买单和卖单分别按不同的价格（卖价和买价）判断成交，对用户的委托单实行“高打低就”的原则。在交易时间方面，系统利用行情数据流实现了与真实市场的自动同步，无须人为干预，能够有效地杜绝许多模拟交易系统出现的能买卖停盘股票的现象。

（3）完善的自动结算功能。系统完整地再现了结算所的整个结算流程。结算系统对所有用户持有的全部头寸进行盯市操作，能自行对保证金不足和到达最后交易日的证券作相应处理。

三、金融投资实验软件的功能

目前市面上的交易行情分析软件很多，有综合类的，如大智慧、同花顺和东方财富通等，这类软件的特点是能够提供包括国内和国际主要证券、外汇、商品期货、金融期货和贵金属等主要交易品种的实时行情与历史数据，以及相应的宏观经济、中观行业、微观企业的实时资讯和研究报告等。目前多数这类软件提供部分交易品种的模拟交易功能，有专用类的，如部分证券公司采用的通达信版本的网上交易行情＋委托客户端、融资融券客户端、个股期权全真模拟网上交易客户端等；如外汇经纪公司和银行采用的MT4外汇交易平台，以及各期货公司的期货交易软件、贵金属交易平台等。这类软件的特点是品种相对单一，界面相对简洁，适合单一品种的行情分析和交易使用。

下面分别以大智慧e－cube模拟交易系统、通达信版本的网上交易行情＋委托客户端、智盛金融投资实战平台讲述金融投资实验软件的功能。

（一）大智慧e－cube模拟交易系统

1. 注册

用户填写注册信息时，如填写不规范，系统会出现提示信息。用户填写必填项全部符合规范后点击注册生效。用户成功注册后，系统提示进行活动、院系、班级的选择页面；选择一项感兴趣的活动，点击进入按钮。选择活动下相应的院系、班级点击进入，完成最后的创建工作。点击退出则页面跳转到登录页面，且此次加入该项活动进程未完成，下次加入时需再次进行此项操作。如图1－1至图1－3所示。

图 1-1　用户注册（1）

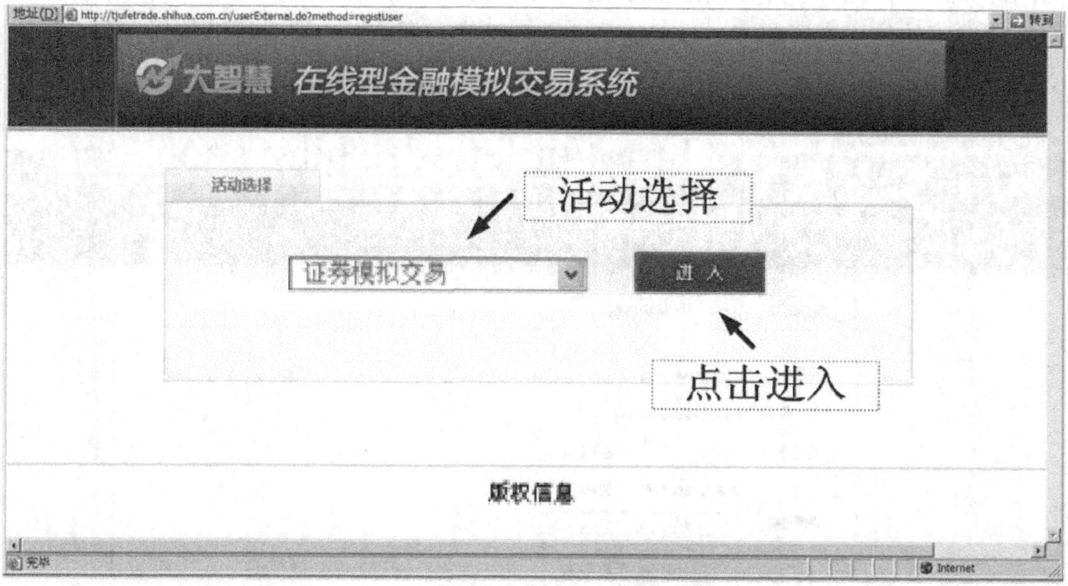

图 1-2　用户注册（2）

2. 登录

在浏览器中输入模拟交易系统用户前台地址，会出现如下界面（各个用户的域名地址不同）。

用户输入用户名、密码、验证码（不必区分英文字母的大小写）并选择活动。如果没有加入过任何活动则将进入选择院系、班级页面，以便激活在该活动下的账户信息。点击登录进入e-cube版模拟交易系统，根据个人的网络情况不同，经过些许等待

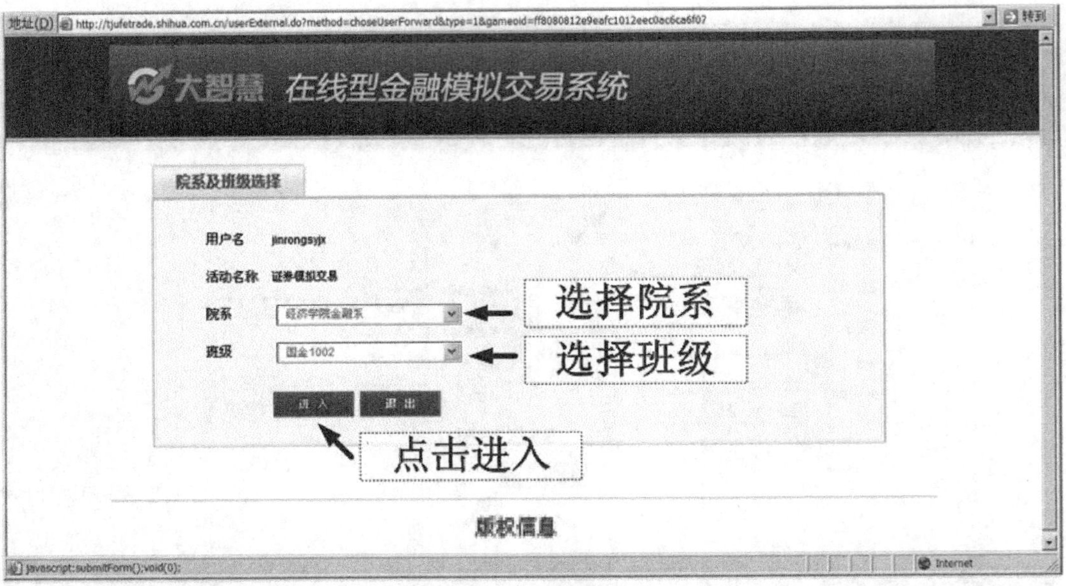

图 1－3 用户注册（3）

时间即可进入；也可以点击简版登录进入简版模拟交易系统，简版模拟交易系统针对网络环境不佳的用户屏蔽了 e－cube 看盘器，仅载入下单板，即时行情数据在用户请求交易时才会载入和显示，大幅降低了对系统网络带宽的要求。如图 1－4 所示。

图 1－4 用户登录

3. 忘记密码

如果忘记密码，此处需填写用户名与用户资料中所保留的邮箱号，如两者匹配，系统会将密码发至该邮箱。

4. 登录后功能总览

登录 e－cube 版模拟交易系统后，市场总览页面可以看到各个市场的行情及相关资讯（如果未订购某市场模拟交易，可以查看行情和资讯，但不能对该市场进行下单操作）。如图1－5所示。

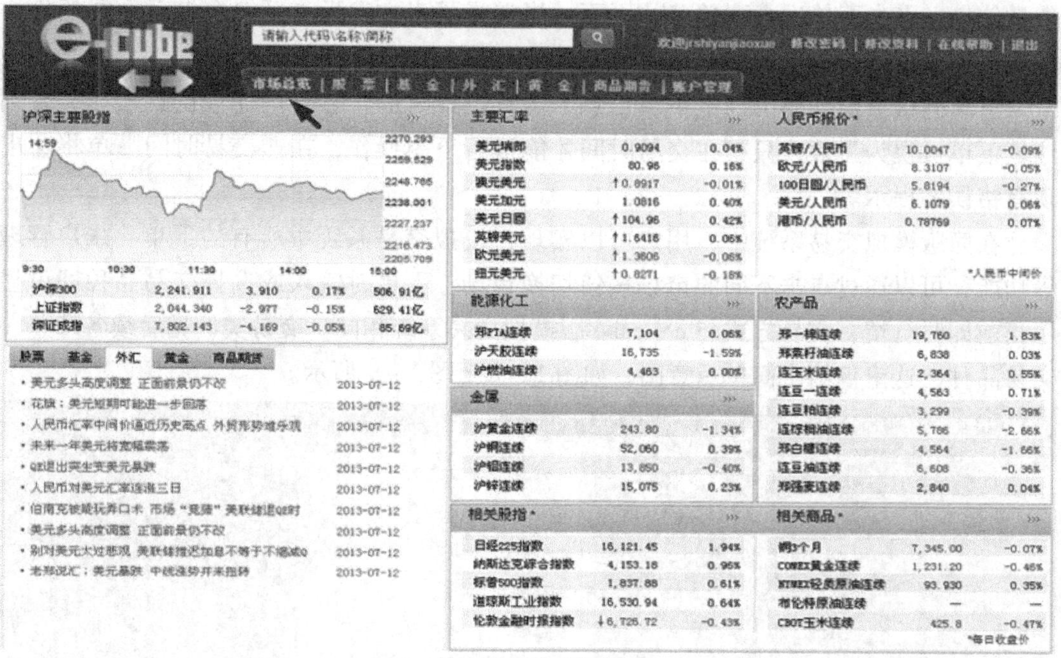

图1－5 功能总览

5. 资料修改

登录e－cube版模拟交易系统后，点击右上角的修改资料可以修改除用户名以外的其他信息项；点击修改密码可以自行修改密码。如图1－6所示。

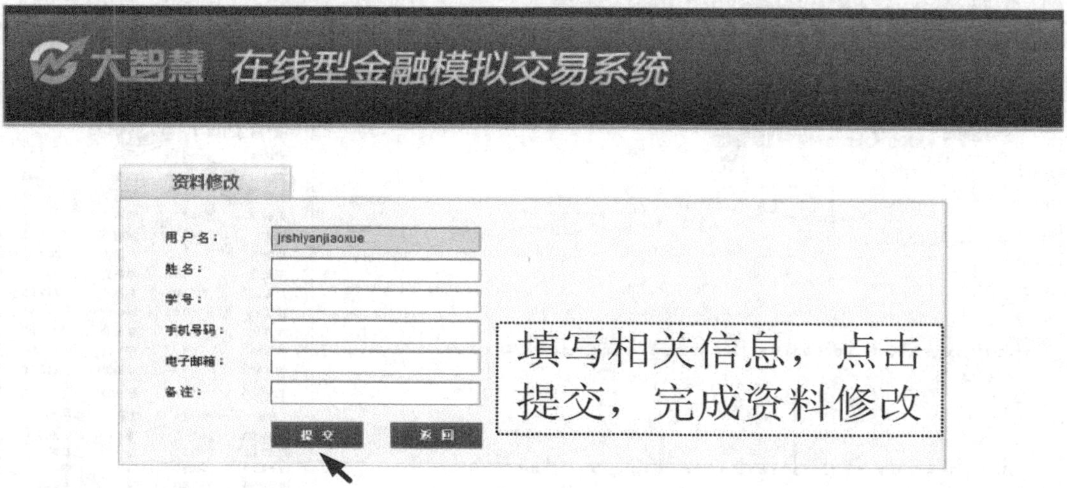

图1－6 资料修改

6. **模拟交易下单**

进入分时走势图后可以通过下单按钮或者买卖按钮进入下单页面。输入委托价格、数量信息，点击下单进入下单确认页面。当选择买卖方向后，系统会自动在委托价格栏填入当前市价，也可以根据需要填入委托价格。

下单确认页面会列出该笔下单信息，需在倒计时的7秒钟内完成确认工作，否则该笔下单被视为无效；只有在交易时间才能进行下单操作，在非交易时间下单将会出现有错误的提示。

在简版模拟交易系统中，用户可以实现在模拟交易系统中所有的下单、账户管理等功能，可以通过点击不同的市场按钮切换市场。下单时输入或选择交易品种即可显示当前即时行情，交易方式与 e－cube 版模拟交易系统相同。交易实例见后续各章单一交易品种，这里仅给出简单示意图，如图1－7至图1－9所示。

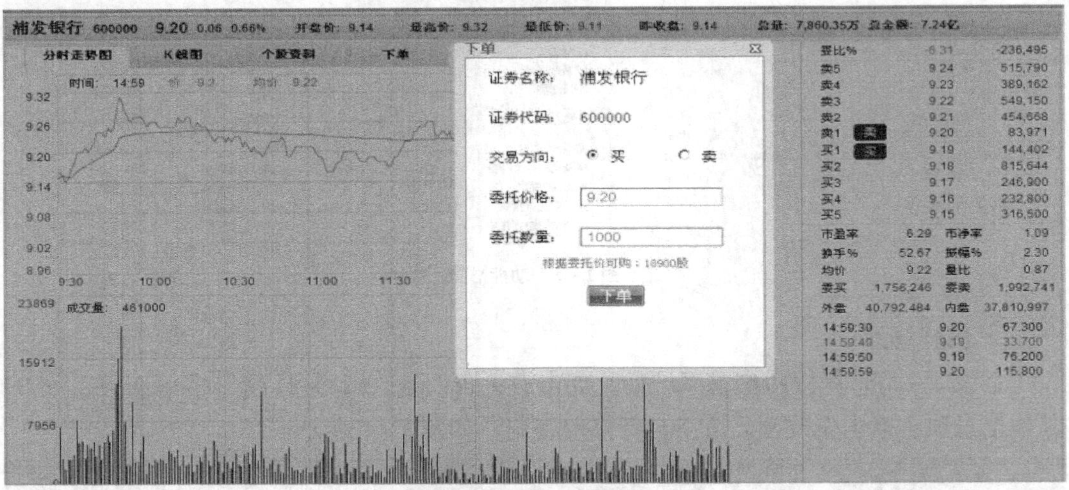

图1－7　股票交易下单

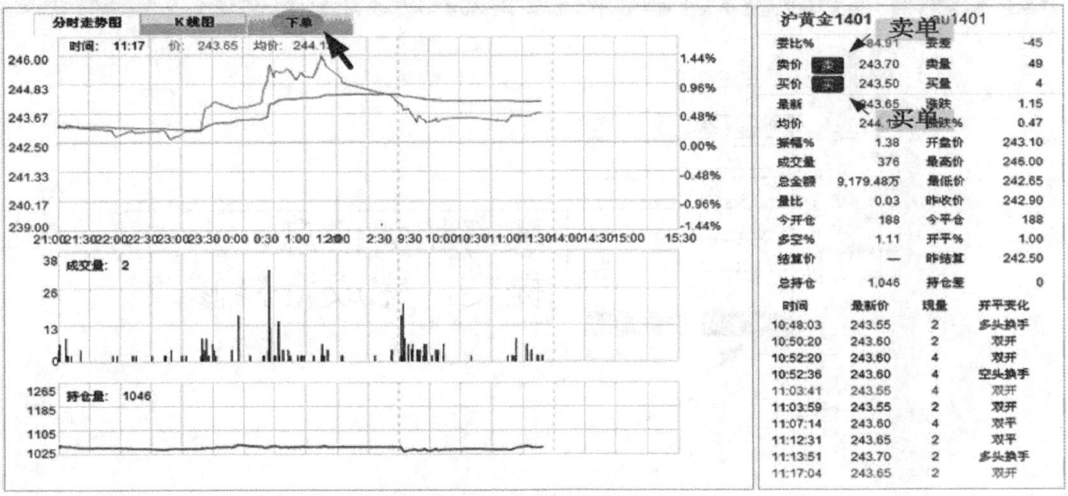

图1－8　期货交易下单

图 1－9　外汇交易下单

7. 账户管理

账户管理首页界面显示该项活动下市场及各市场的用户资金情况，点击各个市场，可查看到该市场的成交明细、委托明细和资金明细等信息，并提供历史查询功能。如图 1－10 所示。

图 1－10　账户管理

（二）通达信网上交易客户端

本节以中信证券的网上交易客户端为例进行说明。

1. 软件下载与安装

输入中信证券网址 http：//www. cs. ecitic. com/进入官网主页，进入“软件下载”页面，下载“中信证券至信版网上交易系统”，下载完成后安装，点击程序图标，单击“试用”按钮，进入网上交易系统。如图 1 – 11 至图 1 – 14 所示。

图 1 – 11　软件下载（1）

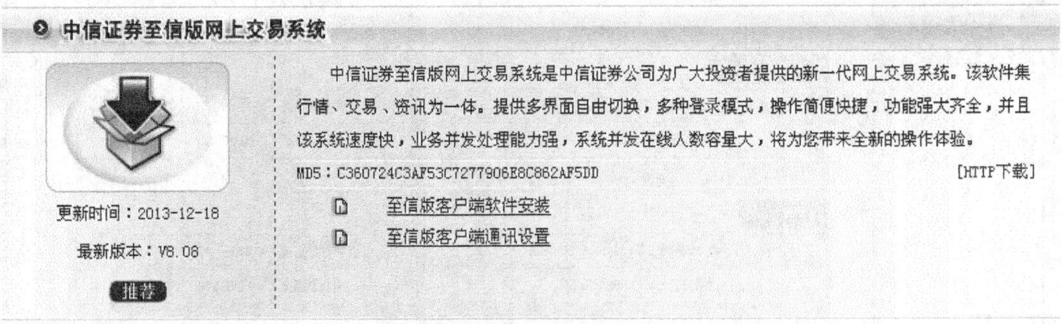

图 1 – 12　软件下载（2）

2. 软件界面与功能介绍

中信证券至信版网上交易系统主页面上方有系统、功能、报价、分析、港股期货、资讯、工具、帮助 8 个选项。由于全部软件功能较多，下文中将对主要功能和鼠标右键进行介绍。

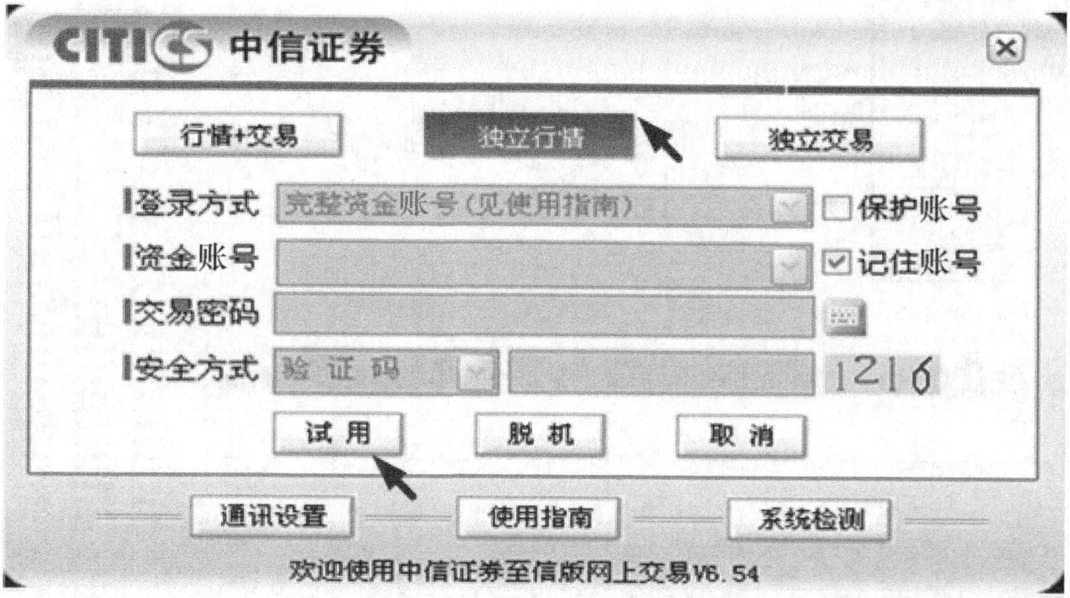

图 1－13 软件登录

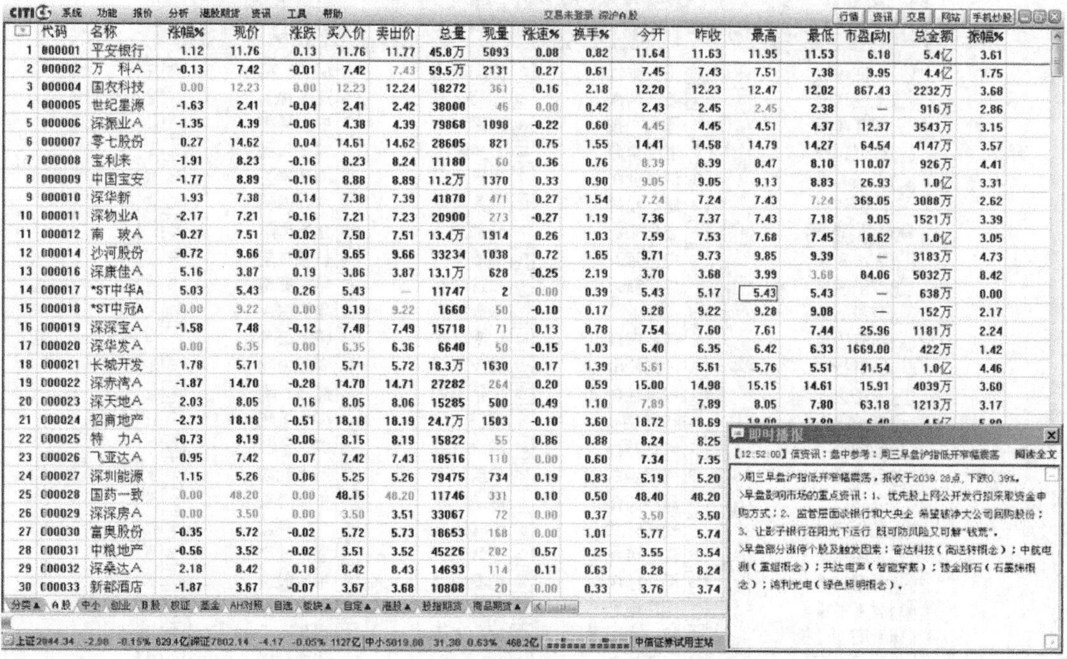

图 1－14 系统主界面

（1）系统。系统菜单内选项可进行品种选择、数据导出及盘后数据下载等功能。如图 1－15 至图 1－17 所示。

图 1－15　系统菜单

图 1－16　选择品种

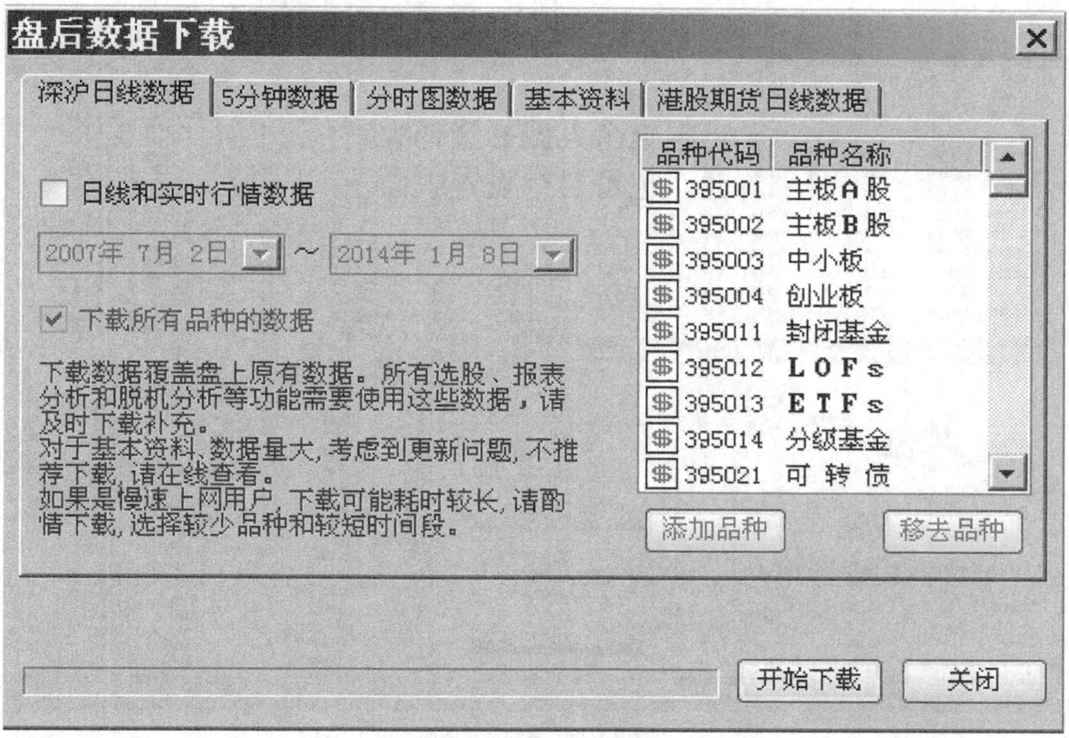

图 1－17　盘后数据下载

（2）功能。功能菜单内选项可选择最近定制版面、报表分析、基本资料 F10、专家系统、选股器等功能。如图 1－18 至图 1－23 所示。

图 1－18　功能菜单

图 1－19　最新定制版面

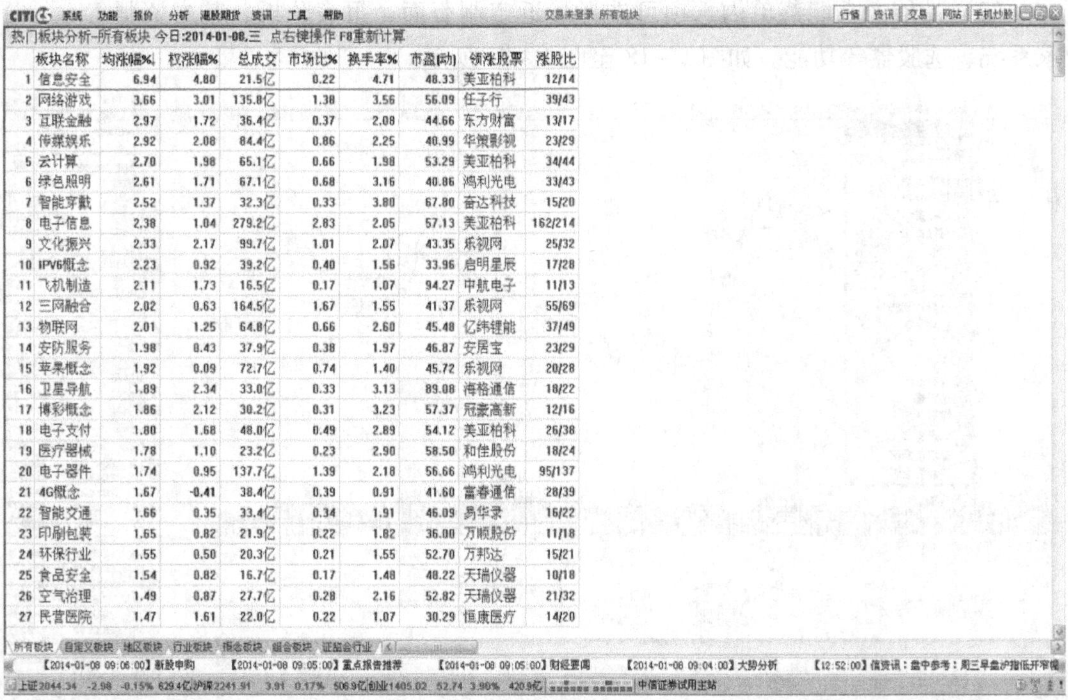

图 1－20　报表分析

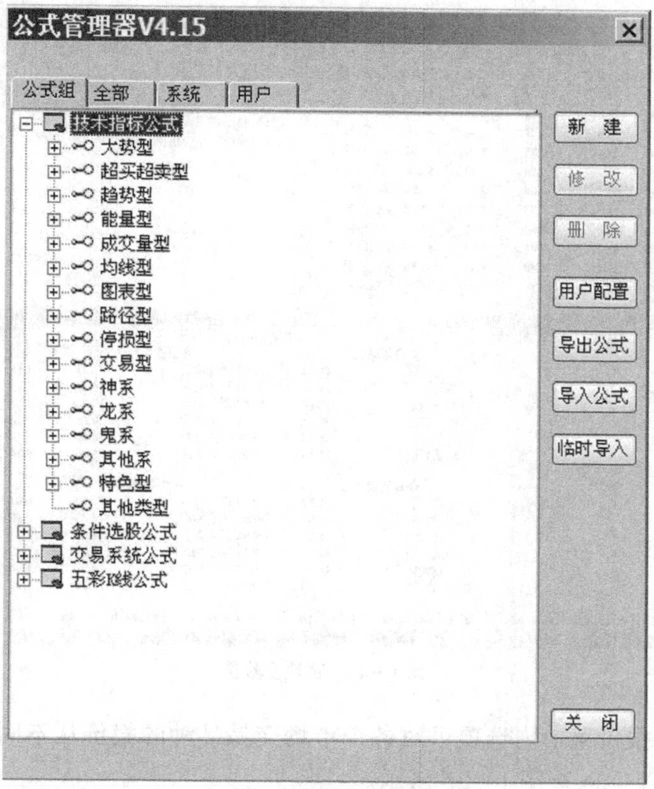

图1－21 公式管理器

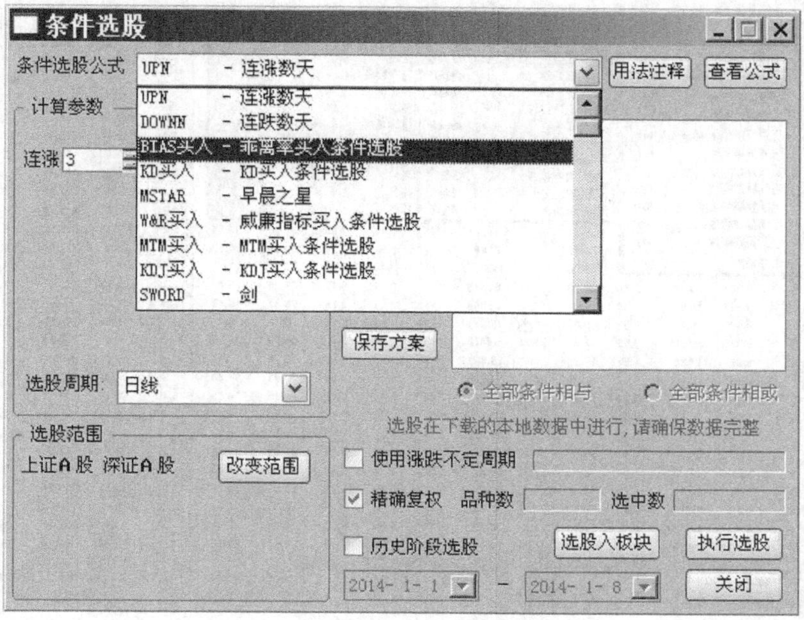

图1－22 条件选股

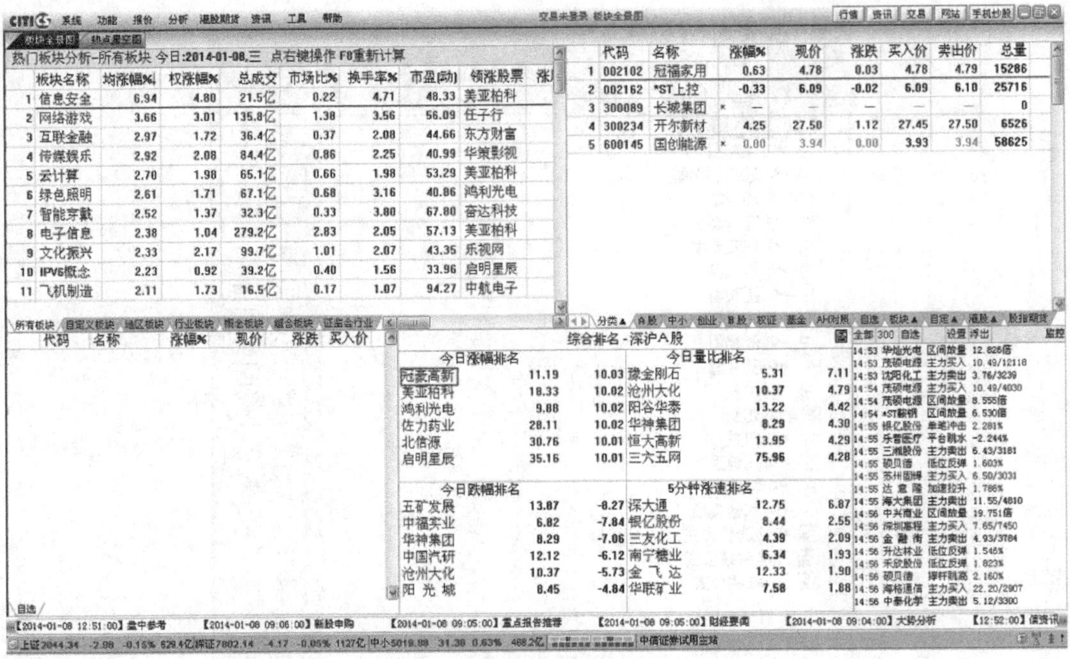

图 1－23　板块全景图

（3）报价。报价菜单内选项可对各个市场交易品种的报价从不同视角进行分类排名并显示。如图 1－24 至图 1－26 所示。

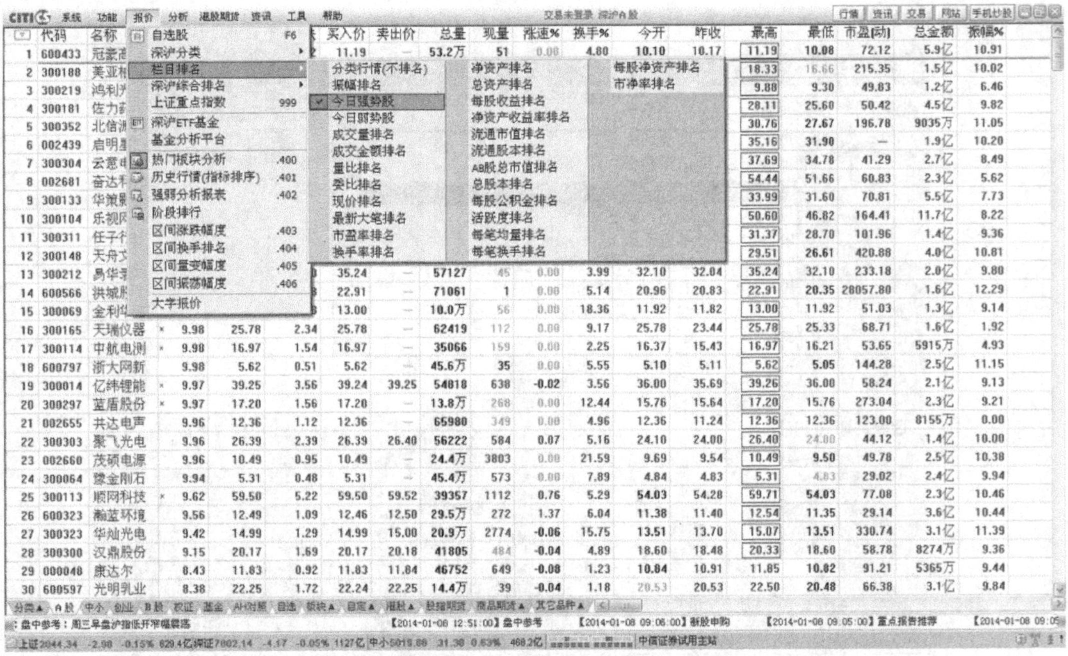

图 1－24　今日强势股排名

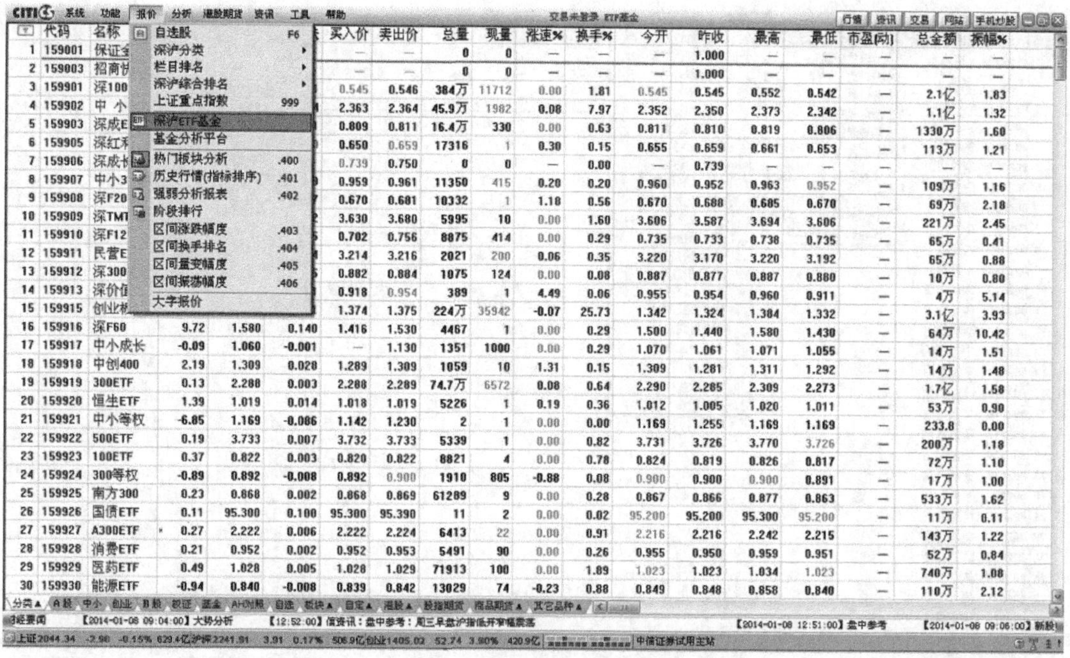

图1-25　沪深 ETF 基金

图1-26　强弱分析报表

（4）分析。分析菜单内选项可选择分时走势图、分价表、多股同列和移动筹码分布等功能。如图1-27至图1-29所示。

图 1－27 分析菜单

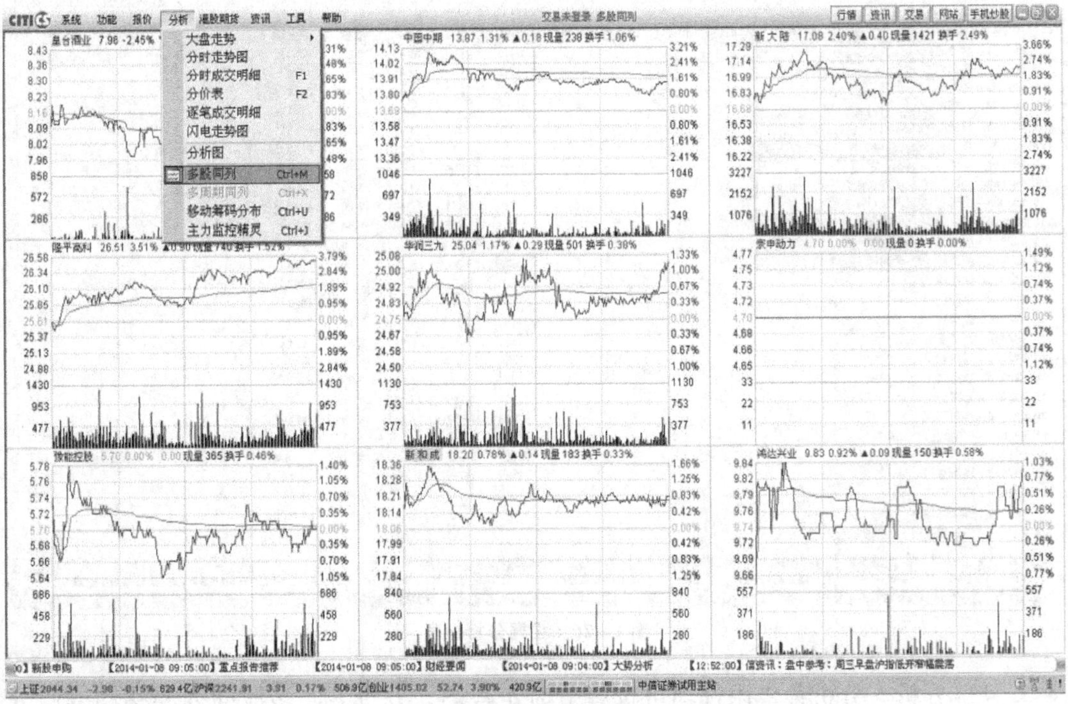

图 1－28 多股同列

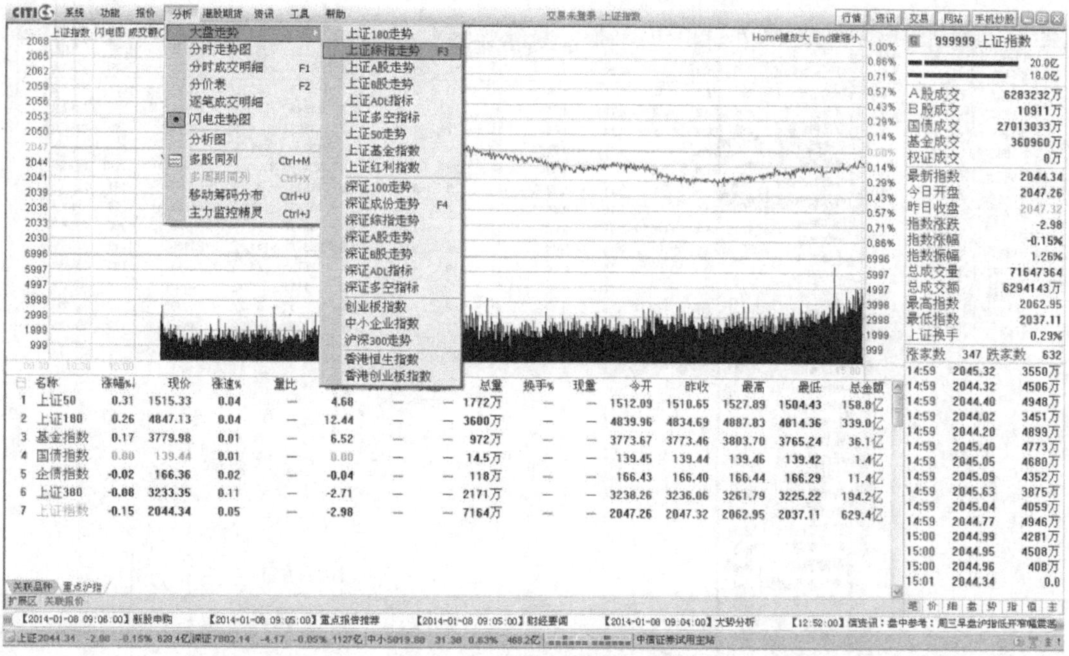

图1－29 上证综指走势F3

（5）港股期货。港股期货菜单内选项可查看香港主报市场、股指期货、国内三大商品期货市场、外汇市场和国际主要期货市场等的交易品种的行情报价。如图1－30至图1－33所示。

图1－30 香港主板市场

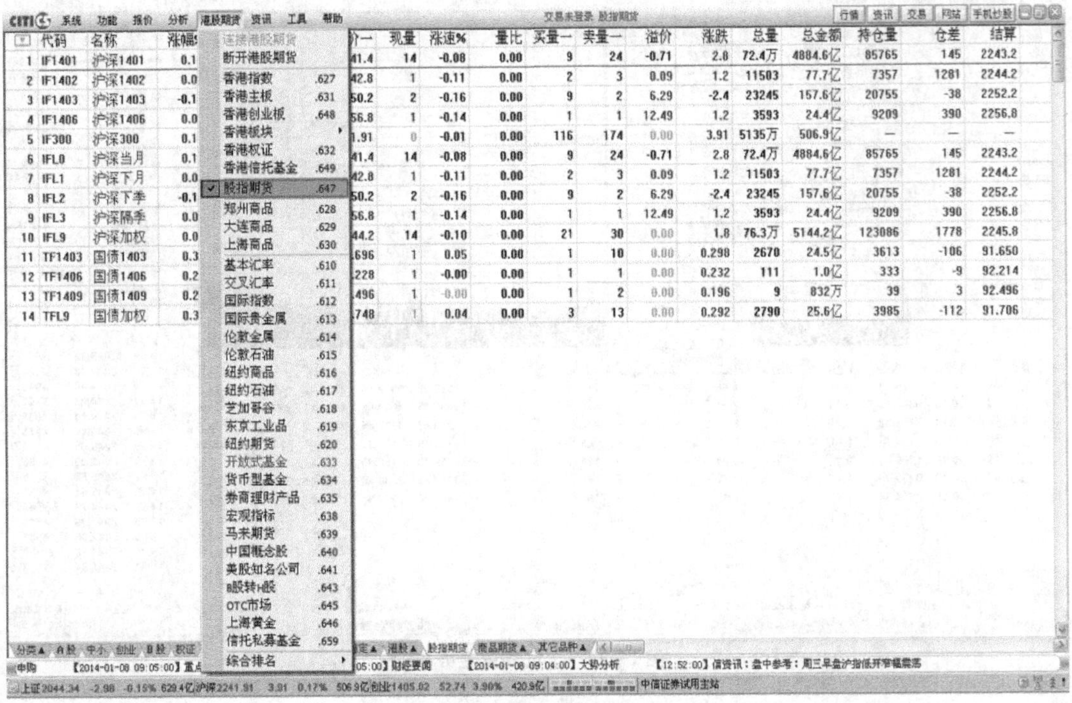

图 1－31 股指期货

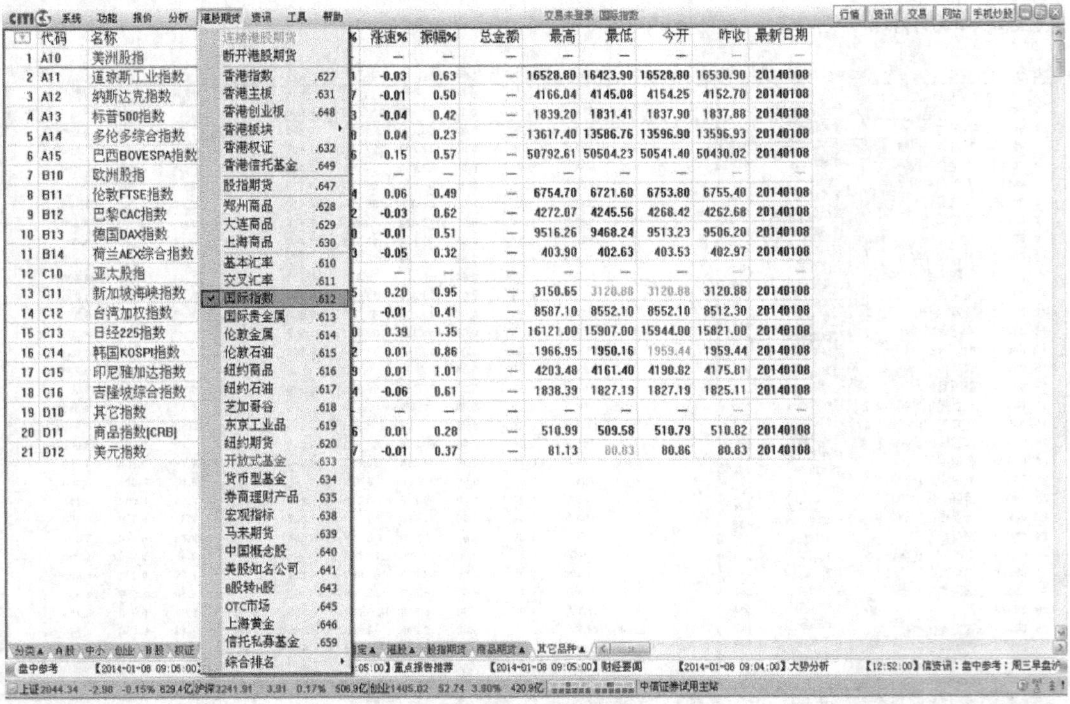

图 1－32 国际指数

图1-33 宏观指标

（6）资讯。资讯菜单内选项可对上市公司基本资料、交易所公告和财经资讯进行查询。如图1-34和图1-35所示。

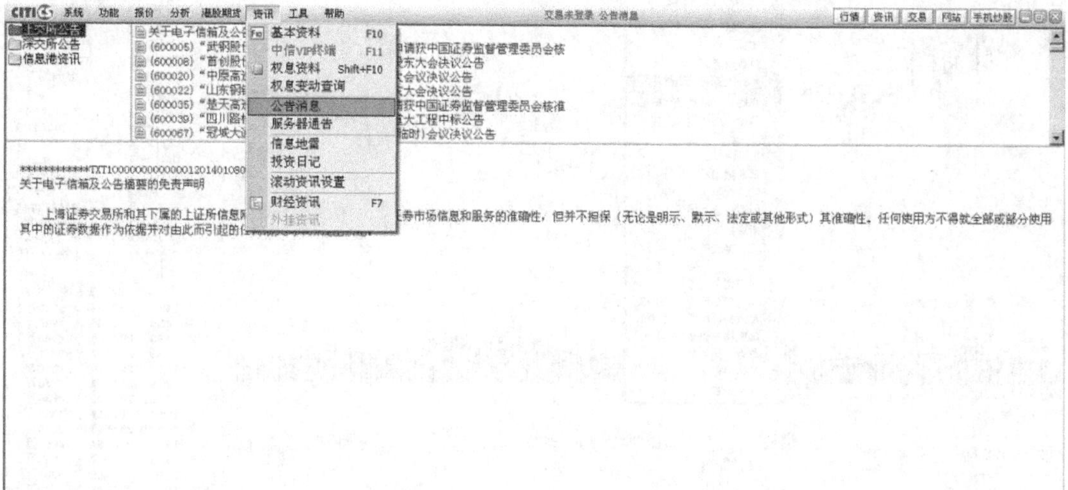

图1-34 交易所公告

图 1－35　财经资讯

（7）工具。工具菜单内选项可选择画线工具、所属板块查询、加入到自选股、系统设置和交易设置等功能。如图 1－36 至图 1－39 所示。

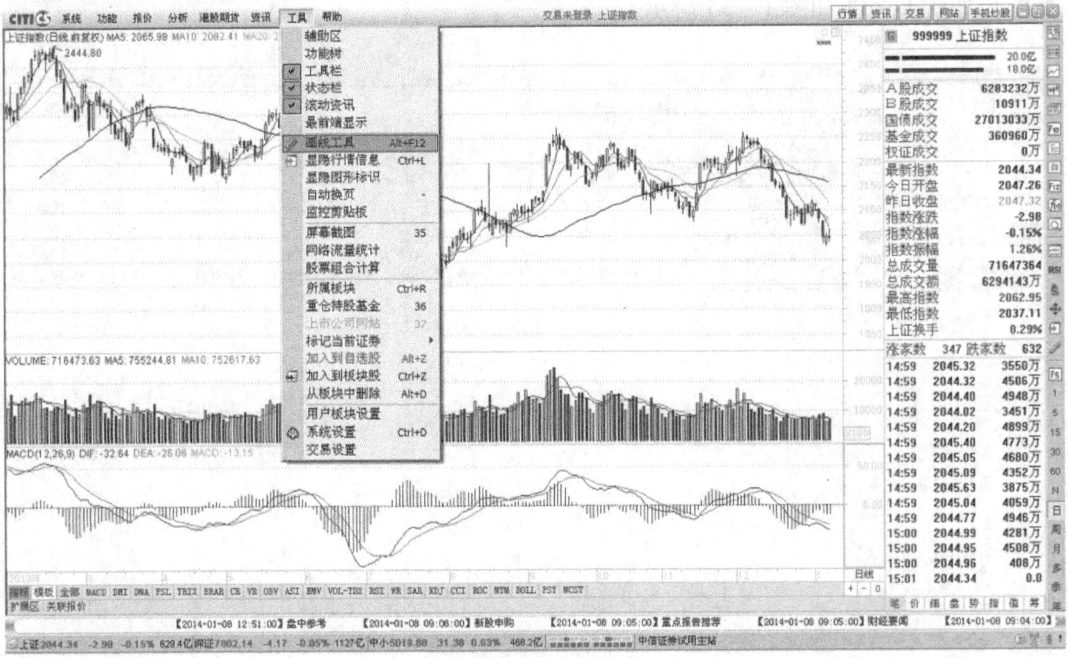

图 1－36　工具菜单

画线工具使用方法如下：

趋势线：点击趋势线后移动鼠标到第一点，单击鼠标左键并拖动鼠标到第二点，

图 1－37 画线工具

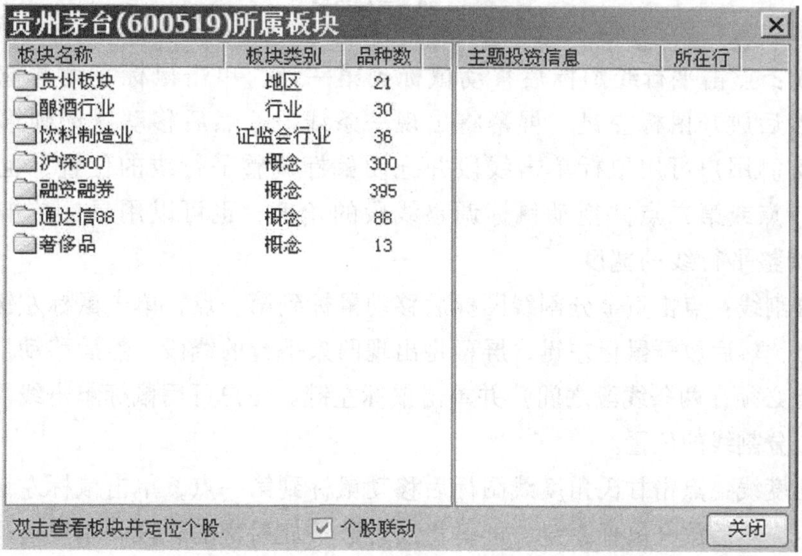

图 1－38 所属板块查询

然后放开鼠标左键，屏幕将出现一条线段。用户可用鼠标单击线段并拖动鼠标调整趋势线的位置，也可以用鼠标单击第一点或第二点并拖动鼠标调整线段的角度。

斐波那契线：点击斐波那契线图标后移动鼠标到起始点，然后单击鼠标左键，屏幕将绘制出斐波那契线。用户可用鼠标单击线段并拖动鼠标调整趋势线的位置。

阻速线：点击阻速线图标后移动鼠标到第一点，单击鼠标左键并拖动鼠标到第二点，然后放开鼠标左键，屏幕将出现三条放射型的线段。用户可用鼠标单击线段并拖动鼠标调整阻速线的位置，也可以用鼠标单击第一点或第二点并拖动鼠标调整线段的角度。

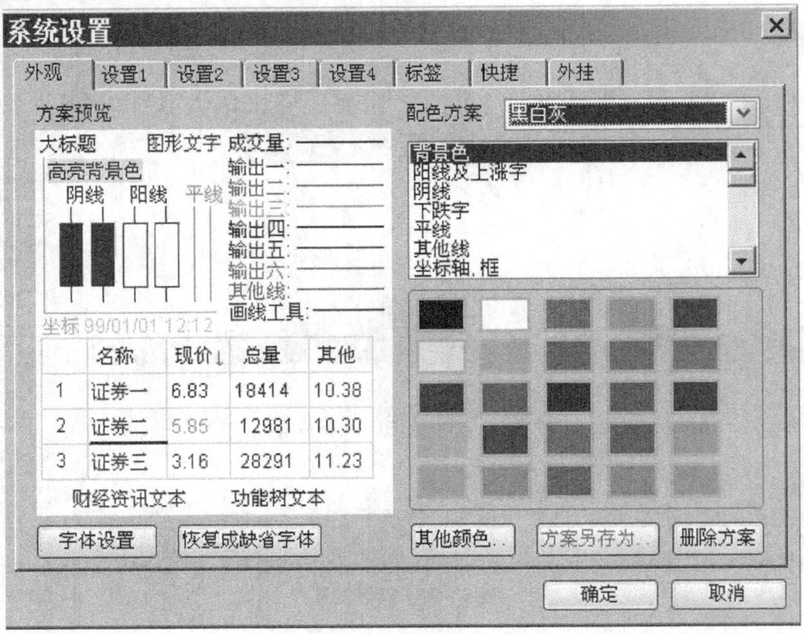

图 1－39　系统设置

平行线：点击平行线图标后移动鼠标到第一点，单击鼠标左键并拖动鼠标到第二点，然后放开鼠标左键，屏幕将出现一条线段，然后移动鼠标到第三点并单击鼠标左键。用户可用鼠标单击线段并拖动鼠标调整平行线的位置，也可以用鼠标单击第一点或第二点并拖动鼠标调整线段的角度，也可以用鼠标单击第三点并拖动鼠标调整平行线的宽度。

黄金分割线：点击黄金分割线图标后移动鼠标到第一点，单击鼠标左键并拖动鼠标到第二点，然后放开鼠标左键，屏幕将出现两条平行的线段，然后移动鼠标到第三点（第三点必须在两条线段之间）并单击鼠标左键。用户可用鼠标单击线段并拖动鼠标调整黄金分割线的位置。

甘氏角度线：点击甘氏角度线图标后移动鼠标到第一点，单击鼠标左键并拖动鼠标到第二点，然后放开鼠标左键，屏幕将出现数条放射型的线段。用户可用鼠标单击线段并拖动鼠标调整甘氏角度线的位置，也可以用鼠标单击第一点或第二点并拖动鼠标调整线段的角度。

删除分析线：点击删除分析线图标，用鼠标左键单击想要删除的分析线，分析线将会删除。如果没有点击到分析线，屏幕将弹出“选择分析线”窗口，用户在需要删除的分析线前加上标记，然后单击“确认”按钮。

（8）帮助。帮助菜单内选项可选择帮助说明书，查询系统使用说明如图 1－40 和图 1－41 所示。

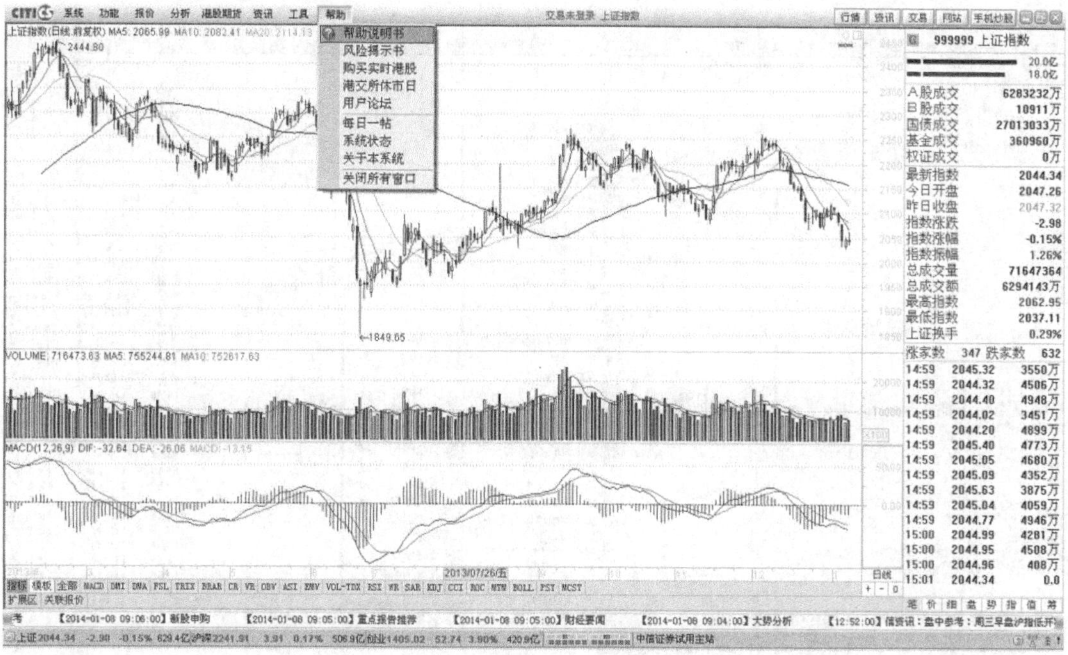

帮助
帮助说明书
风险揭示书
购买实时港股
港交所休市日
用户论坛
每日一帖
系统状态
关于本系统
关闭所有窗口
999999 上证指数

图1-40 帮助菜单

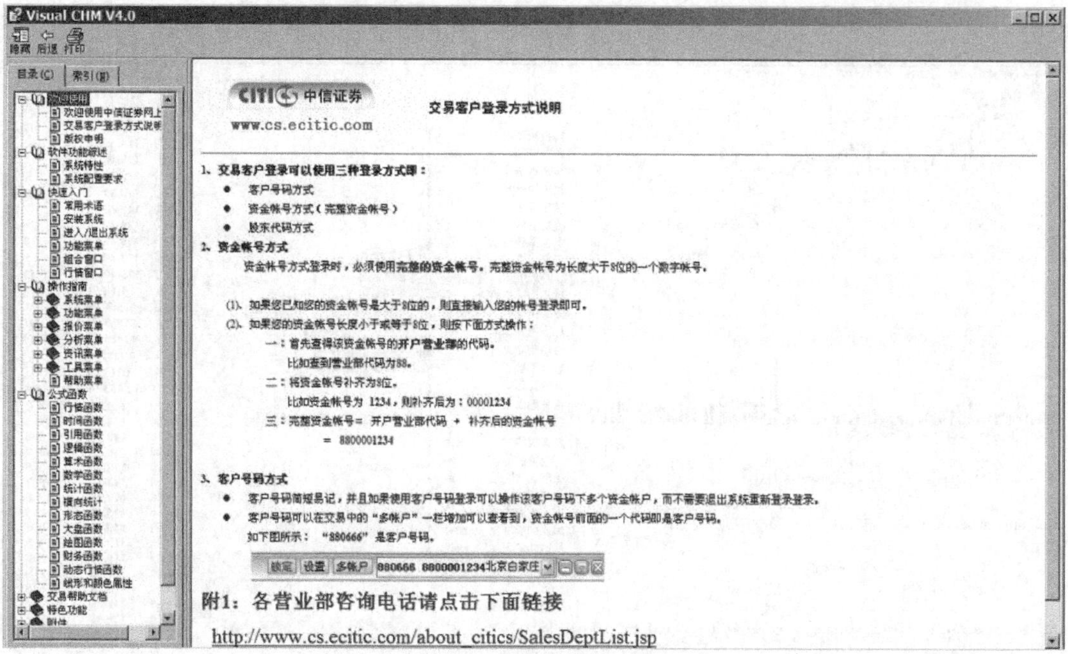

Visual CHM V4.0
中信证券
www.cs.ecitic.com
交易客户登录方式说明
1、交易客户登录可以使用三种登录方式即：
客户号码方式
资金帐号方式（完整资金帐号）
股东代码方式
2、资金帐号方式
资金帐号方式登录时，必须使用完整的资金帐号。完整资金帐号为长度大于8位的一个数字帐号。
(1)、如果您已知您的资金帐号是大于8位的，则直接输入您的帐号登录即可。
(2)、如果您的资金帐号长度小于或等于8位，则按下面方式操作：
一：首先查得该资金帐号的开户营业部的代码。
比如查到营业部代码为88。
二：将资金帐号补齐为8位。
比如资金帐号为 1234，则补齐后为：00001234
三：完整资金帐号= 开户营业部代码 + 补齐后的资金帐号
= 8800001234
3、客户号码方式
客户号码简短易记，并且如果使用客户号码登录可以操作该客户号码下多个资金帐户，而不需要退出系统重新登录登录。
客户号码可以在交易中的"多帐户"一栏增加可以查看到，资金帐号前面的一个代码即是客户号码。
如下图所示："880666"是客户号码。
附1：各营业部咨询电话请点击下面链接
http://www.cs.ecitic.com/about_citics/SalesDeptList.jsp

图1-41 交易客户登录方式说明

（9）鼠标右键。在主图单击鼠标右键，可选择主图技术指标；对主图类型、主图坐标、分析周期和窗口个数进行切换，也可进行复权处理等。如图1-42至图1-44所示。

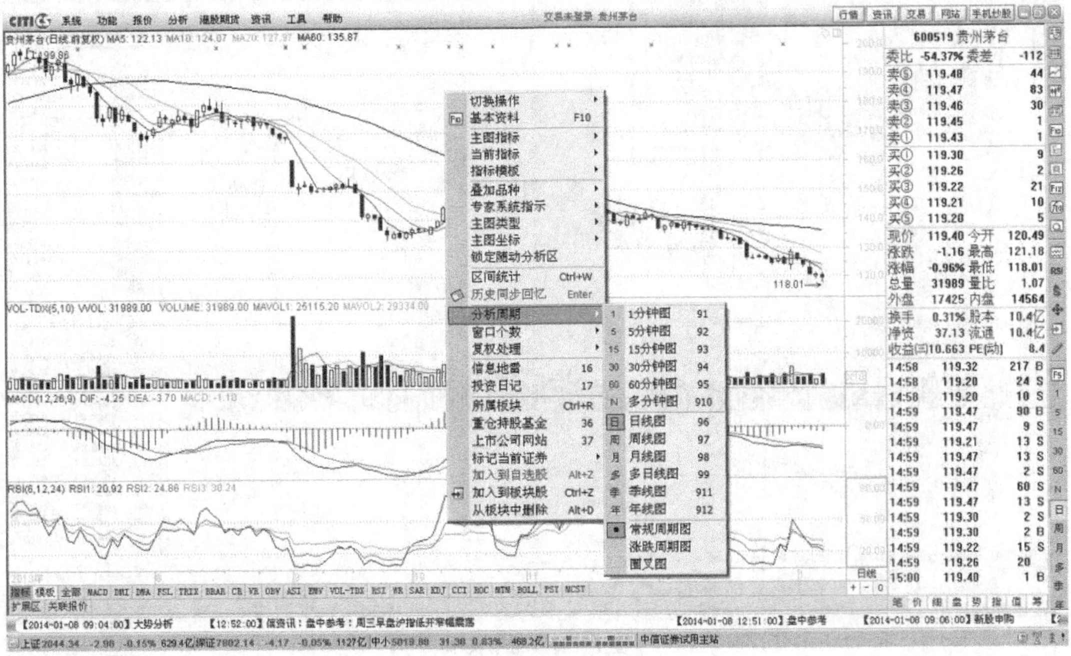

图 1－42　图表类型选择

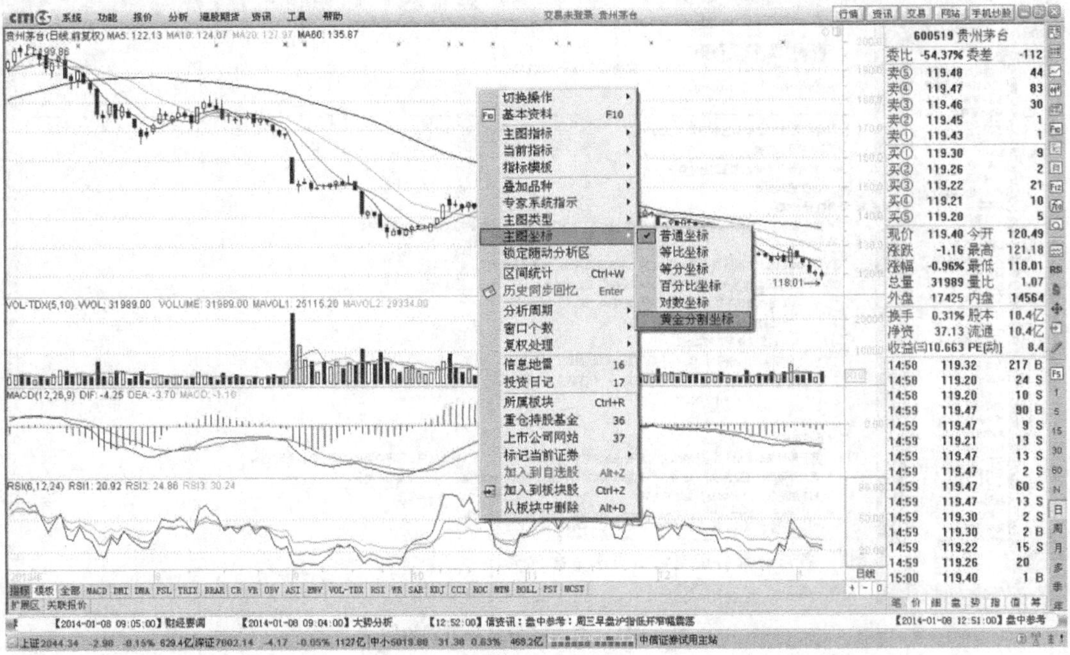

图 1－43　主图坐标

除权与复权功能将 K 线图进行前复权处理，即将 K 线图恢复成连续的状态，并且除权后的股票价格按照现价进行计算。

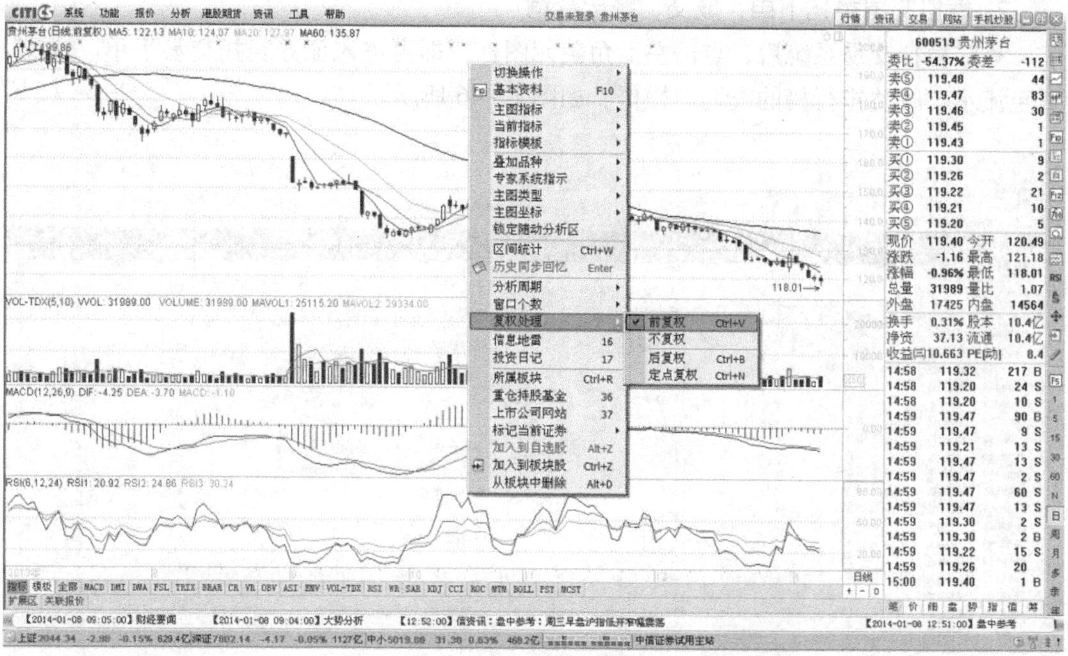

图 1－44　复权处理

（三）智盛金融投资实战平台

1. 登录

在浏览器中输入模拟交易系统用户前台地址，会出现如下界面（见图 1－45），用户输入用户名、密码并选择活动。点击登录进入智盛金融投资实战平台。

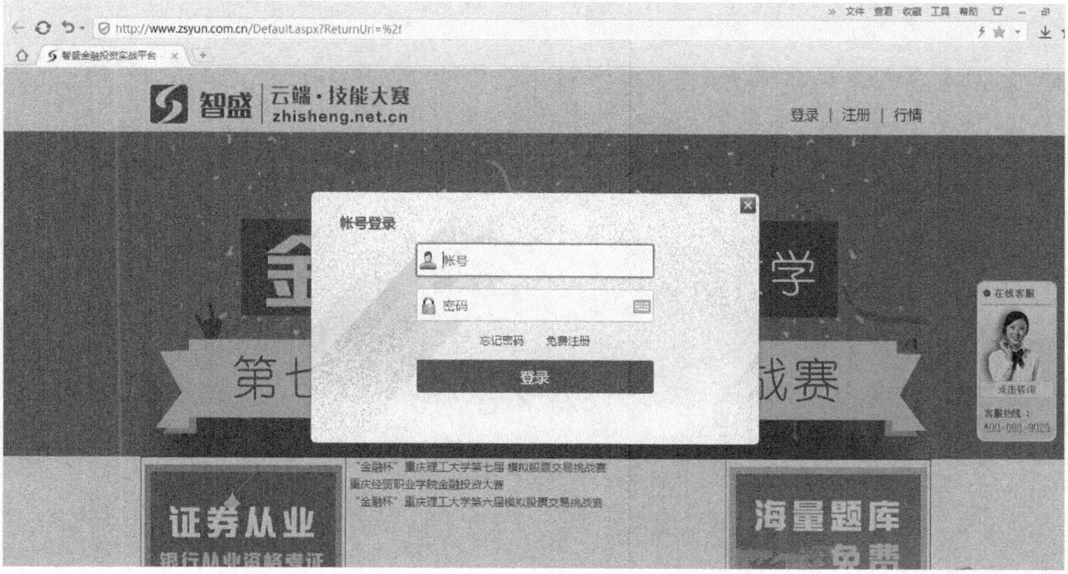

图 1－45　用户登录

2. 模拟交易委托下单，成交、账户查询

登陆模拟交易系统后，点击左上角美元图标，即可进入证券委托交易下单、成交、资金流水、收益排行榜的查询与操作。如图 1－46 所示。

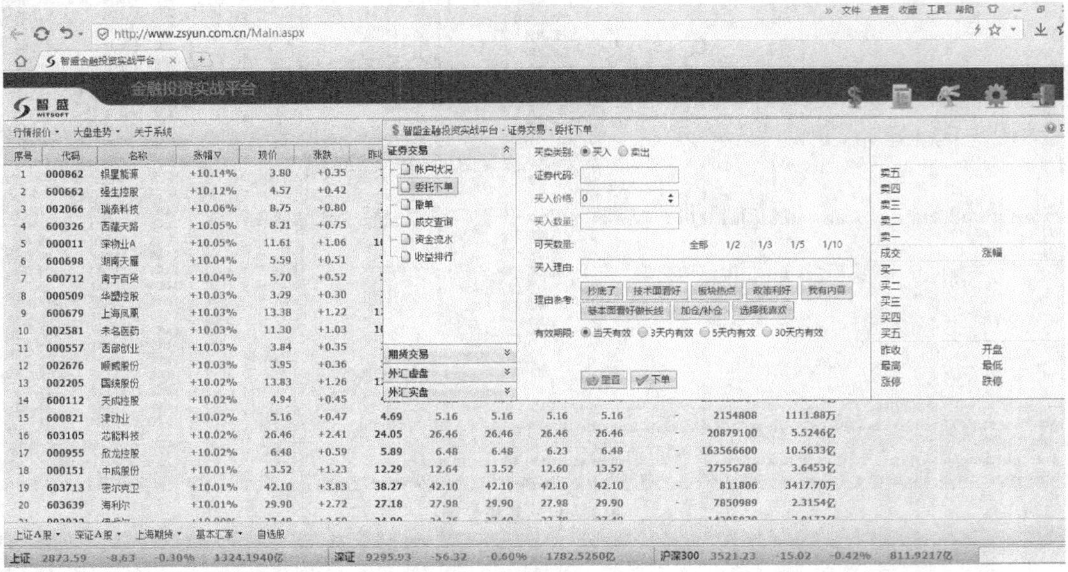

图 1－46　行情、交易及查询

第二篇

单项实验篇

第2章

股票交易模拟实验

实验模块1：主板股票交易模拟实验

一、实验名称

主板股票交易模拟实验。

二、实验目的

通过主板股票交易模拟实验，使学生掌握股票交易的基本操作方法，熟悉开立账户、委托和交割等交易步骤，学会对股票交易的除息除权与盈亏的计算。

三、实验步骤与要求

1. 登录模拟股票交易系统，设立模拟股票交易账户。
2. 运用行情显示模块选择交易的股票。
3. 进行委托交易练习。
4. 将练习过程、交易结果和盈亏计算等填写在实验报告中。

四、实验说明

（一）开户

参与股票交易，首先要开立账户。账户分为股票账户和资金账户。

股票账户分为上海证券公司股票账户和深圳证券公司股票账户两种，投资者可根据需要决定办理一种或两种。开立股票账户应在分设于各地的证券登记公司办理。办理股票账户开户手续时，客户需准备好身份证（或户口簿），分别填写相应的表格，并缴纳一定的开户费用，领取股票账户卡。

资金账户在投资者准备委托的证券经纪商处开立，因为投资者只有通过它们才可以从事股票买卖。办理资金账户时，投资者须携带资金、身份证（或户口簿）及上述股票账户卡。开户资金及保证金数量的多少，因证券公司要求的不同而各异。投资者资金账户上的资金在成交一笔之后，可以随时提取。资金账户中的资金按人民银行规定的活期存款利率计算利息。目前，许多证券公司要求投资者开立银证通账户进行资金的划拨和提取。

在我国现阶段，投资者交易结算资金已经实行第三方存管制度。根据这一制度的规定，投资者在商业银行有签约存款账户，同时在证券公司开立《客户交易结算资金第三方存管协议》中规定的资金台账。证券公司通过该账户对客户的证券买卖交易、证券交易资金支取进行前端控制，对客户证券交易结算资金进行清算交收和给付利息等。

投资者进行股票交易时，股票账户和资金账户一并使用，缺一不可。投资者在开立资金账户时自行设定密码，并对密码妥善使用和管理，不可泄露，以防造成重大的损失。

（二）委托

投资者一般不能直接进入股票交易所参与买卖，而必须通过证券经纪公司，证券经纪公司以接受委托的形式代其进行股票交易。投资者要将自己买卖股票的意图、种类和条件等告知经纪人（证券商），以达到自己的目的。

投资者发出委托指令的形式有柜台委托和非柜台委托两大类。

柜台委托是最传统的委托方式，委托人亲自或由其代理人到证券营业部交易柜台，根据委托程序和必备的证件，采用书面方式表达委托意向，由本人填写委托单并签章。

非柜台委托主要有电话委托、传真委托和函电委托、自助终端委托以及网上委托等形式。另外，如果投资者的委托指令是直接输入证券经纪商电脑系统并申报进场，而不通过证券经纪商人工环节申报，就可以称为“投资者自助委托”。证券公司提供电话、自助等非柜台委托的，应当在与客户签订的《证券交易委托买卖协议书》中注明，由客户自由选择，或与客户另行签订非柜台委托协议。

近年来，随着互联网技术的发展，许多证券公司纷纷开展网上经纪业务，网上委托已成为主流委托方式之一。网上委托即证券经纪商的电脑交易系统与互联网连接，委托人利用任何可上网的电脑终端，通过互联网凭交易密码进入证券经纪商电脑交易系统委托状态，自行将委托内容输入电脑交易系统，完成证券交易。

以上所有委托方式的有效期都限于当日。无论采用哪种委托方式，投资者都要认真操作，以避免无效委托的发生。

委托查询：屏幕将显示用户当日全部委托项目（包括柜台委托和电话委托）及成交情况，按屏幕提示翻页或退回主菜单。

成交查询：屏幕将显示用户当日全部委托项目（包括柜台委托和电话委托）中已成交项目的详细资料，按屏幕提示翻页或退回主菜单。

资金查询：屏幕将显示用户的资金余额、可用资金。卖出股票后和撤单成功后的价款及时划入可用资金，委托买入所需的资金会自动冻结。

修改密码：按照屏幕提示，先输入旧密码供系统确认，然后输入新密码。新密码需要重复输入两遍，系统确认两遍相同之后，新密码开始生效。用户的密码必须严格控制，防止失密后被盗用造成损失。当用户完成所有操作之后，需要按退出键，退回开始选择股市的状态，以免他人使用该用户的账户进行操作。

无效委托：无效委托主要包括7项：卖出的股票数额大于持有的股票数额；买入股票所需的资金大于账面剩余资金；委托价格超出了现行的涨跌停板范围；委托操作的时间不在正常的交易时间内；已在其他券商处做了指定交易的上海账户；已停牌的股票；账号无效。

在委托股票交易中，除了要避免无效委托的发生外，还要尽量提高委托的成功率。在填写委托价格时，填写市价委托虽然成功率高，但是许多系统不接受市价委托，所以填写恰当的委托价格极为重要。

我国股票市场的竞价交易原则是，当股票价格在涨跌停板范围内波动时，采用“时间相同，价格优先”的原则。所以，在输入委托价格时应参考最新的成交价，买进时报价适当高一些，卖出时报价适当低一些，这样可以大大提高委托的成功率，实际成交价格也不一定就是输入的委托价格。这就是股市中常说的“高买低成，低卖高成”。当股票价格处在涨跌停板的位置时，买卖成交都很困难，此时应采用“价格相同，时间优先”的原则，尽早输入委托价格，以提高委托的成功率。

任何委托系统都具有认购在沪、深两市上网定价发行的新股的功能。认购新股必须为1 000股的整数倍，而且不能超过规定的认购上限。认购新股需按照规定的证券代码，在买入状态下操作。

（三）股票的托管方式

上海证券交易所原来实行的是集中托管方式，股票全部托管在上海证券中央登记结算公司。1998年4月1日起实行全面指定交易，托管方式变为指定券商和中央登记公司进行分级管理，即由登记公司控制券商某一股票的总量，再由券商控制每个账户的股票余额，投资者在券商处办理指定交易后，中央登记公司先增加券商的股票总量，同时将该账户的股票余额传至券商处，将控制权交给券商。其后，随着该账户买卖股票，券商也相应地及时调整该账户的股票余额，保证其余额的正确性。

深圳证券交易所实行中央结算与分布式登记相结合的模式，即深圳证券登记有限公司作为全国性市场的一级清算中心，各证券营业部对投资者的股票买卖进行控制，股票实际是托管在各券商处。这样，投资者在某个券商处买入的深圳股票就只能在该券商处卖出。

（四）交易制度

我国证券交易现在仍实行的是股票“T+1”和资金“T+0”的交易制度。自1995年1月1日起，为了保证股票市场的稳定，防止过度投机，股市开始实行“T+1”交易制度，即当日买进的股票，要到下一个交易日才能卖出。同时，对资金仍然实行“T+0”交易制度，即当日卖出股票回笼的资金可以立即买入股票。

（五）涨跌停板制度

涨跌停板制度源于早期国外证券市场，是为了防止交易价格的暴涨暴跌，抑制过度投机现象，对每只证券当天价格的涨跌幅度予以适当限制的一种交易制度，即规定交易价格在一个交易日中的最大波动幅度为前一交易日收盘价上下百分之几，超过这一幅度即停止交易。我国证券市场现行的涨跌停板制度是1996年12月13日发布、1996年12月26日开始实施的，旨在保护广大投资者利益，保持市场稳定，进一步推进市场的规范化。这项制度规定，除上市首日之外，股票（含A股、B股）、基金类证券在一个交易日内的交易价格相对前一交易日收市价格的涨跌幅度不得超过10%，ST股票涨跌幅度不得超过5%，PT股票涨幅限制为5%，跌幅没有限制。超过涨跌限价的委托为无效委托。我国的涨跌停板制度与国外制度的主要区别在于，股价达到涨跌停板后，不是完全停止交易；在涨跌停价位或之内价格的交易仍可继续进行，直到当日收市为止。

（六）交割

交割是指股票买卖成交后，证券商和投资者签署成交确认书、卖方向买方交付股票、买方向卖方交付价款的过程。交割方式主要有当日交割、普通日交割和约定日交割等。

在我国上海、深圳的股票交易中，由于实行了交易“无纸化”和股票集中托管制度，实际上的交割仅为买方交付证券价款并在股票账户上确认买入，卖方取得价款并在股票账户上确认卖出，整个交割过程实际上是价款的交割。

（七）过户

如果投资者购买的是记名股票，则必须在办理了股票过户手续后才能享有股息分红等股东权益和挂失、补发等安全保证。上海证券交易由于实行了股票交易电脑成交过户一体化，买卖成交时自动过户，只需在交割时缴纳票面金额0.1%的过户费即可。

（八）收费标准

收费标准是指委托、成交、交割和过户的收费情况。各证券公司制定的收费标准范围一般为0.1%～0.3%，具体执行由各地营业部根据实际情况自定，同时报公司备案（见表2－1）。

表2－1　证券交易收费项目

交易所	印花税	手续费	过户费	通信费
上证交易所	0.1%	0.1%～0.3%	0.1%	各证券公司自行确定
深证交易所	0.1%	0.1%～0.3%	0	

图2－1是系统股票交易手续费计算器的示意图，通过该计算器，投资者可以方便地计算各项费用。

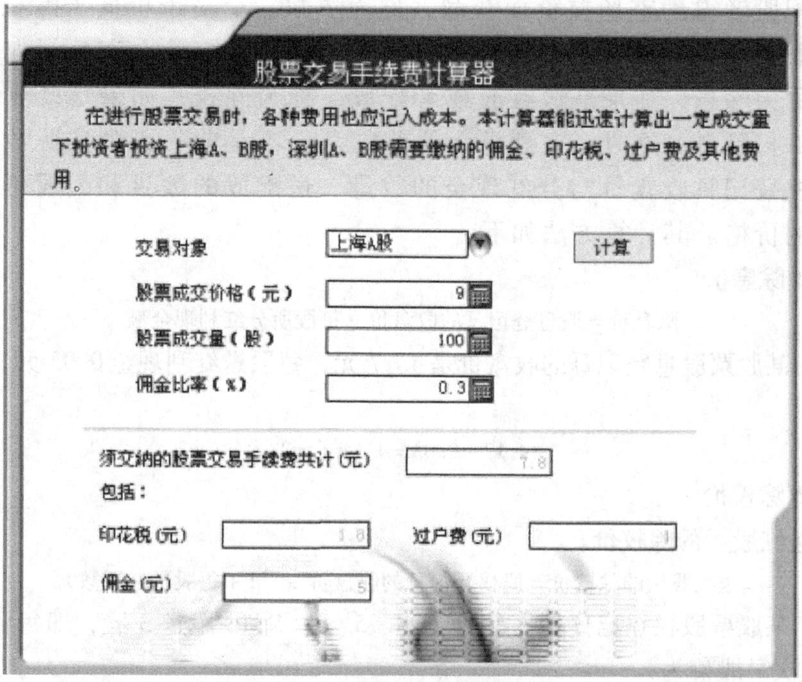

图2－1　股票交易手续费计算器

（九）浮动盈亏的计算

计算浮动盈亏，就是结算机构根据当日交易的结算价，计算出会员未平仓合约的浮动盈亏，确定未平仓合约应付的保证金数额。

浮动盈亏的计算公式为：

浮动盈亏＝（最新价－成交价）×股数－（最新价＋成交价）×股数×费率

如果计算结果是正值，就表明为多头浮动盈利或空头浮动亏损，即多头建仓后价格上涨表明多头浮动盈利，或者空头建仓后价格上涨表明空头浮动亏损；如果计算结果是负值，则表明多头浮动亏损或空头浮动盈利，即多头建仓后价格下跌表明多头浮动亏损，或者空头建仓后价格下跌表明空头浮动盈利。

如果保证金数不足维持未平仓合约，结算机构就会通知会员在第二天开市之前补足差额，即追加保证金，否则将予以强制平仓。如果浮动盈利，会员不能提出该盈利部分，除非将来将合约予以平仓，变浮动盈利为实际盈利。

（十）除息除权计算

当上市公司宣布上年度分红派息方案并获董事会及证监会批准后，即可确定股权登记日。在股权登记日后（包括股权登记日）手中仍持有该种股票的投资者均有享受分红派息的权利。上市公司在宣布董事会和股东大会关于分红、配股的方案后，尚未正式进行分红、配股工作之前，即股票未完成除权、除息前即为“含权”或“含息”股票。股票在除权后交易，交易市价高于除权价，取得分红或配股者得到市场差价而获利，称为填权。交易市价低于除权价，取得分红、配股者没有得到市场差价，造成浮亏，称为贴权。上市公司如果采用现金分红，称为除息；如果是送红股或者配股，称为除权；如果是既分红利又配股，称为除权除息。这时，大盘显示的前收盘价不是前一天的实际收盘价，而是结合股权登记日收盘价与分红现金的数量、送配股的数量和配股价的高低等计算出来的价格。其计算方法如下：

1. 计算除息价

除息价 = 股息登记日的收盘价 − 每股所分红利现金额

例如：某股票股息登记日的收盘价是4.17元，每股送红利现金0.03元，则其次日股价为：

$$4.17-0.03=4.14\text{（元）}$$

2. 计算除权价

（1）送红股后的除权价。

送红股后的除权价 = 股权登记日的收盘价 ÷（1 + 每股送红股数）

例如：某股票股权登记日的收盘价是24.75元，每10股送3股，即每股送红股数为0.3，则次日股价为：

$$24.75\div(1+0.3)=19.04\text{（元）}$$

（2）配股后的除权价。

配股后的除权价 =（股权登记日的收盘价 + 配股价 × 每股配股数）÷（1 + 每股配股数）

例如：某股票股权登记日的收盘价为18.00元，每10股配3股，即每股配股数为0.3，配股价为每股6.00元，则次日股价为：

$$(18.00+6.00\times0.3)\div(1+0.3)=15.23\text{（元）}$$

3. 计算除权除息价

除权除息价 =（股权登记日的收盘价 − 每股所分红利现金额 + 配股价 × 每股配股数）÷（1 + 每股送红股数 + 每股配股数）

例如：某股票股权登记日的收盘价为20.35元，每10股派发现金红利4.00元，送1股，配2股，配股价为每股5.50元，即每股分红0.40元，送0.10股，配0.20股，则次日除权除息价为：

$$(20.35-0.40+5.50\times0.20)\div(1+0.10+0.20)=16.19\text{（元）}$$

（十一）股权股息的买卖

在股权股息登记日之后，分红的公司要通过新闻媒介公布领取红利的起止日期，一般不需投资者出卖红利权，而由证券公司直接将红利转到股东名下。享有某种股票配股权的投资者只需在规定期限内在计算机自助终端输入该股票的代码、价格和配股数等信息，就可成交买入配股。

五、实验示例

（一）登录与主界面

本项实验示例是利用 e－cube 版模拟交易系统模拟股票交易的实验。

打开浏览器，在浏览器中输入模拟交易系统用户前台地址 http://tjufetrade.shihua.com.cn/，按下回车键，如图 2－2 所示。用户输入用户名、密码、验证码并选择活动。进入市场总览页面，如图 2－3 所示。

图 2－2 系统登录

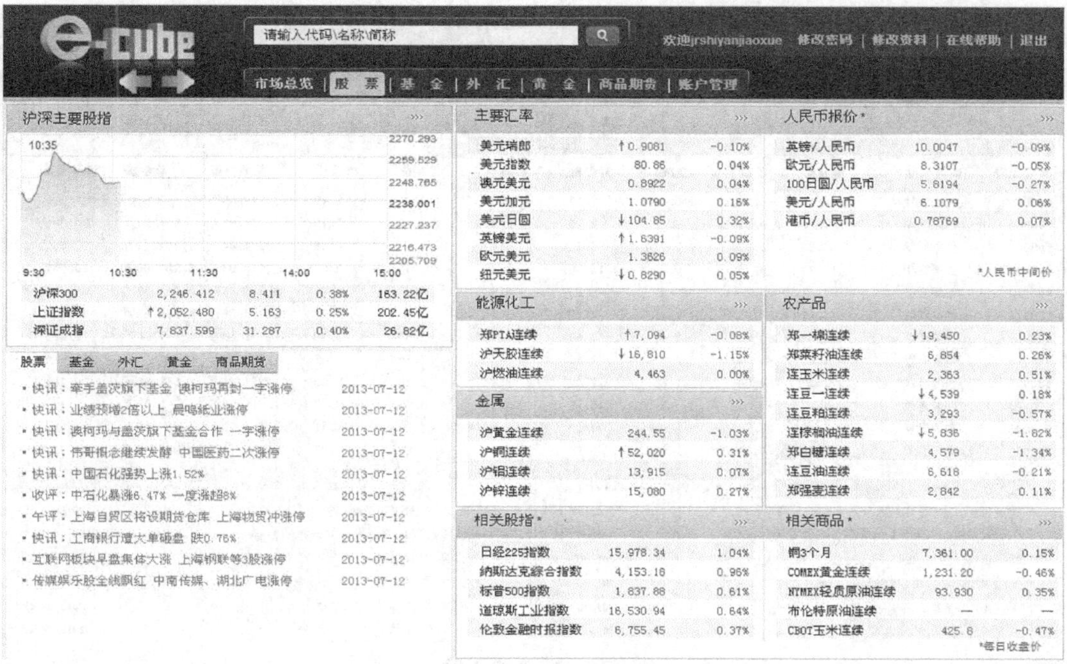

图 2－3 股票主界面

（二）显示行情信息

登录 e－cube 版模拟交易系统进入市场总览页面后，可以看到各个市场的行情及相关资讯。点击“股票”选项，进入股票市场行情主界面，如图 2－4 和图 2－5 所示。

图 2－4 股票总览

图 2－5 沪深 A 股

（三）委托交易

在“请输入代码\名称\简称”处输入六位股票代码或股票简称，进入个股行情和交易界面，如图2-6所示。在个股右边即时报价区域的买卖栏选择“买”，然后填入适当的交易股数（买入股数必须是100的倍数）。如图2-7至图2-9所示。

图2-6　个股分时走势图

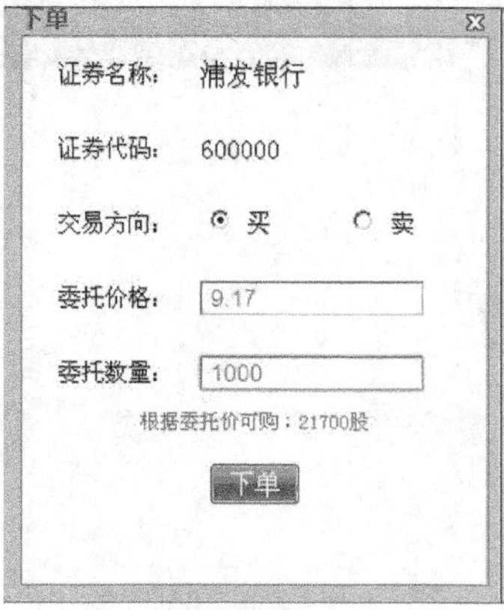

图2-7　下单（1）

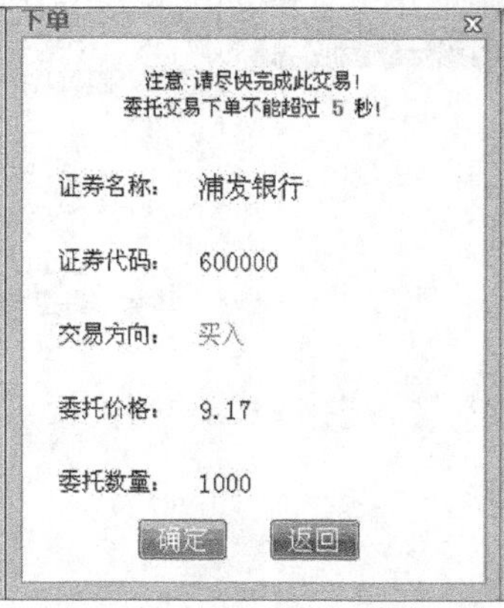

图2-8　下单（2）

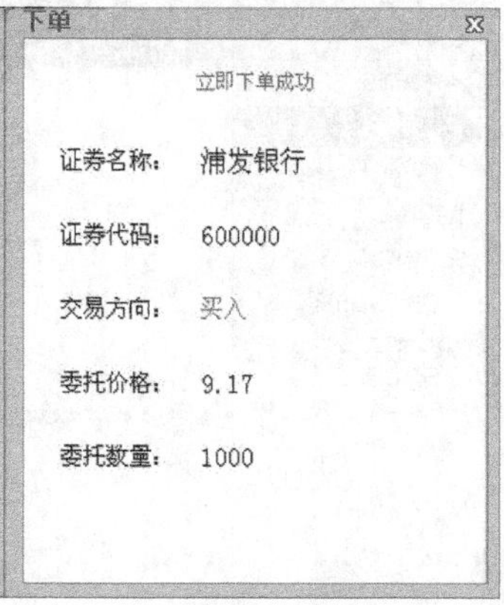

图2-9　下单（3）

（四）账户明细

单击“账户管理”，进入账户管理页面，选择左边的“股票市场”，可分别选择“持仓查询”“资金明细”“成交明细”“委托明细”“交割单明细”进行相应的查询。在相应的明细查询页面，同时可进行历史记录查询。如图 2－10 至图 2－12 所示。

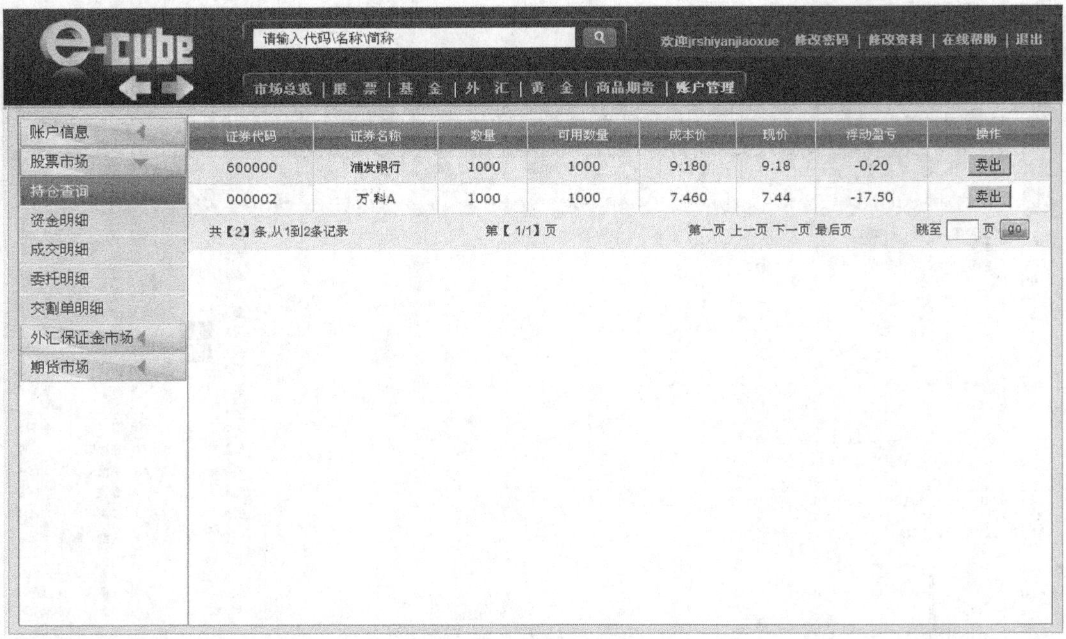

图 2－10 持仓查询

图 2－11 资金明细

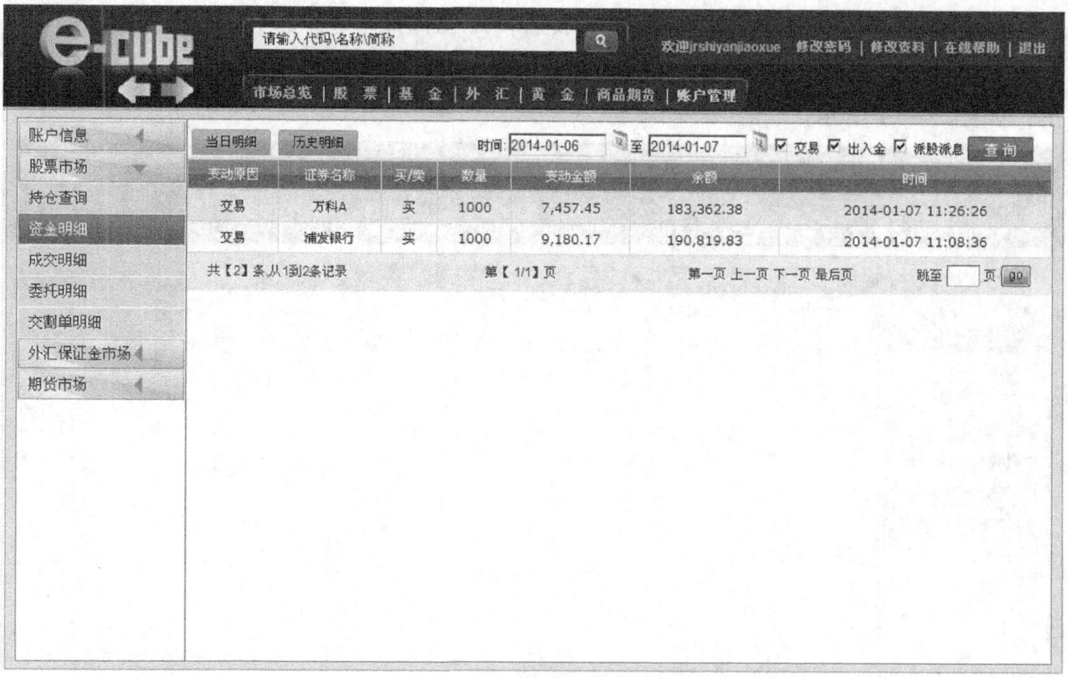

图2-12　成交明细

（五）撤单

在“委托明细”页面，可对当天未成交的股票进行撤单，如图2-13所示。同时，系统在当日交易结束后，对未成交的“买/卖申请”自动撤单。

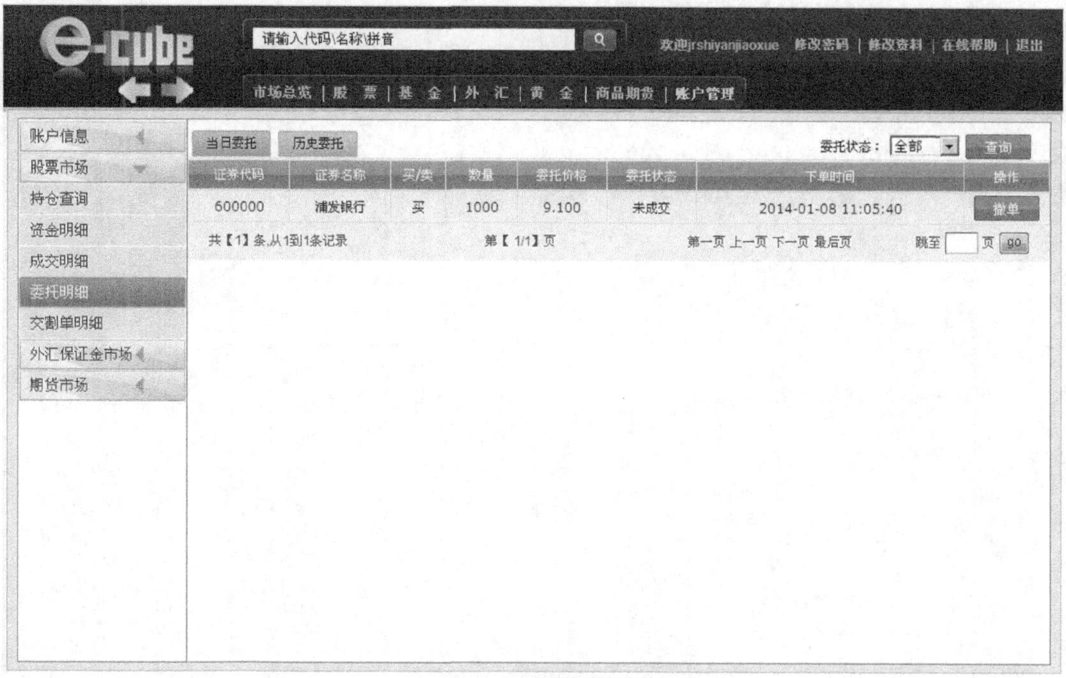

图2-13　委托明细

在“持仓查询”界面，对已成交的股票，可在满足“T+1”交易规则的条件下，点击“卖出”，进行卖出操作；当日买入股票，“可用数量”显示为“0”，即无法卖出，如图2-14所示。

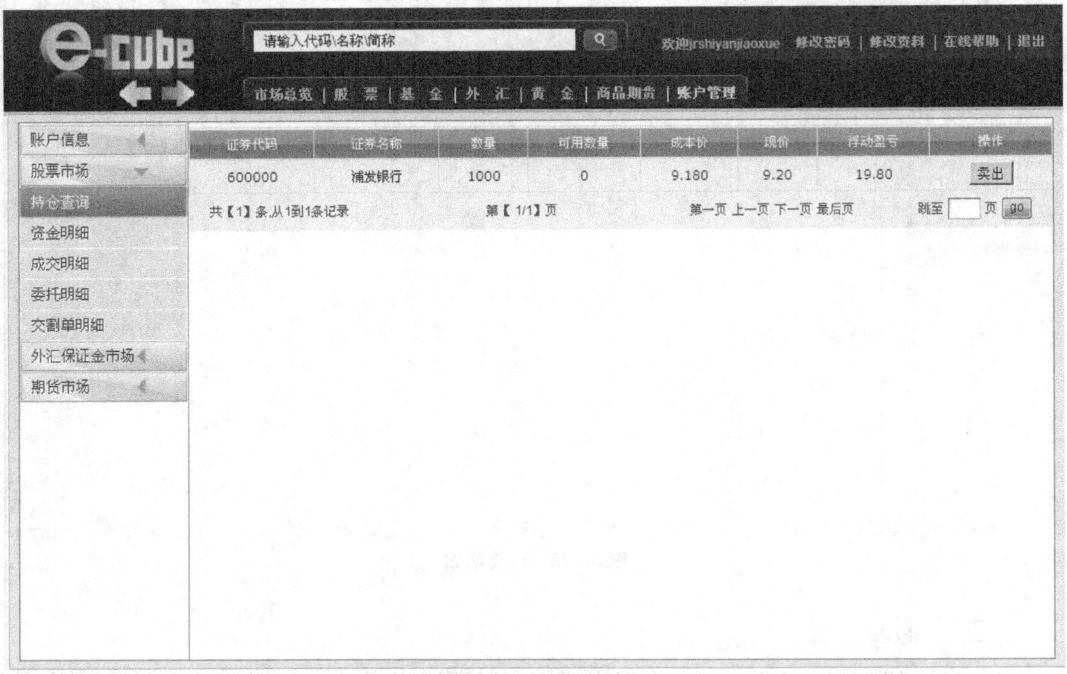

图2-14 账户信息

实验模块2：创业板股票交易模拟实验

一、实验名称

创业板股票交易模拟实验。

二、实验目的

通过创业板股票交易模拟实验，使学生了解创业板的概念、创业板的交易规则，对创业板的特点、开户要求和风险揭示等有一定的了解。

三、实验步骤与要求

（1）了解创业板的开户要求。

（2）了解创业板的交易规则。

（3）了解创业板的风险揭示书。

（4）进行创业板股票的委托交易练习。

（5）将创业板的特点、创业板股票委托交易练习过程、交易结果和盈亏计算等填写在实验报告中。

四、实验说明

（一）创业板的概念

创业板又称二板市场，即第二股票交易市场。在我国，创业板是指专为暂时无法在主板上市的中小企业和新兴公司提供融资途径和成长空间的证券交易市场，是对主板市场的重要补充，在资本市场有着重要的位置。

（二）创业板的交易规则

1. 交易市场

创业板股票的交易市场是深圳证券交易所，投资者使用深圳A股证券账户参与创业板市场新股申购和交易。

2. 股票代码

创业板股票代码使用［300000，309999］区间，一般按发行顺序依次编码。

3. 证券账户

只允许A股证券账户中的适当投资者参与创业板的各项业务。

A股证券账户中的适当投资者包括三种：A股机构投资者，可实时开通并在开通当天参与创业板的各项业务；具有两年以上（含两年）股票交易经验的自然人投资者，在书面签署《风险揭示书》两个交易日后，证券公司可为其开通创业板的交易权限；尚未具备两年交易经验的自然人投资者，应当抄录“特别声明”，并在书面签署《风险揭示书》5个交易日后，证券公司可为其开通创业板的交易权限。

4. **股份监控**

证券公司技术系统应根据中国证券登记结算公司深圳分公司在前一交易日收市后提供的结算数据，对投资者的卖出委托（含限价委托、市价委托、大宗交易）进行股份监控，不允许股份卖空（经有关职能部门批准开展融资融券等业务另有规定的除外）。T日买入的股票，T+1日可以卖出。

5. **资金监控**

证券公司技术系统应对投资者买入委托（含限价委托、市价委托、大宗交易）、新股申购和增发申购等申报进行资金监控，不允许资金买空（经有关职能部门批准开展融资融券等业务另有规定的除外）。

6. **创业板股票发行**

创业板股票的发行代码为30××××。

创业板股票网下发行同中小板股票网下发行，使用深交所和结算中心深圳分公司的网下发行电子平台。

创业板股票网上发行同中小板股票网上发行，采用资金申购定价发行模式，使用现有的交易和结算数据接口。

7. **创业板增发**

创业板增发时，将加挂专用的证券代码37××××，后四位数字与股票交易代码30××××的后四位数字相同。

8. **创业板配股**

创业板配股认购时，将加挂专用的证券代码38××××，后四位数字与股票交易代码30××××的后四位数字相同。

9. **创业板上市公司交易系统网络投票**

创业板上市公司通过交易系统进行股东大会的网上投票时，将加挂专用的证券代码36××××，创业板网络投票的证券代码使用［365000，368999］区间，根据对应股票的交易代码顺序编码，即300001股票的网络投票代码为365001，301001股票的网络投票代码为366001，依此类推。

五、实验示例

由于创业板股票交易与主板股票交易相同，这里不再赘述（详见实验模块1：主板股票交易模拟实验第五部分的实验示例）。

实验模块3：融资融券模拟实验

一、实验名称

融资融券模拟实验。

二、实验目的

通过融资融券模拟实验，使学生熟悉融资融券的开户步骤，掌握融资融券开户的条件、融资融券账户体系和交易规则等，并学会融资融券保证金比例及计算，保证金可用余额及计算。

三、实验步骤与要求

（1）熟悉融资融券的开户步骤。

（2）掌握融资融券开户的条件。

（3）掌握融资融券账户体系和交易规则。

（4）学习融资融券保证金比例及计算，保证金可用余额及计算。

四、实验说明

（一）开户

1. 客户申请和资格初审

（1）客户到营业部，向营业部提交融资融券业务的申请。对于符合业务需求的客户，营业部相关工作人员为客户介绍公司的融资融券业务规则、公司相关的业务制度、需要提交的资料和办理程序等内容。

（2）客户提交业务所需要的申请资料，营业部相关工作人员对客户提交的资料进行审核，指导客户填写业务申请表，进行融资融券测试。

2. 征信调查、信用评估、授信额度审查与审批

营业部相关工作人员将客户的申请资料寄送至公司总部，由信用交易管理部对客户进行征信调查和评估，审批授信。

3. 签订融资融券协议以及开立信用交易账户

客户获得公司授信后（公司将以电话或信息方式通知客户），获得授信额度的客户应在收到《客户授信结果确认单》的10个交易日之内到营业网点办理相关手续，包括签署《融资融券合同》、开立信用账户、转入折算价值不低于授信额度的担保物（公司不接受股改限售股份和解除限售存量股份作为担保物）并交纳承诺费等。未在规定期限内办理手续的客户，公司将取消授信额度。

4. 账户激活

客户在开立信用交易账户、转入相应担保物并按照公司规定更改联络邮箱密码后，信用交易账户方可激活。信用交易深市 T 日可以进行交易，沪市 T+1 日可以进行交易。

5. 了结债务，结束合同

融资融券合同最长期限为 6 个月，客户在期满前须了结相关债务、结束合同，之后方可进行下一次合同申请。

开户流程如图 2－15 所示。

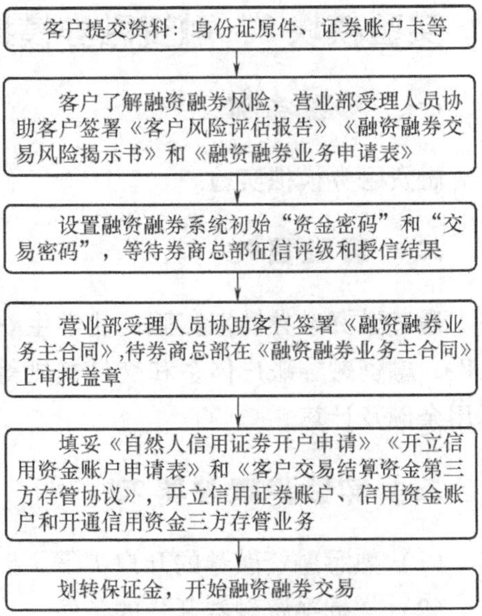
客户提交资料：身份证原件、证券账户卡等
客户了解融资融券风险，营业部受理人员协助客户签署《客户风险评估报告》《融资融券交易风险揭示书》和《融资融券业务申请表》
设置融资融券系统初始“资金密码”和“交易密码”，等待券商总部征信评级和授信结果
营业部受理人员协助客户签署《融资融券业务主合同》,待券商总部在《融资融券业务主合同》上审批盖章
填妥《自然人信用证券开户申请》《开立信用资金账户申请表》和《客户交易结算资金第三方存管协议》，开立信用证券账户、信用资金账户和开通信用资金三方存管业务
划转保证金，开始融资融券交易

图 2－15　融资融券开户流程

（二）融资融券开户条件

（1）符合法律、法规以及中国证券登记结算有限责任公司有关业务规则的规定，能够开立证券账户。

（2）在公司开立普通账户 18 个月以上且无不良记录。

（3）客户在公司开立的账户内资产价值达到一定规模（个人客户账户资产价值为人民币 100 万元以上，机构客户账户资产价值为人民币 200 万元以上），其中现金和可充抵保证金证券市值之和达到一定规模。

（4）近 1 年内累计成交金额与其在公司开立的账户内资产价值之比达一定比例以上。

（三）融资融券账户体系

融资融券业务共涉及 9 个账户。其中，证券公司需要开立的账户有 6 个，分别是融券专用证券账户、客户信用交易担保证券账户、信用交易证券交收账户、信用交易资金交收账户、融资专用资金账户和客户信用交易担保资金账户；客户需要开立的账户有 3 个，分别是客户信用证券账户、客户信用资金台账和客户信用资金账户。不同的账户有不同的用途，同时也有不同的开立机构，具体情况参见表 2－2。

表 2－2　融资融券账户体系

证券公司的账户体系	开立机构	账户用途
1. 融券专用证券账户	结算公司	用于存放拟融出和客户归还的证券
2. 客户信用交易担保证券账户	结算公司	用于存放客户以证券形式提交的担保物
3. 信用交易证券交收账户	结算公司	用于客户融资融券业务的证券结算
4. 信用交易资金交收账户	结算公司	用于客户融资融券业务的资金结算
5. 融资专用资金账户	银行	用于存放拟融出和客户归还的资金
6. 客户信用交易担保资金账户	银行	用于存放客户以资金形式提交的担保物

续表

客户的账户体系	开立机构	备注
1. 客户信用证券账户	券商	客户信用交易担保证券账户的二级账户
2. 客户信用资金台账	券商	记载客户担保金及负债的明细数据
3. 客户信用资金账户	银行	客户信用交易担保资金账户的二级账户

1. **融资交易**

客户以其信用担保账户（包括资金担保和证券担保）中的资金或证券作为担保品，向证券公司申请融资买入；证券公司在与结算公司结算时，用其“证券公司融资专用账户”中的自有资金为客户垫付资金，融资的资金交收通过“信用交易资金交收账户”完成；客户融资买入的证券作为向证券公司融资的担保品，登记到“客户信用交易担保证券账户”，同时记增相应的“客户信用证券账户”。客户偿还融资款，可采用直接还款或卖券还款两种方式。直接还款的，客户将资金划入“证券公司融资专用账户”，用以偿还该客户的部分或全部融资款；卖券还款的，所得款项先偿还证券公司融资款和融资费用，剩余资金进入“客户信用交易担保资金账户”，同时记增相应的“客户信用资金账户”。

2. **融券交易**

客户以其信用担保账户（包括资金担保和证券担保）中的资金或证券作为担保品，向证券公司申请融券卖出；证券公司在与结算公司交收时，用其“证券公司融券专用账户”中的自有证券为客户垫付证券，融券的证券交收通过“信用交易证券交收账户”完成；客户融券卖出所得资金作为向证券公司融券的担保品，记入“客户信用交易担保资金账户”，同时记增相应的“客户信用资金账户”。客户可采用买券还券的方式偿还融入证券。客户通过“客户信用证券账户”申报买券，买入证券从“客户信用交易担保证券账户”划入“证券公司融券专用账户”，完成还券。

（四）融资融券交易规则

（1）证券公司接受客户融资融券交易委托，应当按照交易所规定的格式申报。

（2）融资买入、融券卖出的申报数量应当为100股（份）或其整数倍。

（3）融券卖出的申报价不得低于该证券的最新成交价；当天未成交的，申报价不得低于其前收盘价。低于上述价格的申报视为无效申报。

融券期间，客户通过其所有或控制的证券账户持有与融券卖出标的相同证券的，卖出该证券的价格应遵守本项规定，但超出融券数量的部分除外。不得以违反规定卖出该证券的方式操作市场。

客户应当在与证券公司签订《融资融券合同》时，向证券公司申请其本人及关联人持有的全部证券账户。客户融券期间，其本人或关联人卖出与所融入证券相同的证券的，客户应当自该事实发生之日起3个交易日内向证券公司申报。证券公司应当将客户申报的情况按月报送相关证券交易所。

(4) 客户融资买入证券后，可通过卖券还款或直接还款的方式向证券公司偿还融入资金。

卖券还款是指客户通过其信用证券账户申报卖券，结算时卖出证券所得资金直接划转至证券公司融资专用账户的一种还款方式。

以直接还款方式偿还融入资金的，具体操作按照证券公司与客户之间的约定办理。

(5) 客户融券卖出后，可通过买券还券或直接还券的方式向证券公司偿还融入证券。

买券还券是指客户通过其信用证券账户申报买券，结算时买入证券直接划转至证券公司融券专用证券账户的一种还券方式。

以直接还券方式偿还融入证券的，按照证券公司与客户之间的约定以及交易所指定登记结算机构的有关规定办理。

(6) 客户卖出信用证券账户内证券所得价款，需先偿还其融资欠款。

(7) 未了结相关融券交易前，客户融券卖出所得价款除买券还券外不得他用。

(8) 客户信用证券账户不得买入或转入担保物和交易所规定标的证券以外的证券，不得用于从事交易所债券回购交易。

(9) 客户未能按期缴足担保物或者到期未偿还融资融券债务的，证券公司应当根据约定采取强制平仓措施，处分客户担保物，不足部分可以向客户追索。

(10) 证券公司根据与客户的约定采取强制平仓措施的，应按照交易所规定的格式申报强制平仓指令。申报指令应包括客户的信用证券账户号码、席位代码、标的证券代码、买卖方向、价格、数量和平仓标识等内容。

(五) 融资融券保证金比例及计算

客户融资买入证券时，融资保证金比例不得低于50%。

融资保证金比例是指客户融资买入时交付的保证金与融资交易金额的比例，计算公式为：

融资保证金比例 = [保证金 ÷ (融资买入证券数量 × 买入价格)] ×100%

客户融券卖出时，融券保证金比例不得低于50%。

融券保证金比例是指客户融券卖出时交付的保证金与融券交易金额的比例，计算公式为：

融券保证金比例 = [保证金 ÷ (融券卖出证券数量 × 卖出价格)] ×100%

(六) 保证金可用余额及计算

客户融资买入或融券卖出时所使用的保证金不得超过其保证金可用余额。

保证金可用余额是指客户用于充抵保证金的现金、股票、证券市值及融资融券交易产生的浮盈经折算后形成的保证金总额，减去客户未了结融资融券交易已占用保证金和相关利息、费用的余额，计算公式为：

保证金可用余额 = 现金 + ∑（充抵保证金的证券市值 × 折算率） + ∑［（融资买入证券市值 − 融资买入金额） × 折算率］ + ［（融券卖出金额 − 融券卖出证券市值） × 折算率］ − ∑融券卖出金额 − ∑融资买入证券金额 × 融资保证金比例 − ∑融券卖出证券市值 × 融券保证金比例 − 利息及费用

公式中：

融券卖出金额 = 融券卖出证券的数量 × 卖出价格

融券卖出证券市值 = 融券卖出证券数量 × 市价

融券卖出证券数量是指融券卖出后尚未偿还的证券数量。

∑［（融资买入证券市值 − 融资买入金额） × 折算率］、∑［（融券卖出金额 − 融券卖出证券市值） × 折算率］中的折算率，是指融资买入、融券卖出证券对应的折算率。当融资买入证券市值低于融资买入金额或融券卖出证券市值高于融券卖出金额时，折算率按100%计算。

（七）深市融资融券可充抵保证金证券范围和折算率

深市融资融券可充抵保证金证券范围和折算率如表2－3所示。

表2－3 深市融资融券可充抵保证金证券范围和折算率

可充抵保证金证券品种		折算率（%）
A股	深证100指数成分股（180）	≤70
	非深证100指数成分股	≤65
	被实行特别处理和暂停上市的A股	0
基金	交易所交易型开放式指数基金（ETF）	≤90
	其他上市基金	≤80
债券	国债	≤95
	其他上市债券	≤80
权证	权证	0

（八）维持担保比例

维持担保比例是指客户担保物价值与其融资融券债务之间的比例，其计算公式为：

维持担保比例 = （现金 + 信用证券账户内证券市值总和）／（融资买入金额 + 融券卖出证券数量 × 当前市价 + 利息及费用总和）

证券公司应当逐日计算客户交存的担保物价值与其所欠债务的比例。

投资者信用账户维持担保比例不得低于130%。证券公司在不超过上述交易所规定比例的基础上，可以根据客户资信状况等因素，自行确定维持担保比例的最低标准。

当投资者信用账户维持担保比例超过300%时，其可以提取保证金可用余额中的现金或充抵保证金的证券部分，但提取后维持担保比例不得低于300%。

五、实验示例

(一) 融资买入

融资买入过程如图 2 – 16 所示。

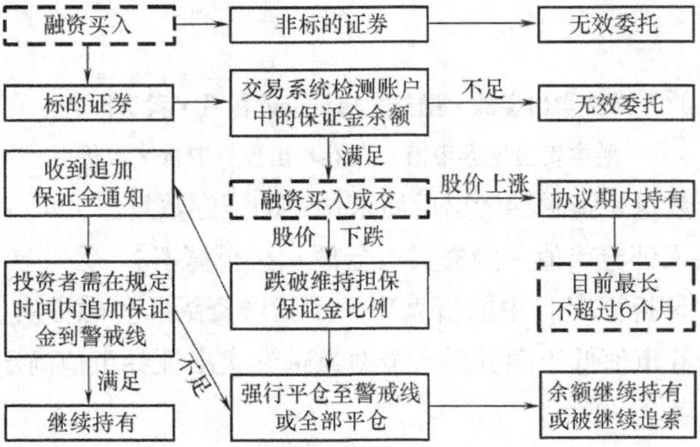

图 2 – 16　融资买入过程

投资者张先生将信用账户中的 100 万元现金作为保证金，经分析判断后，选定证券 A 进行融资买入，融资保证金比例为 50%。在不考虑佣金和其他交易费用的情况下，张先生可融资的最大金额为 200 万元（100 ÷ 50%）。证券 A 的最近成交价为 5 元/股，张先生以自有资金 100 万元和融资 200 万元共 300 万元，以 5 元/股的价格买入委托交易，可买入的最大数量为 60 万股（300 ÷ 5）。

委托成交后，张先生信用账户内的保证金已全部占用，不能再进行新的融资或融券交易。当日结算时证券公司垫付 200 万元以完成交收，所得证券 A 共 60 万股划入证券公司客户信用交易担保证券账户，并在张先生的信用证券账户中做出明细记载。

至此，张先生与证券公司建立了债权债务关系，若该证券当日的收盘价为 5 元/股，则账户维持担保比例为 150%（资产 300 万元 ÷ 负债 200 万元）。

1. 买入证券 A 后价格出现连续上涨

如果第二天证券 A 价格上涨，收盘价到 5.4 元/股，资产为 324 万元（60 × 5.4），融资负债仍为 200 万元，账户维持担保比例为 162%（投资者账户浮盈 24 万元）。

如果第三天证券 A 价格继续上涨，收盘价到 5.8 元/股，资产为 348 万元（60 × 5.8），融资负债仍为 200 万元，账户维持担保比例为 174%（投资者账户浮盈 48 万元）。

2. 买入证券 A 后价格出现连续下跌

如果第二天证券 A 价格下跌，收盘价到 4.5 元/股，资产为 270 万元（60 × 4.5），融资负债仍为 200 万元，账户维持担保比例为 135%（投资者账户浮盈 – 30 万元）。

如果第三天证券 A 价格继续下跌，收盘价到 4.1 元/股，资产为 246 万元（60 × 4.1），融资负债仍为 200 万元，账户维持担保比例为 123%（投资者浮盈 - 54 万元）。账户维持担保比例低于 130%，此时张先生应采取卖券还款、增加保证金等方式提高账户维持担保比例，否则，证券公司为了控制风险，可以根据合同进行强制平仓，了结全部或部分债权债务关系。

3. 偿还融资债务

在第二种情况下，假定张先生第四天准备采取卖券还款的方式全部偿还债务 200 万元，如果此时证券 A 价格为 4.0 元/股，张先生需以该价格委托卖出（或卖券还款）50 万股证券 A。委托成交后，当日结算时证券公司收回融资债务 200 万元，该笔融资买入即已结清。此时，张先生信用证券账户尚余 10 万股证券 A，市值为 40 万元。

（二）融券卖出

融券卖出过程如图 2 – 17 所示。

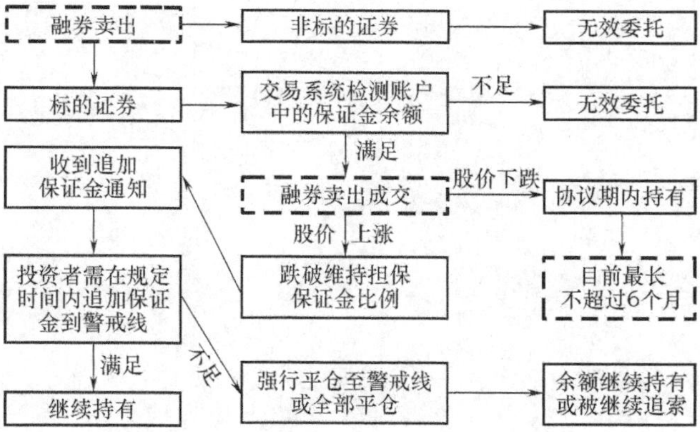

图 2 – 17　融券卖出过程

投资者张先生利用信用账户中的 50 万元现金作为保证金，经分析判断后，选定证券 A 进行融券卖出，融券保证金比例为 50%。在不考虑佣金和其他交易费用的情况下，张先生可融券卖出的最大金额为 100 万元（50 ÷ 50%）。证券 A 的最近成交价为 10 元/股，张先生以此价格发出融券交易委托，可融券卖出的最大数量为 10 万股（100 ÷ 10）。

委托成交后，张先生信用账户内的保证金已全部占用，不能再进行新的融资或融券交易。当日结算时证券公司垫付 10 万股证券 A 以完成交收，所得资金 100 万元划入张先生信用资金账户，该笔资金被冻结，除买券还券外不得他用。

至此，张先生与证券公司建立了债权债务关系，其融券负债将以数量记载，负债金额以每日收盘价逐日计算。若该证券当日的收盘价为 10 元/股，维持担保比例为

150%（资产 150 万元 ÷ 负债 100 万元）。

如果第二天证券 A 价格上涨，收盘价为 11 元/股，资产仍为 150 万元，负债则为 110 万元（10 × 11），账户维持担保比例约为 136%，已接近追加担保物的维持担保比例 130%。

如果第三天证券 A 价格继续上涨，收盘价到 12 元/股，资产仍为 150 万元，负债则为 120 万元（10 × 12），维持担保比例约为 125%，低于 130%，此时张先生应采取增加保证金、融券债务偿还等方式提高维持担保比例，否则，证券公司为了控制风险，可以根据合同进行强制平仓，了结债权债务关系。

上述融券卖出的案例提醒投资者，在融券卖出时应注意两个问题：

（1）融券卖出负债以市值计算，将随卖出证券价格而波动。

（2）融券交易具有杠杆交易特性，证券价格的合理波动即可能引致较大风险。

第3章

债券交易模拟实验

实验模块4：债券交易模拟实验

一、实验名称

债券交易模拟实验。

二、实验目的

通过债券交易模拟实验，使学生掌握债券交易的基本操作方法，熟悉债券的开户、回购、买卖、结算和查询等交易步骤，对债券进行盈亏计算。

三、实验步骤与要求

（1）登录模拟债券交易系统，建立模拟债券交易账户。

（2）选择交易的债券。

（3）进行委托交易练习。

（4）将练习过程、交易结果和盈亏计算等填写在实验报告中。

四、实验说明

（一）债券现货交易

1. 买入债券

投资者首先开设中国证券登记结算有限责任公司的证券账户卡和资金账户。直接委托证券商，采用证券账户卡申报买进，买进债券后，证券商就会为客户打印证券存折，以后即可凭证券存折再行卖出（如果买的是实物债券，需要提取时，证券商就会按照有关债券实物代保管业务的规定办理提券手续并交付，但记账式债券不能提券）。

2. 卖出债券

对于实物债券，在卖出之前应事先将它交给开户市的证券结算公司或其在全国各地的代保管处进行集中托管，这一过程也可委托证券商代理，证券商在收到结算公司的记账通知书后再为客户打印债券存折，客户就可委托该证券商代理卖出所托管的债券。对于记账式债券，可通过在发行期认购获得，再委托托管证券商卖出。

（二）债券期货交易

当估计手中的债券价格有下跌趋势，但又不太确定时，既不想马上将债券转让出去，又想将价格有可能下降的风险转移给别人；或者估计某种非持有的债券价格将要上涨，想买进，但又不太确定时，既不想马上就将该债券买进，又确实想得到价格有可能上涨的收益，可委托券商与对方进行撮合，双方通过期货交易所的经纪人谈妥成交条件后，先签订成交契约（标准化的期货合约），按照契约规定的价格，约定在估计的降价或涨价时间之后再交割易主，这样就达到了预期目的。当然，实际情况和估计的相反时就不能等到交割的那一时刻了，可在期货到期前的任一时间再做一笔金额大致相等、方向相反的交易来对冲了结。

（三）债券期权交易

期权交易是一种选择权的交易，双方买卖的是一种权利，也就是与对方按约定的价格，在约定的某一时间内，就是否购买或出售某种债券而预先达成契约的一种交易。具体做法是：与交易对方通过经纪人签订一份期权买卖契约，规定期权买方在未来的一定时期内，有权按契约规定的价格、数量向期权卖方买进或卖出某种债券。期权买方向期权卖方支付一定的期权费，取得契约。这时期权的买方有权在规定的时间内根据市场行情决定是否执行契约，若市场价格对其买入或卖出债券有利，将有权按契约规定向期权卖方买入或出售债券，期权卖方不得以任何理由拒绝交易；若市场价格对其买入或卖出债券不利，可放弃交易，任其作废，这时期权买方的损失就是购买期权的费用，或者可以把期权转让给第三者转嫁风险。期权交易又分为买进期权、卖出期权和套做期权三种。

需要指出的是，期货、期权的实际交易操作比理论上的想象要复杂得多，比如，既有多头准套利、多头纯粹套利和空头准套利、空头纯粹套利，还有组合投资和套期图利等。

（四）银行间债券市场

银行间债券市场是指依托于中国外汇交易中心暨全国银行间同业拆借中心（简称同业中心）和中央国债登记结算公司（简称中央登记公司），包括商业银行、农村信用联社、保险公司和证券公司等金融机构进行债券买卖和回购的市场。其主要职能是：提供银行间外汇交易、人民币同业拆借、债券交易系统并组织市场交易，提供外汇市场、债券市场和货币市场的信息服务等。银行间债券市场成立于1997年6月6日，经过十余年的迅速发展，目前已成为我国债券市场的主体部分，记账式国债的大部分、政策性金融债券都在该市场发行并上市交易。银行间债券市场的债券交易包括债券回购和现券买卖两种。

（五）国债净价交易

1. 国债净价交易方式

国债净价交易仍遵守交易所现行的交易规则。除此之外，投资者还需要注意三个问题：

一是实行“净价申报”和“净价撮合”成交，以成交价格和应计利息额之和作为结算价格。

二是国债净价交易以每百元国债价格进行报价，应计利息额也按每百元国债所含利息额列示。

三是报价系统和行情发布系统同时显示国债净价价格和应计利息额（见图3－1）。

交易所债券每日行情收益列表[欲获企业债数据，请点击下载]　使用方法>>>

2013-12-27　查询　温馨提示：点击　代码　可实现表格排序

版权声明：本表为和讯债券独家提供，仅供参考，不构成交易凭据

全部国债　全部企债

国债名称	代码	年利率(%)	期限	剩余期限	净价	应计天数	应计利息	全价	付息方式	到期收益率	修正久期	凸性	行情
国债917	101917	4.26	20	7.60	102.00	150	1.75	103.75	年付	3.95%	NaN	NaN	
国债1320	101320	4.07	7	6.81	96.20	72	0.80	97.00	年付	4.73%	NaN	NaN	
国债1315	101315	3.46	7	6.54	93.00	170	1.61	94.61	年付	4.73%	NaN	NaN	
国债1313	101313	3.09	5	4.42	93.08	212	1.79	94.87	年付	4.86%	NaN	NaN	
国债1311	101311	3.38	10	9.41	100.00	219	1.01	101.01	半年付	3.38%	NaN	NaN	
国债1308	101308	3.29	7	6.31	92.10	254	2.29	94.39	年付	4.77%	NaN	NaN	
国债1303	101303	3.42	7	6.08	92.09	338	3.17	95.26	年付	4.96%	NaN	NaN	
国债1014	101014	4.03	50	46.44	100.00	34	0.38	100.38	半年付	4.03%	NaN	NaN	
国债1007	101007	3.36	10	6.25	100.58	94	0.87	101.45	半年付	3.26%	NaN	NaN	
国债1002	101002	3.43	10	6.11	101.39	146	1.36	102.75	半年付	3.18%	NaN	NaN	
国债0501	100501	4.44	10	1.17	100.41	122	1.47	101.88	半年付	4.07%	NaN	NaN	
国债0303	100303	3.40	20	9.31	90.30	72	0.67	90.97	半年付	4.70%	NaN	NaN	
国债0213	100213	2.60	15	3.73	93.67	99	0.71	94.38	半年付	4.46%	NaN	NaN	

图3－1　国债报价

2. 国债净价结算方式

在净价交易方式下，国债买卖双方都是以净价（即不含应计利息的价格）进行报价，结算交割时，买方和卖方实际支付和得到的金额包括成交价格和应计利息额两部分，即：

结算价格＝净价成交价格＋应计利息额

国债净价交易“应计利息额”的计算方法是：应计利息额的计算应以元为单位，并保留小数点后8位数，实际在行情显示上的结果是根据四舍五入原则，保留到小数点后两位数。计算公式为：

应计利息额＝票面利率÷365（天）×已计息天数

上述公式中的各要素具有以下含义：

应计利息额：零息国债是指发行起息日至成交日所含利息金额；付息国债是指本

付息期起息日至成交日所含的利息金额。

票面利率：固定利率国债是指发行票面利率；浮动利率国债是指本付息期计息利率。

年度天数及已计息天数：1 年按 365 天计算，闰年 2 月 29 日不计算利息；已计息天数是指起息日至成交当日的实际日历天数。

（六）债券收益率

投资者投资债券时，最关心的就是债券收益的高低。为了精确衡量债券收益，一般使用债券收益率指标。债券收益率是债券收益与其投入本金的比率，通常用年率表示。债券收益不同于债券利息，债券利息仅指债券票面利率与债券面值的乘积。但由于人们在持有期内还可以将债券在债券市场上进行买卖，赚取价差，因此，债券收益除利息收入外，还包括买卖盈亏差价。决定债券收益率的主要因素有债券的票面利率、期限、面值和购买价格。

某交易所的国债收益率曲线如图 3－2 所示。

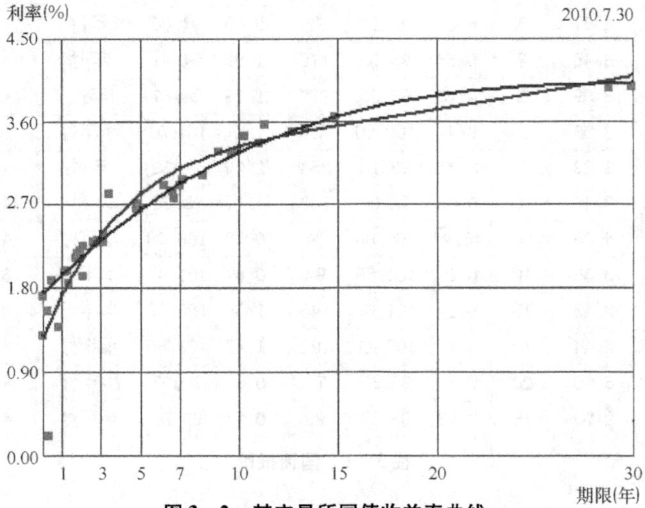

图 3－2 某交易所国债收益率曲线

最基本的债券收益率计算公式为：

债券收益率 =（到期本息和－发行价格）÷（发行价格 × 偿还期限）× 100%

由于债券持有人可能在债券偿还期内转让债券，债券的收益率还可以分为债券出售者的收益率、债券购买者的收益率和债券持有期间的收益率，其计算公式分别为：

债券出售者的收益率 =（卖出价格－买入价格 + 持有期间的利息）÷（买入价格 × 持有年限）× 100%

债券购买者的收益率 =（到期本息和－买入价格）÷（买入价格 × 剩余期限）× 100%

债券持有期间的收益率 =（卖出价格－买入价格 + 持有期间的利息）÷（买入价格 × 持有年限）× 100%

比如，某人于 2018 年 1 月 1 日以 102 元的价格购买了一张面值为 100 元、利率为 10%、每年 1 月 1 日支付一次利息的 2014 年发行的 5 年期国库券，并持有到 2019 年 1 月 1 日，则：

债券购买者的收益率 =（100 + 100 × 10%－102）÷（102 × 1）× 100% = 7.8%

债券出售者的收益率 =（102 - 100 + 100 × 10% × 4）÷（100 × 4）× 100% = 10.5%

再如，某人于2013年1月1日以120元的价格购买了面值为100元、利率为10%、每年1月1日支付一次利息的2012年发行的10年期国库券，并持有到2017年1月1日，以140元的价格卖出，则：

债券持有期间的收益率 =（140 - 120 + 100 × 10% × 4）÷（120 × 4）× 100% = 12.5%

以上公式的计算没有考虑把获得的利息进行再投资的因素。把所获利息的再投资收益计入债券收益，据此计算出的收益率即为复利收益率。

图3-3是系统的债券收益率计算器示意图。

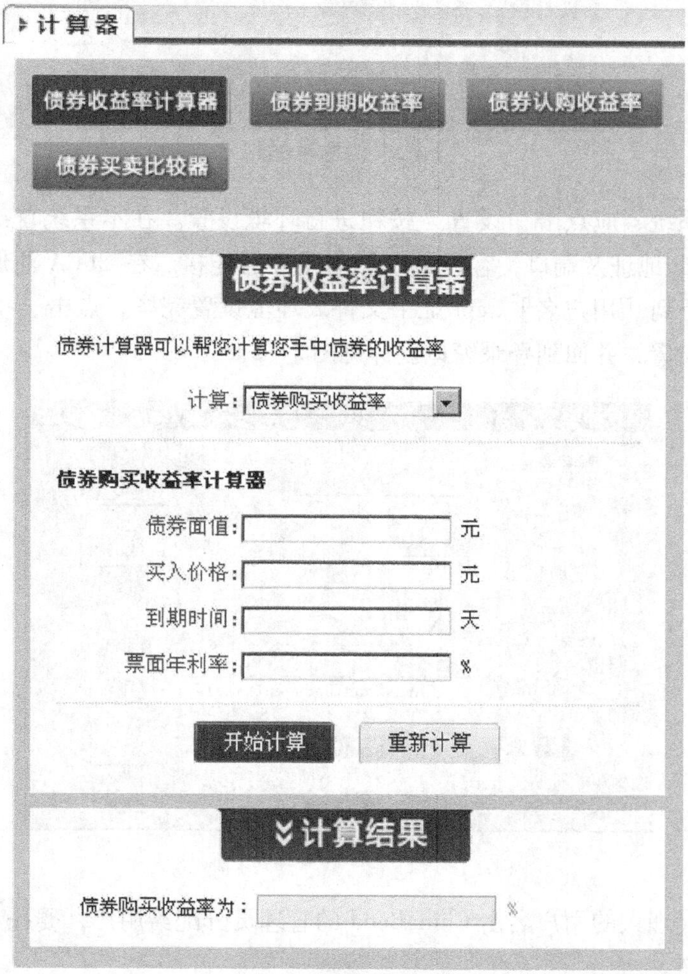

图3-3 债券收益率计算器

五、实验示例

系统的初始设置由ChinaBond的管理员和代理人的管理员分别完成。ChinaBond的管理员负责设置系统的基本信息（如交易品种、结算方式、债券种类）和代理人信息，并为代理人的操作员分配权限。代理人的管理员负责设置所代理的委托人信息，并为委托人的操作员分配权限。本系统分为三个不同版本：管理员版本、代理人版本和委托人版本。

系统的登录窗口如图 3－4 所示。

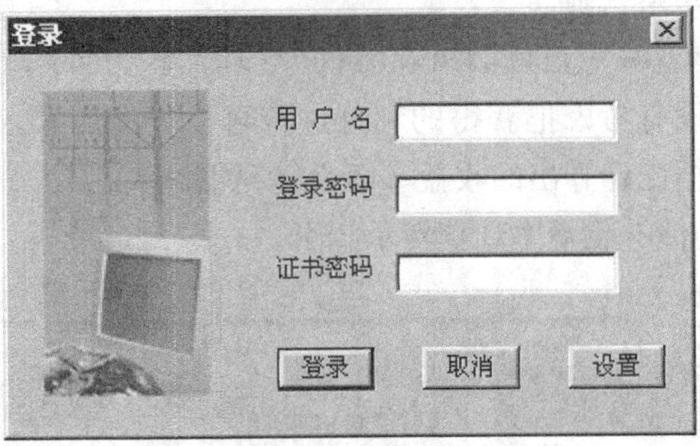

图 3－4　系统登录

首次进入系统，应点击“设置”按钮进行环境设置。在本系统首次运行时，需要指定服务器的 IP 地址及端口，客户端才能与服务器连接。在 CFCA 注册证书后，会在 entrust 目录下得到［用户名］. epf 证书文件。环境设置完毕，点击“确认”按钮，系统将保存以上设置，并回到登录窗口。详见图 3－5。

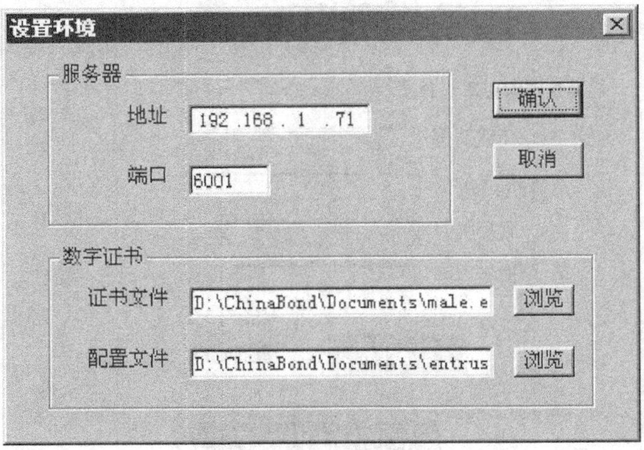

图 3－5　设置环境

用户名：代理人的用户名由 ChinaBond 的管理员分配给用户，委托人的用户名由代理人分配给用户。

登录密码：首次进入时无密码，进入系统后应及时设置密码。

证书密码：在申请数字证书时会要求用户设置该密码，此密码同证书文件一起保存在本地，不会传给服务器。

输入完成三项内容后，点击“确认”按钮。

（一）设置交易品种

从系统菜单“设置”——“设置交易品种”可进入“交易品种”窗口（见图3－6）。

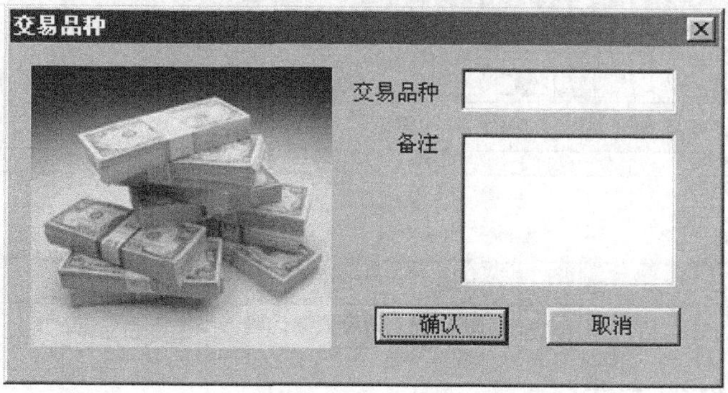

图3－6 交易品种

“交易品种”最多可输入20个字符，最好用字母或数字，交易品种不能重复。“备注”最多可输入100个字符。新增的交易品种将在图3－7中列出。

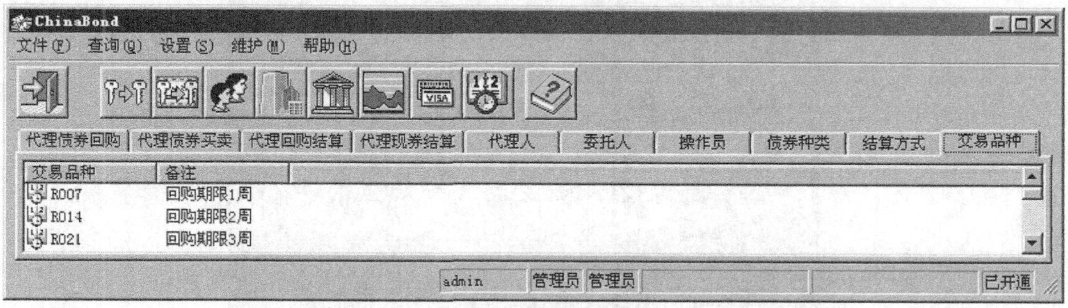

图3－7 新增交易品种

（二）设置债券种类

从系统菜单“设置”——“设置债券种类”可进入“债券设置”窗口（见图3－8）。

图3－8 债券设置

“债券代码”最多可输入20个字符，债券代码不能重复。“债券名称”最多可输入20个字符。新增的债券代码将在图3－9中列出。

图3－9　新增债券代码

（三）设置结算方式

从系统菜单“设置”——“结算方式设置”可进入“结算方式设置”窗口（见图3－10）。

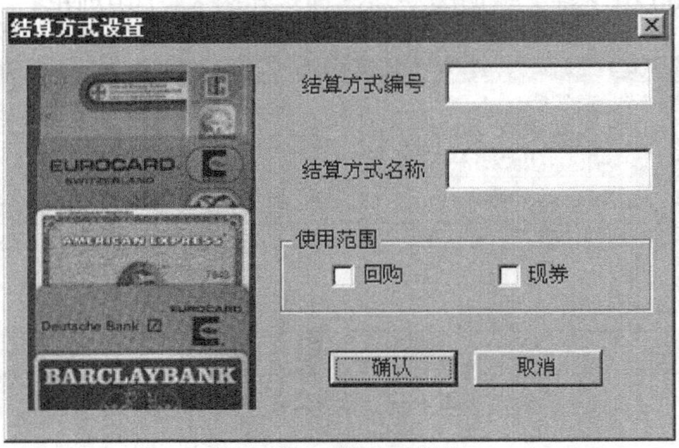

图3－10　结算方式设置

“结算方式编号”最多可输入20个字符，结算方式编号不能重复。“结算方式名称”最多可输入20个字符。新增的结算方式将在图3－11中列出。

图3－11　新增结算方式

实验模块5：债券回购模拟实验

一、实验名称

债券回购模拟实验。

二、实验目的

通过债券回购模拟实验，使学生了解交易所和银行间债券回购市场的参与主体、品种、交易规则以及风险防范措施，熟悉交易所回购交易流程。

三、实验步骤与要求

（1）登录相关网站，查看交易所及银行间债券回购交易行情。
（2）模拟交易所债券回购交易流程。
（3）进行质押券入库申报练习。
（4）将练习过程和交易流程等填写在实验报告中。

四、实验说明

（一）债券回购交易

债券回购是指债券交易的双方在进行债券交易的同时，以契约方式约定在将来某一日期以约定的价格（本金和按约定回购利率计算的利息），由债券的“卖方”（正回购方）向“买方”（逆回购方）再次购回该笔债券的交易行为。

回购协议的利率是双方根据债券回购期限、货币市场行情以及回购债券的质量等因素共同议定的，与债券本身的利率没有直接关系，所以，这种有条件的债券交易实际上是一种短期的资金借贷。从交易发起人的角度出发，凡是质押出债券、借入资金的交易均称为进行债券正回购；凡是主动借出资金、获取债券质押的交易均称为进行债券逆回购。

债券回购有债券质押式回购和债券买断式回购两种类型，它们的区别在于债券的所有权是否发生了实质性的转移。开展债券回购交易业务的主要场所为沪、深证券交易所及全国银行间同业拆借中心。

（二）债券质押式回购

1. 证券交易所债券质押式回购交易

目前交易所上市的各类债券都可以用于质押式回购。交易所债券回购市场的参与主体主要是投资股市的各类投资者，如证券公司、保险公司和证券投资基金等。

（1）回购制度和回购品种。证券交易所质押式回购实行质押库制度。融资方应在回购申报前，通过交易所交易系统申报提交相应的债券做质押。当日购买的债券，当日可用于质押券申报，并可进行相应的债券回购交易业务。质押券对应的标准券数量有剩余的，可以通过交易所交易系统，将相应的质押券转回原证券账户。当日申报转回的债券，当日可以卖出。

交易所债券质押式回购试行标准券制度。标准券是由不同债券品种按相应折算率折算形成的回购融资额度。

目前，上交所实行标准券制度的债券质押式回购分为1天、2天、3天、4天、7天、14天、28天、91天、182天9个品种。深交所现有实行标准券制度的债券质押式回购分为1天、2天、3天、4天、7天、14天、28天、63天、91天、182天、273天11个品种；实行标准券制度的质押式企业债回购分为1天、2天、3天、7天4个品种。

（2）回购交易流程。证券公司营业部接受投资者的债券质押式回购交易委托时，应事先向投资者提交《债券回购交易风险揭示书》，与投资者签订《债券质押式回购委托协议书》；应当要求投资者提交质押券，填写《质押券提交审报表》。

营业部应对投资者证券账户内可用于债券回购的标准券余额进行检查。标准券余额不足的，债券回购的申请无效。

债券回购交易申报中，融资方按“买入”（B）予以申报，融券方按“卖出”（S）予以申报。可以将其理解为：在回购到期时的反向交易中，融资方处于买入债券的地位，融券方处于卖出债券的地位。回购交易申报操作类似股票交易。成交后由中央结算公司根据成交记录和有关规则进行清算交收；到期反向成交时，无须再行申报，由交易所电脑系统自动产生一条反向成交记录，结算公司据此进行资金和债券的清算与交收。债券回购到期日，融资方可以通过交易所的交易系统将相应的质押券申报转回原证券账户，也可以申报继续用于债券回购交易。

（3）回购的申报要求。上海证券交易所规定，债券回购交易的申报单位为手，1 000元标准券为1手；计价单位为每100元资金到期年收益；最小报价变动单位为0.005元或其整数倍；申报数量为100手或其整数倍，单笔申报最大数量不超过1万手。

深圳证券交易所规定，债券回购交易的申报单位为张，100元标准券为1张；最小报价变动为0.01元或其整数倍；申报数量为10张及其整数倍，单笔申报最大数量不超过10万张。

2. 全国银行间市场债券质押式回购交易的基本规则

全国银行间同业拆借中心也开办了国债、政策性金融债等债券的回购业务，参与主体是银行间市场会员，主要是商业银行、保险公司、财务公司和证券投资基金等金融机构。

（1）回购成交合同。回购成交合同是回购双方就回购交易所达成的协议。回购成交合同应采用书面形式，具体包括全国银行间同业拆借中心交易系统生成的成交单、电报、电传、传真、合同书和信件等。

回购双方需在中央结算公司办理债券的质押登记。质押登记是指中央结算公司按照回购双方通过债券簿记系统发送并相匹配的回购结算指令，在融资方债券托管账户将回购成交合同指定的债券进行冻结的行为。回购合同在办理质押登记后生效。

（2）交易品种及交易单位。全国银行间债券市场回购期限最短为1天，最长为1年。参与者可在此区间内自由选择回购期限，回购到期时参与者必须按照规定办理资金与债券的反向交割，不得展期。

全国银行间债券市场回购交易数额最小为债券面额10万元，交易单位为债券面额1万元。回购利率由交易双方自行确定。

（3）回购询价交易方式。全国银行间市场债券交易以询价方式进行，自主谈判，逐笔成交。债券交易采用询价交易方式，包括自主报价、格式化询价和确认成交三个交易步骤。回购交易成交后，最后一个步骤是成交双方办理债券和资金的结算。

（三）债券买断式回购

1. 全国银行间市场买断式回购交易

（1）交易规则。市场参与者进行买断式回购应签订买断式回购主协议，该主协议须具有履约保证条款，以保证买断式回购合同的切实履行。市场参与者进行每笔买断式回购还应订立书面合同。主协议和书面合同构成买断式回购的完整合同。交易双方认为必要时，可签订补充协议。

全国银行间买断式回购的期限由交易双方确定，但最长不得超过91天，且不得以任何方式延长回购期限。

全国银行间买断式回购以净价交易，全价结算。

（2）回购风险控制措施。控制回购风险主要有两项措施：

第一，保证金或保证券制度。买断式交易双方都面临着承担对方不履约的风险，对此，全国银行间市场规定交易双方可以协商设定保证金或保证券。设定保证券时，回购期间保证券应在交易双方中的提供方托管账户冻结。

第二，仓位限制。全国银行间市场规定，进行买断式回购，任何一家市场参与者单只券种的待返售债券余额应小于该只债券流通量的20%，任何一家市场参与者的待返售债券总余额应小于其在中央结算公司托管的自营债券总额的200%。这些规定有利于防范承担返售债券义务的正回购方被迫高价买券或违约的风险。

2. 上海证券交易所买断式回购交易的基本规则

上海证券交易所根据财政部、中国人民银行和中国证监会《关于开展国债买断式回购业务的通知》要求，于2004年12月6日即2004年记账式（十期）国债上市日起，在大宗交易系统将此期国债用于买断式回购交易；继而于2005年3月21日即2005年记账式（二期）国债上市日起，在竞价交易系统将此期国债用于买断式回购交易。至此，上海证券交易所买断式回购挂牌品种均同时在竞价交易系统和大宗交易系统进行交易。

（1）参与主体。国债买断式回购的交易主体限于在中国证券登记结算有限公司上海分公司（简称中国结算上海分公司）以法人名义开立证券账户的机构投资者（B，D

账户）。

（2）交易品种和报价方式。国债买断式回购交易的券种和回购期限由交易所确定并向市场公布。买断式回购的期限从1天、2天、3天、4天、7天、14天、28天、91天和182天中选择。

国债买断式回购交易按照证券账户进行申报。申报应当符合五项要求：按每100元面值债券到期购回价（净价）进行申报；融资方申报“买入”，融券方申报“卖出”；最小报价变动为0.01元；交易单位为手（1手为1 000元面值）；竞价撮合系统最小为1 000手，最大为5 0000手，单笔交易数量在10 000手（含）以上，可采用大宗交易方式进行。

（3）回购风险控制措施。控制回购风险主要有两项措施：

第一，履约金制度。上海证券交易所买断式回购的履约金制度与银行间的保证金或保证券制度的初衷类似，相比而言还具有四个特点：一是双方均需交纳履约金，而在银行间市场，是否引入保证金或保证券由交易双方协商；二是履约金比率由交易所确定，而在银行间市场，保证金或保证券的金额也由双方协商；三是履约金到期归属按规则判断，而银行间市场则没有此类规则；四是违约方承担的违约责任只以支付履约金为限，实际履约义务可以免除，而在银行间市场，保证金或保证券处置后仍不能弥补违约损失的，一般情况下守约方可以继续向违约方追索。与此对应，上交所买断式回购到期日闭市前，融资方和融券方均可就该日到期回购进行不履约申报。

第二，仓位控制。与银行间市场类似，上交所也规定每一机构投资者持有的单一券种买断式回购未到期数量累计不得超过该券种发行量的20%；累计达到20%的投资者，在仓位减少前不得继续进行该券种的买断式回购业务。

五、实验示例

（一）查看回购交易行情

登录相关网站，找到“债券”栏目下的“回购”板块，查看回购交易行情。选择页面左侧不同的标签，可以了解交易所回购、银行间质押式和银行间买断式回购的相关信息（见图3－12）。

（二）熟悉交易所回购交易流程

下面以上海证券交易所质押式回购交易为例说明回购交易的流程。

假设证券账户ABC初始无国债、无质押券、无回购。

1. 2010年5月8日

ABC买入010601国债3 500万元（对应标准券3 000万元），并通过交易系统将该笔国债申报转入质押库。交易系统实时冻结ABC的010601国债3 500万元，同时增加该证券账户可融资额度（标准券）3 000万元。

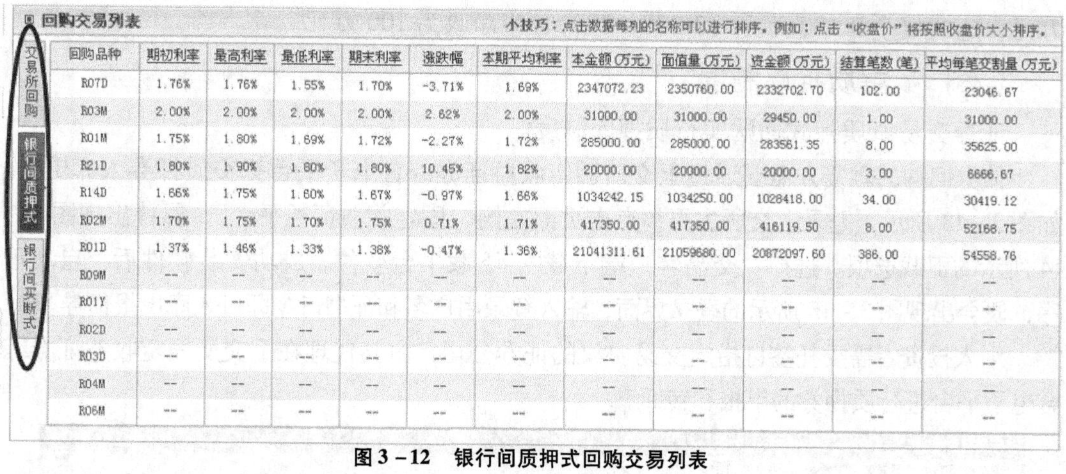
回购交易列表
小技巧：点击数据每列的名称可以进行排序。例如：点击“收盘价”将按照收盘价大小排序。
交易所回购
银行间质押式
银行间买断式

回购品种	期初利率	最高利率	最低利率	期末利率	涨跌幅	本期平均利率	本金额(万元)	面值量(万元)	资金额(万元)	结算笔数(笔)	平均每笔交割量(万元)
R07D	1.76%	1.76%	1.55%	1.70%	-3.71%	1.69%	2347072.23	2350760.00	2332702.70	102.00	23046.67
R03M	2.00%	2.00%	2.00%	2.00%	2.62%	2.00%	31000.00	31000.00	29450.00	1.00	31000.00
R01M	1.75%	1.80%	1.69%	1.72%	-2.27%	1.72%	285000.00	285000.00	283561.35	8.00	35625.00
R21D	1.80%	1.90%	1.80%	1.80%	10.45%	1.82%	20000.00	20000.00	20000.00	3.00	6666.67
R14D	1.66%	1.75%	1.60%	1.67%	-0.97%	1.66%	1034242.15	1034250.00	1028418.00	34.00	30419.12
R02M	1.70%	1.75%	1.70%	1.75%	0.71%	1.71%	417350.00	417350.00	416119.50	8.00	52168.75
R01D	1.37%	1.46%	1.33%	1.38%	-0.47%	1.36%	21041311.61	21059680.00	20872097.60	386.00	54558.76
R09M	--	--	--	--	--	--	--	--	--	--	--
R01Y	--	--	--	--	--	--	--	--	--	--	--
R02D	--	--	--	--	--	--	--	--	--	--	--
R03D	--	--	--	--	--	--	--	--	--	--	--
R04M	--	--	--	--	--	--	--	--	--	--	--
R06M	--	--	--	--	--	--	--	--	--	--	--

图3-12 银行间质押式回购交易列表

2. 2010年5月8日日终

结算公司将ABC申报提交的010601国债3 500万元转入质押库。

3. 2010年5月9日

9：40，ABC申报GC007回购融资3 500万元，由于融资金额3 500万元 > 融资额度3 000万元，前端检查未通过，该笔申报失败。

9：50，ABC申报GC007回购融资2 000万元，通过前端检查，成交。此时该账户可融资额度减少为1 000万元（3 000 - 2 000）。

10：00，ABC买入696国债1 500万元，折合标准券1 200万元。

10：01，ABC将该笔买入的国债申报转入质押库。交易所系统检查该笔转入申报有效，将该笔国债冻结，同时将ABC的可融资额度调整为2 200万元（1 200 + 1 000）。

10：02，ABC申报GC007回购融资1 800万元，通过前端检查，成交。此时该账户可融资额度减少为400万元。

10：05，ABC申报将质押券696国债转回1 000万元（对应标准券800万元）。交易系统前端核查后，由于将引起ABC的可融资额度出现 -400万元，致申报无效。

10：10，ABC申报转出国债696券500万元（对应标准券400万元）。交易所前端核查后，标准券数量足额，转出成功。

4. 2010年5月16日

ABC的两笔融资回购到期，合计为3 800万元（2 000 + 1 800），交易系统根据当日到期数量增加ABC的融资额度3 800万元。

11：00，ABC回购融资3 200万元，通过前端检查，成交。此时该账户可融资额度减少为600万元（3 800 - 3 200）。

11：15，ABC申报010601国债转回700万元（对应标准券600万元），600万元转出后不会导致融资额度为负，因此转回申报成功。ABC现券010601可用余额增加至700万元，融资额度减为0。

11：20，ABC卖出010601国债700万元，成交金额700万元。ABC应付资金3 800

万元，应收资金 3 900 万元（3 200 + 700），应净收为 100 万元。

（三）了解质押库制度

证券交易所质押式回购实行质押库制度。

债券回购的融资方需要通过上交所固定收益证券综合电子平台提交质押券入库申报。如图 3 – 13 所示，登录上交所主页，点击页面左侧“固定收益证券平台”，屏幕出现图 3 – 14 所示的下载选项。选择“交易客户端下载”，下载平台软件。成功安装软件后，启动程序，便会出现图 3 – 15 所示的登录界面，输入登录用户名和证书口令即可入库申报债券。

个人投资者需委托签订指定交易协议的证券公司，由其代理在上交所固定收益证券综合电子平台进行质押券的申报和转回。

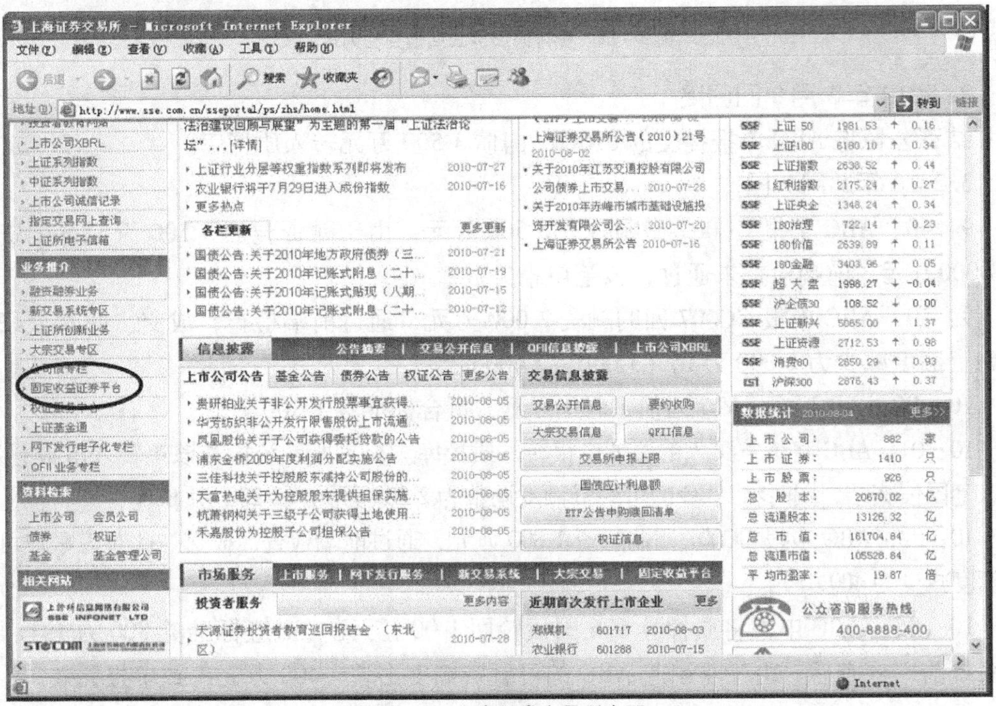

图 3 – 13　上海证券交易所主页

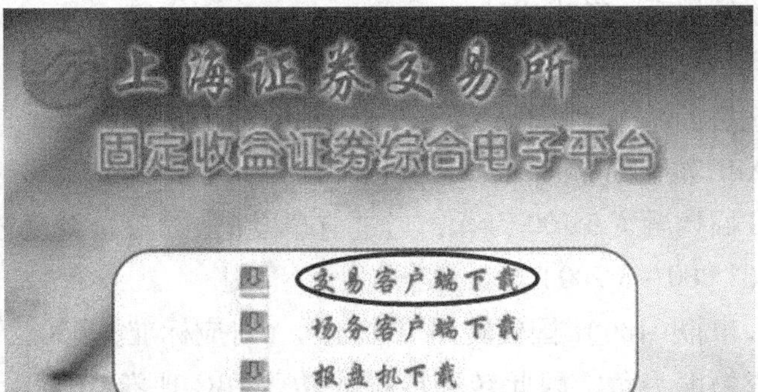

图 3 – 14　交易客户端下载

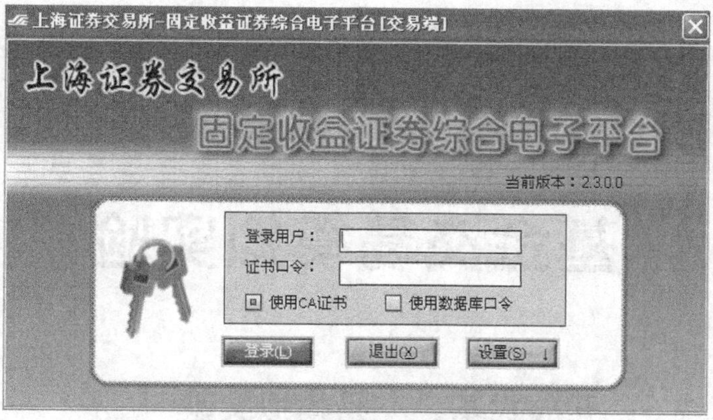

图3-15 上海证券交易所固定收益证券综合电子平台

第4章

基金交易模拟实验

实验模块6：开放式基金交易模拟实验

一、实验名称

开放式基金交易模拟实验。

二、实验目的

通过基金交易模拟实验，使学生掌握基金交易的基本操作方法，熟悉基金的开户、认购、申购和赎回等交易步骤，对基金进行盈亏分析。

三、实验步骤与要求

（1）登录模拟基金交易系统，建立模拟基金交易账户。
（2）选择交易的开放式基金，熟悉各种开放式基金的特点。
（3）进行委托交易练习。
（4）将练习过程、交易结果和盈亏计算等填写在实验报告中。

四、实验说明

（一）阅读有关法律文件

投资人购买基金前，需要认真阅读有关基金的招募说明书、基金契约及开户程序、交易规则等文件，仔细了解有关基金的投资方向、投资策略、投资目标及基金管理人业绩、开户条件和具体交易规则等重要信息，对准备购买基金的风险、收益水平有一个总体评估，并据此做出投资决定。按照规定，各基金销售网点应备有上述文件，以备投资人随时查阅。

（二）开立基金账户

投资人买卖开放式基金首先要开立基金账户。按照规定，有关销售文件中对基金账户的开立条件和具体程序予以明确。上述文件将放置于基金销售网点，供投资人开立基金账户时查阅。

（三）购买基金

投资人在开放式基金募集期间、基金尚未成立时购买基金单位的过程称为认购。通常，认购价为基金单位面值（1元）加上一定的销售费用。投资人认购基金应在基金销售网点填写认购申请书，交付认购款项，在注册登记机构办理有关手续并确认认购。

在基金成立之后，投资人通过销售机构申请向基金管理公司购买基金单位的过程称为申购。

投资人申购基金时通常应填写申购申请书，交付申购款项。款额一经交付，申购申请即为有效。申购程序在有关基金销售文件中有详细说明。申购资金单位的数量是以申购日的基金单位资产净值为基础计算的，具体计算方法须符合监管部门有关规定的要求，并在基金销售文件中载明。

（四）卖出基金

与购买基金相反，投资人卖出基金是把手中持有的基金单位按一定价格卖给基金管理人并收回现金，这一过程称为赎回。其赎回金额是以当日的单位基金资产净值为基础计算的。

投资人赎回基金通常应在基金销售网点填写赎回申请书。按照《开放式证券投资基金试点办法》的规定，基金管理人应当于收到基金投资人赎回申请之日起3个工作日内，对该交易的有效性进行确认，并应当自接受基金投资人有效赎回申请之日起7个工作日内支付赎回款项。

此外，对于开放式基金来说，投资人除了可以买卖基金单位外，还可以申请基金转换、非交易过户和红利再投资。

（五）申请基金转换

基金转换，是指当一家基金管理公司同时管理多只开放式基金时，基金投资人可以将持有的一只基金转换为另一只基金，即投资人卖出一只基金的同时，买入该基金管理公司管理的另一只基金。通常，基金转换费用非常低，甚至不收费。

（六）非交易过户

基金的非交易过户是指在继承、赠与和破产支付等非交易原因情况下发生的基金单位所有权转移的行为。非交易过户也需要到基金的销售机构办理。

（七）红利再投资

红利再投资是指基金进行现金分红时，基金持有人将分红所得的现金直接用于购买该基金，将分红转为持有基金单位。对基金管理公司来说，红利再投资没有发生现金流出，因此，红利再投资通常不收申购费用。

（八）盈亏分析

开放式基金的申购和赎回价格是以单位基金资产净值（NAV）为基础计算出来的。

单位基金资产净值，即每一基金单位代表的基金资产的净值，其计算公式为：

单位基金资产净值 =（总资产 - 总负债）÷基金单位总数

1. 基金认购举例

一位投资人将 100 万元用来认购开放式基金，假定认购的费率为 1%，基金单位面值为 1 元，则：

认购费用 = 100 × 1% = 1（万元）

净认购金额 = 100 - 1 = 99（万元）

认购份额 = 99 ÷ 1.00 = 99（万份）

2. 基金申购举例

一位投资人将 100 万元用来申购开放式基金，假定申购的费率为 2%，单位基金净值为 1.5 元，则：

申购费用 = 100 × 2% = 2（万元）

净申购金额 = 100 - 2 = 98（万元）

申购份额 = 98（万元）÷1.5（元）= 653 333.33（份）

3. 基金赎回举例

一位投资人要赎回 100 万份基金单位，假定赎回的费率为 1%，单位基金净值为 1.5 元，则：

赎回价格 = 1.5 ×（1 - 1%）= 1.485（元）

赎回金额 = 100 × 1.485 = 148.5（万元）

五、实验示例

系统显示的开放式基金净值如图 4 - 1 所示，基金买卖计算器如图 4 - 2 所示。

关注	比较	序号	基金代码	基金简称	2013-12-27 单位净值	2013-12-27 累计净值	2013-12-26 单位净值	2013-12-26 累计净值	日增长值	日增长率	申购状态	赎回状态	备注	优惠费率	操作
		1	150019	银华锐进 基金吧 档案	0.4210	0.4210	0.3970	0.3970	0.0240	6.05%	场内交易	场内交易	---	---	购买
		2	150084	广发深证100B 基金吧 档案	0.6191	0.6191	0.5905	0.5905	0.0286	4.84%	场内交易	场内交易	---	---	购买
		3	150077	浙商进取 基金吧 档案	0.6830	0.6830	0.6550	0.6550	0.0280	4.27%	场内交易	场内交易	---	---	购买
		4	150118	国泰国证房地产行业指数分级B 基金吧 档案	0.7660	0.7660	0.7360	0.7360	0.0300	4.08%	场内交易	场内交易	---	---	购买
		5	150122	银河沪深300成长进取 基金吧 档案	0.9210	0.9210	0.8850	0.8850	0.0360	4.07%	场内交易	场内交易	---	---	购买
		6	150001	国投瑞银瑞福进取 基金吧 档案	0.8390	0.8390	0.8070	0.8070	0.0320	3.97%	场内交易	场内交易	---	---	购买
		7	150052	信诚沪深300分级B 基金吧 档案	0.7000	0.7000	0.6740	0.6740	0.0260	3.86%	场内交易	场内交易	---	---	购买
		8	150113	深证100B 基金吧 档案	0.8967	0.8967	0.8636	0.8636	0.0331	3.83%	场内交易	场内交易	---	---	购买
		9	150153	富国创业板指数分级B 基金吧 档案	0.9050	0.9050	0.8720	0.8720	0.0330	3.78%	暂停申购	暂停赎回	---	0费率	购买
		10	150105	华安沪深300指数分级B 基金吧 档案	0.8260	0.8260	0.7960	0.7960	0.0300	3.77%	场内交易	场内交易	---	---	购买
		11	150124	建信央视50B 基金吧 档案	0.9209	0.9209	0.8879	0.8879	0.0330	3.72%	场内交易	场内交易	---	---	购买
		12	150097	招商中证商品B 基金吧 档案	0.4540	0.4540	0.4380	0.4380	0.0160	3.65%	场内交易	场内交易	---	---	购买

图 4 - 1　开放式基金净值

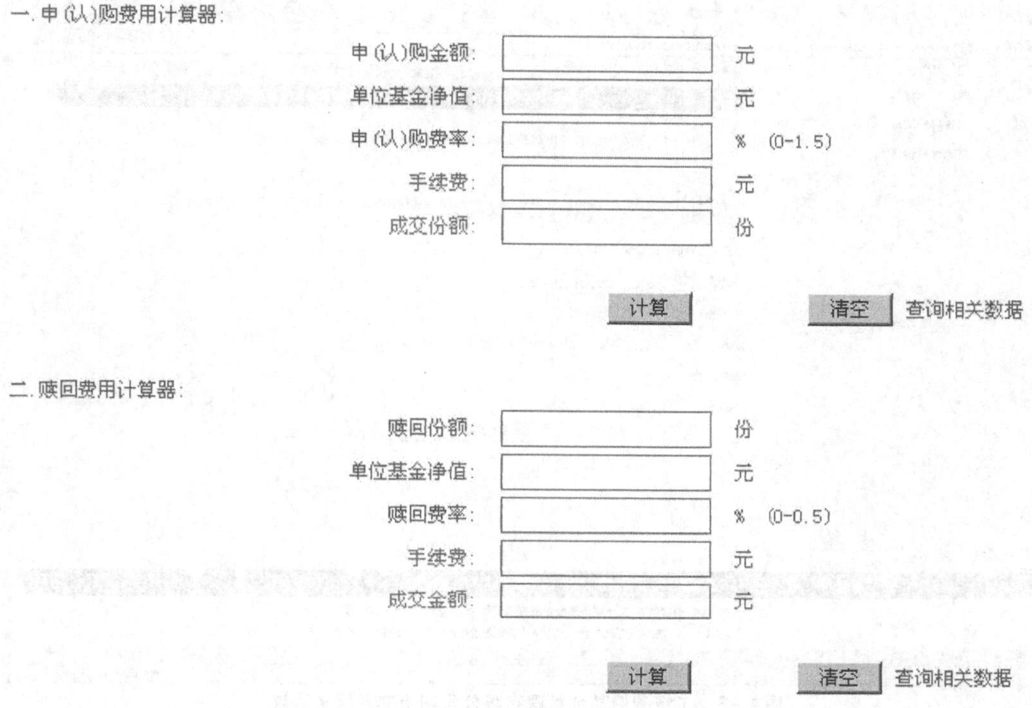

图4－2　基金买卖计算器

新用户和代销客户在开立工银瑞信基金直销交易账户前，必须拥有中国工商银行灵通卡或理财金账户；此外，投资者需要到中国工商银行网站（www. icbc. com. cn）开通个人网上银行业务。

（一）阅读服务协议

工银瑞信基金管理公司网上交易服务协议内容见图4－3。

（二）填写开户表单

用户开户需填写开户表单（如图4－4所示）。

（三）基金购买

（1）进入用户登录界面，登录界面如图4－5所示。

（2）进入账户后，点击左侧菜单栏中的“交易类”菜单，选择“申（认）购”，系统提示“申（认）购必读”（如图4－6所示）。

（3）阅读购买须知，填写金额，营销代码为可选项（如图4－7所示）。

（4）点击“确定”后，进入如图4－8所示的“申购预览”界面。

（5）若需返回修改，点击“返回”键，点击“确定”可直接进入如图4－9所示的“申购结果”界面。

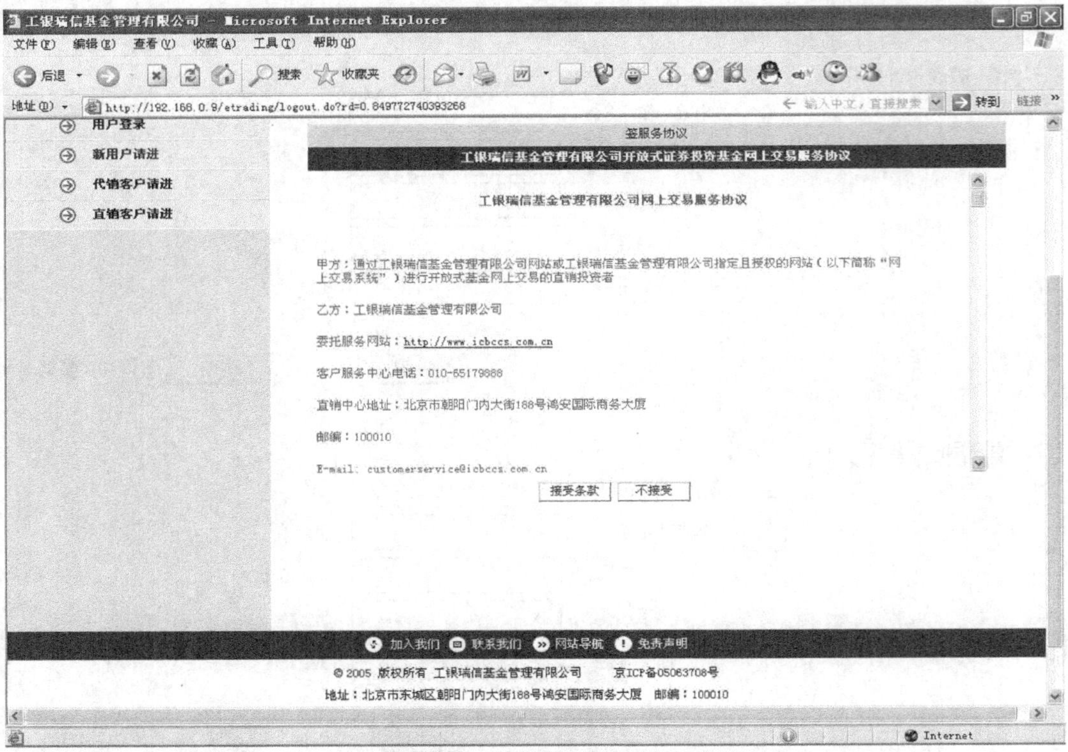

图 4－3　工银瑞信基金管理有限公司网上交易服务协议

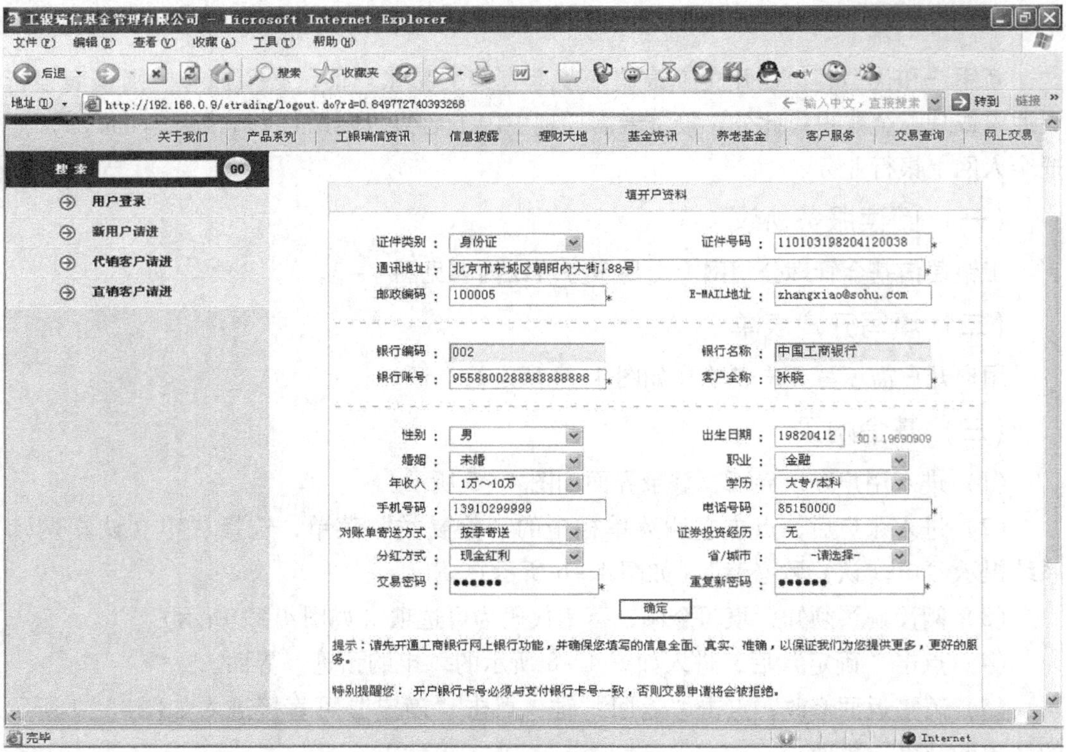

图 4－4　开户表单

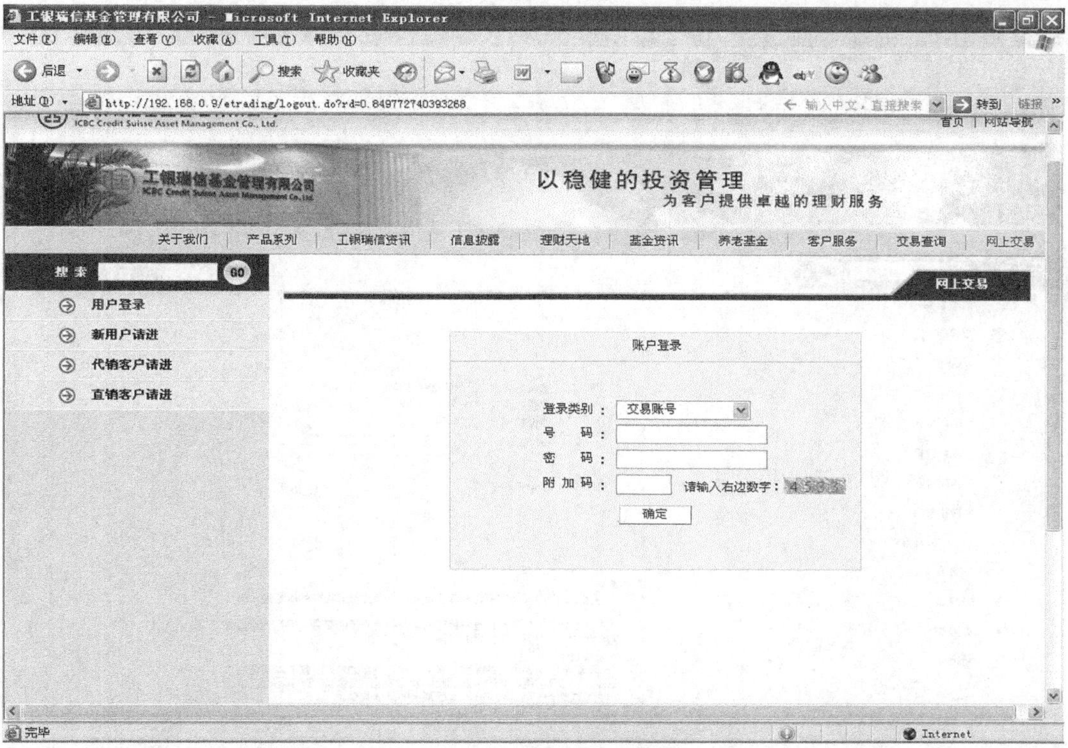

图4-5　账户登录

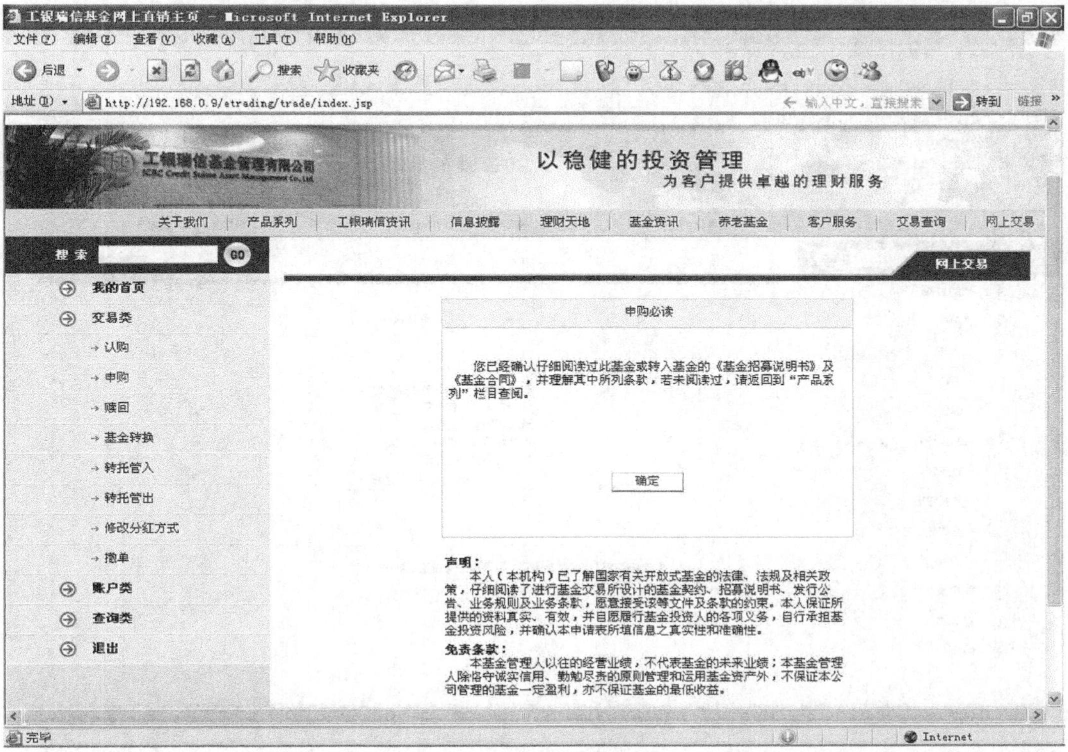

图4-6　申购必读

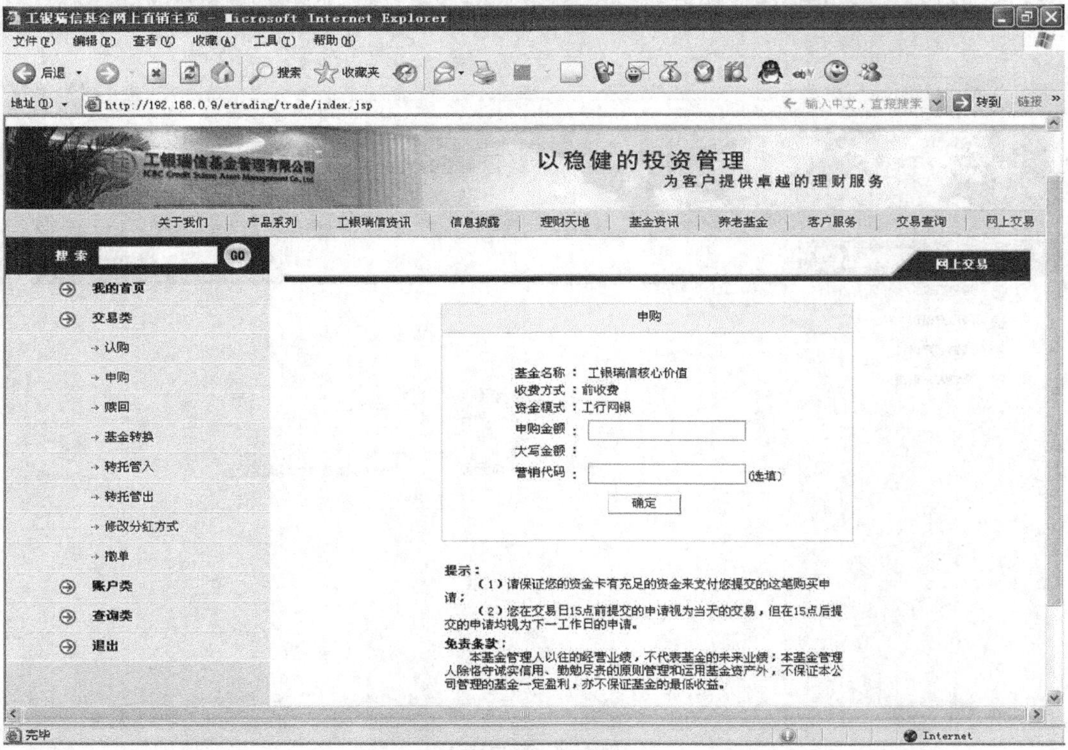

图 4－7　申购

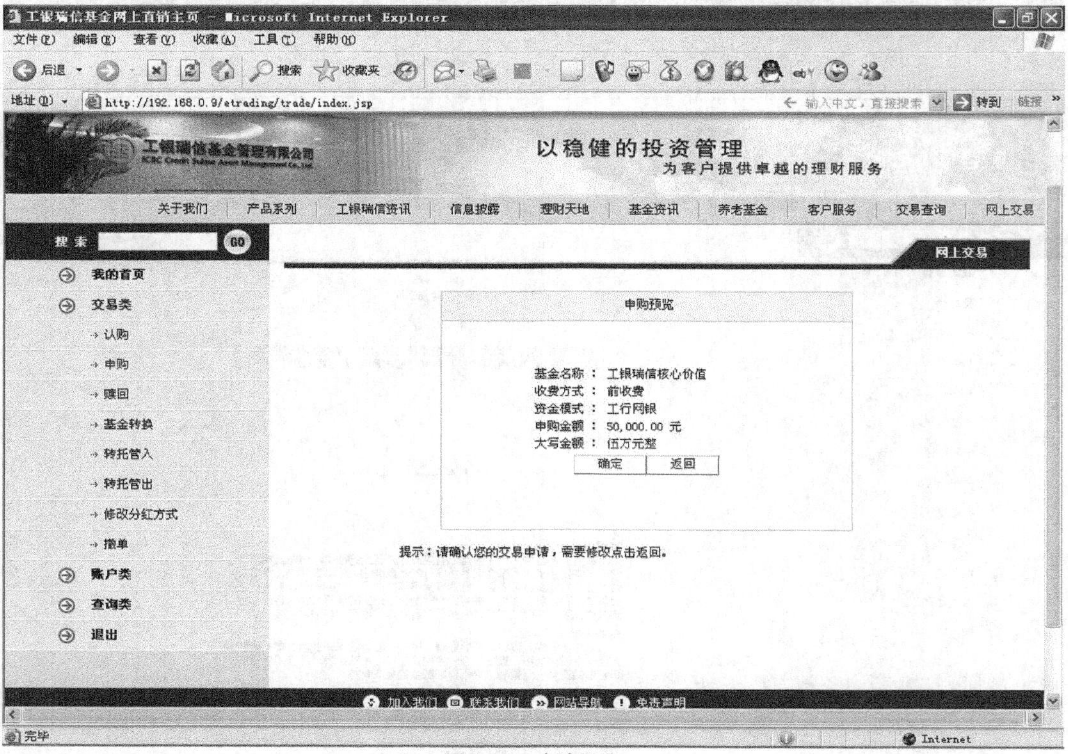

图 4－8　申购预览

（6）点击图4－9中的“工行支付”，进入如图4－10所示界面，输入支付卡账号（此时支付卡账号必须与开户银行账号相同）。

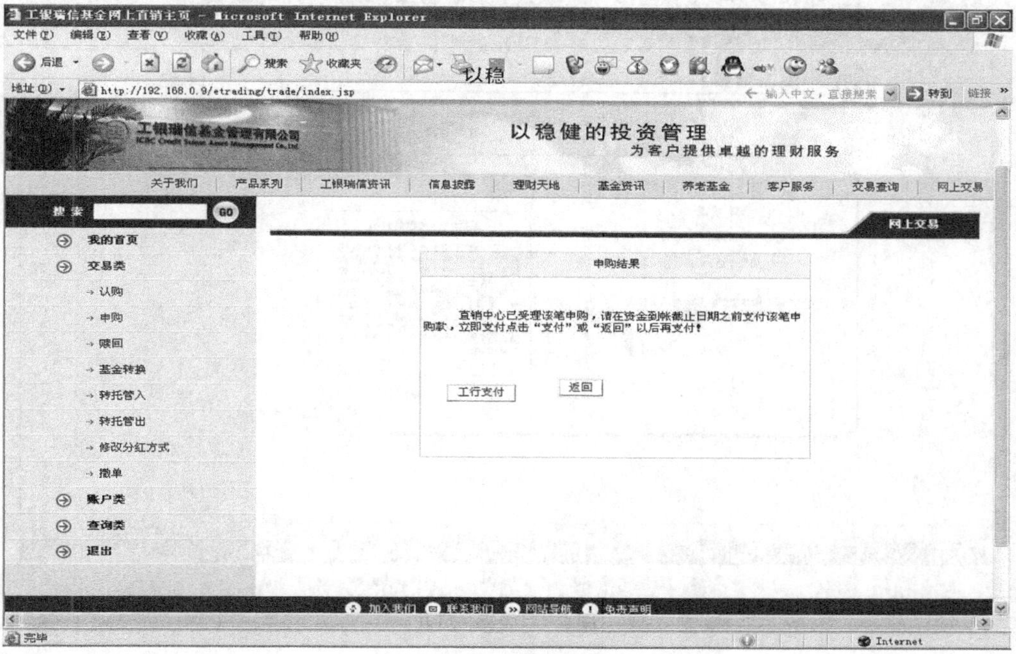

图4－9 申购结果

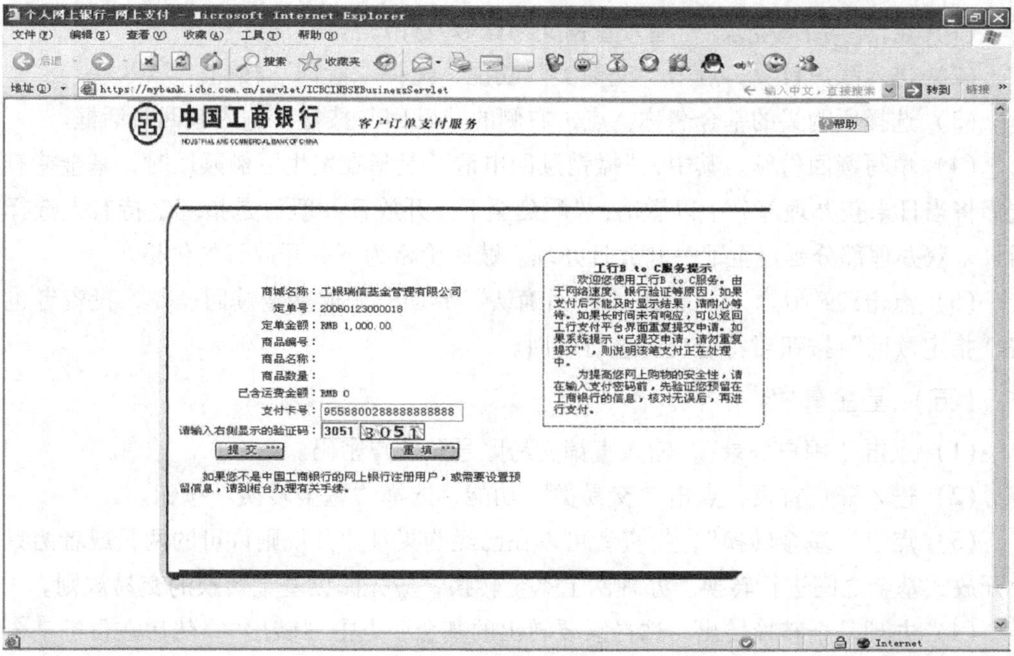

图4－10 支付卡号

（7）支付成功，完成购买流程（见图4－11）。

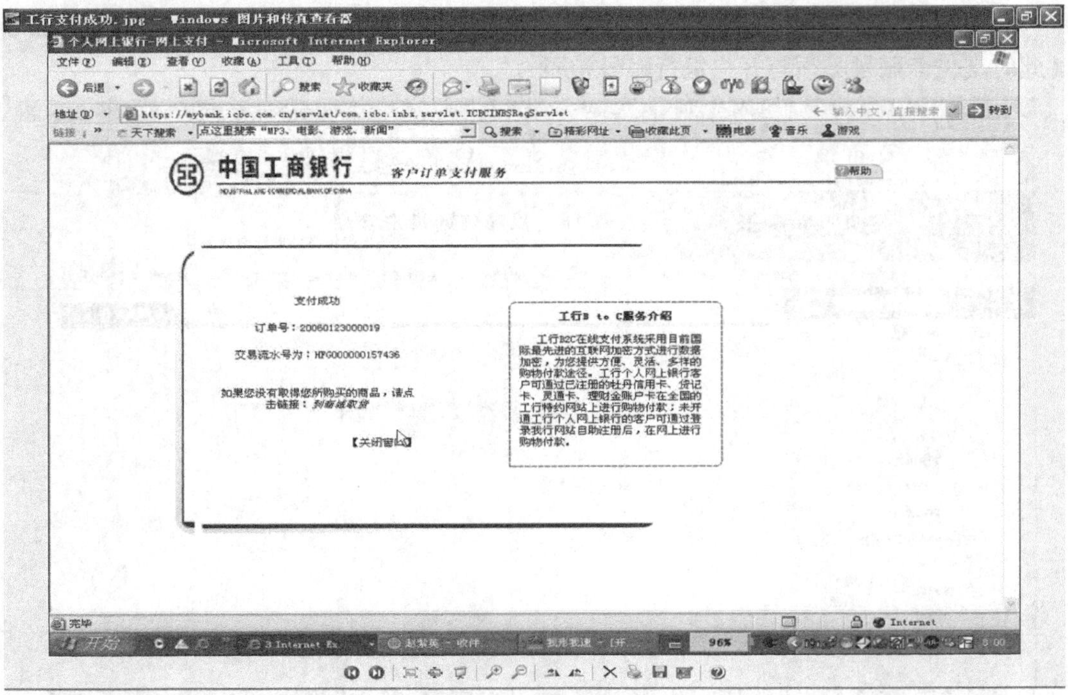

图 4－11　支付成功

（四）基金赎回

（1）点击“用户登录”，输入直销交易账号及开户密码。

（2）进入账户首页，点击“交易类”功能，选择“赎回”按钮。

（3）选择所购买的基金名称，点击右侧的“赎回”按钮，进入赎回对话框。

（4）填写赎回份额。其中，“撤销赎回申请”是指在发生巨额赎回时，基金持有人选择将当日未获办理部分予以撤销；“顺延至下一开放日办理”是指基金持有人选择将当日未获办理部分延迟至下一开放日办理。赎回价格为下一开放日的价格。

（5）点击“确认”后，出现“赎回确认”界面，完成基金赎回操作，投资者也可按“指定赎回”按钮对特定交易进行赎回。

（五）基金转换

（1）点击“用户登录”，输入直销交易账号及开户密码。

（2）进入账户首页，点击“交易类”功能，选择“基金转换”按钮。

（3）点击“基金转换”，投资者可以在已经购买且业务规则许可的两只或者两只以上开放式基金之间进行转换。办理网上基金转换，应先阅读基金转换的交易规则。

（4）办理基金转换转出，选择需要转出的基金，点击“转出”，然后在目标基金代码中选择需要转入的基金名称。

（5）点击“确认”，进入预览及确认界面。完成基金转换交易操作。

（六）基金转托管——转入

基金转托管是指投资者将所持有的基金份额从一个销售机构指定到另一销售机构进行交易的申请；转入，即从代销机构的交易账户转入直销交易账户。前提条件是，投资者需在原代销机构办理转出业务，并得到转出方的申请单编号。

（1）点击“用户登录”，输入直销交易账号及开户密码。

（2）进入账户首页，点击“交易类”功能，选择“转托管入”按钮。

（3）选择需转入的基金名称、收费方式、对方销售人代码、原转出申请单编号及转入份额，点击“确认”按钮。

（4）进入预览界面，若有误，可点击“返回”重新提交，点击“确定”，完成基金转入操作。

（七）基金转托管——转出

基金转托管转出，即从直销交易账户转出到其他代销机构的交易账户中。

（1）点击“用户登录”，输入直销交易账号及开户密码。

（2）进入账户首页，点击“交易类”功能，选择“转托管出”按钮。

（3）选择需转出的基金名称及份额，点击“确定”即可。

（4）进入预览界面，若有误，可点击“返回”重新提交，点击“确定”，完成基金转出操作。

（八）修改分红方式

（1）点击“用户登录”，输入直销交易账号及开户密码。

（2）进入账户首页，点击“交易类”功能，选择“修改分红方式”按钮。

（3）选择欲修改分红方式的基金，点击右侧的“设置分红方式”按钮，点击进入。

（4）进入预览界面，若有误，可点击“返回”重新提交，点击“确定”，完成此笔交易。

（九）撤单

投资者在T日下午15：00前可以通过网上交易系统对T－1日15：00至T日15：00间所做的交易申请进行撤单。

（1）点击“用户登录”，输入直销交易账号及开户密码。

（2）进入账户首页，点击“交易类”功能，选择“撤单”按钮。

（3）当日交易申请会有所显示，点击右侧的“撤单”按钮即可撤销当天的该笔交易申请。

（十）修改银行账户资料

投资者可以在网上交易系统中将银行账号改为本人持有的其他已开通网上银行的工商银行牡丹灵通卡或理财金账户卡的卡号。

（1）点击账户类“修改银行资料”。

（2）在银行卡号处输入欲变更的卡号，点击“确认”键。

（3）提交至工商银行进行鉴权，鉴权成功后，变更即成功。

实验模块7：封闭式基金交易模拟实验

一、实验名称

封闭式基金交易模拟实验。

二、实验目的

通过封闭式基金交易模拟实验，使学生掌握封闭式基金交易的基本操作方法，熟悉封闭式基金的开户、认购和交易等步骤，对基金进行盈亏分析。

三、实验步骤与要求

（1）登录模拟基金交易系统，建立模拟基金交易账户。

（2）选择交易的封闭式基金，进行封闭式基金的净值分析。

（3）进行委托交易练习。

（4）将练习过程、交易结果和盈亏计算等填写在实验报告中。

四、实验说明

（一）开立交易账户

投资者买卖封闭式基金必须开立深、沪证券账户或深、沪基金账户卡及资金账户。基金账户只能用于基金、国债及其他债券的认购及交易。

个人投资者开立基金账户需持本人身份证到证券登记机构办理开户手续，办理资金账户需持本人身份证和已经办理的股票账户卡或基金账户卡到证券经营机构办理。每个有效证件只允许开立1个基金账户，已开立证券账户的不能再重复开立基金账户。每位投资者只能开立和使用1个资金账户，并只能对应1个股票账户或基金账户。

（二）交易规则

我国封闭式基金的交易时间为每周一至周五，每天9：30～11：30、13：00～15：00，法定公众假期除外。我国封闭式基金的交易采用电脑集合竞价和连续竞价两种方式，遵从“价格优先、时间优先”的原则，报价单位为每份基金价格。申报价格最小变动单位为0.001元人民币，申报数量为100份或其整数倍，单笔最大数量应当低于100万份。

目前，深、沪证券交易所对封闭式基金的交易与股票交易一样实行价格涨跌幅限制，涨跌幅比例为10%（基金上市首日除外）。

我国封闭式基金的交收同A股一样实行T+1交割、交收，即达成交易后，相应的基金交割与资金交收在成交日的下一个营业日（T+1日）完成。

（三）交易费用

我国封闭式基金交易佣金不得高于成交金额的0.3%，不足5元的按5元收取。此外，上海证券交易所还按成交面值的0.05%收取登记过户费，由证券公司向投资者收取，该费用由证券登记公司与证券公司平分。目前，在深、沪证券交易所上市的封闭式基金不收取印花税。

（四）折（溢）价率

投资者常常使用折（溢）价率反映封闭式基金份额净值与其二级市场价格之间的关系。折（溢）价率的计算公式为：

$$折(溢)价率 = \frac{二级市场价格 - 基金份额净值}{基金份额净值} \times 100\%$$

$$= \left(\frac{二级市场价格}{基金份额净值} - 1\right) \times 100\%$$

当基金二级市场价格高于基金份额净值时为溢价交易，对应的是溢价率；当基金二级市场价格低于基金份额净值时为折价交易，对应的是折价率。例如，某一封闭式基金某日净值为2.23元，当天的收盘价为1.76元，那么，这只基金的折价值就是0.47元（2.23－1.76），折价率就是21.08%［(2.23－1.76)÷2.23］。

当折价率较高时常常被认为是购买封闭式基金的好时机，但实际上并不尽然。有时折价率会继续攀升，在弱市时更有可能出现价格与净值同步下降的情形。

（五）基金指数

为反映封闭式基金二级市场价格的综合变动情况，上海证券交易所和深圳证券交易所分别编制了各自的基金指数。

上证基金指数选样范围是在上海证券交易所上市的封闭式基金，在计算方法上采用派氏指数计算公式，以基金份额总额为权数。上证基金指数以2000年5月8日为基日，以该日所有证券投资基金市价总值为基值，基日指数为1 000点，自2000年6月9日起正式发布。

深证基金指数选样范围是在深圳证券交易所上市的封闭式基金，在计算方法上采用派氏指数计算公式，以基金份额总额为权数。深证基金指数以2000年6月30日为基日，以该日所有证券投资基金市价总值为基值，基日指数为1 000点，自2000年7月3日起正式发布。

五、实验示例

（一）了解行情

登录相关网站，查看封闭式基金行情数据。图4－12所示的是折价率列表，选择页面左侧的其他项目，还可以找到封闭式基金净值、区间收益、涨跌幅、换手率、折价率和基本信息表等信息。还可以登录e－cube版基金模拟交易系统，如图4－13所示。

序号	基金代码	基金简称	溢折价值	溢折价率%	最新净值	市场价格	基金规模(亿)	到期日	基金经理
1	150001	瑞福进取(吧)	0.1470	25.74	0.5710	0.718	30	2012-07-17	详细
2	150002	大成优选(吧)	-0.0940	-10.02	0.9380	0.844	47	2012-08-01	详细
3	150003	建信优势(吧)	-0.1100	-12.20	0.9020	0.792	46	2013-03-19	详细
4	150006	长盛同庆A(吧)	0.0250	2.34	1.0690	1.094	59	2012-05-14	详细
5	150007	长盛同庆B(吧)	-0.1230	-13.31	0.9240	0.801	88	2012-05-14	详细
6	150008	瑞和小康(吧)	-0.0340	-3.88	0.8760	0.842	15		详细
7	150009	瑞和远见(吧)	0.0160	1.83	0.8760	0.892	15		详细
8	150010	国泰估值优先(吧)	0.0240	2.34	1.0270	1.051	2	2013-02-10	详细
9	150011	国泰估值进取(吧)	-0.0310	-3.04	1.0210	0.990	2	2013-02-10	详细
10	150012	双禧A(吧)	0.0310	3.05	1.0170	1.048	3		详细
11	150013	双禧B(吧)	-0.0410	-3.80	1.0790	1.038	4		详细

图4－12　封闭式基金折价率

商品代码	商品名称	最新价	涨跌	涨跌%	开盘价	最高价	最低价	昨收价	总成交量	总金额	买价
500001	基金金泰	—	—	—	—	—	—	0.899	—	—	—
500002	基金泰和	1.274	0.003	0.24	1.274	1.276	1.271	1.271	159.28万	202.84万	1.274
500003	基金安信	—	—	—	—	—	—	1.019	—	—	—
500005	基金汉盛	1.188	0.004	0.34	1.186	1.190	1.186	1.184	66.00万	78.36万	1.186
500006	基金裕阳	—	—	—	—	—	—	0.853	—	—	—
500008	基金兴华	—	—	—	—	—	—	0.946	—	—	—
500009	基金安顺	↓1.099	0.005	0.46	1.100	1.105	1.098	1.094	896.18万	986.82万	1.099
500011	基金金鑫	1.267	0.000	0.00	1.268	1.271	1.265	1.267	240.42万	304.62万	1.265
500015	基金汉兴	0.923	0.002	0.22	0.920	0.924	0.919	0.921	268.24万	247.58万	0.922
500018	基金兴和	0.896	0.001	0.11	0.893	0.898	0.893	0.895	163.31万	146.31万	0.895
500038	基金通乾	↑0.934	0.018	1.97	0.930	0.935	0.926	0.916	496.29万	462.21万	0.933
500056	基金科瑞	0.908	0.007	0.78	0.904	0.911	0.904	0.901	301.57万	273.70万	0.907
500058	基金银丰	↑0.738	0.005	0.68	0.733	0.739	0.733	0.733	396.08万	291.62万	0.737
150001	瑞福进取	0.697	0.000	0.00	0.700	0.703	0.695	0.697	1,763.47万	1,231.35万	0.696

图4－13　封闭式基金行情

（二）选择基金

投资者在选择封闭式基金时，通常可以从基金的业绩表现、折价率、分红预期及流动性等方面考虑。

1. 业绩表现

封闭式基金的交易价格以基金净值为基础，所以，基金的业绩表现是选择封闭式基金的首要标准。封闭式基金的业绩评价方法与开放式基金的评价方法相同，主要参考四个方面的情况，分别为基金历史业绩、基金经理、投研团队和公司管理层。一般来说，运作水平较高的基金，其净值的波动幅度也相对小一些。

2. 折价率

由于封闭式基金具有股票的特性，因此不能只考虑它的业绩情况，还需关注它的折价率。首先，要纵向考察当前市场平均折价率在近两年中的相对位置，从而确定市场气氛和投资安全性。其次，要横向比较同类别基金间的折价率，以挑选出更有优势的品种。因为折价率也是对基金业绩的反映，所以需要对折价率与基金业绩进行综合分析，确定长期优势的品种。

3. 分红预期

出于迎合国内投资者的分红偏好，分红往往是基金公司进行持续营销的重要手段之一。折价交易的封闭式基金分红后的折价率会自然上升；如果要恢复到分红前的折价率水平，那么交易价格就必须上升，由此可带来套利的机会。

例如，某封闭式基金分红前单位净值是2.0元，交易价格是1.4元，其折价率就是-30%［（1.4-2.0）÷2］。假定单位分红0.4元，那么分红后单位净值和交易价格都要同样扣除0.4元，单位净值和交易价格分别变为1.6元和1.0元，此时的折价率就自然上升到-37.5%［（1-1.6）÷1.6］。如果折价率要恢复到-30%的水平，那么交易价格需上涨到1.12元，即需要上涨12%。如果投资者在分红之前买入，那么分红后投资者就可以获取折价率回归带来的价格收益。这就是所谓基金大比例分红后有强制上涨要求的机理。

此外，还可以借助e-cube版基金模拟交易系统进行技术面分析，如图4-14所示。

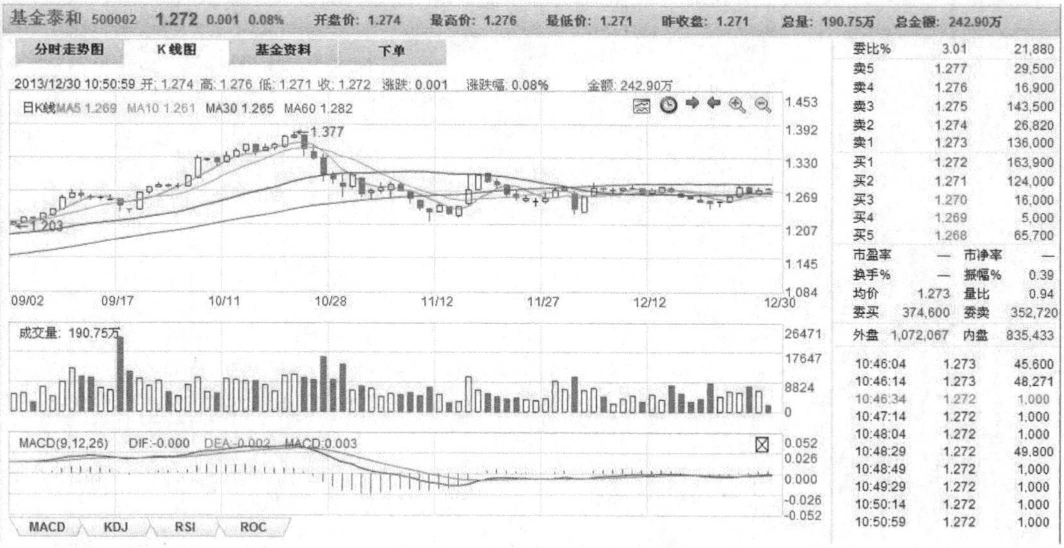

图4-14 封闭式基金K线图

（三）下单购买

经过分析选定基金后，点击图 4－15 中上方的“下单”或右侧项目中的“买”按钮即可购买。

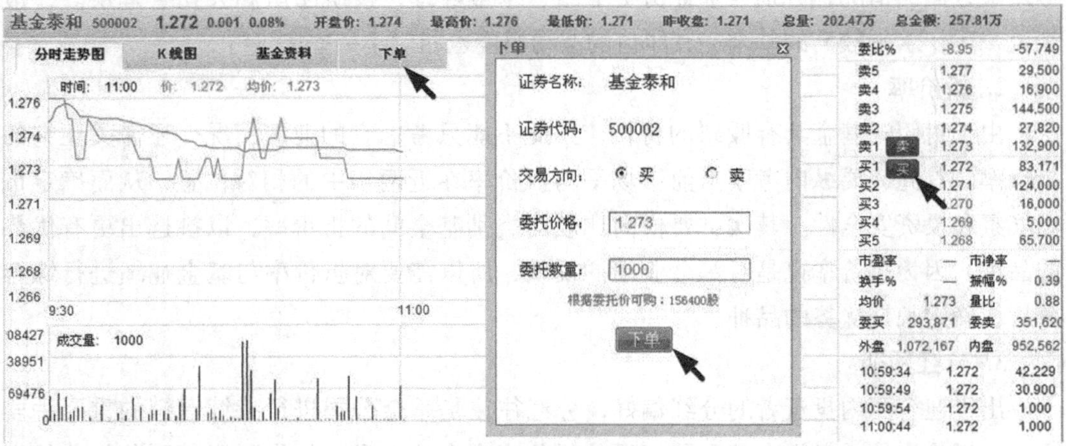

图 4－15　封闭式基金分时走势图

第5章

期货交易模拟实验

实验模块8：商品期货交易模拟实验

一、实验名称

商品期货交易模拟实验。

二、实验目的

通过本实验课程的学习，使学生掌握商品期货交易模拟系统，能模拟实时委托、撤单、接收行情和成交回报，进行资金、风险管理和快速结算，熟悉各项交易管理方法。

（1）充分了解我国三大期货交易所的商品期货品种，熟练掌握期货的买卖委托、撤单和开户管理。

（2）进行账户资金余额、当天成交、历史成交、持仓、平仓记录和挂单记录查询（包括转入资金、转出资金、冻结资金的查询）。

（3）进行盈亏计算、快速买卖盘揭示和交易排行榜查询。

三、实验步骤与要求

（1）网上模拟交易的时间没有限制，包括周末在内，24小时均可模拟交易，并采用与期货交易所同步的市价交易。

（2）每个学生必须在规定的时间内完成每种类型的期货交易2次以上（含2次），否则不统计该项分数。

（3）成交确认。输入价格后，只要交易所实际交易中出现符合申报价格，即确认为已全部成交，并在账户中显示。

（4）选择一个期货交易品种委托下单，并将盈利状况、模拟交易过程、交易结果和盈亏计算等填写在实验报告中。

四、实验说明

（一）国内三大期货交易所及商品期货品种简介

目前，经过国家审批设立的商品期货交易所有3家，分别介绍如下。

1. 郑州商品交易所

郑州商品交易所于1993年成立，是我国第一个从事以粮油交易为主、逐步开展其他商品期货交易的场所。它的前身是中国郑州粮食批发市场，其上市交易品种有硬冬小麦、优质强筋小麦、棉花、白糖、PTA、油菜籽、菜籽油、菜籽粕、早籼稻、粳稻、甲醇、玻璃和动力煤。

郑州商品交易所主要交易品种介绍如下。

（1）强筋小麦。小麦是人类社会最早耕种的农作物之一，一般有春小麦、冬小麦之分。在我国北方大部分地区，小麦为主粮，我国既是小麦的生产大国（年产量1亿吨左右），也是小麦消费和进口国（年进口量1 000万吨左右）。我国小麦连续多年丰收，每年产量都在1亿吨以上。2011/12年度我国小麦总产量为1.179 2亿吨，较上年增加274万吨，增长了2.4%。小麦产量较大的省份依次是河南、山东、河北、安徽、江苏，这5个省的小麦产量占全国小麦产量的75%。

影响小麦价格的因素主要有政策影响、丰收或歉收情况影响、进口及贮藏成本的影响。

郑州商品交易所强筋小麦期货合约见表5－1。

表5－1　郑州商品交易所强筋小麦期货合约

交易品种	优质强筋小麦（简称“强麦”）
交易单位	20吨/手
报价单位	元（人民币）/吨
最小变动价位	1元/吨
每日价格波动限制	不超过上一交易日结算价±4% 《郑州商品交易所期货交易风险控制管理办法》及相关规定
最低交易保证金	合约价值的5%
合约交割月份	1，3，5，7，9，11
交易时间	每周一至周五（北京时间，法定节假日除外） 上午：9：00～11：30　下午：1：30～3：00
最后交易日	合约交割月份的第10个交易日
最后交割日	合约交割月份的第12个交易日
交割品级	符合《中华人民共和国国家标准小麦》（GB1351—2008）的三等及以上小麦，且稳定时间、湿面筋等指标符合《郑州商品交易所期货交割细则》规定的要求
交割地点	交易所指定交割仓库
交割方式	实物交割
交易代码	WH
上市交易所	郑州商品交易所

资料来源：郑州商品交易所。

（2）白砂糖。食糖是天然甜味剂，是人们日常生活的必需品，同时也是饮料、糖果和糕点等含糖食品和制药工业中不可或缺的原料。我国是世界第四大食糖消费国，多年来我国食糖年消费量约800万吨，约占世界食糖消费量的6%。

生产食糖的原料主要是甘蔗，其次是甜菜。尽管原料不同，但甘蔗糖和甜菜糖在品质上没有太大差别，国家标准对两者同样适用。地球上热带和亚热带地区的许多国家都种植甘蔗，主要分布在南美、加勒比海、大洋洲、非洲的大多数发展中国家和少数发达地区。甜菜生长于温带地区，主要分布在欧洲和北美的发达国家，如欧盟、美国北部和加拿大，少量分布在亚洲地区，如日本、俄罗斯和我国北部等。

影响白砂糖价格的主要因素有六项：①主要出口国及消费国情况；②自然灾害对主要产糖国食糖生产的影响；③国际石油价格对食糖市场的影响；④美元币值变化和全球经济增长情况对食糖市场的影响；⑤主要食糖进口国政策变化对食糖市场的影响；⑥投资基金大量涌入使国际糖市充满变数。

郑州商品交易所白砂糖期货合约见表5－2。

表5－2 郑州商品交易所白砂糖期货合约

交易品种	白砂糖
交易单位	10吨/手
报价单位	元（人民币）/吨
最小变动价位	1元/吨
每日价格最大波动限制	不超过上一交易日结算价±4%
合约交割月份	1，3，5，7，9，11
交易时间	每周一至周五（法定节假日除外） 上午：9：00～11：30　下午：1：30～3：00
最后交易日	合约交割月份的第10个交易日
最后交割日	合约交割月份的第12个交易日
交割品级	标准品：一级白糖（符合GB317－2006） 替代品及升贴水见《郑州商品交易所期货交割细则》
交割地点	交易所指定交割仓库
最低交易保证金	合约价值的6%
交易手续费	4元/手（含风险准备金）
交割方式	实物交割
交易代码	SR
上市交易所	郑州商品交易所

资料来源：郑州商品交易所。

2. 大连商品交易所

大连商品交易所于1993年11月成立，上市交易品种有大豆、豆粕、豆油、玉米、鸡蛋、聚氯乙烯、聚乙烯、棕榈油、胶合板、纤维板、焦炭、焦煤和铁矿石。

大连商品交易所主要交易品种介绍如下。

（1）大豆。大豆是重要的粮油兼用作物。大豆含丰富的蛋白质、脂肪。在我国，大豆大部分供食用，工业上的用途也很广泛。我国是大豆的故乡，大豆种植分布广泛，遍及各地。世界上大豆主要生产国为美国、巴西、阿根廷和中国，其中美国大豆产量约占世界大豆产量的48%。

大豆属于国际性商品，有很大的差价利润。影响大豆价格的主要因素有五项：①市场供求变化，尤其是美国、巴西等国的生产情况；②大豆库存量及供给动向；③天气情况；④国家粮油政策的影响；⑤玉米、小麦等期货价格的影响（这些品种有一定的替代性）。

大连商品交易所黄大豆1号期货合约见表5-3。

表5-3　大连商品交易所黄大豆1号期货合约

交易品种	黄大豆1号
交易单位	10吨/手
报价单位	元（人民币）/吨
最小变动价位	1元/吨
涨跌停板幅度	上一交易日结算价的4%
合约交割月份	1，3，5，7，9，11
交易时间	每周一至周五　上午：9：00~11：30　下午：1：30~3：00
最后交易日	合约月份第10个交易日
最后交割日	最后交易日后7日（遇法定节假日顺延）
交割等级	交易所黄大豆1号交割质量标准（FA/DCED001-2012）
交割地点	大连商品交易所指定交割仓库
交易保证金	合约价值的5%
交易手续费	不超过4元/手（当前暂为2元/手）
交割方式	实物交割
交易代码	A
上市交易所	大连商品交易所

资料来源：大连商品交易所。

（2）豆粕。豆粕是大豆经过提取豆油后得到的一种副产品。按提取方法不同，可分为一浸豆粕和二浸豆粕。

豆粕主要用于饲料、糕点食品、健康食品、化妆品和抗生素原料等，其中85%用于饲料。豆粕富含蛋白质，主要产于美国、巴西、阿根廷、中国、印度和巴拉圭。豆粕的产量基本上与大豆产量保持同步。豆粕主要消费国为美国、欧盟、中国和东亚国家。我国豆粕市场的特点是北方生产、南方消费，东北三省是我国主要的豆粕生产地。

影响豆粕价格的主要因素有四项：①豆粕供给及需求；②豆粕与大豆、豆油的比价关系；③进出口政策；④汇率因素。

大连商品交易所豆粕期货合约见表5-4。

表5-4 大连商品交易所豆粕期货合约

交易品种	豆　粕
交易单位	10吨/手
报价单位	元（人民币）/吨
最小变动价位	1元/吨
涨跌停板幅度	上一交易日结算价的4%
合约月份	1，3，5，7，8，9，11，12
交易时间	每周一至周五　上午：9：00~11：30　下午1：30~3：00
最后交易日	合约月份第10个交易日
最后交割日	最后交易日后第4个交易日
交割等级	大连商品交易所豆粕交割质量标准
交割地点	交易所指定交割仓库
最低交易保证金	合约价值的5%（当前暂为6%）
交易手续费	不超过3元/手（当前暂为2元/手）
交割方式	实物交割
交易代码	M
上市交易所	大连商品交易所

资料来源：大连商品交易所。

（3）焦炭。焦炭是由炼焦煤在焦炉中经过高温干馏转化而来的，生产1吨焦炭约消耗1.33吨炼焦煤。焦炭既可以作为还原剂、能源和供炭剂用于高炉炼铁、冲天炉铸造、铁合金冶炼和有色金属冶炼，也可以应用于电石生产、气化和合成化学等领域。据统计，世界焦炭产量的90%以上用于高炉炼铁，冶金焦炭已经成为现代高炉炼铁技术所需的必备原料之一，被喻为钢铁工业的“基本食粮”，具有重要的战略意义和经济价值。我国是传统的焦炭生产和出口大国，近年来焦炭产量一直占世界焦炭产量的50%左右。

影响焦炭价格的因素主要有三项：①炼焦煤决定生产成本；②钢材影响销售价格；③宏观经济和政策等其他因素。

大连商品交易所焦炭期货合约见表5-5。

表 5-5　大连商品交易所焦炭期货合约

交易品种	冶金焦炭
交易单位	100 吨/手
报价单位	元（人民币）/吨
最小变动价位	1 元/吨
涨跌停板幅度	上一交易日结算价的 4%
合约月份	全年
交易时间	每周一至周五　上午：9：00~11：30　下午：1：30~3：00
最后交易日	合约月份第 10 个交易日
最后交割日	最后交易日后第 2 个交易日
交割等级	大连商品交易所焦炭交割质量标准
交割地点	交易所指定焦炭交割仓库
最低交易保证金	合约价值的 5%（当前暂为 6%）
交割方式	实物交割
交易代码	J
上市交易所	大连商品交易所

资料来源：大连商品交易所。

3. 上海期货交易所

上海期货交易所于 1998 年由上海金属交易所、上海商品交易所和上海粮油交易所合并而成，其主要上市交易品种有天然橡胶、铜、铝、锌、铅、黄金、白银、螺纹钢、线材、燃料油和石油沥青。

上海期货交易所主要交易品种介绍如下。

（1）天然橡胶。天然橡胶分为烟片胶、颗粒胶、绉片胶和乳片胶等，市场上以烟片胶和颗粒胶为主。我国进口的多为烟片胶，国产的多为颗粒胶，也称标准胶。

天然橡胶广泛用于工业、农业、国防、交通、运输、机械制造、医药卫生和日常生活等领域。天然橡胶产于泰国、印度尼西亚、马来西亚、中国、印度、斯里兰卡等少数亚洲国家和尼日利亚等少数非洲国家。我国天然橡胶主产于海南、云南、广东、广西和福建等地区，海南、云南的天然橡胶占全国总产量的 60% 和 35%。我国是继美国之后的第二大天然橡胶消费国，消费排名位于日本之前。我国天然橡胶基本需求量中，国产和进口量各占一半。

影响天然橡胶价格波动的因素有七项：①国际天然橡胶市场供求状况及主要产胶国的出口行情；②国际市场交易行情；③天然橡胶的生产消耗情况；④合成胶的生产和消费情况；⑤自然因素，如季节变动和气候变化；⑥政治因素，如政策和政局的变化；⑦汇率变动情况。

上海期货交易所天然橡胶期货合约见表5－6。

表5－6 上海期货交易所天然橡胶期货合约

交易品种	天然橡胶
交易单位	10吨/手
报价单位	元（人民币）/吨
最小变动价位	5元/吨
每日价格最大波动限制	不超过上一交易日结算价±3%
合约交割月份	1，3，4，5，6，7，8，9，10，11
交易时间	每周一至周五 上午：9：00～11：30 下午：1：30～3：00
最后交易日	合约交割月份的15日（遇法定假日顺延）
交割日期	最后交易日后连续5个工作日
交割品级	标准品：（1）国产天然橡胶（SCRWF），质量符合国标GB/T8081－2008；（2）进口3号烟胶片（RSS3），质量符合《天然橡胶等级的品质与包装国际标准（绿皮书）》（1979年版）
交割地点	交易所指定交割仓库
最低交易保证金	合约价值的5%
交割方式	实物交割
交易代码	RU
上市交易所	上海期货交易所

资料来源：上海期货交易所。

（2）铜。铜是人类最早发现的古老金属之一，早在3 000多年前人类就开始使用铜。金属铜的元素符号为Cu，原子量为63.54，比重为8.92，熔点为1 083℃。纯铜呈浅玫瑰色或淡红色，表面形成氧化铜膜后，外观呈紫铜色。铜具有许多可贵的物理、化学特性。

铜是一种被广泛使用的金属，在导电性、导热性、抗拉强度、可延伸性和耐疲劳度等方面有独特之处。世界铜矿资源主要分布在美洲和中非，智利铜矿产量居世界第一，占31%，其次为美国。我国的铜资源比较匮乏，铜产地主要在江西、湖北和甘肃等地。铜的需求主要集中在发达国家，美国是头号消费国，我国位居第四，年消费量达100万吨以上。

影响铜市价格的主要因素有四项：①产铜国铜市影响；②产铜技术设备及贮存的影响；③进口量的影响；④国际国内政治经济形势，如国与国之间的战争等。

上海期货交易所阴极铜期货合约见表5－7。

表 5-7　上海期货交易所阴极铜期货合约

交易品种	阴极铜
交易单位	5 吨/手
报价单位	元（人民币）/吨
最小变动价位	10 元/吨
每日价格最大波动限制	不超过上一交易日结算价 ±3%
合约交割月份	全年
交易时间	每周一至周五　上午：9：00～11：30　下午：1：30～3：00 及交易所规定的其他交易时间
最后交易日	合约交割月份的 15 日（遇法定假日顺延）
交割日期	最后交易日后连续 5 个工作日
交割品级	标准品：阴极铜，符合国标 GB/T467－2010 中 1 号标准铜（Cu－CATH－2）规定，其中主成分铜加银含量不小于 99.95%
	替代品：阴极铜，符合国标 GB/T467－2010 中 A 级铜（Cu－CATH－1）规定，或符合 BS EN 1978：1998 中 A 级铜（Cu－CATH－1）规定
交割地点	交易所指定交割仓库
最低交易保证金	合约价值的 5%
交易手续费	不高于成交金额的万分之二（含风险准备金）
交割方式	实物交割
交易代码	CU
上市交易所	上海期货交易所

资料来源：上海期货交易所。

（3）铝。铝是一种轻金属，被称为第二金属，其产量及消费量仅次于钢铁。铝的重量轻、质地坚，具有良好的延展性、导电性、导热性、耐热性和耐核辐射性，是国民经济发展的重要基础性原材料。铝主要用于建筑业、交通运输业和包装业等。

在建筑业中，由于铝在空气中的稳定性和阳极处理后的极佳外观，使铝在建筑业中的使用越来越广泛，特别是在铝合金门窗、铝塑管、装饰板和铝板幕墙等方面的应用。

在交通运输业中，为减轻交通工具自身的重量，减少废气排放对环境的污染，摩托车、各类汽车、火车、地铁、飞机和船只等交通运输工具开始大量采用铝及铝合金作为构件和装饰件。随着铝合金加工材料的硬度和强度不断提高，航空航天领域使用铝合金的比例逐年增加。

在包装业中，各类软包装用铝箔、全铝易拉罐、各类瓶盖及易拉盖、药用包装等用铝的范围也在扩大。

在其他消费领域，铝在电子电气、家用电器（冰箱、空调）和日用五金等方面的使用量和使用前景越来越广阔。世界主要产铝国是美国、加拿大、澳大利亚、巴西和挪威等，这些国家生产的铝占全球铝产量的60%以上。美国是世界上最大的铝生产国和消费国，中国的铝产量和消费量均居世界第三位。

影响铝市价格的主要因素有四项：①产铝国铝市的影响；②产铝技术设备及贮存的影响；③进口量的影响；④国际国内政治经济形势和国与国之间的战争等。

上海期货交易所铝期货合约见表5-8。

表5-8 上海期货交易所铝期货合约

交易品种	铝
交易单位	5吨/手
报价单位	元（人民币）/吨
最小变动价位	5元/吨
每日价格最大波动限制	不超过上一交易日结算价±3%
合约交割月份	全年
交易时间	每周一至周五　上午：9：00~11：30　下午：1：30~3：00及交易所规定的其他交易时间
最后交易日	合约交割月份的15日（遇法定假日顺延）
交割日期	最后交易日后连续5个工作日
交割品级	标准品：铝锭，符合国标GB/T1196-2008　AL99.70规定，其中铝含量不低于99.70%
	替代品：（1）铝锭，符合国标GB/T1196-2008　AL99.85，AL99.90规定；（2）铝锭，符合P1020A标准
交割地点	交易所指定交割仓库
最低交易保证金	合约价值的5%
交易手续费	不高于成交金额的万分之二（含风险准备金）
交割方式	实物交割
交易代码	AL
上市交易所	上海期货交易所

资料来源：上海期货交易所。

（4）燃料油。燃料油是目前我国石油及石油产品中已经完全实现市场化的一个品种。从我国石油供需来看，工业用油占石油消费量的一半，其中燃料油又占工业用油的35%。经国务院同意，中国证监会已批准上海期货交易所上市燃料油期货品种。

上海期货交易所燃料油期货合约见表5-9。

表5-9　上海期货交易所燃料油期货合约

交易品种	燃料油
交易单位	50吨/手
报价单位	元（人民币）/吨
最小变动价位	1元/吨
每日价格最大波动限制	不超过上一交易日结算价±5%
合约交割月份	全年（春节月份除外）
交易时间	每周一至周五　上午：9：00~11：30　下午：1：30~3：00及交易所规定的其他时间
最后交易日	合约交割月份前一月份的最后1个交易日
交割日期	最后交易日后连续5个工作日
交割品级	180CST燃料油或质量优于该标准的其他燃料油
交割地点	交易所指定交割仓库
最低交易保证金	合约价值的8%
交割方式	实物交割
交易代码	FU
上市交易所	上海期货交易所

资料来源：上海期货交易所。

4. 上海国际能源交易中心

上海国际能源交易中心股份有限公司（以下简称上能源）是经中国证监会批准，由上海期货交易所发起设立的、面向期货市场参与者的国际交易场所，2013年11月6日，上能源注册于中国（上海）自由贸易试验区，经营范围包括组织安排原油、天然气、石化产品等能源类衍生品上市交易、结算和交割，制定业务管理规则，实施自律管理，发布市场信息，提供技术、场所和设施服务。

目前国际上有12家交易所推出了原油期货。芝加哥商品交易所集团旗下纽约商业交易所（NYMEX）和洲际交易所（ICE）为影响力最大的世界两大原油期货交易中心，其对应的WTI、布伦特两种原油期货也分别扮演着美国和欧洲基准原油合约的角色。另外，迪拜商品交易所（DME）上市的阿曼（Oman）原油期货也是重要的原油期货基准合约。

其他上市原油合约还有：印度大宗商品交易所（MCX）的 WTI、布伦特原油；印度国家商品及衍生品交易所的布伦特原油；日本的东京工业品交易所（TOCOM）的中东原油；莫斯科交易所（MOE）的布伦特原油；圣彼得堡国际商品交易所（SPIMEX）的乌拉尔（Urals）原油；新加坡商品期货交易所（SMX）的 WTI 原油；泰国期货交易所（TFEX）的布伦特原油；阿根廷的罗萨里奥期货交易所（ROFX）的 WTI 原油；南非的约翰内斯堡证券交易所（JSE）上市的原油期货等。

2018 年 3 月 26 日上午 9 时，中国原油期货在上海国际能源交易中心正式上市交易，这是国内首个国际化期货品种。具体合约表如表 5－10 所示。

表 5－10 上海国际能源交易中心原油期货标准合约

交易品种	中质含硫原油
交易单位	1000 桶/手
报价单位	元（人民币）/桶（交易报价为不含税价格）
最小变动价位	0. 1 元（人民币）/桶
每日价格最大波动限制	不超过上一交易日结算价 ±4%
合约交割月份	最近 1－12 个月为连续月份以及随后八个季月
交易时间	上午 9：00～11：30，下午 1：30～3：00 以及上海国际能源交易中心规定的其他交易时间。
最后交易日	交割月份前第一月的最后一个交易日； 上海国际能源交易中心有权根据国家法定节假日调整最后交易日
交割日期	最后交易日后连续五个交易日
交割品级	中质含硫油，基准品质为 API 度 32. 0，硫含量 1. 5%， 具体可交割油种及升贴水由上海国际能源交易中心另行规定。
交割地点	上海国际能源交易中心指定交割仓库
最低交易保证金	合约价值的 5%
交割方式	实物交割
交易代码	SC
上市交易所	上海国际能源交易中心

资料来源：上海国际能源交易中心。

（二）期货交易流程

交易者首先委托期货经纪商办理开户手续，代为买卖合约并缴纳保证金，经纪商获此授权后，就可以根据合同条款，按照客户的指令实施操作。经纪商接到客户发出的指令，通过经纪商的计算机系统将指令传输到交易所的计算机系统；用电话或其他方式通知经纪商在交易所内的出市代表，出市代表将收到的客户指令立即输入计算机交易系统。每一笔交易均由交易所的计算机系统按价格优先、时间优先的原则自动撮合成交。成交后，交易所将其所签发的合约成交通知单通过经纪商通知客户，如图 5-1 所示。

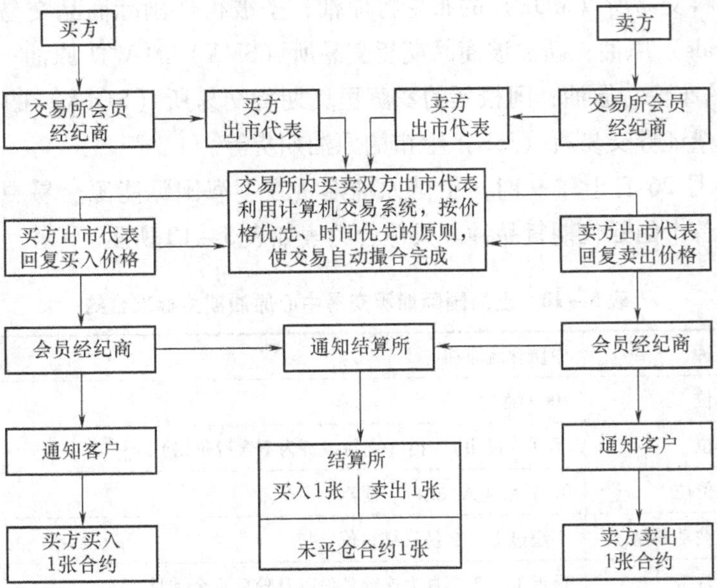

图 5-1　期货合约交易流程（对冲）

（三）开户与下单

1. 经纪商的选择

由于能够进入期货交易所进行交易的只能是期货交易所的会员，包括期货经纪公司会员和非期货经纪公司会员，所以，普通投资者在进入期货市场交易之前，应首先选择一个具备合法代理资格的期货经纪公司会员开立账户。

2. 开立账户，签署合同，缴纳保证金

客户开立账户时一般需要签署三份文件，即《客户开户申请表》《期货交易风险揭示书》《期货业务委托代理协议》。然后，客户可根据自己的实际情况选择所需账户的类型。个人开立账户应提供本人身份证，留存印鉴或签名样卡，同时在上述三份文件合同上签名。单位开立账户应提供《企业法人营业执照》影印件，并提供法定代表人及本单位期货交易业务执行人的姓名、联系电话、单位及其法定代表人或有单位负责人印鉴等内容的书面材料、法定代表人授权期货交易业务执行人的书面授权书，由法人代表在合同上签字并加盖单位公章。

客户在与期货经纪公司签署期货经纪合同之后，应按规定缴纳交易保证金，通过开立账户培训并做好必要的技术和心理准备后，便可进行交易。

3. 下单

所谓下单，是指客户在每笔交易前向期货经纪公司业务人员下达交易指令，说明拟买卖合约的种类、数量和价格等的行为。为了能将自己的意图以简捷、准确的方式

做出表达，客户必须掌握交易指令的格式和各种类型指令的意义和用途。交易指令的内容一般包括期货交易的品种、交易方向、数量、月份、价格、日期、时间以及期货交易所名称、客户编码和账户、期货经纪公司和客户签名等，如表5－11所示。

表5－11　期货交易指令格式样表

账号	买/卖	数量	商品	价格	备注
Stu200	买	5	CU1009	70 200	
Stu200	买	2	RU1007	14 150	
Stu200	买	3	CU1009	80 000	

在表5－11中，“账号”为客户在期货经纪公司开立的账户编号；“数量”为可用数量单位或××手合约表示；“商品”为用以说明交易所、交割月份、商品品种和类型等；“备注”为说明指令的类型和有效期等。

4. 常用交易指令

国际上常用的交易指令有市场指令、限价指令、止损指令和取消指令等。我国交易所规定的交易指令有两种：限价指令和取消指令。交易指令当日有效，在指令成交前，客户可提出变更或撤销。

5. 下单方式

下单方式主要有书面下单、电话下单和网上下单。

（四）竞价与成交回报

1. 竞价

竞价方式一般是将买卖申报单以价格优先、时间优先的原则进行排序。开盘价和收盘价均由集合竞价产生。开盘价集合竞价在某品种某月份合约每一交易日开市前5分钟内进行，其中前4分钟为期货合约买、卖价格指令申报时间，后1分钟为集合竞价撮合时间，开市时产生开盘价。收盘价集合竞价在某品种某月份合约每一交易日收市前5分钟内进行，其中前4分钟为期货合约买、卖价格指令申报时间，后1分钟为集合竞价撮合时间，收市时产生收盘价。

开盘集合竞价中的未成交申报单自动参与开市后竞价交易；收盘集合竞价前的未成交申报单继续参与收盘集合竞价。

2. 成交回报与确认

期货经纪公司的出市代表收到交易指令并确认无误后，将以最快的速度将指令输入计算机内，进行撮合成交，当计算机显示指令成交后，出市代表必须马上将成交结果反馈回期货经纪公司的交易部。期货经纪公司交易部将出市代表反馈的成交结果记录在交易单上并打上时间戳记后，将记录单报告给客户。成交回报记录单应包括成交时间、成交手数和成交回报时间等项目。

客户对交易结算单记载事项有异议，应当在下一个交易日开市前向期货经纪公司提出书面异议；无异议的，应当在交易结算单上签字确认。客户既未对交易结算单记载事项予以确认，也未提出异议的，视为对交易结算单的确认。

（五）结算与交割

1. 结算制度

结算是指根据交易结果和交易所有关规定对会员交易保证金、盈亏、手续费、交割货款和其他有关款项进行计算、划拨。结算包括交易所对会员的结算和期货经纪公司会员对其客户的结算，结算结果将被计入客户保证金账户。

期货交易所的结算实行保证金制度、每日无负债制度和风险准备金制度等。与期货市场的层次结构相适应，期货交易的结算也是分级、分层次的。交易所只对会员结算，非会员单位或个人通过其期货经纪公司结算。

平仓是指期货交易者买入或卖出与其所持期货合约的品种、数量及交割月份相同但交易方向相反的期货合约，了结期货交易行为。

资金划转是指当日盈亏在每日结算时进行划转，单日盈利划入会员结算准备金，当日亏损从会员结算准备金中扣除。

结算准备金余额计算公式为：

当日结算准备金 = 上一交易日结算准备金 - 上一交易日交易保证金 - 当日交易保证金 + 当日盈亏手续费

2. 实物交割

实物交割是指期货合约到期时，交易双方通过期货合约所载商品所有权的转移，了结到期未平仓合约的过程。商品期货合约交易一般采用实物交割制度。实物交割是促使期货价格和现货价格趋向一致的制度保证。

实物交割方式有两种：一是集中性交割，即所有到期合约在交割月份最后交易日过后一次性集中交割；二是分散性交割，即除了在交割月份的最后交易日过后所有到期合约全部配对交割外，在交割月份第 1 个交易日至最后交易日之间的规定时间也可以进行交割。

我国期货合约的交割结算价通常为该合约交割配对日的结算价或为该期货合约最后交易日的结算价。实物交割要求以会员名义进行，单位客户的实物交割须由会员代理，并以会员名义在交易所进行。

五、实验示例

在浏览器中输入 http：//tjufetrade. shihua. com. cn/（如图 5 -2 所示），登录大智慧在线型金融模拟交易系统。“选择活动”为“证券模拟交易”。系统登录成功后，网页进入“大智慧在线型金融模拟交易系统” 主界面，如图 5 -3 所示。界面上方为功能模块区，系统中设有市场总览、股票、基金、外汇、黄金、商品期货及账户管理 7 个模块；选择“商品期货” 模块，进入商品期货模块页面，如图 5 -4 所示。根据交易种类，分别进行能源化工、金属及农产品商品期货模拟交易。

图 5 – 2　系统登录

图 5 – 3　商品期货

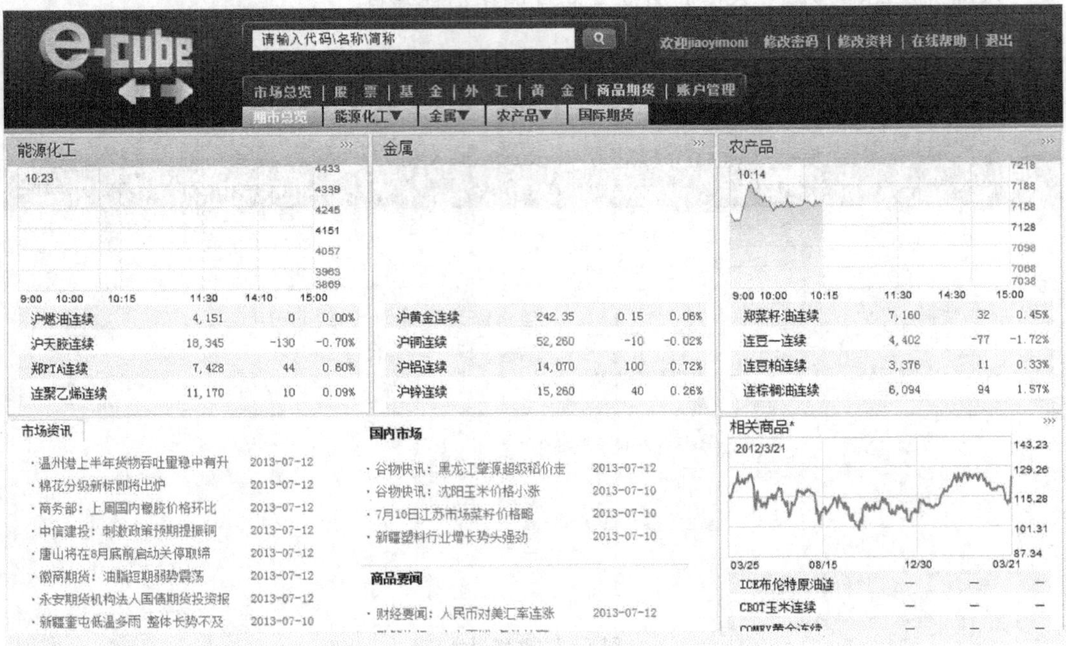

图5－4 期市总览

(一) 农产品——强筋小麦期货交易实验示例

1. 行情界面

点击农产品模块下拉会出现很多农产品交易品种，双击选择强筋麦（见图5－5），

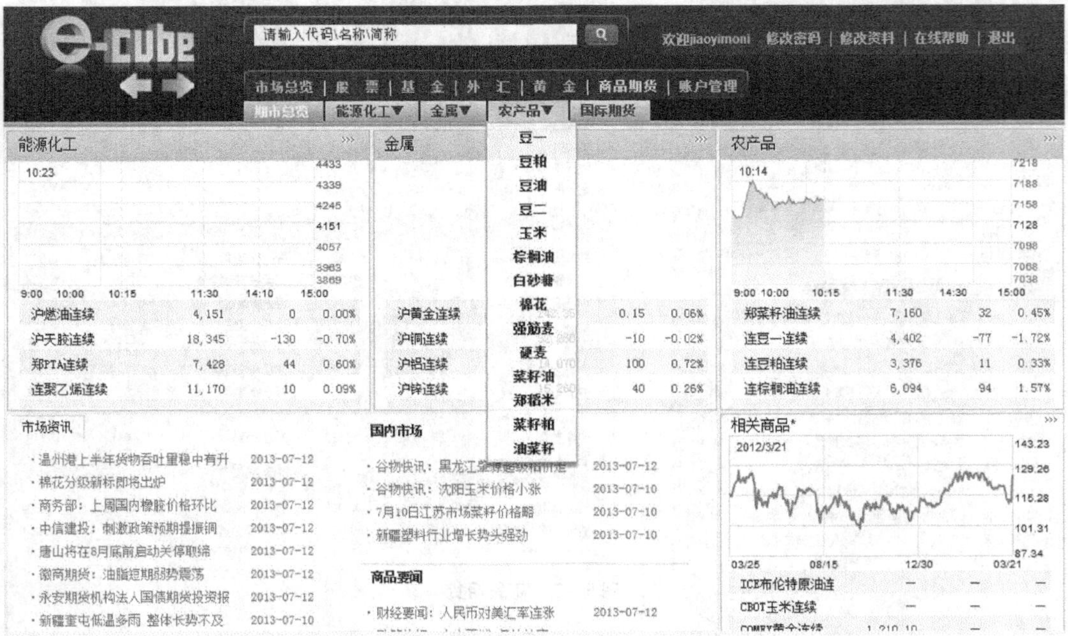

图5－5 农产品交易品种

进入强筋麦期货交易的界面，用户可以根据自己的需要选择合约，如图5－6所示。双击合约名称，进入行情界面，如图5－7所示。

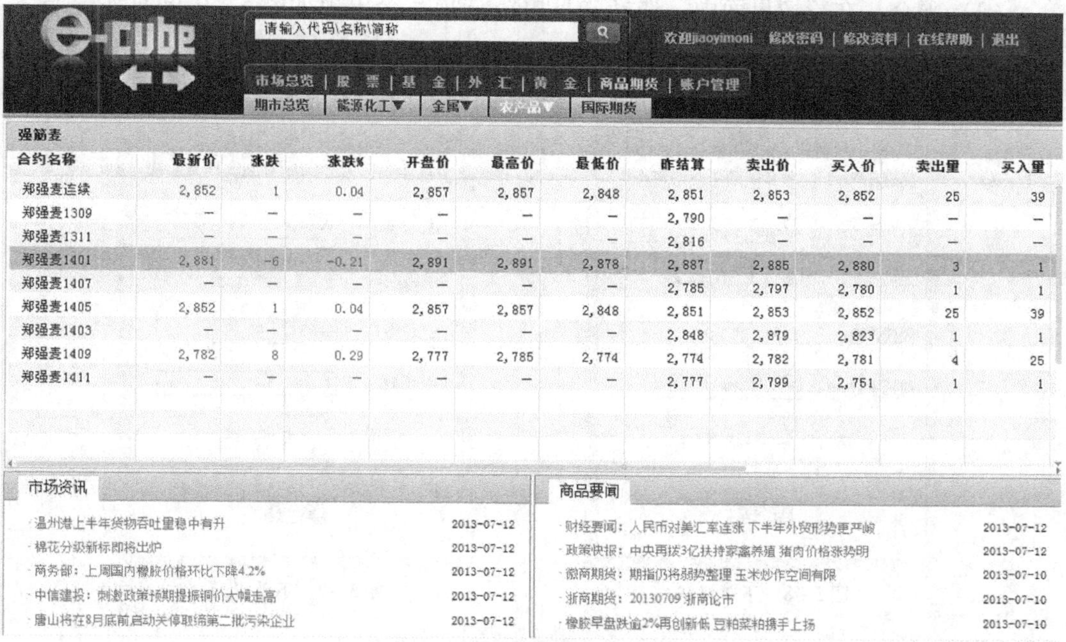

图5－6　强筋麦期货交易界面

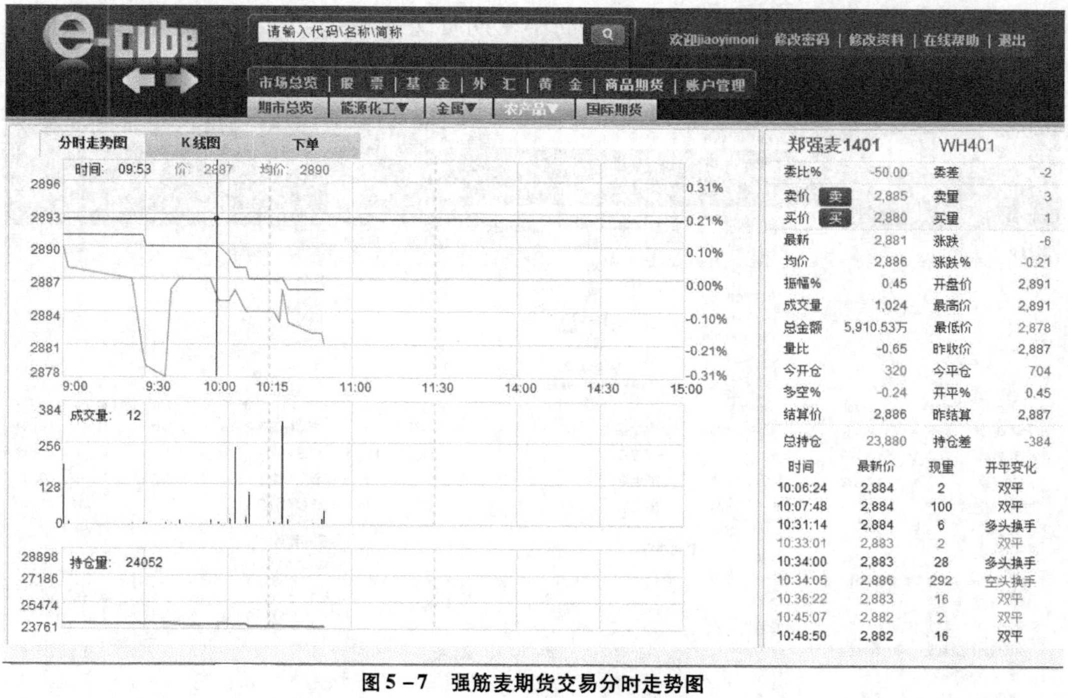

图5－7　强筋麦期货交易分时走势图

2. 委托交易

（1）开仓。在行情界面中，选择“下单”选项，会出现如图5－8的界面进行开仓，在“委托价格”输入框内输入合适的限价，然后填入交易的“委托手数”，点击“下单”，弹出所示的确认对话框。下单成功则显现提示成功界面，否则显示出错提示。

（2）平仓。在行情界面中，选择“下单”选项，会出现如图5－9界面进行平仓，在“委托价格”输入框内输入合适的价格，然后填入交易的委托手数，点击“下单”，弹出所示的确认对话框。下单成功则显现提示成功界面，否则显示出错提示。

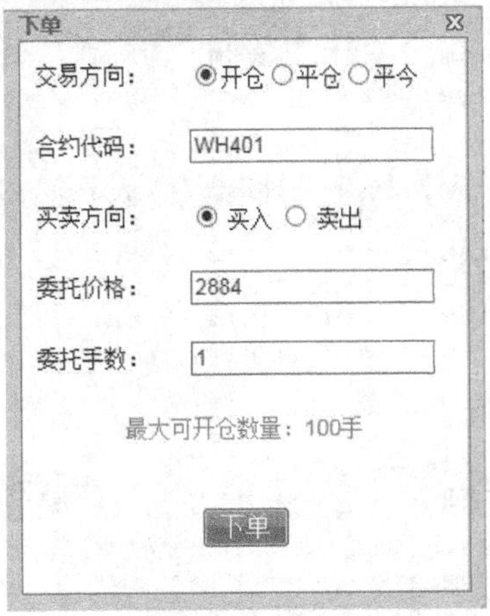

图5－8　下单（1）

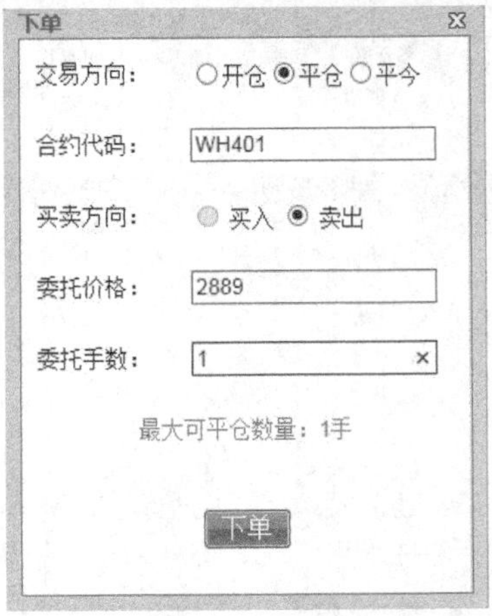

图5－9　下单（2）

（二）金属——铜期货交易实验示例

金属——铜期货模拟交易流程与强筋小麦期货交易相似，在此不再赘述，仅以图5－10至图5－13以示说明。

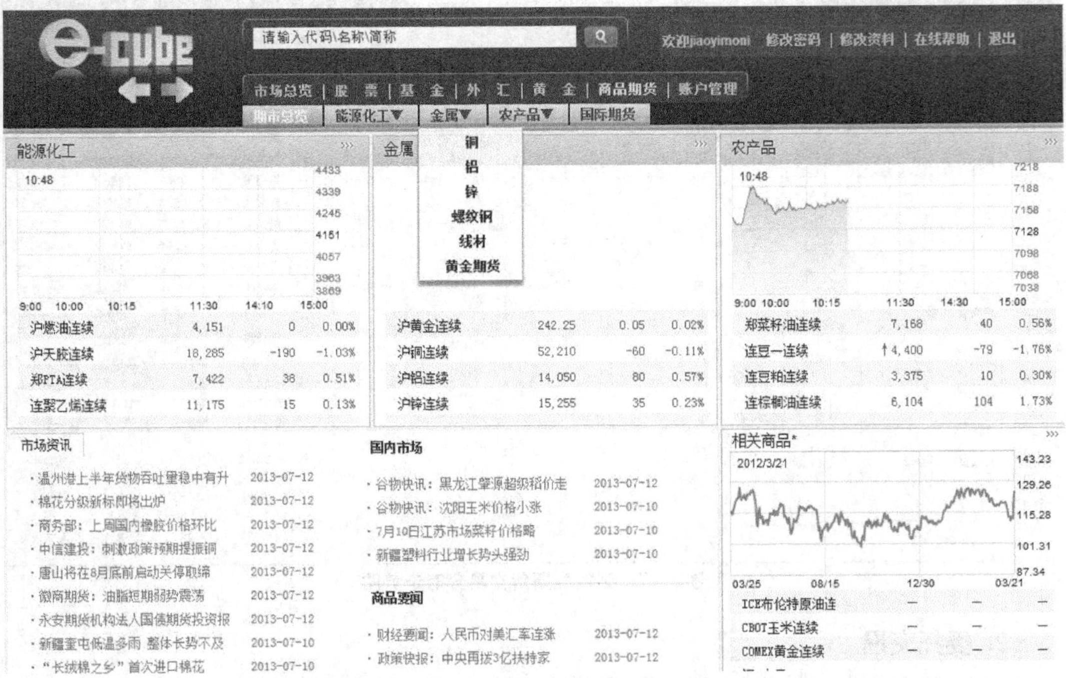

图5－10　金属交易品种

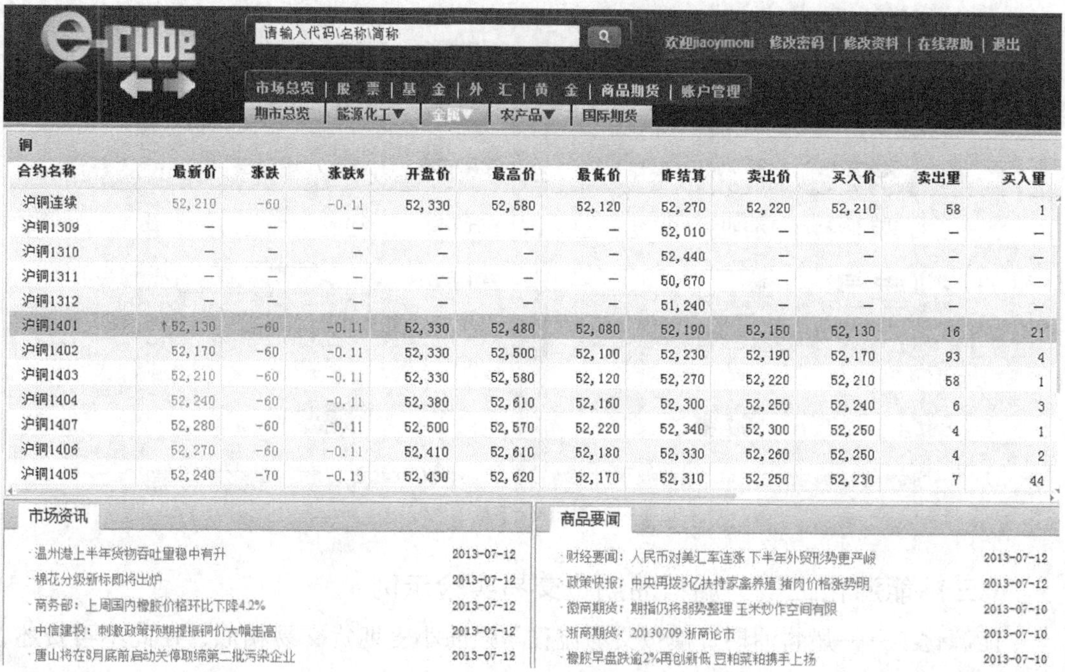

图5－11　沪铜期货交易界面

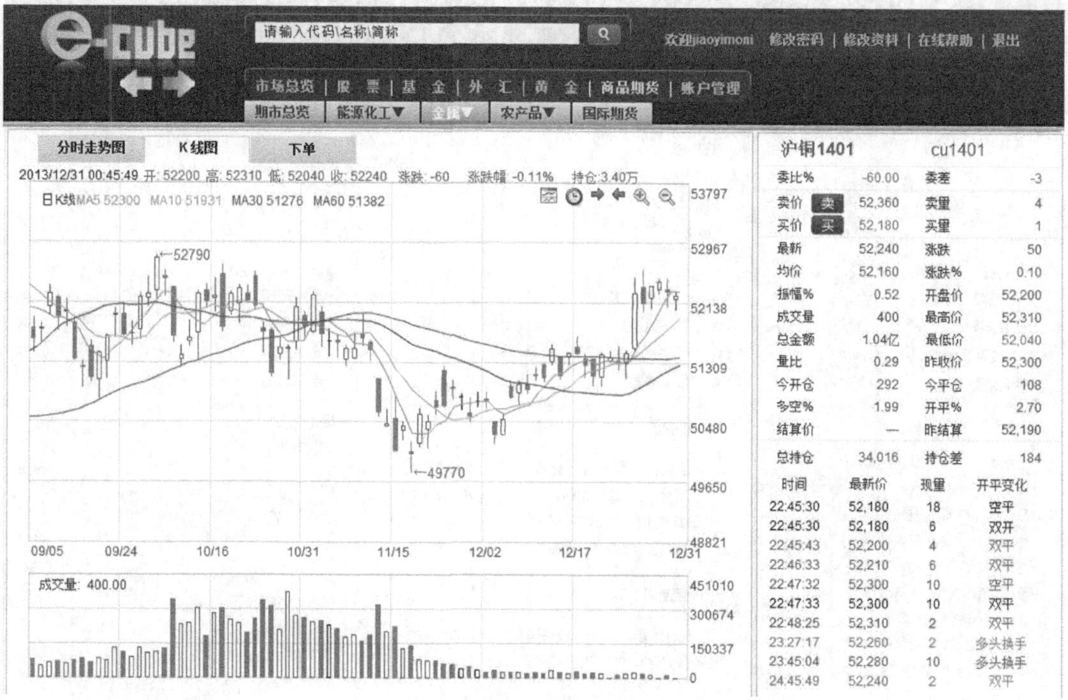

图5－12　沪铜期货交易K线图

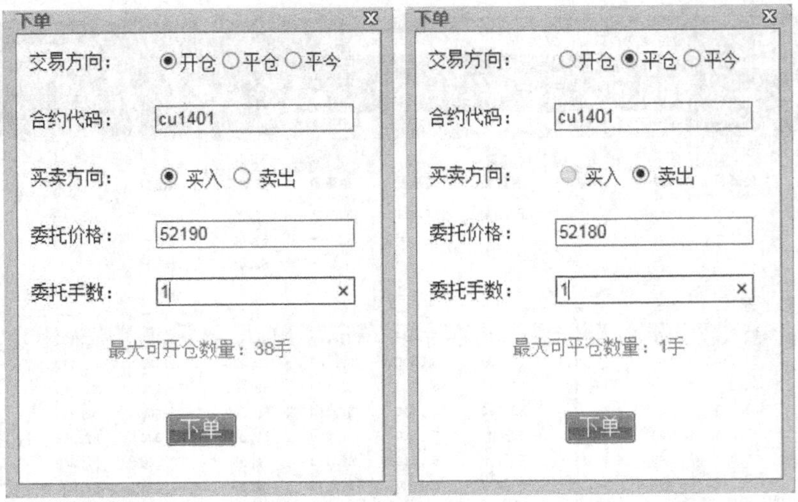

5－13　下单

(三) 能源化工——燃料油期货交易实验示例

能源化工——燃料油期货模拟交易流程与强筋小麦期货交易相似，在此不再赘述，仅以图5－14至图5－18以示说明。

图5－14　能源化工交易品种

图5－15 沪燃油期货交易界面

图5－16 沪燃油期货交易分时走势图

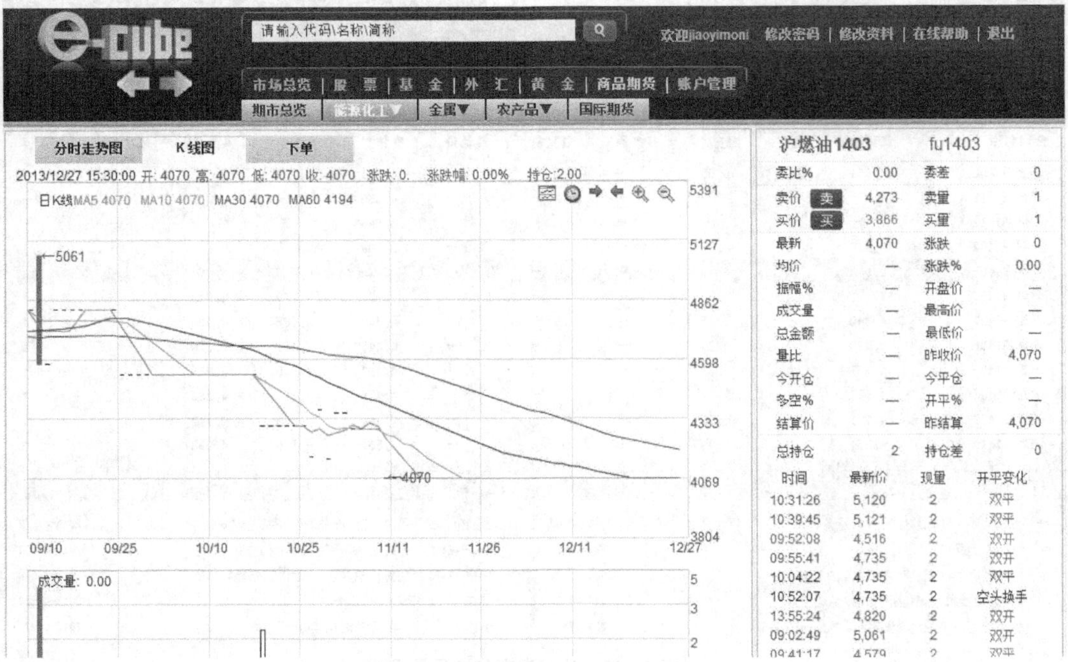

图 5－17　沪燃油期货交易 K 线图

图 5－18　下单

实验模块9：股指期货交易模拟实验

一、实验名称

股指期货交易模拟实验。

二、实验目的

通过本实验课程的学习，使学生掌握股指期货交易模拟系统，能模拟股指期货的实时委托、接收行情等方法。

（1）充分了解我国股指期货交易所上市的股指期货、国债期货，熟练掌握股指期货、国债期货的买卖委托、开户管理等。

（2）进行账户资余额、当天成交、历史成交和持仓平仓记录的查询。

（3）进行股指期货合约的盈亏计算。

三、实验步骤与要求

（1）每个学生必须在规定的时间内至少完成沪深300股指期货和国债期货买入与卖出各一次。

（2）对沪深300股指期货与国债期货交易进行成交确认。

（3）对沪深300股指期货与国债期货进行盈亏计算，并将模拟交易过程、交易盈亏等填写在实验报告中。

四、实验说明

（一）中国金融期货交易所

中国金融期货交易所是经国务院同意、中国证监会批准，由上海期货交易所、郑州商品交易所、大连商品交易所、上海证券交易所和深圳证券交易所共同发起设立的金融期货交易所。中国金融期货交易所于2006年9月8日在上海成立，注册资本为5亿元人民币。中国金融期货交易所的成立，对于深化金融市场改革、完善金融市场体系和发挥金融市场功能都具有重要的战略意义。

中国金融期货交易所的主要职能是：组织安排金融期货等金融衍生品上市交易、结算和交割；制定业务管理规则，实施自律管理；发布市场交易信息；提供技术、场所和设施服务；中国证监会许可的其他职能。中国金融期货交易所实行结算会员制度，会员分为结算会员和非结算会员；结算会员按照业务范围分为交易结算会员、全面结算会员和特别结算会员。实行结算会员制度，形成多层次的风险控制体系，强化了中国金融期货交易所的整体抗风险的能力。另外，中国金融期货交易所采用电子化交易方式，不设交易大厅和出市代表，金融期货产品的交易均通过交易所计算机系统进行竞价，由交易系统按照价格优先、时间优先的原则自动撮合成交。采用电子化交易方式体现了中国金融期货交易所的高效、透明和国际化的发展思路。

中国金融期货交易所经中国证监会批准的交易品种有沪深300股指期货、上证50指数期货、中证500指数期货以及5年期国债期货和10年期国债期货。

（二）股票价格指数期货交易

1. 沪深300股指期货合约

沪深300股指期货合约是以沪深300指数为标的的期货合约。沪深300指数期货同时挂牌4个月份的合约，分别是当月、下月及随后的两个季月月份合约。如当月月份为7月，则下月合约为8月，季月合约为9月与12月。表示方式为IF1807、IF1808、IF1809、IF1812。其中，IF为合约代码，18表示2018年，07表示7月份合约。

中国金融期货交易所沪深300股指期货合约见表5-12。

表5-12 沪深300股指期货合约

合约标的	沪深300指数
合约乘数	每点300元
报价单位	指数点
最小变动价位	0.2点
合约月份	当月、下月及随后两个季月
交易时间	上午：9：15~11：30　下午：1：00~3：15
最后交易日交易时间	上午：9：15~11：30　下午：1：00~3：00
每日价格最大波动限制	上一交易日结算价±10%
最低交易保证金	合约价值的8%
最后交易日	合约到期月份的第三个周五，遇国家法定假日顺延
交割日期	同最后交易日
交割方式	现金交割
交易代码	IF
上市交易所	中国金融期货交易所

资料来源：中国金融期货交易所。

2. 沪深300股指期货交易流程

（1）开户。开户一般有六个步骤。

第一，寻找期货经纪公司开户。期货交易必须在交易所内进行，并且只有交易所的会员才能开展场内交易，所以，普通投资者若要投资期货，必须事先在一家具有会员资格的期货经纪公司开立账户，与期货经纪公司签订《期货经纪合同》并缴纳开户保证金，委托该公司进行期货交易。

第二，备齐开户所需资料。投资者开户必须以真实身份办理开户手续，自然人和法人均可以开户。自然人开户须提供身份证原件及复印件，法人开户须提供营业执照、组织机构代码证、税务登记证的原件及复印件。

第三，选择交易方式。目前，期货投资者可以通过书面、电话、计算机和网上委托等方式下达交易指令。

第四，与期货经纪公司签署风险揭示书。开户者应与期货经纪公司签署《股指期货交易特别风险揭示书》。

第五，签订合同。《期货经纪合同书》对合同约定双方的权利和义务做出了明确的约定。由于合同书具有法律效力，受法律保护，双方必须按照合同书的约定履行自己的权利和义务。合同书通常包括下述内容：①委托；②保证金；③强行平仓；④通知事项；⑤指定事项；⑥指令的下达；⑦报告和确认；⑧现货月份平仓和实物交割；⑨保证金账户管理；⑩信息、培训和咨询；⑪费用；⑫免责条款；⑬合同生效和修改；⑭账户的清算；⑮纠纷处理；⑯其他事宜。

第六，申请交易编码。合同签署完毕后，客户还应填写《期货交易登记表》，登记表将由期货经纪公司提交给交易所，为客户申请交易所的专用交易编码。同时，期货经纪公司还会向客户分配一个专用的资金账号。

（2）资金入账。在办妥各项手续之后及交易之前，客户应按规定缴纳开户保证金。期货经纪公司将客户缴纳的保证金存入期货经纪合同中指定的客户账户中，供客户进行期货交易之用。期货经纪公司向客户收取的保证金属于客户所有；期货经纪公司除按照中国证监会的规定，为客户向期货交易所缴存保证金、进行交易结算外，严禁将保证金挪作他用。现在，期货经纪公司均已实行客户保证金封闭管理。

（3）下单。客户缴纳开户保证金后就可以向期货经纪公司下达交易指令，进行交易，这一过程被称为下单。需要注意的是，股指期货上市后在进行正式交易之前，一定要先经过模拟交易。

（4）竞价成交。买卖期货合约时，双方都需要向结算所缴纳一笔资金作为履约担保，这笔资金称为保证金。首次买入合约称为建立多头头寸，首次卖出合约称为建立空头头寸。

（5）结算。每个交易日结束后，期货经纪公司要为投资者进行结算，结算的款项包括投资者当日盈亏、交易手续费和交易保证金。如果结算后投资者的保证金不够规定的数额，期货经纪公司就会要求投资者追加保证金，如果投资者无法补充足够的保证金，期货经纪公司就可能会强行平仓。

（6）平仓。平仓是指投资者通过买入或卖出与其所持有的股指期货合约的品种、数量相同但交易方向相反的合约，以此了结期货交易的行为。

（7）交割。一般股指期货多采用现金交割的方式。不过，临近合约到期时，投资者也可以选择不交割，可以对冲操作，提前将先买入的合约卖出，或者将先卖出的合约再买入，这样也可以结束期货交易，解除到期交割的义务。

3. 沪深300股指期货盈亏计算

沪深300股指期货的盈亏计算主要有三种方式：今买今卖盈亏计算；今买隔夜浮

盈计算；长期持有浮盈计算。下面举例说明各种计算方式。

某客户在2010年5月21日入金500 000元用于沪深300股指期货的交易。

（1）今买今卖盈亏计算。客户在当日以2 720价位买入1手IF1006，当日又以2 794价位平仓（股指合约乘数300），如何计算盈亏？其计算公式为：

平仓盈亏 =（卖出价 - 买入价）×合约乘数×手数

即：　　平仓盈亏 =（2 794 - 2 720）×300×1 = 22 200（元）

（2）今买隔夜浮盈计算。客户当日以2 720价位买入1手IF1006，且当日未平仓，21日结算价为2 791.4，持仓盈亏如何计算？其计算公式为：

持仓盈亏 =（结算价 - 买入价）×合约乘数×手数

即：　　持仓盈亏 =（2 791.4 - 2 720）×300×1 = 21 420（元）

（3）长期持有浮盈计算。客户在当日以2 720价位买入1手IF1006，且一直持有仓位，24日结算价为2 905.4，24日持仓盈亏如何计算？其计算公式为：

持仓盈亏 =（今日结算价 - 昨日结算价）×合约乘数×手数

即：　　持仓盈亏 =（2 905.4 - 2 791.4）×300×1 = 34 200（元）

（三）国债期货交易

国债期货（Treasury Futures）是指通过有组织的交易场所预先确定买卖价格并于未来特定时间内进行钱券交割的国债派生交易方式。国债期货属于金融期货的一种，是一种高级的金融衍生工具。它是在20世纪70年代美国金融市场不稳定的背景下，为满足投资者规避利率风险的需求而产生的。

国债期货作为一种金融期货，在中国期货市场发展史上具有重要的地位和作用，可谓是中国金融期货的先驱。中国的国债期货交易试点开始于1992年，结束于1995年5月，试点历时两年半。

1992年12月，上海证券交易所最先开放了国债期货交易。最初，国债期货在开放的一年里交易并不是很活跃。1993年10月25日，上交所对国债期货合约进行了修订，并向个人投资者开放国债期货交易。1993年12月，原北京商品交易所推出国债期货交易，成为中国第一家开展国债期货交易的商品期货交易所。随后，原广东联合期货交易所和武汉证券交易中心等地方证交中心也推出了国债期货交易。从1994年第二季度开始，国债期货交易逐渐趋于活跃，交易金额逐月递增，1994年结束时，上交所的全年国债期货交易总额达到1.9万亿元。1995年以后，国债期货交易更加火爆，经常出现日交易量达到400亿元的市况，而同期市场上流通的国债现券不足1 050亿元。由于可供交割的国债现券数量远小于国债期货的交易规模，因此，市场上的投机气氛越来越浓厚，风险也越来越大。

1995年2月，国债期货市场上发生了著名的“327”违规操作事件，对市场造成了沉重的打击。1995年2月25日，为规范整顿国债期货市场，中国证监会和财政部联合颁发了《国债期货交易管理暂行办法》，中国证监会也向各个国债期货交易场所发出了《关于加强国债期货风险控制的紧急通知》，不仅提高了交易保证金比例，还将交易场所从原来的十几个收缩到沪、深、汉、京四大市场。但一系列的清理整顿措施并未有效抑制市场投机气氛，透支、超仓、内幕交易、恶意操纵等现象仍然十分严重，国债期货价格仍继续狂涨，1995年5月再次发生恶性违规事件——“319”事件。1995年5月17日下午，中国证监会发出通知，决定暂停国债期货交易。各交易场所从5月18日起组织会员协议平仓；5月31日，全国14个国债期货交易场所全部平仓完毕，中国首次国债期货交易试点以失败而告终。

2013年9月6日，我国在中国金融期货交易所重启了停市18年的国债期货交易。

1.5年期国债期货合约

5年期国债期货合约的合约标的面值为100万元人民币、票面利率为3%的名义中期国债。该合约的可交割国债为合约到期月份首日剩余期限为4~7年的记账式附息国债。该合约月份为最近的三个季月（季月是指3月、6月、9月、12月），合约的最后交易日为合约到期月份的第二个星期五，最后交易日为国家法定假日或者因异常情况等原因未交易的，以下一交易日为最后交易日。到期合约最后交易日的下一交易日，新的月份合约开始交易。合约的交易代码为TF，例如，TF1812中，18表示2018年，12表示12月份合约。

中国金融期货交易所上市国债期货标准化合约见表5-13。

表5-13　5年期国债期货合约

合约标的	面值为100万元人民币、票面利率为3%的名义中期国债
可交割国债	合约到期月首日剩余期限为4~7年的记账式附息国债
报价方式	百元净价报价
最小变动价位	0.002元
合约月份	最近的三个季月（3月、6月、9月、12月中的最近三个月循环）
交易时间	上午9：15~11：30；　下午1：00~3：15
最后交易日交易时间	上午9：15~11：30
每日价格最大波动限制	上一交易日结算价的±2%
最低交易保证金	合约价值的2%
最后交易日	合约到期月份的第二个星期五
最后交割日	最后交易日后的第三个交易日
交割方式	实物交割
交易代码	TF
上市交易所	中国金融期货交易所

资料来源：中国金融期货交易所。

2. 国债期货交易流程

国债期货与股指期货同为金融期货，其标的都是金融产品，两种期货的交易流程是一样的，只是在报价、交割等环节上有所不同。

在报价上，国债期货采取百元净价报价的方式，即国债期货合约最小变动价位

0.002 元，同时，净价是指不包含应计利息的债券交易价格。

在交割方式上，国债期货的交割方式也不同于股指期货的现金交割，国债期货合约采取的是实物交割，国债期货的卖方必须拥有现券才能交割，没有现券却申报交割将面临违约风险；国债期货的买方收到的也将是国债现券，而不像股指期货一样是现金。同时，卖方拥有从一篮子可交割券里选择任意债券进行交割的权利，所以，国债期货的买方在申报交割前也应充分衡量是否真的需要交割拿券。国债期货采用的是滚动交割制度，在最后交易日进行集中交割。

3. **国债期货盈亏计算**

国债期货合约当日盈亏计算公式为：

{Σ［（卖出成交价 - 当日结算价）×卖出量］+Σ［（当日结算价 - 买入成交价）×买入量］+（上一交易日结算价 - 当日结算价）×（上一交易日卖出持仓量 - 上一交易日买入持仓量）}×（合约金额÷报价单位）

国债期货交易一般很少发生最终的实物交割。由于国债期货买卖的是标准的期货合约，而且其成交与交割不同步，因此，大多数的国债期货投资者在交割之前往往已经做了一个与原先买卖交易相反但数量相同的交易，这样也就结束了原先的期货合同，最终的盈亏则表现在两次交易的价差上。

五、实验示例

（一）股票价格指数期货交易实验示例

1. **登录**

双击股指期货交易模拟软件图标，如图 5-19 所示，输入资金账号和交易密码。

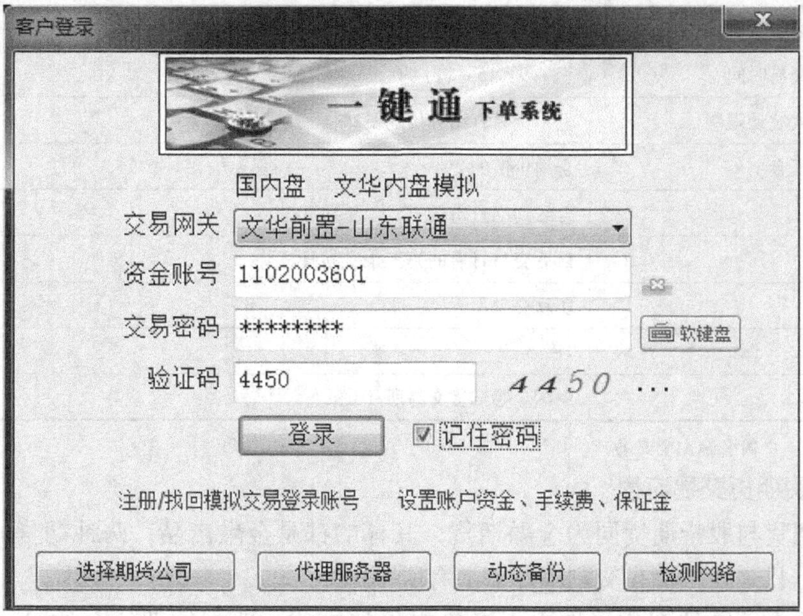

图 5-19 股指期货交易模拟软件

2. 行情版块的显示与选择

登录系统后，选择界面下方的“中金所”，根据自己的需要选择合适的股指期货合约，例如“IF1401”，如图5－20所示。双击进入合约行情界面，如图5－21所示。

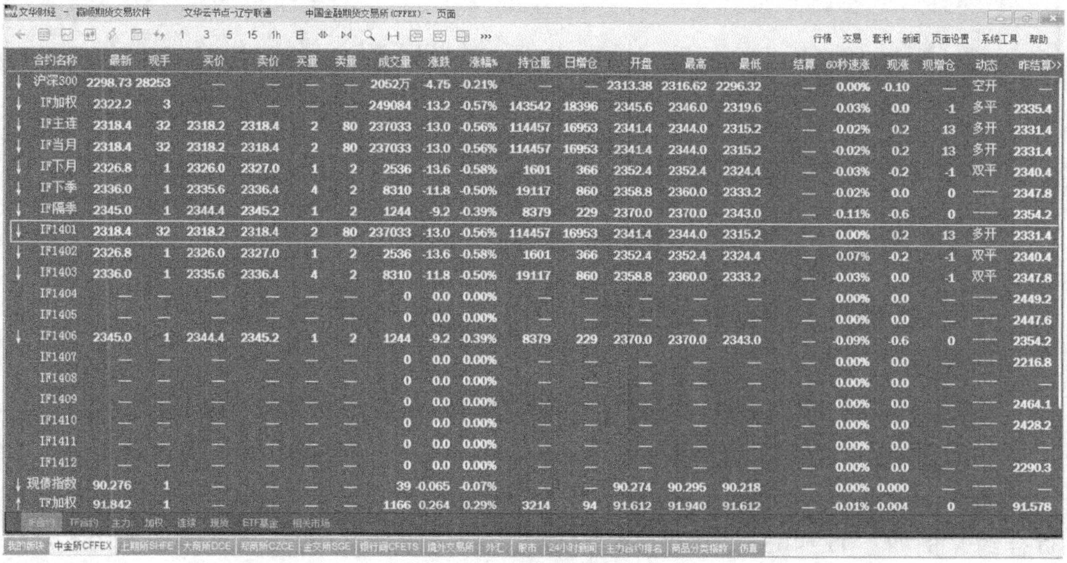

图5－20　中金所股指期货

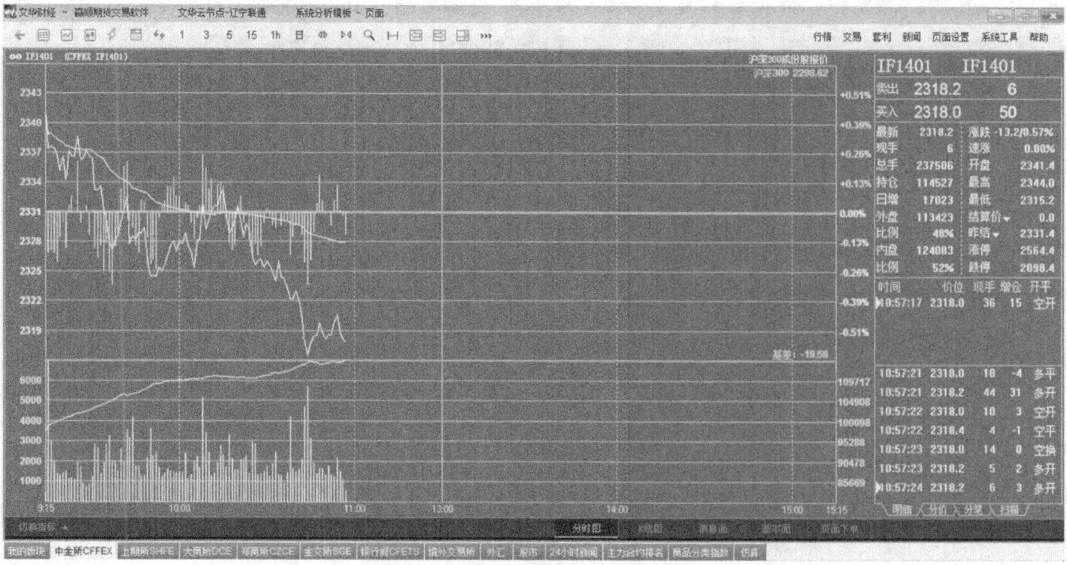

图5－21　股指期货分时走势图

3. 委托交易

根据自选行情界面中的行情，在行情界面点击会出现如图5－22所示的界面。选择要交易的股指期货合约的开仓平仓、委托价格和合约手数等。

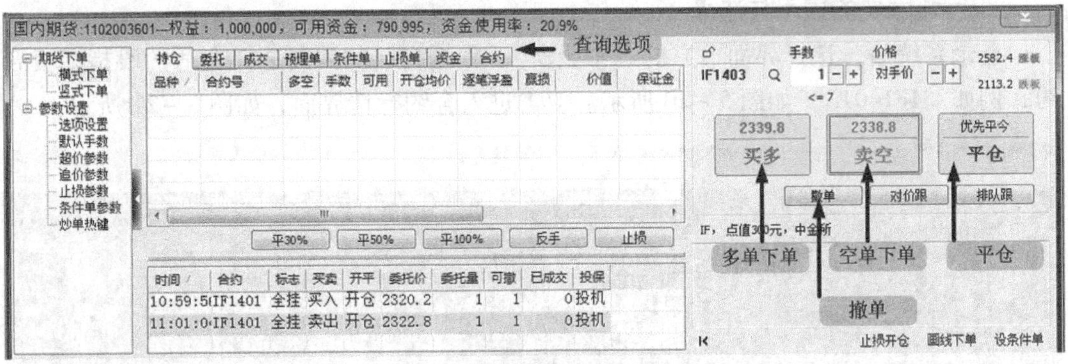

图 5－22　股指期货交易界面

（二）国债期货交易实验示例

1. 登录

国债期货模拟交易登录界面与股指期货模拟交易相同，如图 5－19 所示。

2. 行情版块的显示与选择

登录系统后，选择界面下方的“中金所”，根据自己的需要选择合适的国债期货合约，例如“TF1403”，如图 5－23 所示。双击进入合约交易界面，如图 5－24 所示。

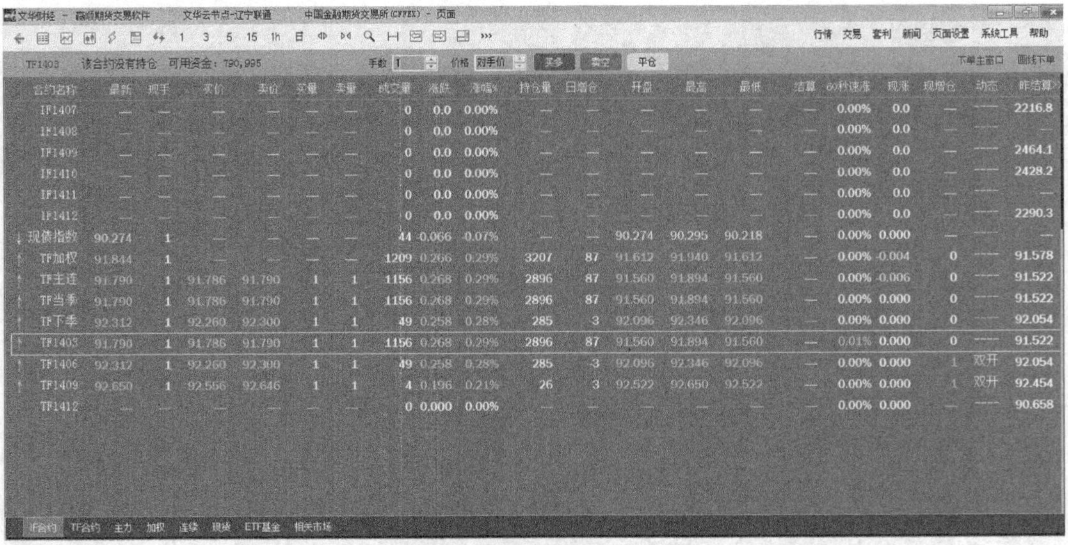

图 5－23　中金所国债期货行情界面

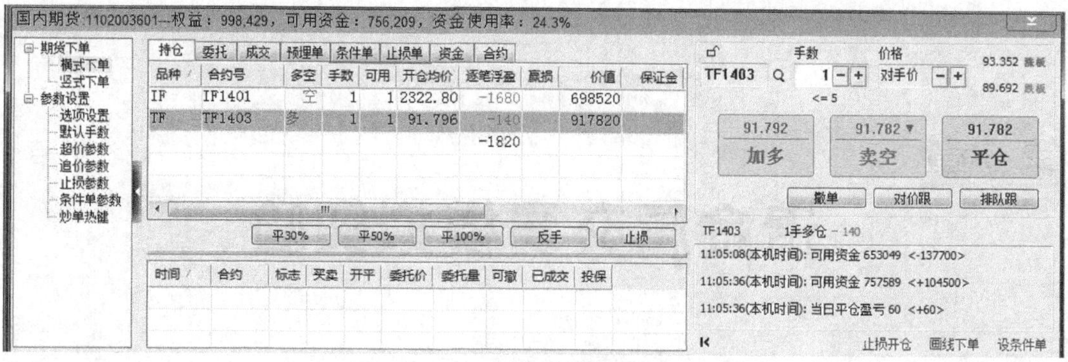

图 5－24　国债期货交易界面

第 6 章

贵金属交易模拟实验

贵金属主要是指金、银和铂族金属（钌、铑、钯、锇、铱、铂）8 种金属元素。贵金属投资分为实物投资和电子盘交易投资。其中，实物投资是指投资人在对贵金属市场看好的情况下，低买高卖赚取差价的过程，也是在不看好经济前景的情况下所采取的一种避险手段，以实现资产的保值增值。电子盘交易是指根据黄金、白银等贵金属市场价格的波动变化，确定买入或卖出，这种交易一般都存在杠杆，可以用较小的成本套取较大的回报。

随着通货膨胀威胁的加剧、全球经济形势的动荡以及世界金融危机的爆发，具有避险保值功能的贵金属投资需求呈现出爆发式的增长趋势。由于贵金属的变现性和保值性高，可以抵御通货膨胀带来的纸币贬值和物价上涨，贵金属投资已成为我国居民继证券、期货和外汇之后的又一投资品种。

实验模块 10：黄金现货与期货交易模拟实验

一、实验名称

黄金现货与期货交易模拟实验。

二、实验目的

通过本实验课程的学习，使学生掌握黄金现货与期货交易的两种方式，掌握实物黄金、纸黄金、交易所现货黄金交易以及黄金保证金交易的开户管理和交易规则等，能够利用网络资源进行黄金现货与期货的模拟交易。

三、实验步骤与要求

（1）每个学生必须在规定的时间内，完成每种类型的黄金交易买卖各一次以上。
（2）对每种黄金交易的买卖进行成交确认。
（3）进行每种黄金交易的盈亏计算。

四、实验说明

黄金是人类较早发现和利用的金属，有“金属之王”的称号，具备货币、金融和商品的属性。黄金的主要用途是世界储备、珠宝装饰和工业与高新技术产业。世界主要的黄金资源国家是南非、美国、俄罗斯、乌兹别克斯坦、澳大利亚、加拿大和巴西等。黄金价格不仅受商品供求关系的影响，对经济、政治的变动也非常敏感，石油危机、金融危机等都会引起黄金价格的暴涨暴跌。此外，投资需求对黄金价格的变动也有重大影响。

黄金投资可以分为现货黄金交易和期货黄金交易。现货黄金交易是指在当前价格上买卖黄金，随着黄金价的涨跌，从差价中获取利润。个人投资者能广泛参与的黄金交易是现货黄金。现货黄金包括实物黄金、纸黄金、交易所现货黄金交易和黄金保证金交易；期货黄金是指约定一个价格和一个将来的时间，将来按照此约定的价格进行黄金交易。因为需要较为准确的预测未来指定时间的价格，期货黄金通常由专业投资机构进行交易。

下面分别介绍五种主要的黄金交易方式。

（一）实物黄金交易

实物黄金交易通常包括金条、金块、金币及金饰品等，它以持有实物黄金为目的，需要进行黄金实物的交收。通常，投资者购买实物黄金后，如遇金价的上升或下跌，实物黄金会相应地升值或贬值。实物黄金投资不具有杠杆效应，而且只能在金价上升之时才可以获利。一般的金饰品买卖价的差额较大，并不适宜作为投资；金条与金币是实物黄金投资的最佳选择。但需要注意的是，持有实物黄金需支付储藏和安全费用，且实物黄金无利息收入。

（二）纸黄金交易

1. 纸黄金交易简介

纸黄金是一种个人凭证式黄金，投资者按银行报价在账面上买卖“虚拟”黄金，通过把握国际金价走势低吸高抛，赚取黄金价格的波动差价。因此，纸黄金交易也成为“账户黄金”交易。投资者的买卖交易记录只在个人预先开立的“黄金存折账户”上体现，不发生实物金提取和交割。目前国内已有多家银行开办纸黄金业务，如中国银行、中国工商银行、中国建设银行、交通银行、华夏银行、民生银行和兴业银行等。

2. 纸黄金交易开户

办理纸黄金交易开户较为简单，只要拥有纸黄金业务银行的活期存款账户，并到相应的银行开通个人黄金账户，且账户内拥有足够完成交易的人民币或美元就可以办理纸黄金业务。这里以中国工商银行为例对纸黄金交易进行说明。

办理中国工商银行以人民币作为投资币种的账户进行黄金买卖交易前，客户凭本人有效身份证件到工商银行指定网点，将基本户为活期多币种户的工商银行账户（包括牡丹灵通卡、e时代卡或理财金账户）作为资金交易账户，并在该账户下开立“个人黄金账户”，其后，通过工商银行柜台、网上银行或电话银行即可直接进行交易。但通过网上银行和电话银行进行交易时，资金交易账户需完成电子银行的注册手续。同一客户在同一地区只能开立一个有效的“个人黄金账户”，该账户不能跨地区使用。

3. 纸黄金交易规则

各家银行的纸黄金交易规则略有不同，在此以中国工商银行的“金行家”交易规则为例说明纸黄金的交易规则。

（1）起始交易金额和最小计量单位。黄金（克）/人民币买卖业务每笔交易起点金额为1克黄金，交易最小计量单位为0.1克；黄金（盎司）/美元买卖业务每笔交易起点金额和最小递增单位均是0.01盎司。

（2）交易时间。柜台进行账户黄金买卖业务的即时交易、委托交易时间为周一至周五工商银行营业网点的营业时间；客户通过网上银行、电话银行和自助终端等离柜形式办理账户黄金买卖业务的即时交易、委托交易时间为周一早7时至周六凌晨4时(具体交易时间以当地工商银行的规定为准)，期间实行24小时不间断交易。

（3）报价方式。黄金（克）/人民币买卖报价根据国际市场金价（美元/盎司）以及美元/人民币中间价套算并加减相应点差制定；黄金（克）的币种代码为901，英文缩写AUG。黄金（盎司）/美元买卖报价引用国际市场金价（美元/盎司）并加减相应点差进行报价；黄金（盎司）的币种代码为801，英文缩写为XAU。黄金（盎司）/美元的报价实行钞、汇统一价。

（4）交易方式。工商银行账户黄金买卖方式包括即时交易和委托交易。委托交易包括获利委托、止损委托和双向委托。在委托有效期内，客户还可以撤销未成交的委托交易。客户通过柜台、网上银行和电话银行可以进行账户金的即时交易、委托交易、价格查询、账户查询和明细查询；通过自助终端可以进行账户金的即时交易、价格查询和账户查询。

客户即时买入黄金或委托买入黄金时，对应的资金账户余额应能满足该交易的资金清算需要，否则，客户的交易请求或委托无效；客户即时卖出黄金或委托卖出黄金时，对应的黄金账户中的余额应能满足该交易的黄金清算需要，否则，客户的交易请求或委托无效。

委托交易是指客户与银行订立的一种委托黄金买卖关系，根据约定的委托价格进行黄金买卖，在即时价格达到委托价格时而进行成交的一笔黄金买卖。

（5）T+0清算。纸黄金一般实行T+0清算，交易量不封顶，便于投资者捕捉短线机会，反复来回操作，资金结算清晰。

（三）交易所黄金现货交易

1. 交易所黄金现货交易简介

世界上各地黄金交易所的黄金交易规则略有不同，在此仅以上海黄金交易所黄金现货交易为例进行说明。

上海黄金交易所是经国务院批准，由中国人民银行组建，在国家工商行政管理总局登记注册，中国唯一合法从事贵金属交易的国家级市场。

（1）上海黄金交易所实行会员制组织形式，会员由在中华人民共和国境内注册登记，从事黄金业务的金融机构，从事黄金、白银、铂等贵金属及其制品的生产、冶炼、加工、批发、进出口贸易的企业法人，并具有良好资信的单位组成。交易所会员依其业务范围分为金融类会员、综合类会员和自营会员。金融类会员可进行自营和代理业务及批准的其他业务，综合类会员可进行自营和代理业务，自营会员可进行自营业务。个人投资者参与上海黄金交易所贵金属交易需通过具有代理个人上海黄金交易所交易业务资格的代理机构进行，如中国银行。

（2）上海黄金交易所主要实行标准化撮合交易方式。交易时间为每周一至周五（节假日除外）上午9：00～11：30，下午13：30～15：30，夜间21：00～2：30。

交易所计算机自动撮合系统将买卖申报指令以价格优先、时间优先的原则进行排序。当买入价大于、等于卖出价时自动撮合成交。撮合成交价等于买入价（bp）、卖出价（sp）和前一成交价（cp）三者中居中的一个价格。即：当bp≥sp≥cp时，最新成交价=sp；当bp≥cp≥sp时，最新成交价=cp；当cp≥bp≥sp时，最新成交价=bp。

（3）上海黄金交易所的标准黄金、铂金交易通过交易所的集中竞价方式进行，实行价格优先、时间优先撮合成交。非标准品种通过询价等方式进行，实行自主报价、协商成交。会员可自行选择通过现场或远程方式进行交易。

（4）上海黄金交易所交易的商品有黄金、白银和铂金，交易标的必须符合交易所规定的标准。交易所挂盘合约分为现货实盘合约、现货即期合约、现货延期交收合约及其他经中国人民银行批准的合约。黄金有Au99.95、Au99.99、Au50g、Au100g 4个现货实盘交易品种、Au（T+5）与Au（T+D）两个延期交易品种以及Au（T+N1）、Au（T+N2）两个中远期交易品种；白银有Ag99.9、Ag99.99现货实盘交易品种和Ag（T+D）现货保证金交易品种；铂金有Pt99.95现货实盘交易品种；中国银行、中国农业银行、中国工商银行、中国建设银行、深圳发展银行、兴业银行和华夏银行等作为交易所指定的清算银行，实行集中、直接、净额的资金清算原则。

（5）上海黄金交易所实物交割实行“一户一码制”的原则，在全国37个城市设立55家指定仓库，金锭和金条由交易所统一调运配送。

2. 交易所黄金现货交易开户

个人投资者参与上海黄金交易所贵金属交易开户流程（以中国银行为例）如下：

客户需要黄金交易所代理业务前，要到中国银行柜台开立代理保证金账户。客户开户需持本人有效身份证件和主账户为活期一本通的长城电子借记卡，以此作为黄金交易所代理业务的签约账户，即资金结算账户；如在他行已开立代理黄金交易所账户，需先至他行进行解约，解除黄金交易所账户与他行保证金账户的关联关系，再至中国银行柜台办妥以下四项手续：

（1）完成《中国银行股份有限公司个人客户风险评估问卷》，确认本人的风险承受度。

（2）完整阅读、理解并签署《代理个人上海黄金交易所交易风险揭示书》。

（3）与中国银行签订《业务协议书》。

（4）待银行柜员对客户资料审核无误后，通过系统为客户办理开户手续。

客户完成代理保证金账户开户手续后需签约中国银行黄金交易所代理客户端，绑定动态口令牌 E-TOKEN（如客户已办理开通中国银行网上银行，可使用网银动态口令牌；否则，可在开通保证金账户时申领），在中国银行门户网站下载“中国银行金交所代理交易客户端”，参照《中国银行金交所代理交易客户端安装手册》并安装成功后，即可登录客户端进行交易。

3. 交易所黄金现货交易合约

上海黄金交易所各交易合约的主要内容包括交易品种、合约交易代码、交易方式、交易单位、报价单位、最小变动价位、每日价格最大波动限制、最小单笔报价量、最大单笔报价量、交易时间、最低交易保证金、清算方式、交割品种、交割方式、交割时间、交割地点、交易手续费和交割费等。上海黄金交易所各合约参数表见表 6-1 至表 6-7。

表 6-1　上海黄金交易所 Au99.95 合约

交易品种	黄金
交易代码	Au99.95
交易方式	现货实盘交易
交易单位	1 000 克/手
报价单位	元（人民币）/克
最小变动价位	0.01 元/克
每日价格最大波动限制	不超过上一交易日收盘价 ±30%
最小单笔报价量	1 手
最大单笔报价量	1 000 手
交易时间	上午：9：00～11：30；　下午：13：30～15：30；　夜间：21：00～2：30
清算方式	钱货两讫
交割品种	标准重量 3 千克、成色不低于 99.95% 的金锭
交割方式	实物交割
交割时间	T+0
质量标准	经交易所认定的可提供标准金锭、金条企业生产的符合交易所金锭 SGEB1-2002、金条 SGEB2-2004 质量标准的实物，以及伦敦金银市场协会（LBMA）认定的合格供货商生产的标准实物
交割地点	交易所指定仓库
交易手续费	成交金额的万分之四点五
交割费	0
上市日期	2002 年 10 月 30 日

资料来源：上海黄金交易所。

表6-2　上海黄金交易所Au99.99合约

交易品种	黄金
交易代码	Au99.99
交易方式	现货实盘交易
交易单位	100克/手
报价单位	元（人民币）/克
最小变动价位	0.01元/克
每日价格最大波动限制	不超过上一交易日收盘价±30%
最小单笔报价量	1手
最大单笔报价量	1 000手
交易时间	上午：9：00~11：30；　下午：13：30~15：30；　夜间：21：00~2：30
清算方式	钱货两讫
交割品种	标准重量3千克、成色不低于99.99%的金锭
交割方式	实物交割
交割时间	T+0
质量标准	经交易所认定的可提供标准金锭、金条企业生产的符合交易所金锭SGEB1-2002、金条SGEB2-2004质量标准的实物，以及伦敦金银市场协会（LBMA）认定的合格供货商生产的标准实物
交割地点	交易所指定仓库
交易手续费	成交金额的万分之四点五
交割费	0
上市日期	2002年10月30日

资料来源：上海黄金交易所。

表6-3　上海黄金交易所Au100g合约

交易品种	黄金
交易代码	Au100g
交易方式	现货实盘交易
交易单位	100克/手
报价单位	元（人民币）/克
最小变动价位	0.01元/克
每日价格最大波动限制	不超过上一交易日收盘价±30%
最小单笔报价量	1手
最大单笔报价量	1 000手
交易时间	上午：9：00~11：30；　下午：13：30~15：30；　夜间：21：00~2：30

续表

清算方式	钱货两讫
交割品种	标准重量0.1千克、成色不低于99.99%的金条
交割方式	实物交割
交割时间	T+0
质量标准	经交易所认定的可提供标准金锭、金条企业生产的符合交易所金锭SGEB1-2002、金条SGEB2-2004质量标准的实物，以及伦敦金银市场协会（LBMA）认定的合格供货商生产的标准实物
交割地点	交易所指定仓库
交易手续费	成交金额的万分之四点五
交割费	0
上市日期	2006年12月25日

资料来源：上海黄金交易所。

表6-4 上海黄金交易所Au50g合约

交易品种	黄金
交易代码	Au50g
交易方式	现货实盘交易
交易单位	50克/手
报价单位	元（人民币）/克
最小变动价位	0.01元/克
每日价格最大波动限制	不超过上一交易日收盘价±30%
最小单笔报价量	1手
最大单笔报价量	1 000手
交易时间	上午：9：00~11：30；　下午：13：30~15：30；　夜间：21：00~2：30
清算方式	钱货两讫
交割品种	标准重量0.05千克、成色不低于99.99%的金条
交割方式	实物交割
交割时间	T+0
质量标准	经交易所认定的可提供标准金锭、金条企业生产的符合交易所金锭SGEB1-2002、金条SGEB2-2004质量标准的实物，以及伦敦金银市场协会（LBMA）认定的合格供货商生产的标准实物
交割地点	交易所指定仓库
交易手续费	成交金额的万分之四点五
交割费	0
上市日期	2004年6月28日

资料来源：上海黄金交易所。

表6-5 上海黄金交易所Pt99.95合约

交易品种	黄金
交易代码	Pt99.95
交易方式	现货实盘交易
交易单位	1 000克/手
报价单位	元（人民币）/克
最小变动价位	0.01元/克
每日价格最大波动限制	不超过上一交易日收盘价±30%
最小单笔报价量	1手
最大单笔报价量	1 000手
交易时间	上午：9：00~11：30； 下午：13：30~15：30； 夜间：21：00~2：30
清算方式	钱货两讫
交割品种	标准重量分别为0.5千克、1千克、2千克、3千克、4千克、5千克、6千克、成色不低于99.95%的铂锭
交割方式	T+0实物交割
交割时间	T+0
质量标准	伦敦铂钯市场协会（LPPM）、东京工业品交易所（TOCOM）、纽约商品交易所（NYMEX）认可的或经交易所认定的合格铂锭供货商生产的标准实物
交割地点	交易所指定仓库
交易手续费	成交金额的万分之五
交割费	0
上市日期	2003年7月30日

资料来源：上海黄金交易所。

表6-6 上海黄金交易所Au（T+D）合约

交易品种	黄金
交易代码	Au（T+D）
交易方式	现货延期交收交易
交易单位	1 000克/手
报价单位	元（人民币）/克
最小变动价位	0.01元/克
每日价格最大波动限制	不超过上一交易日收盘价±7%
最小单笔报价量	1手
最大单笔报价量	1 000手
合约期限	连续交易

续表

最低交易保证金	10%
交易时间	上午：9：00～11：30；　下午：13：30～15：30；　夜间：20：50～2：30
延期补偿费收付日	按自然日逐日收付
延期补偿费率	合约市值的万分之二/日
交收申报时间	15：00～15：30
中立仓申报时间	15：31～15：40
超期持仓期限	按交易所公告执行
超期费率	按交易所公告执行
交易手续费	成交金额的万分之三
违约金比例	合约价值的8%
清算方式	每日无负债清算制度
实物交收方式	交收申报制
交割方式	实物交割
交割品种	基准交割品种为标准重量3千克、成色不低于99.95%的金锭。标准重量1千克、成色不低于99.99%的金锭可替代交割
交割时间	交收申报配对成功的当日
交割地点	交易所指定仓库
交割费	0
上市日期	2004年8月16日

资料来源：上海黄金交易所。

表6-7　上海黄金交易所Au（T+N1）、Au（T+N2）合约

交易品种	黄金
交易代码	Au（T+N1）、Au（T+N2）
交易方式	现货延期交收交易
交易单位	1 000克/手
报价单位	元（人民币）/克
最小变动价位	0.01元/克
每日价格最大波动限制	不超过上一交易日收盘价±7%
最小单笔报价量	1手
最大单笔报价量	1 000手
合约期限	连续交易
最低交易保证金	10%
交易时间	上午：9：00～11：30；　下午：13：30～15：30；　夜间：20：50～2：30

续表

延期补偿费支付日	Au（T+N1）：1月、3月、5月……单数月份的最后一个交易日；Au（T+N2）：2月、4月、6月……双数月份的最后一个交易日
延期补偿费率	合约市值的万分之一
交收申报时间	15：00~15：30
中立仓申报时间	15：31~15：40
超期持仓期限	按交易所公告执行
超期费率	按交易所公告执行
交易手续费	成交金额的万分之二
违约金比例	合约价值的8%
清算方式	每日无负债清算制度
实物交收方式	交收申报制
交割方式	实物交割
交割品种	基准交割品种为标准重量3千克、成色不低于99.95%的金锭。标准重量1千克、成色不低于99.99%的金锭可替代交割
交割时间	交收申报配对成功的当日
交割地点	交易所指定仓库
交割费	0
上市日期	2007年11月15日

资料来源：上海黄金交易所。

（四）伦敦金交易

伦敦金是由伦敦国际金融期货交易所（LIFFE）提供的一种交易产品，是存放在伦敦城地下金库里的99.5%纯度的400盎司金砖。伦敦金不是一种黄金，而是一种贵金属保证金交易方式，其因起源于伦敦而得名，在国际市场上已有超过300年的历史，是市场上最热门的黄金投资方式，广为投资者和炒家所追捧。伦敦金与上海黄金交易所的黄金T+D交易类似，可以买入和卖空，可以长期持有，所不同的是，不用像黄金T+D那样通过挂单在系统中排队等待，伦敦金可以当前市场价实时建仓。

在亚洲，伦敦金以香港黄金市场为代表。投资者交易伦敦金不必进行实物黄金的提取，因而省去了黄金的运输、保管、检验和鉴定等步骤，其买入价与卖出价之间的差额要小于实物黄金买卖的差价；加上大部分公司并不收取客户任何佣金及手续费，进一步降低了投资者的投资成本。在香港唯一的进行实货及现货黄金买卖的黄金及贵金属交易平台是成立逾百年的香港金银业贸易场。作为香港黄金市场的权威代表，任何交易商要成为贸易场的行员，都必须先通过严格审批。投资者在选择交易商时，应以金银业贸易场行员为标准，再配合计算投资成本及可获盈利，选择有利于自己的交易商。

伦敦金交易规则如下：

（1）伦敦金以美元标价，以英制盎司为计量单位。黄金报价以道琼斯国际报价为准，主要依据伦敦市场的现货黄金价格。一盎司等于31.1035克，每日盘价为当天美元/盎司黄金的价格，例如：大盘标出1 232.03的数字，即为每盎司黄金1 232.03美元。

（2）伦敦金最低交易量为1手/张/单。1手等于100盎司。约等于3.103 5公斤黄金。

（3）保证金交易。保证金比率可为1∶1，1∶10，1∶25，1∶33，1∶50，1∶100，1∶200，1∶400等。

（4）当日交易。开户当天即可交易，交易为T+0。

（5）可以双向交易。既可以买涨，也可以买跌；既可以先买，也可以先卖。因此，无论金价走势如何，投资人始终有获利的空间。

（6）即时买卖。只要有市价，既可即时完成交易，不存在是否有人接单的问题，其实质是交易商作为中间商与投资者在进行交易。

（7）黄金交易可以自设止损点和止盈点。

（五）黄金期货交易

所谓黄金期货，是指以黄金市场未来某时点的黄金价格为交易标的物的期货合约，投资者买卖黄金期货的盈亏，是由进场到出场两个时间的金价价差来衡量的，黄金期货合约到期后未平仓的合约需要实物交割。

1. 黄金期货交易的主要内容

世界上大部分黄金期货市场交易内容基本相似，主要包括保证金、合约单位、交割月份、最低价格波动幅度和最高交易限度、期货交割、佣金、当日交易和委托指令等。

（1）保证金。客户在进入黄金期货交易所之前，必须在经纪人处开户。客户要与经纪人签订有关合同，承担支付保证金的义务。如果交易失效，经纪人有权立即平仓，客户要承担有关损失。交易者参与黄金期货交易，无须支付合同的全部金额，只需支付其中的一定数量（即保证金）作为经纪人操作交易的保障，一般将保证金确定为黄金交易总额的10%左右。保证金是对合约持有者信心的保证，合约的最终结果要么是实物交割，要么是在合约到期前做相反买卖平仓。

保证金一般分为三个层次：一是初始保证金（Initial Margin），这是开仓进行期货交易时，经纪人要求客户为每份合同缴纳的最低保证金。二是维持保证金（Maintenance Margin），这是客户必须始终保有的储备金金额。当维持保证金低于维持保证金最低水平时，经纪人会要求客户提供追加的保证金。追加保证金是当市场变化朝交易商头寸相反方向运动时，经纪人要求支付的维持其操作和平衡的保证金。当市场价格朝交易商头寸有利的方向运动时，超过保证金的部分即权益或收益，交易商也可要求将款项提出，或当作另外黄金期货交易的初始定金。三是应变和盈亏的保证金（Variation Margin）。清算客户按每个交易日的结果向交易所的清算机构所支付的保证金，用来抵偿客户在期货交易中不利的价格走势而造成的损失。

（2）合约单位。黄金期货与其他商品期货合约一样，由标准合同单位乘以合同数量完成。例如，纽约交易所的每标准合约单位为100盎司的金条或3块1公斤的金条。

（3）交割月份。黄金期货合约要求在一定月份提交规定成色的黄金。

（4）最低价格波动幅度和最高交易限度。最低价格波动幅度是指每次价格变动的最小幅度，如每次价格以10美分的幅度变化；最高交易限度，如同目前证券市场上的涨停和跌停。例如，纽约交易所规定每天的最高交易限度为75美分。

（5）期货交割。购入期货合同的交易商，有权在期货合约变现前，在最早交割日以后的任何时间内获得拥有黄金的保证书、运输单或黄金证书。同样，卖出期货合约的交易商在最后交割日之前未做平仓的，必须承担交付黄金的责任。世界各市场的交割日和最后交割日不同，如有的规定最早交割日为合约到期月份的15日，最迟交割日为该月的25日。一般期货合约买卖都在交割日前平仓。

（6）当日交易。期货交易可按当天的价格变化，进行相反方向的买卖平仓。当日交易对于黄金期货成功运作来说是必需的，因为它为交易商提供了流动性。而且，当日交易无须支付保证金，只要在最后向交易所支付未平仓合约时才支付。

（7）指令。指令是客户对经纪人买卖黄金的命令，目的是防止客户与经纪人之间产生误解。指令包括行为（是买还是卖）、数量、描述（即市场名称、交割日和价格与数量等）及限定（如限价买入、最优价买入）等。

2. 黄金期货交易的流程

（1）开设账户。投资者一般要向黄金期货交易所的会员经纪商开立账户，签署《风险揭示声明书》和《交易账户协议书》等，授权经纪人代为买卖合约并缴付保证金。经纪人获得授权后就可以根据合约条款按照客户指令进行期货买卖。

（2）下达指令。指令包括买卖黄金的品种、数量、日期以及客户意愿价格。关键性指令有六项：①市价指令，是指按当时交易所的价格进行交易。②限价指令。这是一种有条件的指令，只有市场价格达到指令价格时才被执行，一般买价指令只有在市场价格低于一定水平时才执行，而卖价指令只有在市场价格高于一定水平时才执行。如果市场价格没有达到限度价格水平，该指令就不能被执行。③停价指令。该指令也是客户授权经纪人在特定价位买卖期货合约的指令。买的停价指令意味着客户想在市场价格一旦高于一定价格时就立即以市场价格买入期货合约；卖的停价指令意味着客户想在市场价格一旦低于一定价格时就立即以市场价格卖出期货合约。④停止限价指令，是指客户要求经纪人在交易所价格跌至预定限度内的限价卖出，或上涨到预定限度内以限价补进的指令。这一指令综合了停价指令和限价指令的特征，但相对于限价指令来说有一定风险。⑤限时指令。

该指令也是一种有条件的指令，表明经纪人在多长时间内可以执行该指令。一般情况下，除有说明外，指令均为当日有效，如果一个指令在当日的交易盘中未被执行，那么该指令就失效或过期。⑥套利指令。该指令用来同时建立多头仓位和空头仓位，如对一定数量的黄金建立多头仓位和空头仓位，只是期货合约的到期日不同。

(3) 执行与结果通知。经纪人在收到客户发出的交易指令后，该指令就迅速传送到期货交易厅中。当该指令被执行后，即买卖成功，有关通知会返回经纪人。经纪人一般先口头通知投资者执行情况，包括价格、数量、期限以及仓位情况，然后于第二天书面通知投资者。

下面以上海期货交易所的黄金期货合约为例说明黄金期货交易的标准合约（见表6-8）。

表6-8 上海期货交易所黄金期货标准合约

交易品种	黄金
交易单位	1 000 克/手
报价单位	元（人民币）/克
最小变动价位	0.01 元/克
每日价格最大波动限制	不超过上一交易日结算价 ±5%
合约交割月份	1~12 月
交易时间	上午 9：00~11：30，　下午 1：30~3：00
最后交易日	合约交割月份的 15 日（遇法定假日顺延）
交割日期	最后交易日后连续 5 个工作日
交割品级	金含量不小于 99.95% 的国产金锭及经交易所认可的伦敦金银市场协会（LBMA）认定的合格供货商或精炼厂生产的标准金锭（具体质量规定见附件）
交割地点	交易所指定交割金库
最低交易保证金	合约价值的 7%
交易手续费	不高于成交金额的万分之二（含风险准备金）
交割方式	实物交割
交易代码	AU
上市交易所	上海期货交易所

资料来源：上海期货交易所。

（六）国际主要黄金市场及亚洲主要黄金市场的特点

目前世界上比较著名、有影响的黄金市场主要集中在伦敦、苏黎世、纽约和香港等地。

1. 伦敦黄金市场

伦敦是世界上最大的黄金市场。1804 年，伦敦取代荷兰阿姆斯特丹成为世界黄金交易的中心。1919 年伦敦金市正式成立，每天进行上午和下午的两次黄金定价。由五大金行定出当日的黄金市场价格，该价格一直影响着纽约和香港的黄金交易。市场黄金的供应者主要是南非。1982 年以前，伦敦黄金市场主要经营黄金现货交易，1982 年 4 月，伦敦期货黄金市场开业。

2. 苏黎世黄金市场

苏黎世是第二次世界大战后发展起来的国际黄金市场。由于瑞士特殊的银行体系和辅助性的黄金交易服务体系，为黄金买卖提供了一个既自由又保密的环境；加上瑞士与南非也有优惠协议，获得了 80% 的南非金，苏联的黄金也聚集于此，由此使得瑞士不仅是世界上新增黄金的最大中转站，也是世界上最大的私人黄金的存储中心。苏黎世黄金市场在国际黄金市场中的地位仅次于伦敦。

3. 美国黄金市场

纽约和芝加哥黄金市场是 20 世纪 70 年代中期发展起来的。1977 年后，美元贬值，美国人（主要是以法人团体为主）为了套期保值和投资增值获利，使得黄金期货迅速发展起来。目前纽约商品交易所和芝加哥商品交易所是世界上最大的黄金期货交易中心，两大交易所对黄金现货市场金价的影响很大。

4. 香港黄金市场

香港黄金市场已有 90 多年的历史，其形成以香港金银贸易场的成立为标志。1974 年，香港政府撤销了对黄金进出口的管制，此后香港金市发展极快。由于香港黄金市场在时差上刚好填补了纽约、芝加哥市场收市和伦敦开市前的空档，可以连贯亚、欧、美，形成完整的世界黄金市场，其优越的地理条件引起了欧洲金商的注意，伦敦五大金商、瑞士三大银行等纷纷来港设立分公司。他们将在伦敦交收的黄金买卖活动带到香港，逐渐形成了一个无形的当地“伦敦金市场”，促使香港成为世界主要的黄金市场之一。

五、实验示例

（一）现货黄金交易实验示例

本项实验采用香港中天 MT4 交易平台进行黄金现货的模拟。

（1）登录 http：//www. hkmidway. com/（香港中天黄金），下载软件。

（2）安装软件并注册（只要添够字符即可）。

注册时需选择存款额，开户货币使用美元。因此，存款额选择 20 000，即意味着账号内的存款额为 20 000 美元。

点击“下一步”，如图 6－1 所示。

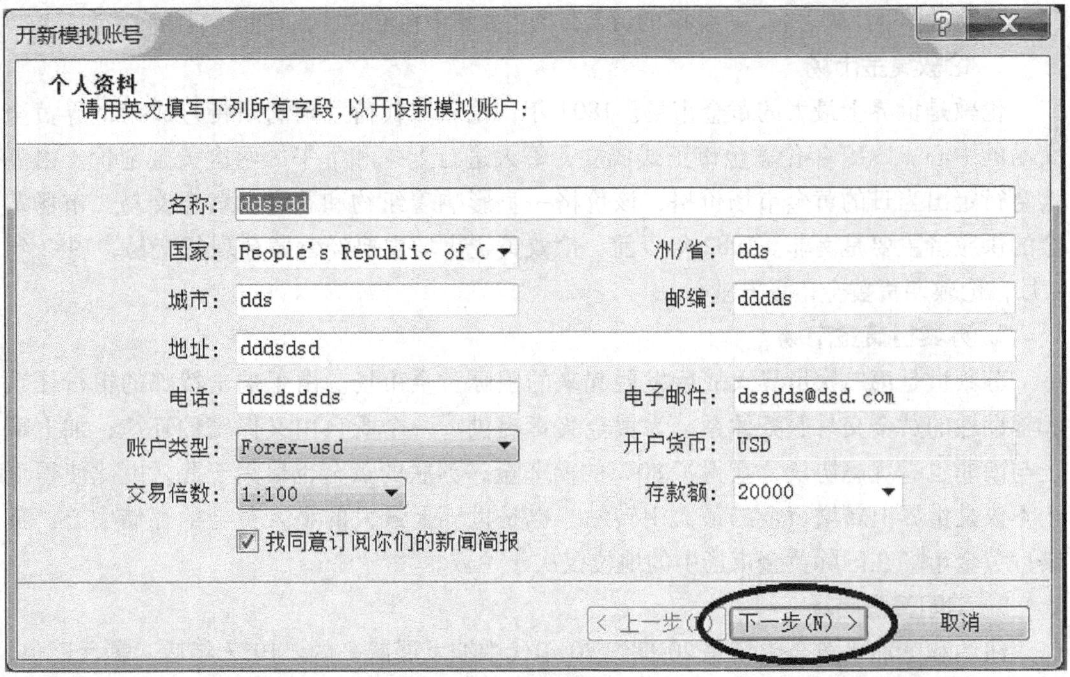

图 6－1　开新模拟账号

（3）选择交易服务器，点击“下一步”，如图 6－2 所示。

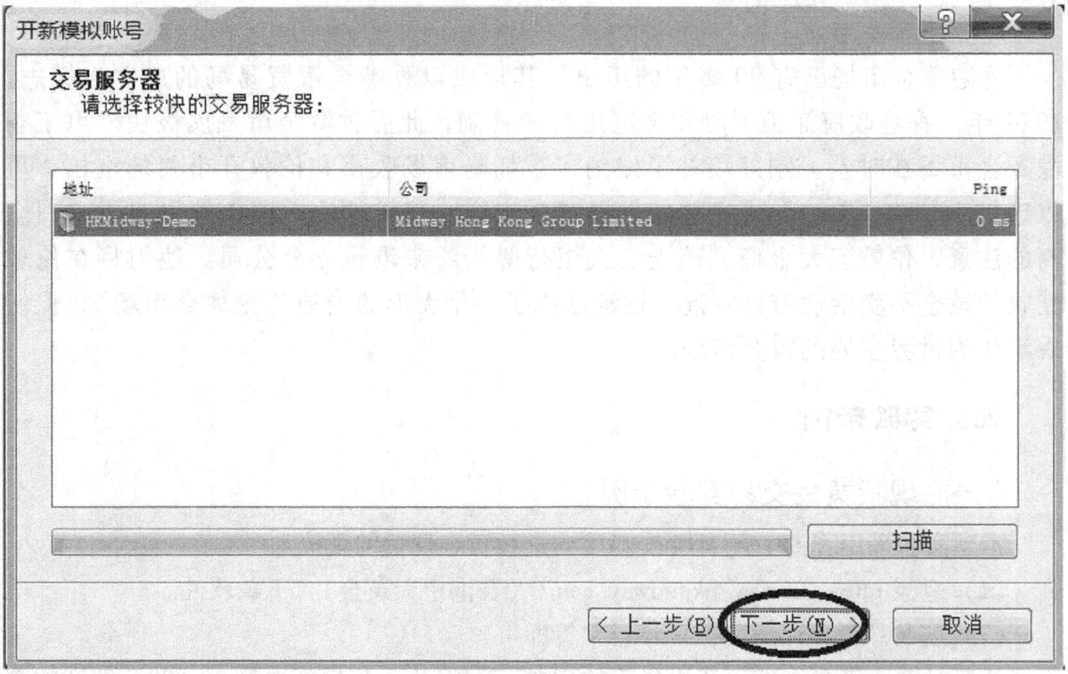

图 6－2　交易服务器选择

（4）注册成功后，服务器提供一个账号，一个主密码，一个投资人密码。将这些账号和密码记录保存，并点击“完成”，如图6-3所示。

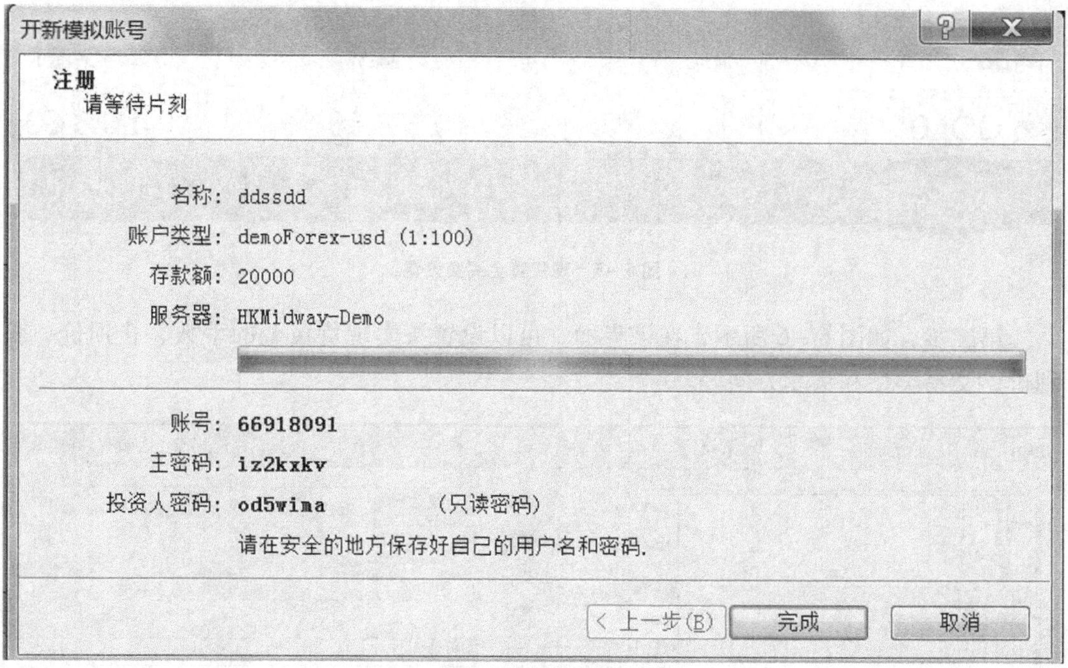

图6-3 完成模拟账号注册

（5）系统自动进入交易界面，如图6-4所示。交易界面的右侧部分是行情信息部分，显示现货黄金的最新动态行情。

图6-4 系统交易界面

（6）开仓。

第一步，双击商品下的“现货黄金”，如图 6－5 所示，进入现货黄金买卖的设置。

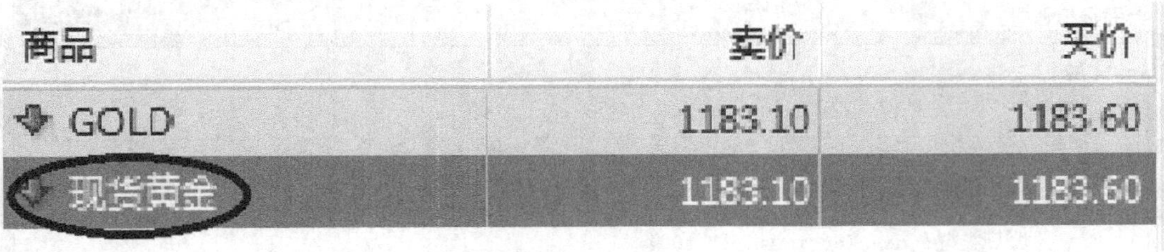

图 6－5　现货黄金买卖设置

第二步，如图 6－6 所示，在该界面，可以设置买卖现货黄金的手数、止损价、获利价、交易类型和买卖方向等。

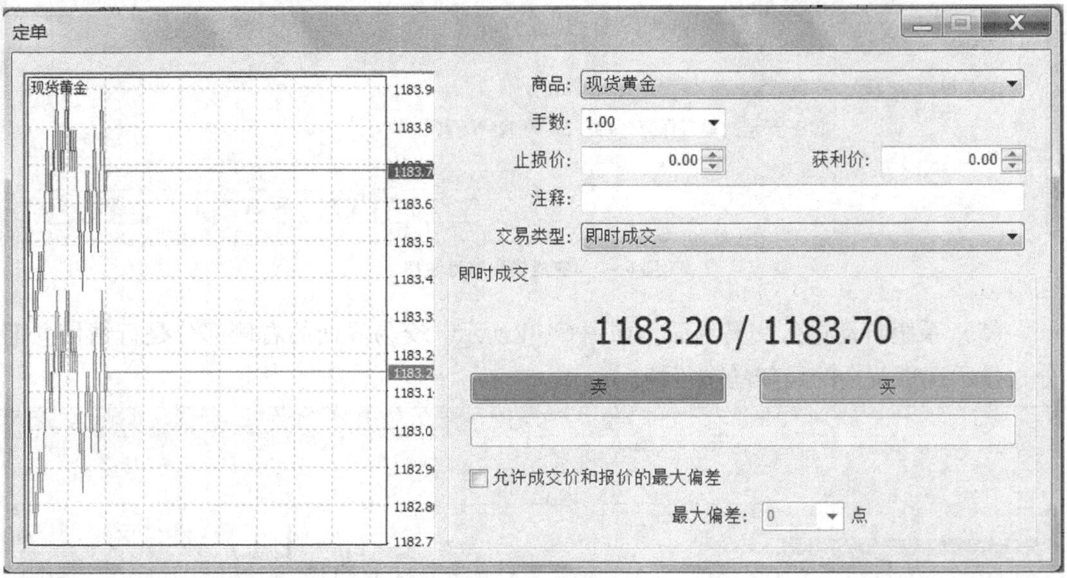

图 6－6　现货黄金交易界面（1）

第三步，以即时成交、开空仓、2 手为例，先设置手数为“2 手”，交易类型为“即时成交”，最后点击“卖”，如图 6－7 所示。

第四步，开仓成功后，该界面会显示合约成交的手数和价位，点击“确定”，如图 6－8 所示。

第五步，限价开仓，即在图 6－7 的界面中，将交易类型改为“挂单交易”，并对开仓方向、开仓价位、开仓手数等进行设置。学生可自行练习，这里不再进行讲解。

（7）交易查询。在交易界面下，点击界面左下角的“交易”，可以进行交易查询，如图 6－9 所示。

在图 6－9 左下角“交易”的右侧可以看到“账户历史”，点击此处可以查询账户的历史成交、开仓价格和开仓方向等多个项目。

图6-7 现货黄金交易界面（2）

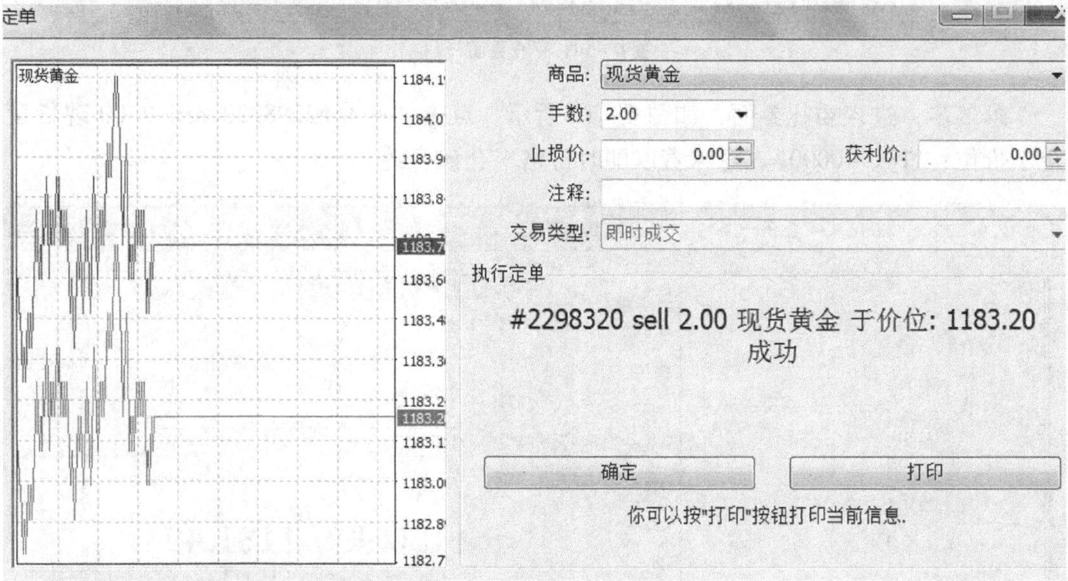

图6-8 现货黄金交易确认

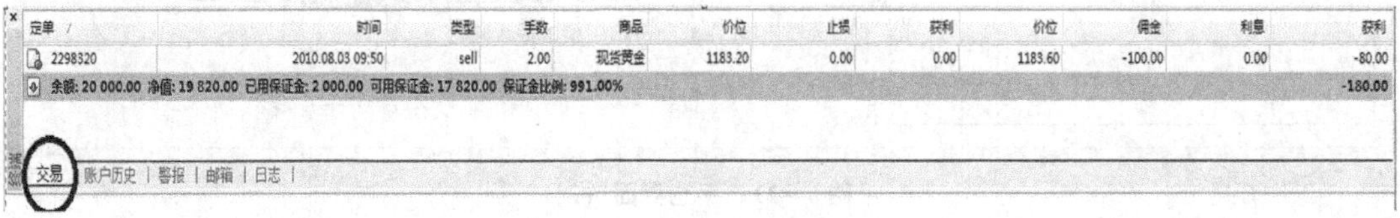

图6-9 交易查询

（8）平仓。

第一步，在交易查询界面中，选中要进行平仓的订单，点击右键，选择“平仓”，如图6－10所示。

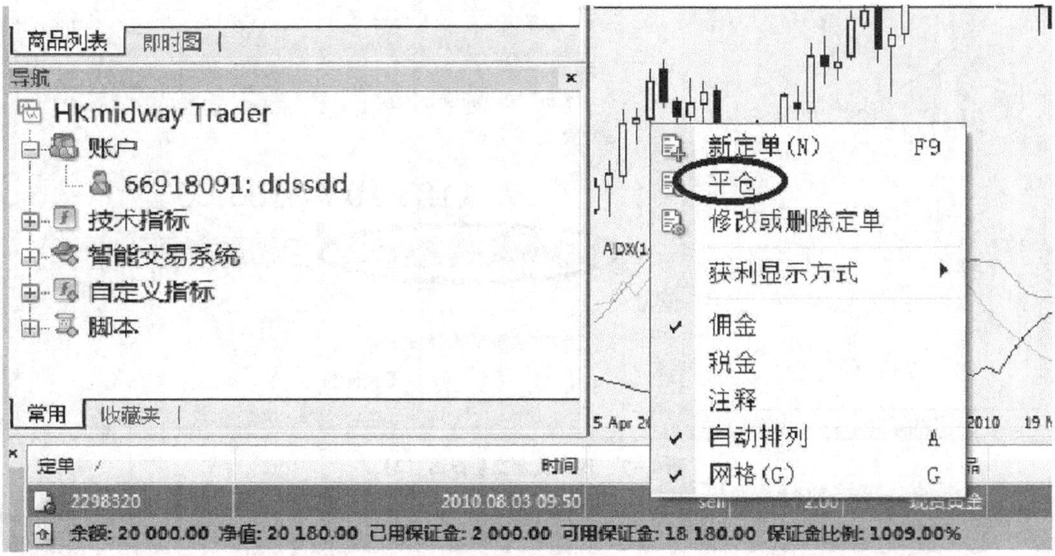

图6－10　平仓界面（1）

第二步，进入委托界面，如图6－11所示，点击“平仓#2298320 sell 2.00 现货黄金于价位：1181.40000”，意味着以即时价格平仓该合约。

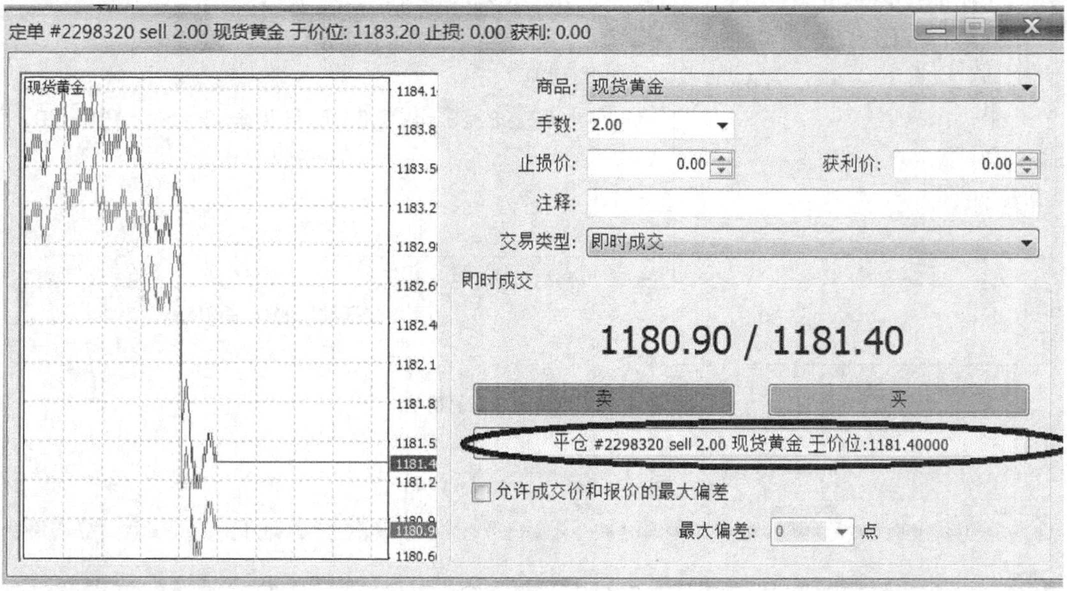

图6－11　平仓界面（2）

第三步，平仓成功后，该界面会出现平仓的合约、价位和手数等，如图6－12所示。

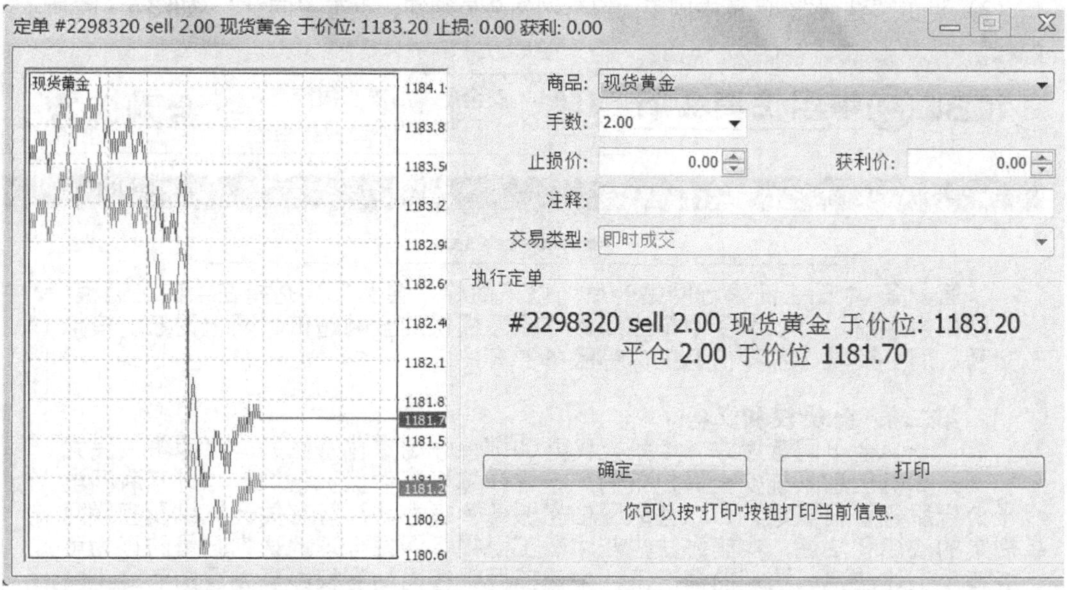

图 6－12　平仓确认

（二）纸黄金交易实验示例

本项实验采用工商银行模拟交易系统进行纸黄金交易的模拟。

（1）打开浏览器，将 https：//member. icbc. com. cn/commlog/logon. jsp 复制到地址栏，按下回车键，如图 6－13 所示。

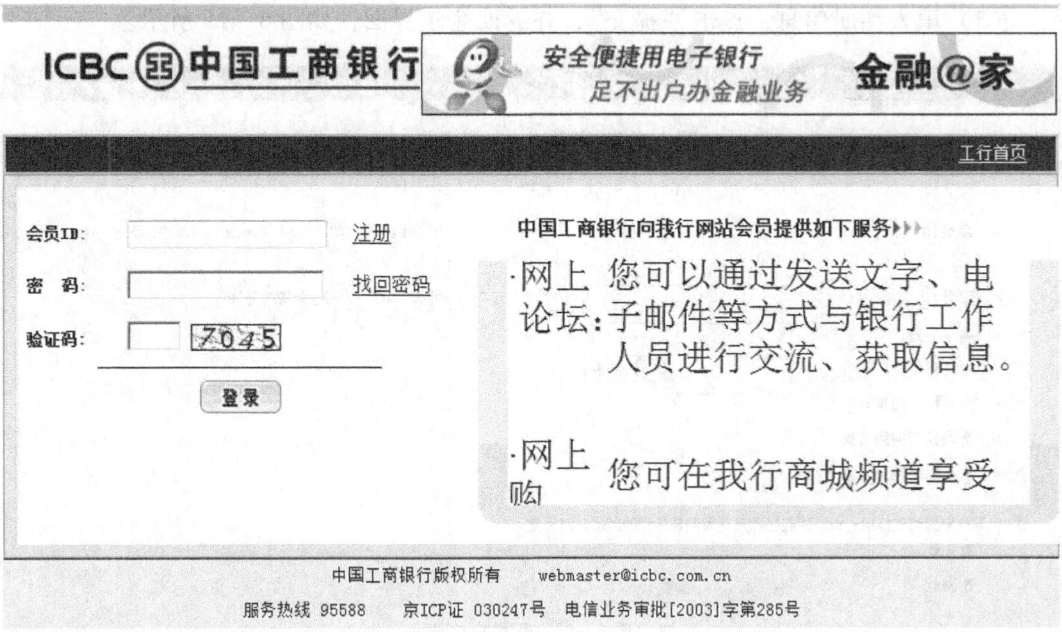

图 6－13　中国工商银行模拟交易系统模拟纸黄金交易

（2）点击“注册”，阅读中国工商银行网站会员须知，点击“同意”，如图6－14所示。

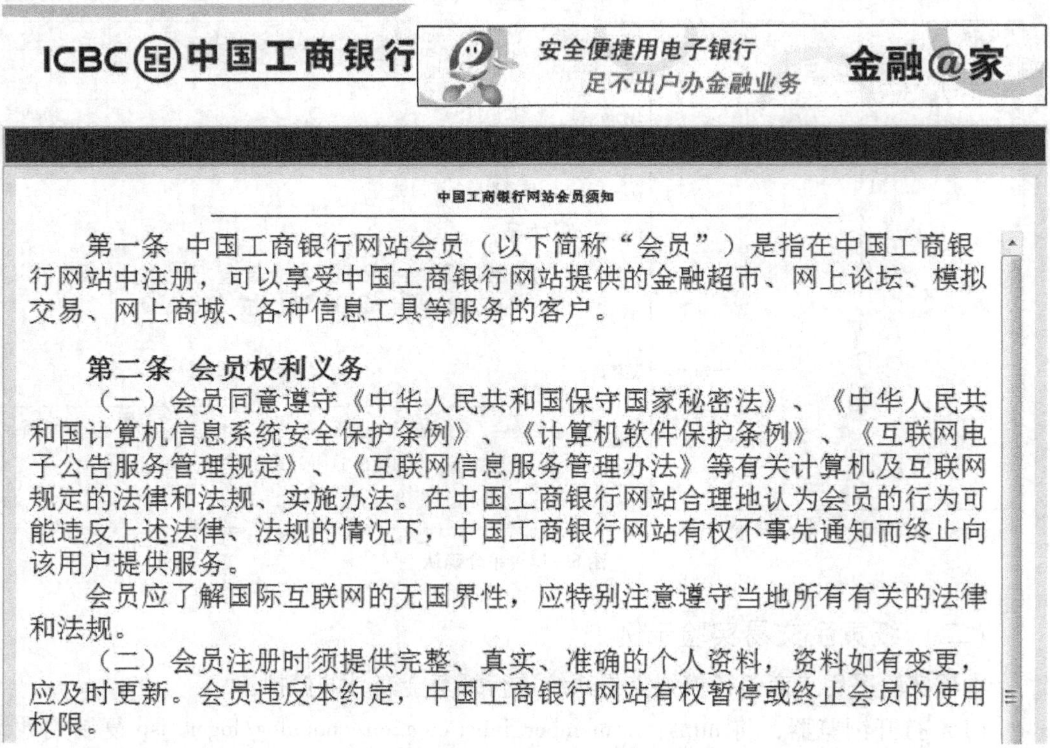
ICBC 中国工商银行 安全便捷用电子银行 足不出户办金融业务 金融@家

中国工商银行网站会员须知

第一条 中国工商银行网站会员（以下简称“会员”）是指在中国工商银行网站中注册，可以享受中国工商银行网站提供的金融超市、网上论坛、模拟交易、网上商城、各种信息工具等服务的客户。

第二条 会员权利义务

（一）会员同意遵守《中华人民共和国保守国家秘密法》、《中华人民共和国计算机信息系统安全保护条例》、《计算机软件保护条例》、《互联网电子公告服务管理规定》、《互联网信息服务管理办法》等有关计算机及互联网规定的法律和法规、实施办法。在中国工商银行网站合理地认为会员的行为可能违反上述法律、法规的情况下，中国工商银行网站有权不事先通知而终止向该用户提供服务。

会员应了解国际互联网的无国界性，应特别注意遵守当地所有有关的法律和法规。

（二）会员注册时须提供完整、真实、准确的个人资料，资料如有变更，应及时更新。会员违反本约定，中国工商银行网站有权暂停或终止会员的使用权限。

图6－14 中国工商银行网站会员须知

（3）填入注册信息，点击“提交”，并返回登录界面，如图6－15所示。

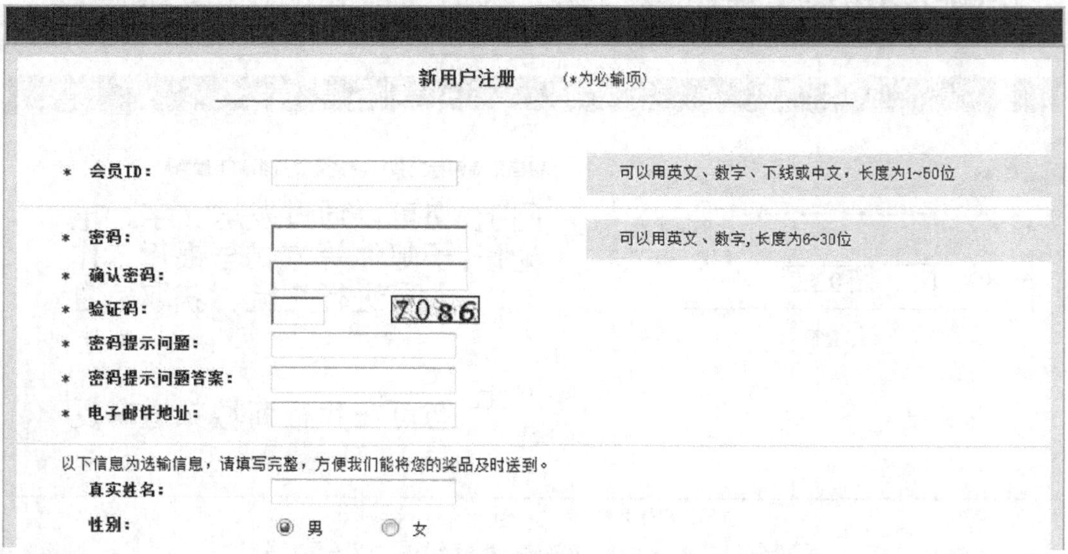

图6－15 新用户注册

（4）输入会员ID、密码、验证码，点击登录后，选择“我的模拟交易”，如图

6－16所示。

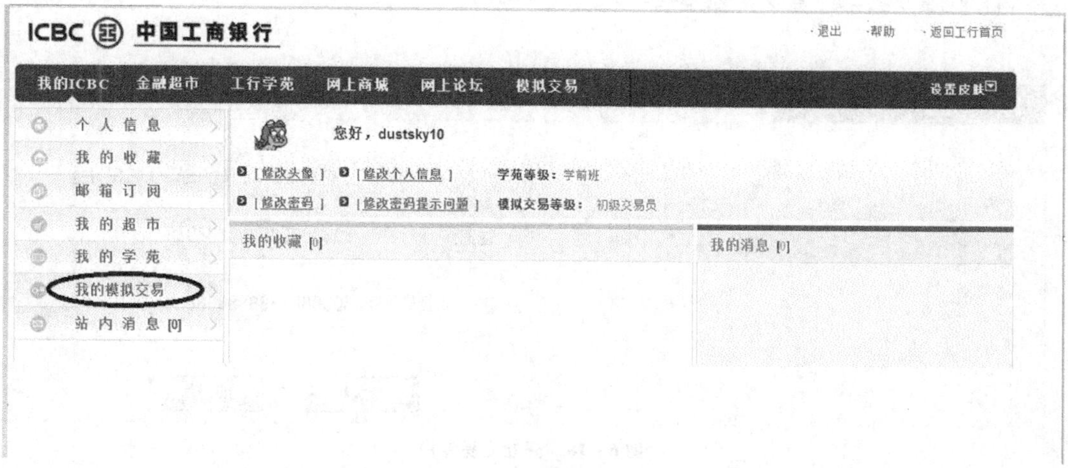

图6－16 我的模拟交易

（5）如图6－17所示，工商银行网上模拟系统不仅提供贵金属的交易模拟，而且提供汇市、股票、基金、期货、股指期货等多种交易模拟。在此，我们仅对纸黄金交易模拟进行讲解。

图6－17 模拟交易品种

（6）首次进入工商银行网上模拟系统需要开立模拟账户，点击“网上贵金属”，开立交易专户，点击“确认”，如图6－18所示。

（7）如图6－19所示，模拟交易系统交易界面的左下角出现了网上贵金属交易的相关信息，点击“账户贵金属交易”。

在界面中选择“优惠一档”（买入的纸黄金数量不同，银行买入价和卖出价不同，买入数量越多，价格越优惠），在账户贵金属交易区，输入买卖方向、委托价格和委托数量等（第一次只能买入），然后点击“下单”，如图6－20所示。卖出的方法与买入基本相同，这里不再赘述。

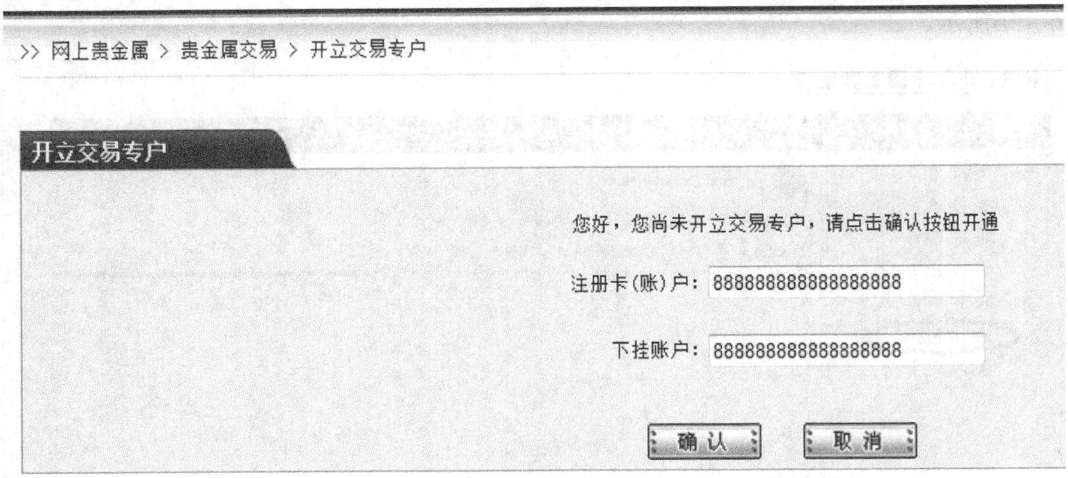

图 6－18　开立交易专户

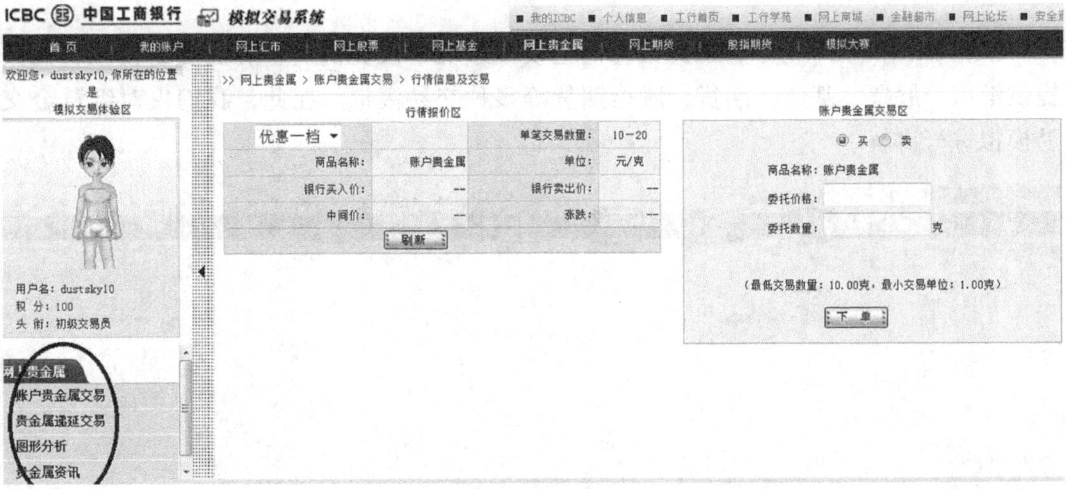

图 6－19　网上贵金属交易信息

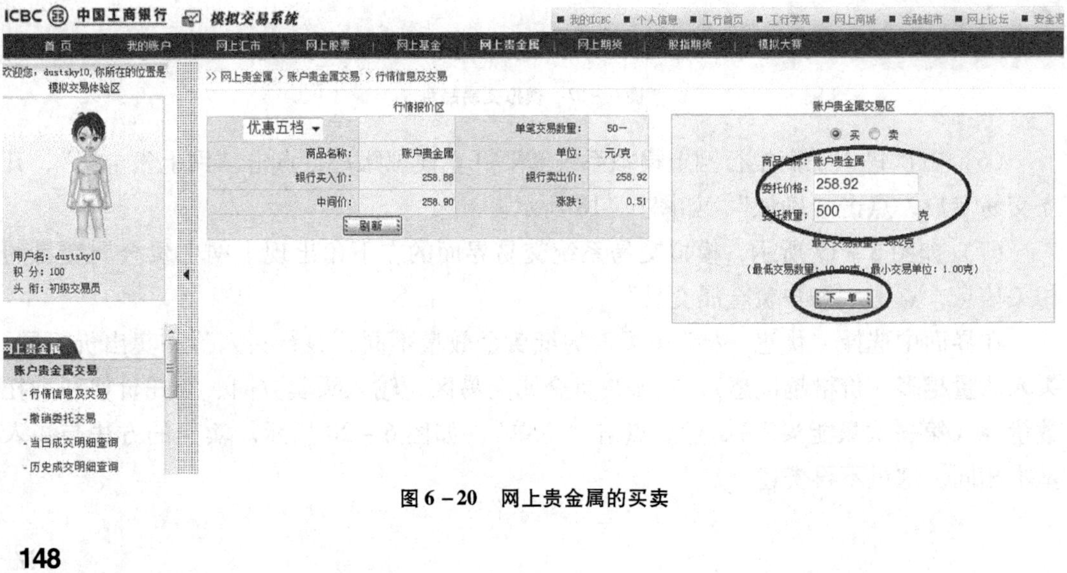

图 6－20　网上贵金属的买卖

（8）当日成交查询。点击“账户贵金属交易”——“当日成交明细查询”，查询当日成交明细。如图6－21所示。

当日成交明细查询

商品代码	商品名称	买/卖	重量(g)	成交价格	成交时间
AU99.99	账户贵金属	买	500	258.92	2010-08-03 10:26:22

共【1】条,从1到1条记录　第【 1/1】页　第一页 上一页 下一页 最后页 跳至：　页 GO

图6－21　交易查询

（9）持仓查询。点击“账户贵金属交易”——“持仓查询”，如图6－22所示。

持仓查询结果　刷新

商品名称	商品代码	持仓重量(g)	可用重量(g)	成本价	最新价	浮动盈亏	卖出
账户贵金属	Au99.99	500	500	258.92	258.80	-135.00	[卖出]

共【1】条,从1到1条记录　第【 1/1】页　第一页 上一页 下一页 最后页 跳至：　页 GO

图6－22　持仓查询

本系统还可以进行历史成交项目的查询、当日委托明细查询、历史委托明细查询、当日资金明细查询和历史资金明细查询等，学生可自行练习。

（10）黄金行情查询。点击“网上贵金属”——“图形分析”，如图6－23所示。

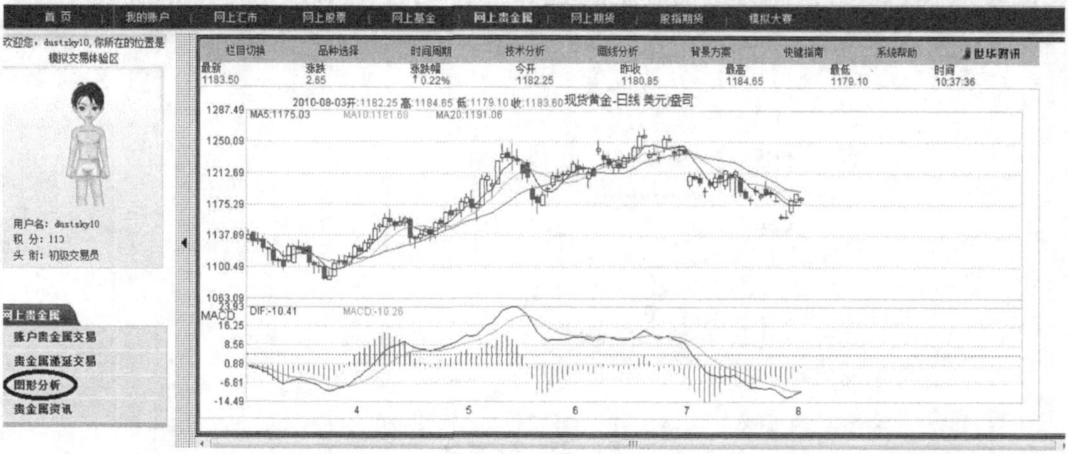

图6－23　网上贵金属交易K线图

（11）品种选择。查看当前各种黄金交易的即时行情，可点击“品种选择”——“国内黄金行情”——“AU9999”，即为纸黄金的现货行情查询，如图6－24所示。

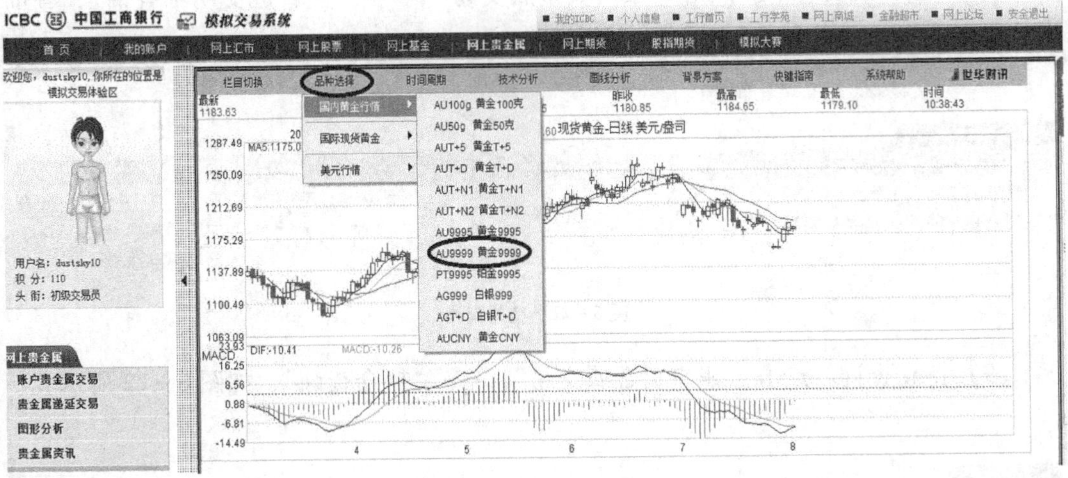

图 6－24　品种选择

（三）黄金期货交易实验示例

本项实验采用 e－cube 版模拟交易系统进行黄金期货交易的模拟。

（1）打开浏览器，在浏览器中输入模拟交易系统用户前台地址 http：//tjufetrade. shihua. com. cn/，按回车键，如图 6－25 所示。用户输入用户名、密码、验证码并选择活动。

图 6－25　用户登录

（2）登录 e－cube 版模拟交易系统进入市场总览页面后，可以看到各个市场的行情及相关资讯。点击“黄金”选项，进入黄金市场行情主界面，如图 6－26 和图6－27 所示。

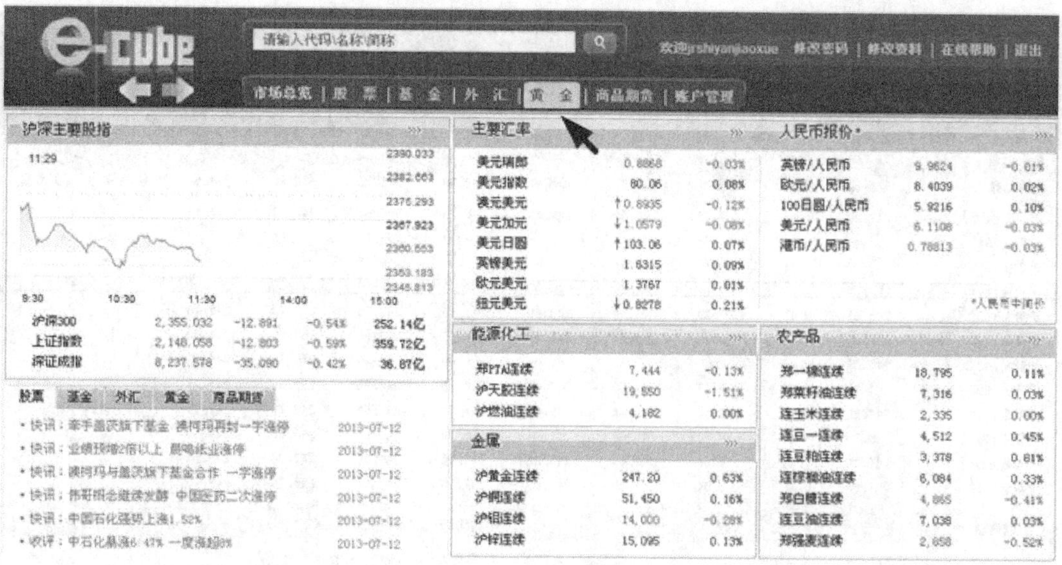

图 6－26 黄金期货市场行情主界面

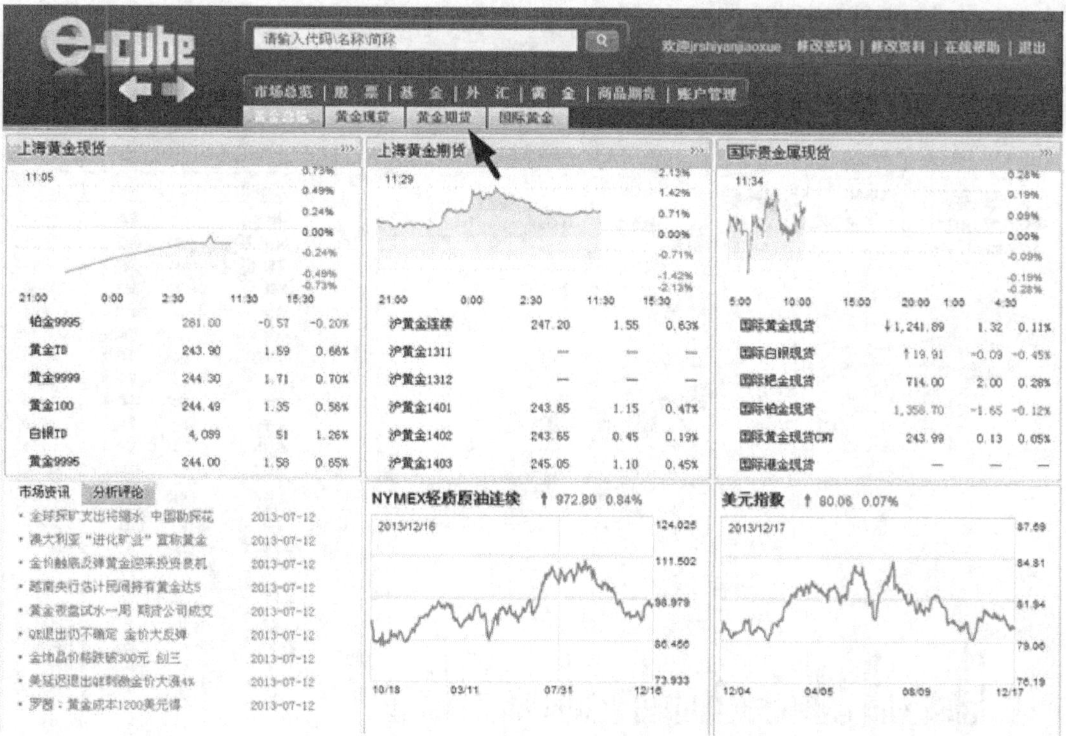

图 6－27 黄金期货总览

（3）点击“黄金期货”选项，进入黄金期货市场行情主界面，并在该界面上选择一份黄金期货合约，例如，“沪黄金 1401”合约，点击进入交易界面，如图 6－28 和图 6－29 所示。

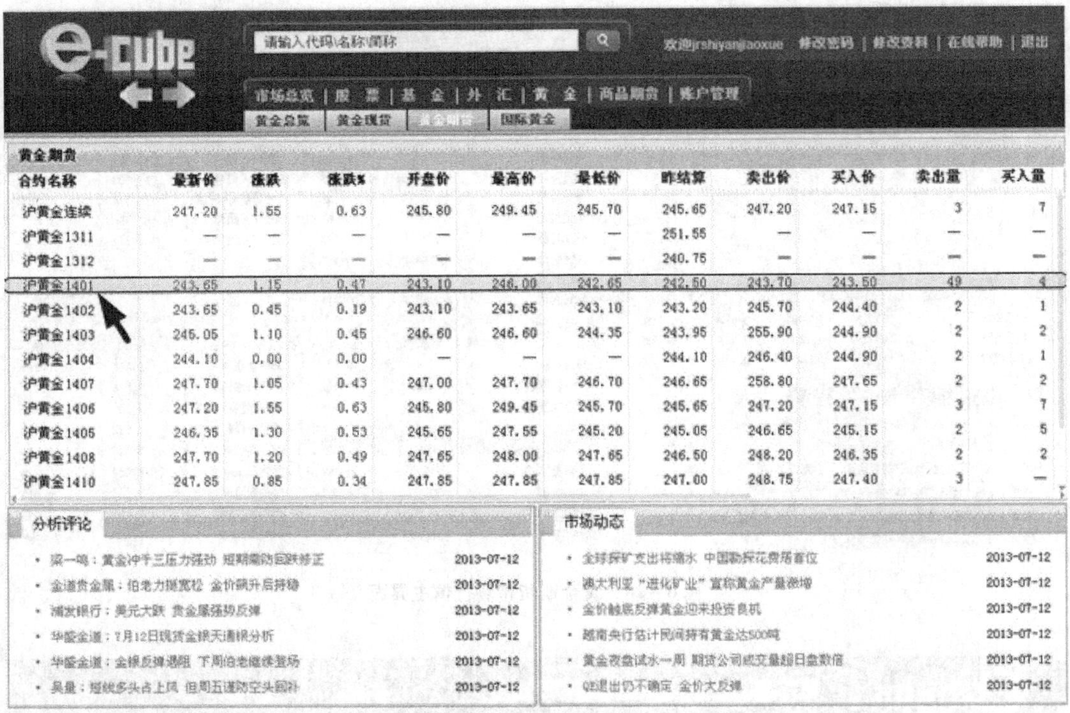

合约名称	最新价	涨跌	涨跌%	开盘价	最高价	最低价	昨结算	卖出价	买入价	卖出量	买入量
沪黄金连续	247.20	1.55	0.63	245.80	249.45	245.70	245.65	247.20	247.15	3	7
沪黄金1311	—	—	—	—	—	—	251.55	—	—	—	—
沪黄金1312	—	—	—	—	—	—	240.75	—	—	—	—
沪黄金1401	243.65	1.15	0.47	243.10	246.00	242.65	242.50	243.70	243.50	49	4
沪黄金1402	243.65	0.45	0.19	243.10	243.65	243.10	243.20	245.70	244.40	2	1
沪黄金1403	245.05	1.10	0.45	246.60	246.60	244.35	243.95	255.90	244.90	2	2
沪黄金1404	244.10	0.00	0.00	—	—	—	244.10	246.40	244.90	2	1
沪黄金1407	247.70	1.05	0.43	247.00	247.70	246.70	246.65	258.80	247.65	2	2
沪黄金1406	247.20	1.55	0.63	245.80	249.45	245.70	245.65	247.20	247.15	3	7
沪黄金1405	246.35	1.30	0.53	245.65	247.55	245.20	245.05	246.65	245.15	2	5
沪黄金1408	247.70	1.20	0.49	247.65	248.00	247.65	246.50	248.20	246.35	2	2
沪黄金1410	247.85	0.85	0.34	247.85	247.85	247.85	247.00	248.75	247.40	3	—

图 6－28　沪黄金 1401 合约

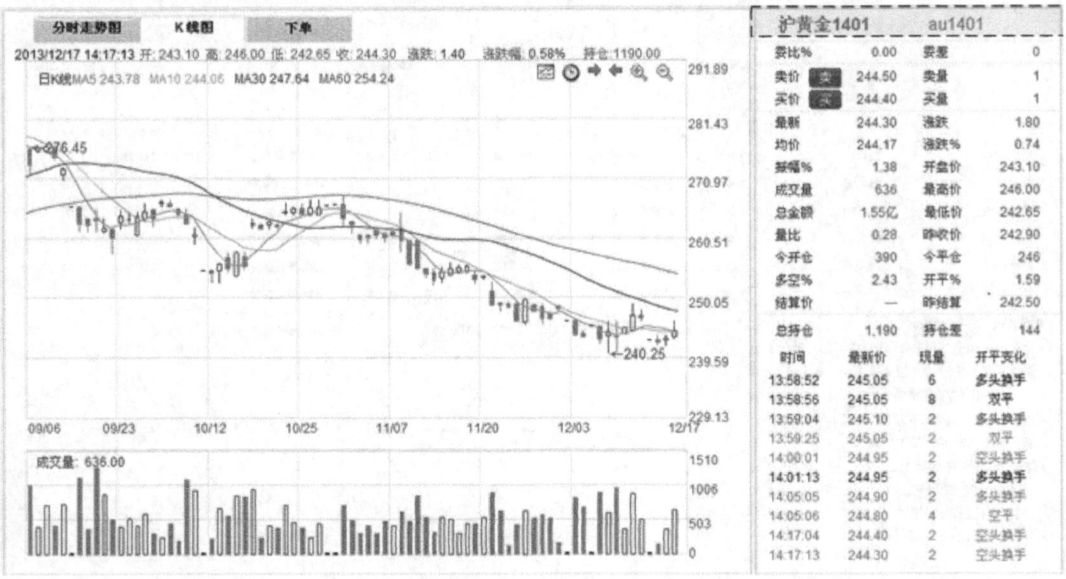

图 6－29　沪黄金期货 K 线图

（4）点击“下单”选项或直接点击“买”或“卖”，进行开仓交易，并在规定的时间内点击“确定”完成交易，如图 6－30 至图 6－34 所示。

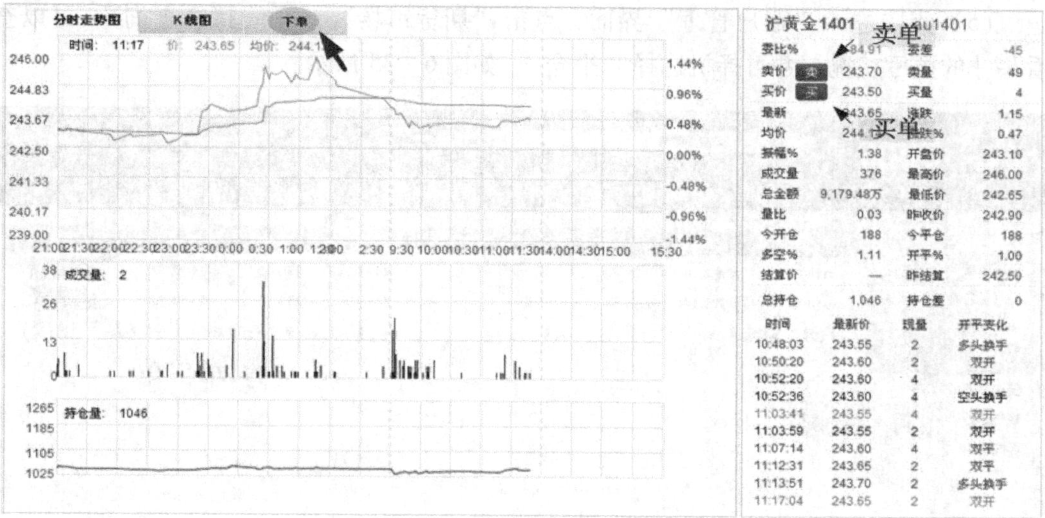

图6－30 沪黄金1401交易界面

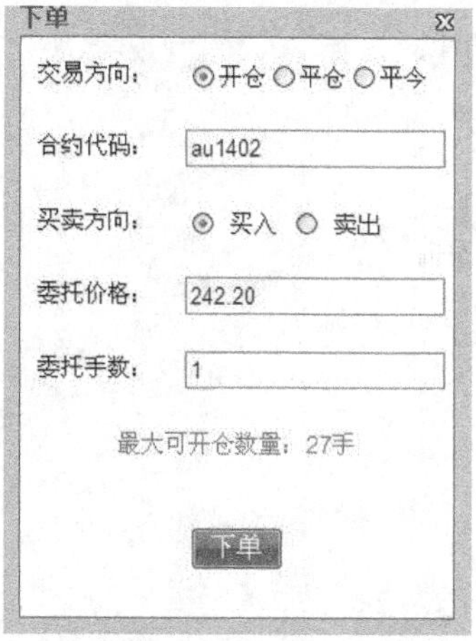

图6－31 下单（1）

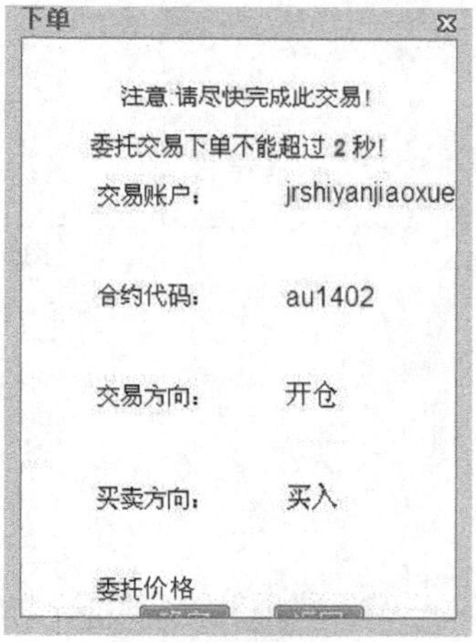

图6－32 下单（2）

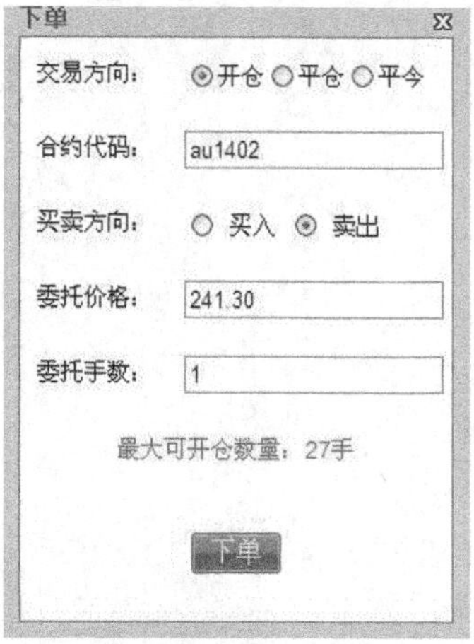

图6－33 下单（3）

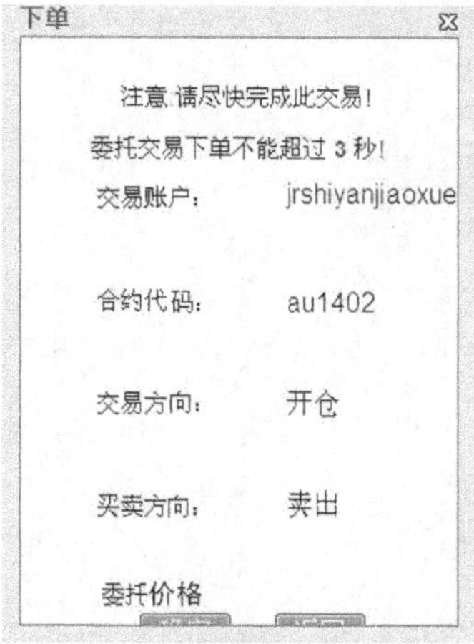

图6－34 下单（4）

（5）点击进入“账户管理”界面，点击“期货市场”——“持仓查询”，可以查看头寸的盈亏状况，并可择机选择“平仓”。如图 6 – 35 所示。

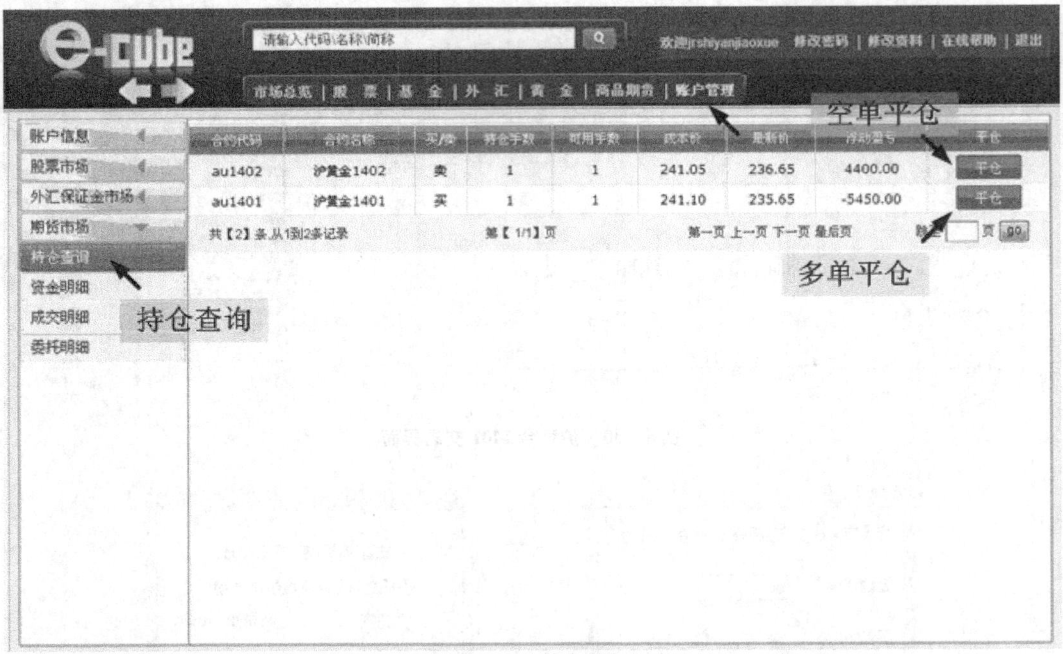

图 6 – 35　持仓查询

实验模块11：白银现货与期货交易模拟实验

一、实验名称

白银现货与期货交易模拟实验。

二、实验目的

通过本实验课程的学习，使学生掌握白银现货与期货交易方式，掌握实物白银、纸白银、交易所现货白银交易以及白银保证金交易的开户管理、交易规则等，能够利用网络资源进行白银现货与期货的模拟交易。

三、实验步骤与要求

（1）学生必须在规定的时间内，至少完成每种类型的白银交易各一次。

（2）对每种白银交易的买卖进行成交确认。

（3）进行每种白银交易的盈亏计算。

四、实验说明

白银具有特殊的化学性质，其价值早在公元前700年的美索不达米亚时期就开始为人们所认识。白银在历史上曾经与黄金一样，是许多国家的法定货币，具有金融储备职能，也曾作为国际支付手段。中国把白银作为货币的历史悠久，早在战国时期，白银就已作为货币使用。自唐宋始，银本位制得到逐步确立，明朝起成为正式货币。中国的银本位制持续到1935年发行法币、取消银本位为止。

（一）实物白银交易

实物白银交易通常包括银币及银饰品等，以持有实物白银为目的，需要进行实物白银的交收。实物白银与实物黄金投资类似，只是金属的品种不同而已。

（二）纸白银交易

1. 纸白银交易简介

纸白银又称为账户白银，是一种个人凭证式白银，投资者须按银行报价，在账面上买卖虚拟白银。与纸黄金类似，投资者可先在银行开设贵金属账户，通过把握国际白银走势，低吸高抛，赚取白银价格的波动差价。白银买卖的交易记录只在个人预先开立的白银账户上体现，不发生实物白银的提取和交割，其最大优点是交易费用较低，缺点则是不能卖空，只能买进做多，且不可进行实物交割。

2. 纸白银交易开户

纸白银交易的开户流程可参考纸黄金交易的开户流程。

3. 纸白银交易规则

各家银行的纸白银交易规则略有不同，可参照各家银行的账户贵金属交易说明。

（三）交易所白银现货交易

1. 上海黄金交易所白银现货交易

（1）上海黄金交易所白银现货交易的开户与交易规则参照上海黄金交易所黄金现货交易。

（2）上海黄金交易所白银现货交易的合约见表6－9至表6－11。

表6－9　上海黄金交易所白银现货交易Ag99.9合约

交易品种	白银
交易代码	Au99.9
交易方式	现货即期交易
交易单位	15千克/手
报价单位	元（人民币）/千克
最小变动价位	1元/千克
每日价格最大波动限制	不超过上一交易日结算价±10%
最小单笔报价量	1手
最大单笔报价量	1 000手
保证金比例	20%
交易时间	上午：8：50~11：30，　下午：13：30~15：30，　夜间：20：50~2：30
清算方式	钱货两讫
交割品种	标准重量15千克、成色不低于99.9%的银锭
交割方式	实物交割
交割时间	T+2
质量标准	经交易所认定的可提供标准银锭企业生产的符合国家银锭GB/T4135－2002标准的实物，以及伦敦金银市场协会（LBMA）认定的合格供货商生产的标准实物
交割地点	交易所指定仓库
交易手续费	成交金额的万分之三
交割费	1元/千克
开票方式	卖方为买方开具增值税票
违约金比例	20%
上市日期	2006年10月30日

资料来源：上海黄金交易所。

表6-10　上海黄金交易所白银现货交易Ag99.99合约

交易品种	白银
交易代码	Au99.99
交易方式	现货即期交易
交易单位	15千克/手
报价单位	元（人民币）/千克
最小变动价位	1元/千克
每日价格最大波动限制	不超过上一交易日结算价±10%
最小单笔报价量	1手
最大单笔报价量	1 000手
保证金比例	20%
交易时间	上午：8：50~11：30，　下午：13：30~15：30，　夜间：20：50~2：30
清算方式	钱货两讫
交割品种	标准重量15千克、成色不低于99.99%的银锭
交割方式	实物交割
交割时间	T+2
质量标准	经交易所认定的可提供标准银锭企业生产的符合国家银锭GB/T4135-2002标准的实物，以及伦敦金银市场协会（LBMA）认定的合格供货商生产的标准实物
交割地点	交易所指定仓库
交易手续费	成交金额的万分之三
交割费	1元/千克
开票方式	卖方为买方开具增值税票
违约金比例	20%
上市日期	2010年4月26日

资料来源：上海黄金交易所。

表6-11　上海黄金交易所白银现货交易Ag（T+D）合约

交易品种	白银
交易代码	Ag（T+D）
交易方式	现货延期交收交易
交易单位	1千克/手
报价单位	元（人民币）/千克

续表

最小变动价位	1元/千克
每日价格最大波动限制	不超过上一交易日结算价±9%
最小单笔报价量	1手
最大单笔报价量	2 000手
合约期限	连续交易
最低交易保证金比例	12%
交易时间	上午：8：50~11：30，　下午：13：30~15：30，　夜间：20：50~2：30
延期补偿费收付日	按自然日逐日收付
延期补偿费率	合约市值的万分之二/日
交收申报时间	15：00~15：30
中立仓申报时间	15：31~15：40
超期持仓期限	按交易所公告执行
超期费率	按交易所公告执行
交易手续费	成交金额的万分之三
违约金比例	合约价值的8%
清算方式	每日无负债清算制度
实物交收方式	交收申报制
交割方式	实物交割
交割品种	标准重量15千克、成色不低于99.9%的银锭
交割时间	交收申报配对成功的当日
交割地点	交易所指定仓库
交割费	1元/千克
上市日期	2006年10月30日

资料来源：上海黄金交易所。

2. 天津贵金属交易所白银现货交易

（1）天津贵金属交易所简介。天津贵金属交易所（以下简称“津贵所”）是根据国务院关于《推进滨海新区开发开放有关问题的意见》（国发〔2006〕20号）的政策精神，经天津市政府批准，由天津产权交易中心发起设立的公司制交易所。津贵所注册资本金为1亿元人民币，由中国中信集团控股，天津产权交易中心、中国黄金集团公司等企业参股。津贵所营业范围为贵金属（含黄金、白银）、有色金属现货批发、零售、延期交收并为其提供电子平台，与其营业范围相关的咨询服务及许可的其他业务。

津贵所采用具有中国特色的分散式柜台交易模式进行现货和现货衍生品交易，交易时间与国际市场接轨。目前，津贵所上市交易的有白银、铂、钯、镍4个品种。

（2）天津贵金属交易所的特点。

第一，银行三方存管，资金充分安全。投资者投资账户的资金由农业银行、交通银行、光大银行、中信银行、工商银行、建设银行、招商银行或华夏银行进行第三方存管，充分保证了资金的安全，存取款自由、方便。

第二，20倍杠杆比率。目前，各项交易中最低只需5%的交易保证金，杠杆比率为20倍，若白银价格同方向变化1%，即可获利20%，使投资者的资金充分提升利用效率。

第三，T+0双向交易机制。无论价格如何变化，都可以先买入再卖出（做多），也可以先卖出再买入（做空），当日即可以数次进出，增加了资金获利的机会。

第四，24小时交易。从周一早8时至周六凌晨4时全天24小时（结算时间除外）不间断交易，随时反映国际贵金属市场的价格变化，与国际市场保持同步，降低时间风险。

第五，交易迅速，即时成交。做市商机制，在通常的市况下，所有订单无须等待，都可以在指定的价位或者指定的范围内即时成交。

第六，无印花税，手续费低。现货白银交易无印花税，每次交易仅收取成交金额万分之八的手续费，有效降低了投资者的交易成本。

天津贵金属交易所现货白银标准合约见表6－12。

表6－12 天津贵金属交易所现货白银标准合约

合约品种	现货白银	现货白银1000
交易品种代码	Ag	Ag1000
交易单位	15千克/手	1千克/手
报价单位	人民币元/千克	
最小变价单位	1元/千克	
合约期限	连续交易	
交易时间	周一早8时至周六凌晨4时连续交易（每日凌晨4：00～6：00结算）	
最低履约保证金	合约价值的5%	
报价点差	8元/千克	
手续费率	0.08%	
延期费率	0.02%	
单笔最大交易限额	50手	200手
最大持仓限额	300手	2 000手
手续费收取方式	建仓、平仓双向收取	
延期费收取方式	每日收取	
申报交割时间	每日10：00～16：00	
交割地点	由综合会员统一安排	
最小交割单位	15千克	1千克

资料来源：天津贵金属交易所。

（四）白银期货交易

所谓白银期货，是指以白银市场未来某时点的白银价格为交易标的物的期货合约。投资者买卖白银期货的盈亏，是由进场到出场两个时间的金价价差来衡量的，白银期货合约到期后未平仓的合约需要实物交割。2012 年 5 月 10 日，白银期货正式挂牌上海期货交易所，这是在我国上市的第二个贵金属期货品种。上海期货交易所白银期货标准合约如表 6－13 所示。

表 6－13　上海期货交易所白银期货标准合约

交易品种	白银
交易单位	15 千克/手
报价单位	元（人民币）/千克
最小变动价位	1 元/千克
每日价格最大波动限制	不超过上一交易日结算价 ±5%
合约交割月份	全年
交易时间	上午 9：00～11：30，　下午 13：30～15：00
最后交易日	合约交割月份的 15 日（遇法定假日顺延）
交割日期	最后交易日后连续 5 个工作日
交割品级	标准品符合国标 GB/T 4135－2002 IC－Ag99.99 规定，其中银含量不低于 99.99%
交割地点	交易所指定交割金库
最低交易保证金	合约价值的 7%
交割方式	实物交割
交割单位	30 千克
交易代码	AU
上市交易所	上海期货交易所

资料来源：上海期货交易所。

五、实验示例

（一）白银现货交易实验示例

本项实验以天津贵金属交易所白银现货交易为例，说明白银现货的模拟交易。

（1）打开浏览器，在浏览器中输入天津贵金属交易所地址 http://www.tjpme.com/，按下回车键，进入天津贵金属交易所主页，在“交易所服务—会员—会员单位列表”中查看天津贵金属交易所的会员，如图 6－36、图6－37和表 6－14 所示。

图 6-36 天津贵金属交易所首页界面

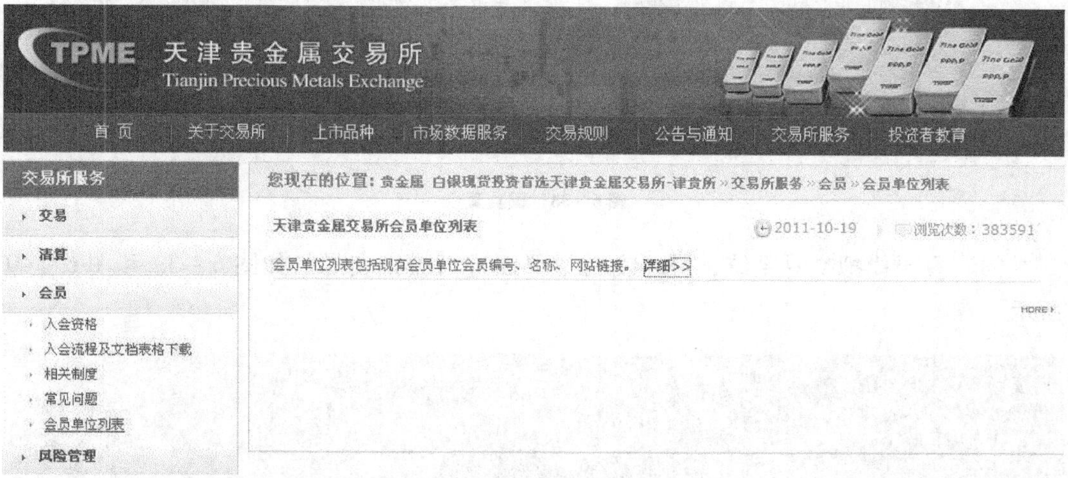

图 6-37 天津贵金属交易所服务

表 6-14 天津贵金属交易所会员单位列表

序号	会员单位	网站地址
101	天一金行（天津）贵金属经营有限公司	http：//www. tyjhgold. com
102	天津世元金行贵金属经营有限公司	http：//www. aunigold. com
103	天津黄金日贵金属经营有限公司	http：//www. 9999hj. com
104	天津利安达贵金属经营有限公司	http：//www. leanda. com
151	天津中都银业贵金属经营有限公司	http：//www. zd - silver. com
152	美源金业（天津）贵金属经营有限公司	http：//www. mygold. cc
153	天津宁翼贵金属经营有限公司	http：//www. ny153. com
155	天津国鑫黄金贵金属经营有限公司	http：//www. 91jin. com
156	天津玉鼎贵金属经营有限公司	http：//www. ydgjs. com
157	天津万和德通贵金属经营有限公司	http：//www. whdtgold. com

（2）选择一家会员网址，进入其官方网站，本项实验示例以天津国鑫黄金贵金属经营有限公司为例进行说明。进入国鑫黄金主页 http：//www.91jin.com/，点击软件下载，下载并安装模拟交易客户端，同时注册模拟账号（根据提示，注册模拟账号），如图 6－38 所示。

图 6－38 国鑫黄金

（3）登录模拟交易系统，进入交易主界面进行模拟交易。如图 6－39 和图 6－40 所示。

图 6－39 登录交易系统

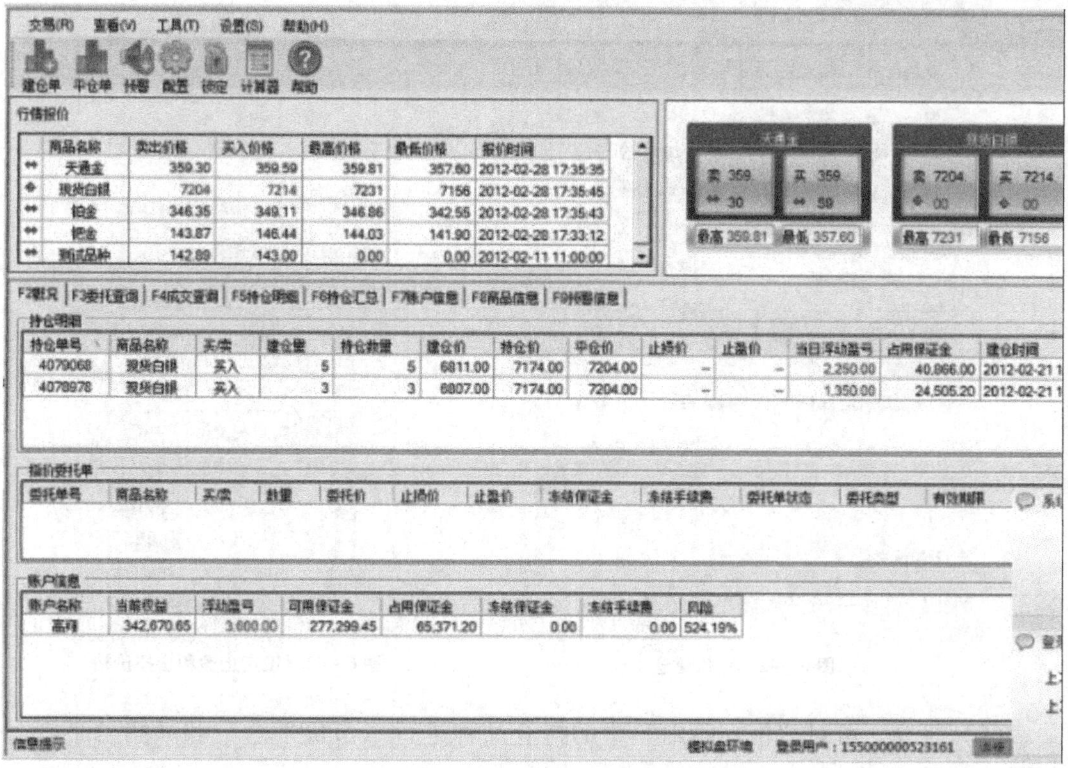

图6-40 系统主界面

（4）可在交易品种上选择“市价建仓单”和“指价建仓单”，如图6-41所示。“市价建仓单”是交易者以系统即时报价进行建仓成交，如图6-42所示。“指价建仓单”是交易者以自己的意愿设定价格，当行情达到或超过该指定价格时建仓成交，交易者可同时设定止盈和止损价格，预设平仓离场点位，如图6-43所示。

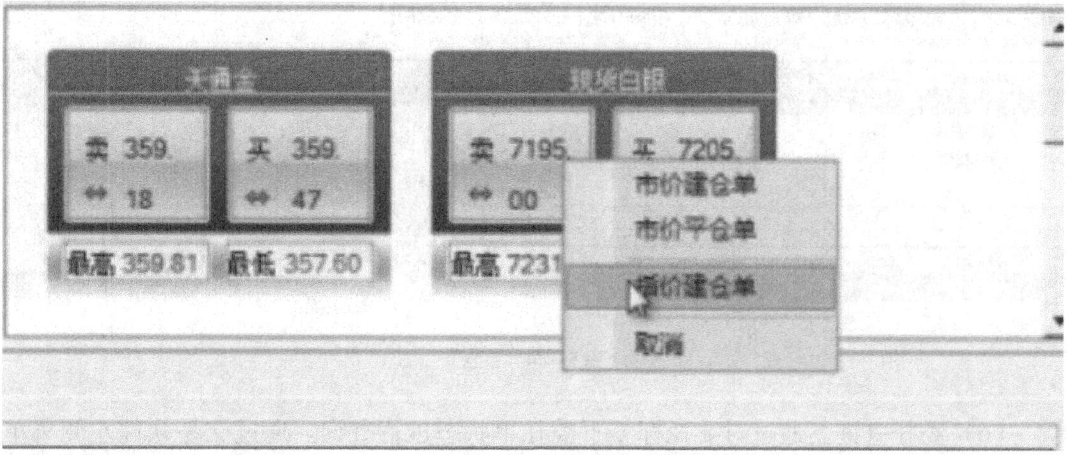

图6-41 市价建仓

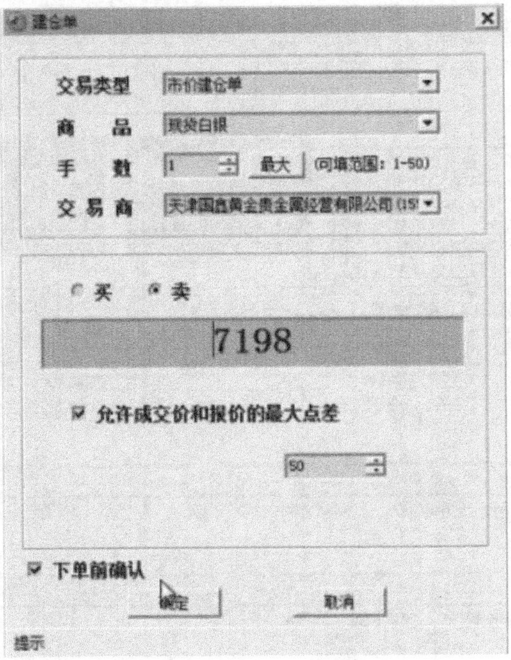

图 6－42 指价建仓

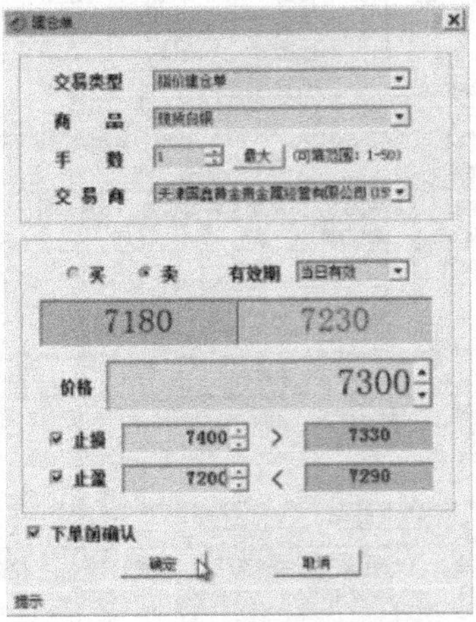

图 6－43 设定止盈和止损价格

（5）平仓。可对“持仓明细”中的持仓品种进行“市价平仓”和“指价平仓”。如图6－44所示。

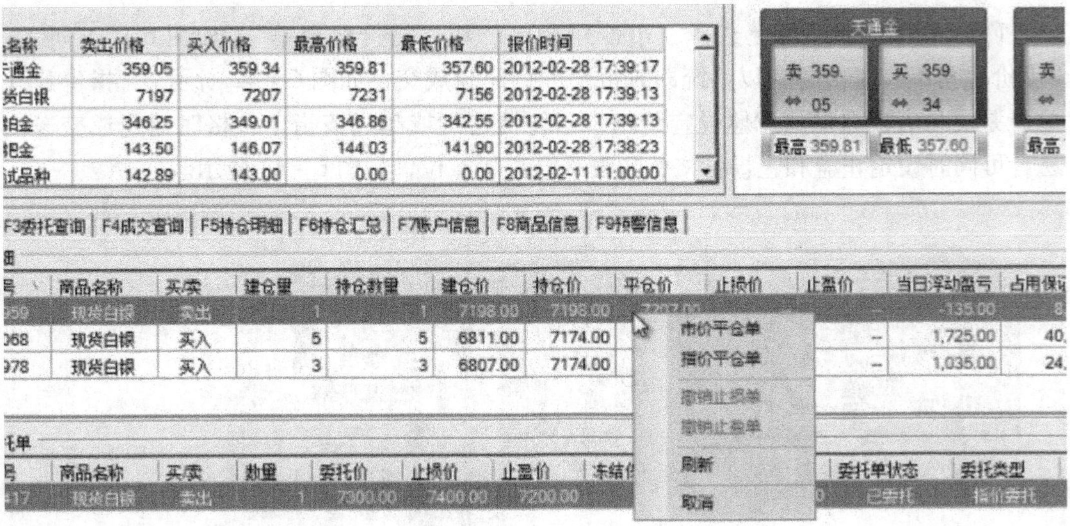

图 6－44 平仓

（6）委托查询。通过对委托标签下委托单状态进行查询。通过交易软件左侧菜单栏的“报表系统”“公告系统”“出入金管理”选项进行相应的历史交易查询和资金管理。如图 6－45 和图 6－46 所示。

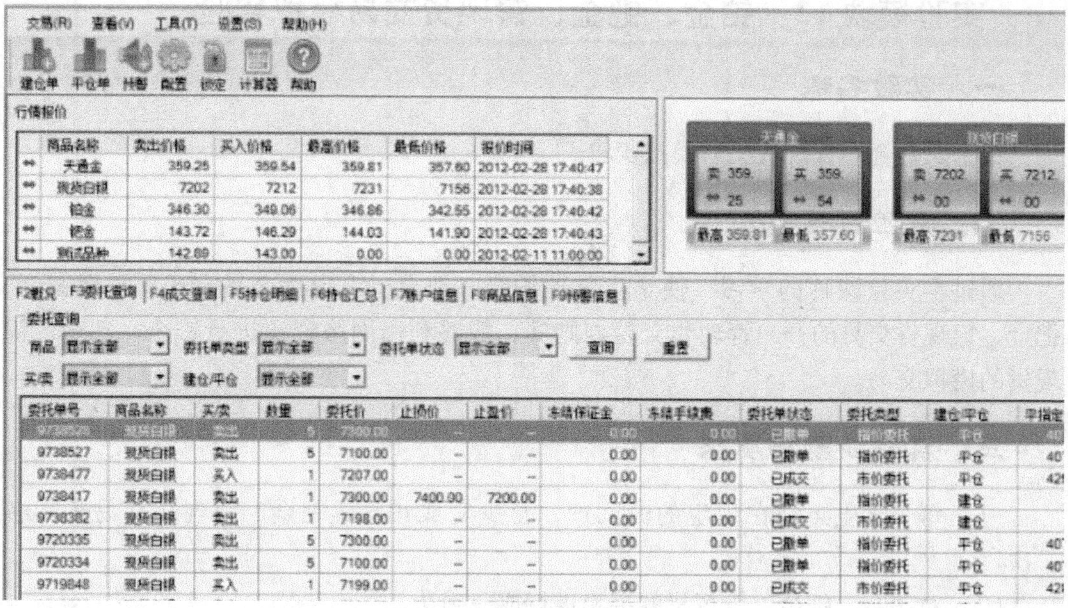

图6-45　委托查询

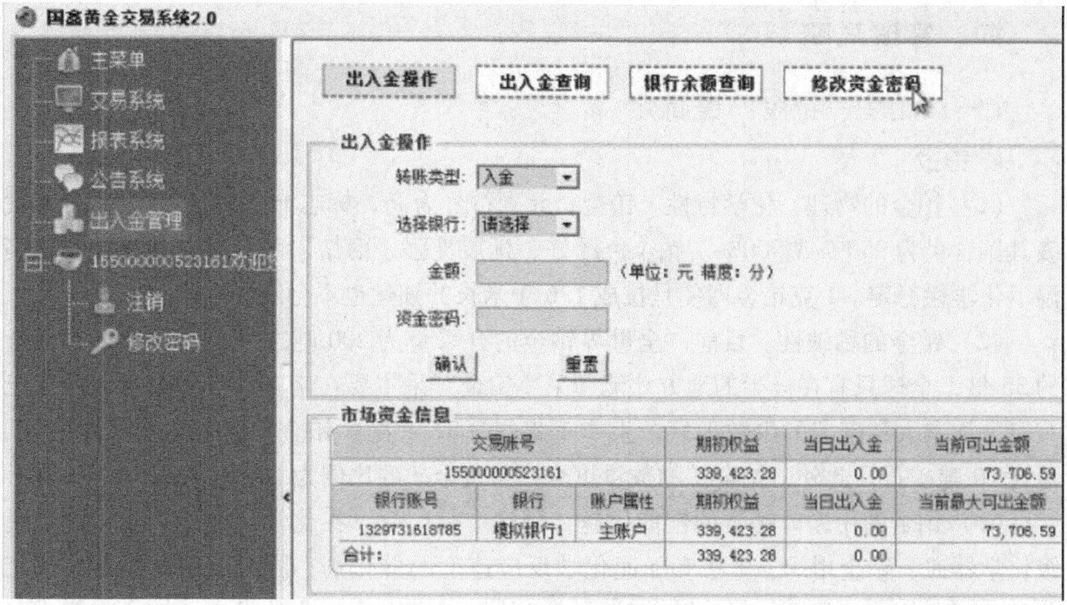

图6-46　修改资金密码

（二）纸白银交易实验示例

纸白银交易实验可参照纸黄金交易实验示例进行。

（三）白银期货交易实验示例

白银期货交易实验可参照黄金期货交易实验示例进行。

实验模块12：铂金、钯金、镍现货交易模拟实验

一、实验名称

铂金、钯金、镍现货交易模拟实验。

二、实验目的

通过本实验课程的学习，使学生掌握铂金、钯金、镍现货交易方式，掌握铂金、钯金、镍现货交易的开户管理和交易规则等，能够利用网络资源进行铂金、钯金、镍现货的模拟交易。

三、实验步骤与要求

（1）每个学生必须在规定的时间内，至少完成铂金、钯金、镍现货交易买卖各一次。

（2）对铂金、钯金、镍现货的买卖进行成交确认。

（3）进行铂金、钯金、镍现货交易的盈亏计算。

四、实验说明

（一）铂金、钯金、镍简介

1. 铂金

（1）铂金的物理、化学特性。铂金，元素符号为Pt，标志Pt 950及Pt 900分别代表其铂含量为950‰或900‰。铂金色泽好、延展性强，耐熔、耐摩擦、耐腐蚀，在高温下化学性稳定。1克铂金即使是拉成1.6千米长的细丝也不会断裂。

（2）铂金的稀缺性。目前，全世界铂金的开采量为200吨左右，其稀缺性是黄金的35倍，全球只有在极少的地方才能开采。铂金开采主要在南非和俄罗斯，以及津巴布韦、加拿大和南美的少数地区。生产1盎司（31.1克）铂金，需要花费8周时间，消耗10吨矿石；此外，铂金矿的数量更少，与黄金矿的比例为1∶10。

（3）铂金的用途。铂金的性能优越，用途十分广泛。在化学工业中，用于制造高级化学器皿、铂金坩埚、电极和加速化学反应速度的催化剂；同时，铂金也是航天工业和核工业领域的重要材料，随着航天技术的发展和军事工业的发展，铂金的需求量也在迅猛增长，铂金的使用价值凸显；铂金在首饰加工领域更是用途广泛，以铂金为材料制作的首饰由于材质贵重、色泽淡雅华贵，因此被誉为“高贵和财富的象征”。

2. 钯金

（1）钯金的物理、化学特性。钯金是铂金族的一员，元素符号为Pd。钯金延展性强，比铂金稍硬，不溶于有机酸、冷硫酸或盐酸，但溶于硝酸和王水，常态下不易氧化和失去光泽。钯金异常坚韧，钯金制成的首饰不仅具有铂金般自然天成的迷人光彩，

而且经得住岁月的磨砺，历久如新。钯金几乎没有杂质，纯度极高。钯金的纯度还十分适合肌肤，不会造成皮肤过敏。

（2）钯金的稀缺性。钯金是世界上最稀有的贵金属之一，地壳中的含量约为1亿分之一，比黄金要稀少很多。世界上只有俄罗斯和南非等少数国家出产，每年的总产量不足黄金的5‰，比铂金还稀有。

（3）钯金的用途。钯金除了制作首饰外，还主要用于生产汽车催化剂、电子及牙科医疗器具等方面。

3. 镍

（1）镍的自然属性。镍是化学元素之一，化学符号为Ni，原子序数为28，具磁性，是银白色过渡金属。镍的密度为8.9克/厘米3，熔点为1 455℃，沸点为2 730℃，化合价为2和3，电离能为7.635电子伏特。镍的质地坚硬，具有磁性和良好的可塑性，有好的耐腐蚀性，在空气中不被氧化，又耐强碱。在稀酸中可缓慢溶解，释放出氢气而产生绿色的正二价镍离子Ni2+；对氧化剂溶液（包括硝酸在内）均不发生反应。镍是一个中等强度的还原剂，在自然界中以硅酸镍矿或硫、砷、镍化合物形式存在；镍性坚韧，有磁性和良好的可塑性，古代埃及、中国和巴比伦人都曾用含镍量很高的陨铁制作器物。中国古代云南出产的白铜中含镍很高，在欧洲曾称白铜为“中国银”。到1751年，瑞典矿物学家克朗斯塔特（A. F. Cronstedt）才分离出金属镍。镍用于工业是近一百多年的事。中国在20世纪60年代开始大规模生产镍。

（2）镍的用途。镍是一种用途很广的金属。镍主要用于不锈钢、合金钢、特种钢、镍基合金、电镀和非金属领域。镍大量用于制造合金，在钢中加入镍，可以提高机械强度，极细的镍粉在化学工业中常用作催化剂。钛镍合金具有“记忆”的本领，而且记忆力很强，经过相当长的时间，重复上千万次都准确无误。它的“记忆”本领就是记住它原来的形状，所以人们称它为“形状记忆合金”。镍具有磁性，能被磁铁吸引，而用铝、钴与镍制成的合金磁性更强了。这种合金受到电磁铁吸引时，不仅自己会被吸过去，而且在它下面吊了比它重60倍的东西也不会掉下来。这样，可以用它制造电磁起重机，氧化镍还常用来制造铁镍碱性蓄电池。

镍在不锈钢中的使用量最大，占总量的2/3以上。不锈钢既能抵抗大气、蒸汽和水的腐蚀，又能耐酸、碱、盐的腐蚀。

目前，世界上镍主要用于不锈钢（67%），约为镍消耗量的2/3，其他用途包括高镍合金（12%）、电镀（10%）、铸造（3%）、铜镍为主的合金（2%）以及其他用途（6%）。

（二）账户铂金、钯金交易

1. 账户铂金、钯金交易简介

账户铂金、钯金交易是一种个人凭证式铂金、钯金，投资者须按银行报价，在账面上买卖虚拟铂金、钯金。与纸黄金、纸白银类似，投资者可先在银行开设贵金属账户，通过把握铂金、钯金价格走势，低吸高抛，赚取价格的波动差价。

2. 账户铂金、钯金交易开户

账户铂金、钯金交易的开户流程可参考纸黄金交易的开户流程。

3. 账户铂金、钯金交易规则

各家银行的账户铂金、钯金交易规则略有不同，可具体参照各家银行的账户贵金属交易说明。

(三) 交易所铂金、钯金、镍交易

天津贵金属交易所现货铂金、钯金、镍标准合约见表6-15至表6-17。

表6-15 天津贵金属交易所现货铂金标准合约

合约品种	现货铂金	现货铂金100
交易品种代码	Pt	Pt100
交易单位	1 000克/手	100克/手
报价单位	人民币元/千克	
最小变价单位	0.01元/千克	
合约期限	连续交易	
交易时间	从周一早8时至周六凌晨4时连续交易（每日凌晨4：00~6：00结算）	
最低履约保证金	合约价值的5%	
报价点差	前一日结算价的0.2%	
手续费率	0.08%	
延期费率	0.02%	
单笔最大交易限额	5手	50手
最大持仓限额	20手	200手
手续费收取方式	建仓、平仓双向收取	
延期费收取方式	每日收取	
申报交割时间	每日10：00~16：00	
交割地点	由综合会员统一安排	
最小交割单位	1 000克	

资料来源：天津贵金属交易所。

表6-16 天津贵金属交易所现货钯金标准合约

合约品种	现货钯金	现货钯金100
交易品种代码	Pd	Pd100
交易单位	1 000克/手	100克/手
报价单位	人民币元/千克	
最小变价单位	0.01元/千克	
合约期限	连续交易	
交易时间	从周一早8时至周六凌晨4时连续交易（每日凌晨4：00~6：00结算）	

续表

最低履约保证金	合约价值的5%	
报价点差	前一日结算价的0.4%	
手续费率	0.08%	
延期费率	0.02%	
单笔最大交易限额	5手	50手
最大持仓限额	20手	200手
手续费收取方式	建仓、平仓双向收取	
延期费收取方式	每日收取	
申报交割时间	每日10：00~16：00	
交割地点	由综合会员统一安排	
最小交割单位	1 000克	

资料来源：天津贵金属交易所。

表6－17 天津贵金属交易所现货镍标准合约

合约品种	现货镍	现货镍100
交易品种代码	Ni	Ni100
交易单位	1 000克/手	100克/手
报价单位	人民币元/千克	
最小变价单位	0.01元/千克	
合约期限	连续交易	
交易时间	从周一早8时至周六凌晨4时连续交易（每日凌晨4：00~6：00结算）	
最低履约保证金	不低于合约价值的8%	
报价点差	前一日结算价的0.2%	
手续费率	0.08%	
延期费率	0.02%	
单笔最大交易限额	6手	60手
最大持仓限额	60手	600手
手续费收取方式	建仓、平仓双向收取	
延期费收取方式	每日收取	
申报交割时间	每日10：00~16：00	
交割地点	由综合会员统一安排	
最小交割单位	3吨	

资料来源：天津贵金属交易所。

五、实验示例

(一) 账户铂金、钯金交易实验示例

账户铂金、钯金交易实验可参照纸黄金交易实验示例进行。

(二) 交易所铂金、钯金、镍现货交易实验示例

铂金、钯金、镍现货交易实验可参照天津贵金属交易所白银现货交易实验示例进行。

第7章

期权交易模拟实验

实验模块13：商品期货期权交易模拟实验

一、实验名称

期权交易模拟实验。

二、实验目的

通过本实验课程的学习，使学生从宏观与微观层面了解我国期权市场交易的基础知识，掌握期权交易的基本流程，并熟练进行盈亏计算。

三、实验步骤与要求

（1）登录商品期货期权仿真交易系统。

（2）熟悉全部行情模块。

（3）选择所交易的期权。

（4）进行期权下单练习。

（5）针对所选期权进行综合分析，理解并掌握其意义；同时，将练习过程、交易结果和盈亏计算等填写在实验报告中。

四、实验说明

（一）期权概述

1. 期权的含义

期权也称为选择权，是指期权的买方有权在约定的期限内，按照事先确定的价格，买入或者卖出一定数量的某种特定商品或金融工具的权利。期权交易是一种权利的买卖，是期权的买方支付了权利金后便获得了未来某个特定时间买入或卖出某种特定资产的权利的交易方式。

2. 期权交易的特点

与期货交易相比，期权交易的最大特点在于买卖双方在权利、义务、收益与风险以及缴纳保证金方面均不对等。

（1）权利不对等。期权合约中约定的买入或者卖出标的物的选择权归于期权买方。期权的买方向卖方支付一定金额的期权费之后便获得了在约定期限内以约定价格向卖方购买或者出售一定数量标的物的权利。

（2）义务不对等。期权的买方只有权利而无义务，而期权的卖方只有义务而无权利。具体来说，卖方获得期权费之后，便负有向期权买方出售标的物或购买标的物的义务，当买方要求执行期权时，卖方则必须履约。

（3）收益与风险不对等。当标的物的市场价格向有利于期权买方变化时，买方可执行期权，获得收益，相应的，期权卖方将遭受损失；而当标的物的市场价格向不利于期权买方变化时，买方可以放弃期权的执行，此时，买方的最大损失也是卖方的最大收益，等于权利金。因此，从理论上来说，买方的最大损失为权利金，而潜在收益无限；卖方的最大收益为权利金，而潜在损失巨大。

（4）保证金缴纳情况不同。在期权交易过程中，因为卖方所面临的风险较大，所以必须缴纳一定的保证金作为履约担保；而买方的最大风险只是权利金，所以无须缴纳保证金。

3. 期权的分类

从期权的含义中我们可以发现，期权涉及要素较多，因此，我们可以从不同角度将期权划分为不同类型。

（1）看涨期权与看跌期权。根据买方执行期权时拥有的买卖标的物权利的不同，可以将期权分为看涨期权与看跌期权。看涨期权也称为买权、买入选择权、认购期权或买方期权等，是指期权的买方向卖方支付一定金额的权利金后便拥有在期权合约的有效期内或者特定时间，按照执行价格向期权卖方买入一定数量标的物的权利，但是不负有必须买进的义务。看跌期权也称为卖权、卖出选择权、认沽期权或卖方期权等，是指期权的买方向卖方支付一定金额的权利金后便拥有在期权合约的有效期内，按照执行价格向期权卖方卖出一定数量标的物的权利，但是不负有必须卖出的义务。

（2）美式期权与欧式期权。根据买方执行期权时对行权时间规定的不同可以将期权分为美式期权与欧式期权。美式期权是指期权合约的买方在期权合约的有效期内的任何一个交易日均可按履约价格决定是否执行权利的期权。在到期日之后，期权作废，买方权利随之消失。欧式期权是指期权合约的买方在合约到期日才能按履约价格决定是否执行期权的期权。期权买方在期权到期日之前不能执行期权，到期日之后期权作废，买方权利随之消失。在此需要强调的是，美式期权与欧式期权并无地域上的区别。

（3）现货期权与期货期权。根据期权合约标的物的不同，可以将期权分为现货期权与期货期权。期权合约标的物为现货商品的称为现货期权，现货期权又可以分为商品现货期权与金融现货期权。期权合约标的物为期货合约的称为期货期权，期货期权又可以分为商品期货期权与金融期货期权。

（4）场内期权与场外期权。期权合约有简单的场内与场外之分，因为期权既可以在交易所交易，也可以在场外交易。场内期权也称为交易所期权，是由交易所统一设计并在交易所集中交易的标准化期权。在标准化期权合约中，除了期权价格外，其他的一系列条款均在合约中予以标明。场外期权是指在非集中性的交易场所交易的非标准化的期权，也称为柜台期权或者店头市场期权。当期权交易时，对于同一份期权合约，交易所会挂出一系列不同的执行价格，交易双方根据其选定的执行价格，竞价确定期权价格。

4. 标准化期权合约的主要条款

虽然在交易所上市的期权合约是标准化的，但是对于不同的期权品种，不同的交易所设计的期权合约与所列条款存在一定的差异性。其中，在交易所上市的标准化期权合约中，主要包含的条款有执行价格、最小变动单位、执行价格间距、合约规模、合约月份、最后交易日、到期日、期权类型、交易时间和行权等。

（二）期权交易流程

1. 期权交易指令

期权交易指令主要内容有九项：①开仓或平仓；②买进或卖出；③执行价格；④合约月份；⑤交易代码；⑥看涨期权或看跌期权；⑦合约数量；⑧权利金；⑨指令种类。指令种类分为市价指令、限价指令和取消指令等。

当某客户发出交易指令，买进或卖出一份期权合约时，经纪公司接受指令，并将其传送到交易所。交易者发出交易指令时，选择执行价格非常重要。选择执行价格的一个重要方面是交易者对后市的判断。对于买进看涨期权来说，执行价格越高，看涨预期越大；对于买进看跌期权来说，执行价格越低，看跌预期越大。

2. 下单与成交

（1）交易者向其经纪公司发出下单指令，说明要求买进或卖出期权数量，看涨期权或看跌期权以及向经纪公司明确所需期权的执行价格、到期月份、交易指令种类、开仓或平仓条件等。

（2）交易指令通过计算机按照成交原则撮合成交。权利金竞价原则与期货合约的竞价原则，即价格优先、时间优先的竞价原则。计算机撮合系统首先按照竞价原则分买入和卖出指令进行排序，当买入价大于、等于卖出价则自动撮合成交，撮合成交价等于买入价、卖出价和前一成交价三者中居中的一个价格。

（3）会员经纪公司将成交回报告知交易者。

3. 期权头寸的了结方式

（1）对冲平仓。

第一，对冲平仓方法。期权的对冲平仓方法与期货的对冲平仓方法基本相同，都是将先前买进（卖出）的合约卖出（买进）。只不过，期权的报价是权利金。如果买进看涨期权，卖出同执行价格、同到期日的看涨期权对冲平仓；如果卖出看涨期权，买进同执行价格、同到期日的看涨期权对冲平仓。如果买进看跌期权，卖出同执行价格、同到期日的看跌期权对冲平仓。如果卖出看跌期权，买进同执行价格、同到期日的看跌期权对冲平仓。例如，某客户以20元/吨买进10手3月份到期执行价格为1 200元/吨的小麦看涨期权。如果小麦期货价格上涨到1 250元/吨，那么权利金也上涨，比如，上涨到30元/手，那么该客户发出指令：以30元/吨卖出（平仓）10手3月份到期、执行价格为1 200元/吨的小麦看涨期权。

第二，平仓盈亏计算。期权的平仓盈亏与期货类似，是买卖期权的权利金差价，卖出价减去买入价只要是正数就赚钱，是负数就亏钱，是零就不盈不亏（不考虑交易手续费）。比如，买进时是权利金20元/吨（不管买权还是卖权），卖出平仓时是30元/吨，则赚取10元/吨。

（2）执行与履约。期权的买方（客户通过其开户的期货经纪公司）在合约规定的有效期限内的任一交易日闭市前均可通过交易下单系统下达执行期权指令，交易所按照持仓时间最长原则指派并通知期权卖方（客户由其开户的期货经纪公司通知），期权买卖双方的期权部位在当日收市后转换为期货部位。

对于买进看涨期权多头，按照执行价格获得多头期货部位；对于卖出看涨期权空头，按照执行价格，卖方被指派，获得空头期货部位。

对于买进看跌期权多头，按照执行价格，买方获得空头期货部位；对于卖出看跌期权空头，按照执行价格，卖方被指派，获得多头期货部位。

例如：执行价格为1 200元/吨的11月小麦看涨期权执行后，买方获得1 200元/吨的11月小麦期货多头部位；卖方获得1 200元/吨的11月小麦期货空头部位。如果期权买方已经持有开仓价格为1 260元/吨的11月小麦空头期货合约，也可用执行买权获得的多头期货部位与已经持有的空头期货部位平仓，获利60元/吨。

（3）期权到期。如果期权到期时没有对冲平仓，也没有提出执行，在当日结算时，投资者的期权持仓就会被自动了结。按照惯例，在期权到期时，实值期权会被自动执行。因此，买方放任到期的一般为虚值期权。

根据需要，期权买方可以不执行期权，让期权到期。而期权卖方除对冲平仓和应买方要求履约外，只能等待期权到期。

随着到期日的临近，期权的时间价值呈加速衰减。在到期日，期权的时间价值为0。因此，时间是期权卖方的“朋友”，是期权买方的“敌人”。对于期权的买方，应尽量避免看对了方向、看错了时间，以及当期货价格向有利方向变动时期权已经到期了。

（三）白糖期权合约

1. 郑州商品交易所期权发展历程

郑州商品交易所（以下简称“郑商所”）期权的发展历程大致可以分为四个阶段。

（1）第一阶段：郑商所从1995年开始研究期权；1996年3月编制了“期权交易基本知识”培训资料；1997年8月5日制定了郑商所期权交易设计方案，内容包括绿豆期权合约、交易细则、期权操作系统方案和期权交易报价显示屏幕等；2001 年制定了比较系统、完善的小麦期权规则。

（2）第二阶段的成果主要集中在2002 年。2002 年4 月16 日，郑商所发〔2002〕23 号文件成立期权开发工作组；同年7 月24 日，郑商所向证监会上报关于进行小麦期权模拟交易的汇报；同年8 月30 日，郑商所第四届理事会第六次会议在郑州召开，会议讨论了期权交易管理办法、期权模拟交易和期权做市商管理办法等文件；同年9 月5 日，交易所部门业务人员在郑商所交易厅进行了首次期权软件运行测试；同年9 月10 日，起草拟订"小麦期权模拟交易"计划；同年11 月4 日，上报"小麦期权模拟交易报告"。

（3）第三阶段：2003 年2 月郑商所成立期权部，出版《期权投资》一书；同年3 月19 日，向中国证监会递交郑商所棉花期货、期权上市的请示；同年4 月16 日，在《期货日报》上刊登《郑州商品交易所期权交易管理办法》和《郑州商品交易所做市商管理办法》；同年6 月30 日，"网上期权模拟交易"正式开始；同年5 月，开通期权网站"中国期权网"；2004 年6 月，组织5 家规模较大的会员赴韩、港进行了期权做市商的境外培训，由境外专家介绍做市商业务操作的经验，实际操作 kospi200 指数期权；同年9 月，设计了棉花期权合约，制定了棉花期权规则；2005 年3 月24 日，中国第一部带有培训性的期权规则在郑商所完成（约5 万字），这一期权规则后来也成为很多期权研究机构开展培训工作的基础学习规则。2005 年8 月，期权规则英汉年对照及规则条文解释稿全套完成，约6 万字，这一规则是目前国内最为全面和详细的期权规则体系，也是目前很多后起的期权研究机构重点参照的核心规则体系；同年8 月29 日，注册期权网站英文域名 www. chinaoptions. cn；12 月12 日，注册期权网站中文域名"中国期权网"。

（4）第四阶段：2012 年7 月，郑商所选拔期权合作会员，启动专题研究工作；同年10 月9 日，启动联测联调，开放测试环境，进行交易所端和会员端的测试；同年12 月10 日，在联测联调的基础上，集中时间和力量，组织合作会员制订测试计划，按照测试指南的要求，进行期权模拟交易与测试（为期五周）；2013 年4 月，制作郑商所期权业务及会员端升级说明书，启动会员端期权功能的升级改造；同年5 月底，完成交易所端各模块期权系统功能的升级。经测试，升级后的系统功能符合规则内容要求，实现了应有功能，运行正常，能够满足仿真交易的需要。

（5）第五阶段：2017 年4 月19 日，白糖期权正式在郑商所挂牌交易。

2. 郑州商品交易所白糖期权仿真交易合约

郑州商品交易所白糖期权交易合约表，如表7－1 所示。

表7－1　郑州商品交易所白糖期权交易合约

合约标的	白糖期货合约
合约类型	看涨期权、看跌期权
交易单位	一手（10 吨）白糖期货合约
报价单位	元（人民币）/吨

续表

合约标的	白糖期货合约
最小变动单位	0.5元/吨
涨跌停板幅度	与白糖期货合约涨跌停板幅度相同
合约月份	1、3、5、7、9、11月
交易时间	每周一至周五上午9：00—11：30，下午13：30—15：00，以及交易所规定的其他交易时间
最后交易日	标的期货合约交割月份前二个月的倒数第5个交易日，以及交易所规定的其他日期
到期日	同最后交易日
行权价格	以白糖期货前一交易日结算价为基准，按行权价格间距挂出5个实值期权、1个平值期权和5个虚值期权。行权价格≤3000元/吨，行权价格间距为50元/吨；3000元/吨<行权价格≤10000元/吨，行权价格间距为100元/吨；行权价格>10000元/吨，行权价格间距为200元/吨
行权方式	美式。买方可在到期日前任一交易日的交易时间提交行权申请；买方可在到期日15：30之前提交行权申请、放弃申请
交易代码	看涨期权：SR—合约月份—C—行权价格 看跌期权：SR—合约月份—P—行权价格
上市交易所	郑州商品交易所

资料来源：郑州商品交易所。

3. 期权交易保证金与权利金的计算方法

（1）保证金计算方法。根据期权交易管理办法的规定，买方支付权利金，不缴纳交易保证金；卖方收取权利金，缴纳交易保证金。期权卖方的交易保证金的收取标准取以下二者中的较大值：①权利金+期货保证金-期权虚值额的一半；②权利金+期货保证金的一半。

其中，看涨期权的虚值额=Max（行权价格-期货合约前一日结算价，0）；看跌期权虚值额=Max（期货合约前一日结算价-行权价格，0）。

（2）权利金计算方法。期权买方（卖方）进行开仓时，按照成交价格支付（收取）权利金。期权买方（卖方）进行平仓时，按照成交价格收取（支付）权利金。权利金计算公式为：

期权买方（卖方）开仓支付（收取）权利金=Σ买入开仓价×买入期权数量-Σ卖出开仓价×卖出期权数量

期权买方（卖方）平仓收取（支付）权利金=Σ卖出平仓价×卖出平仓期权数量-Σ买入平仓价×买入平仓期权数量

（四）白糖期权交易盈亏计算

期权交易策略种类繁多且复杂，但最基本的策略有买进看涨期权、卖出看涨期权、买进看跌期权和卖出看跌期权四种，其他交易策略往往是由这四种策略派生出来的。因此，掌握最基本的交易策略的盈亏计算就显得尤为重要。

1. 买进看涨期权

看涨期权的买方在支付一定的权利金之后，便可享有按照执行价格买入或者不买入期权标的物的权利。若标的物的市场价格上升，超过执行价格，看涨期权买方将会执行期权，或者卖出期权平仓，对于期权执行，履约损益 =（标的物市场价格 - 盈亏平衡点）×手数×合约单位。当标的物市场价格下跌到执行价格以下时，看涨期权的买方会放弃权利，这时最大的损失就是权利金。例如：某交易者以110元的权利金价格买进执行价格为5 007元/吨的白糖看涨期权合约10张（1张期权合约规模为1张白糖期货合约，即10吨白糖），对于该看涨期权，盈亏平衡点为5 117元/吨（5 007 + 110）。若白糖期货合约涨至5 126元/吨，超过盈亏平衡点时则执行期权可获得行权收益 =（标的期货价格 - 盈亏平衡点）×手数×合约规模，即［(5 126 - 5 117)×10×10］= 900元；若此时白糖期货下降至4 947元/吨，由于低于执行价格，因此投资者会放弃期权执行，损失为权利金，即11 000元（110×10×10）；若白糖期货合约市场价格为5 016元/吨，高于执行价格但低于盈亏平衡点，此时行权对于交易者是有利的，因为虽然整体亏损，但是行权所获得的收益一部分抵消了权利金的损失，此时损益为［(5 016 - 5 117)×10×10］= -10 100元，即亏损10 100元。

2. 卖出看涨期权

以一定的履约价格卖出看涨期权，可以获得权利金收入。看涨期权的卖方损益正好与买方相反，卖方的盈利便是买方的损失，卖方的亏损便是买方的盈利；对于看涨期权的卖方，获得的最大收益为权利金收入。例如：某交易者以100元的权利金价格卖出执行价格为4 862元/吨的看涨期权合约10张（1张期权合约规模为1张白糖期货合约，即10吨白糖），可以计算出该交易者的盈亏平衡点为4 962元/吨（4 862 + 100）。当白糖期货价格降为4 844元/吨时，低于执行价格，此时看涨期权的买方不会行权，卖方获得的收益为全部权利金，即10 000元（100×10×10）；若白糖期货合约市场价格涨至5 001元/吨，高于执行价格时则看涨期权的买方将会行权，此时卖方履约损益 =（盈亏平衡价格 - 标的物市场价格）×手数×合约单位 =（4 962 - 5 001）×10×10 = -3 900元，即亏损3 900元。

3. 买进看跌期权

对于一份看跌期权，买方在支付一定的权利金后便享有了按照执行价格卖出相关标的物的权利，但其不负有一定卖出的义务。当标的物的价格低于执行价格时，行权对于看跌期权的买方更为有利。当标的物价格下跌时，一般而言，看跌期权的价格会随之增长，因此，买方也可以通过对冲获取收益。若标的物的价格不降反增，超过了执行价格，则买方会放弃行权，损失的最大金额为权利金。例如：某交易者以100元的权利金价格买进执行价格为4 919元/吨的白糖看跌期权合约10张（1张期权合约规模为1张白糖期货合约，即10吨白糖），可以计算出该交易者的盈亏平衡点为4 819元/吨（4 919 - 100）。若白糖期货合约价格下降至4 862元/吨，低于执行价格，此时交易者行权就更为有利，行权履约损益 =（盈亏平衡价格 - 标的物市场价格）×

手数×合约单位=（4 819－4 862）×10×10=－4 300元，即亏损4 300元，虽然处于亏损状态，但是相对于支付的权利金，还是处于盈利状态；若白糖期货合约市场价格上涨至5 050元/吨，超过了执行价格，此时该交易者不会行权，所有损失为权利金，即10 000元（100×10×10）。

4. 卖出看跌期权

以一定的价格卖出看跌期权，可以获得权利金收入。对于看跌期权的卖方，损益与期权的买方正好相反，也就是说，卖方的收益即是买方的损失，卖方的损失即是买方的收益。例如：某交易者以100元的权利金价格卖出执行价格为5 033元/吨的白糖看跌期权合约10张（1张期权合约规模为1张白糖期货合约，即10吨白糖），可以计算出该交易者的盈亏平衡点为4 933元/吨（5 033－100）。若白糖期货合约市场价格涨至5 016元/吨，高于执行价格，此时看跌期权的买方不会行权，卖方获得全部权利金收入，即10 000元（100×10×10）；若白糖期货合约市场价格降至4 919元/吨，低于执行价格，此时看跌期权的买方将会行权，则看跌期权的卖方损益=（标的物市场价格－盈亏平衡价格）×手数×合约单位=（4 919－4 933）×10×10=－1400元，即亏损1 400元。

对于以上期权，在实际操作中并不是对投资者有利的时候就一定行权，也可以对冲平仓，此时需要投资者考虑多方面的因素，选择具体方案实施。同时，在实际期权交易过程中，期权策略多种多样，既可以是上述策略的简单选择，也可以是在此基础之上构建的新形式与多重目的的期权组合策略。

五、实验示例

本项实验以白糖期权模拟交易为例，说明如何分析期权模拟交易的情况。

1. 安装

本项实验选用的软件为易盛公司开发的易盛金融交易分析平台，利用该平台能实现对我国当前郑州商品交易所的白糖期权进行仿真交易。首先进行软件安装，如图7－1所示。

2. 系统登录

易盛客户端行情服务器与交易服务器需要分开登录，在登录界面上默认登录的是行情服务器，如图7－2所示。进入行情服务器以后，在“管理”菜单栏下，点击“连接服务器”子栏目（如图7－3所示），可以再登录交易服务器。登录以后，客户端界面左下角会显示“行情：正常；交易：正常”，如图7－4所示。

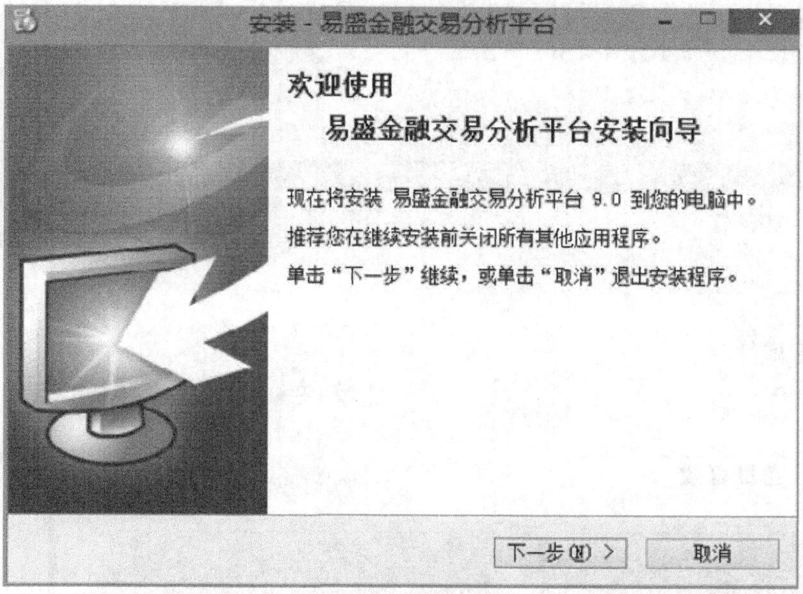

图7-1 软件安装

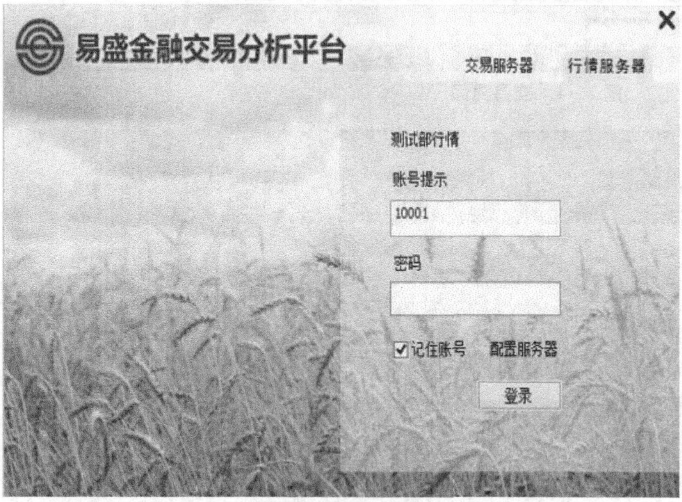

图7-2 系统登录

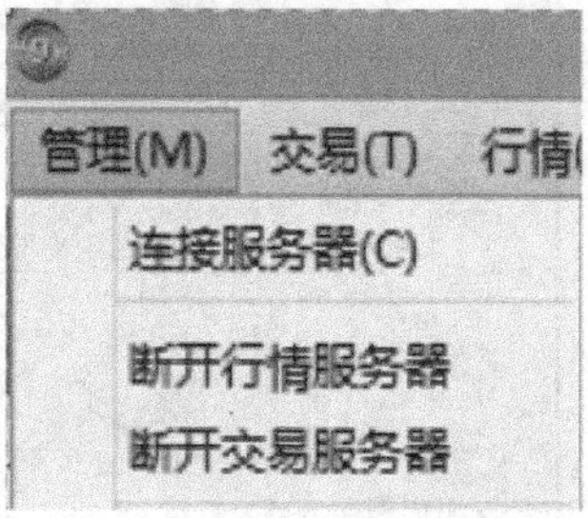

图7-3 连接服务器

3. 行情板块的显示与选择

（1）进入主界面之后，还可以看到诸如指标分析、下单等分界面，可以运用鼠标根据个人习惯灵活拖动，如图7-5所示。

（2）行情报价。点击菜单栏中的“行情”，再点击子栏目“新建行情窗口”，可以打开一个自选板块的窗口；或者通过点击系统工具栏右侧的小三角符号按钮，然后，在弹出的板块列表中选择一个板块，也可以打开相应的板块行情报价窗口，报价窗口如图7-6所示。对于行情报价窗口，交易者可以根据个人的习惯调整表头排序，如图7-7所示。

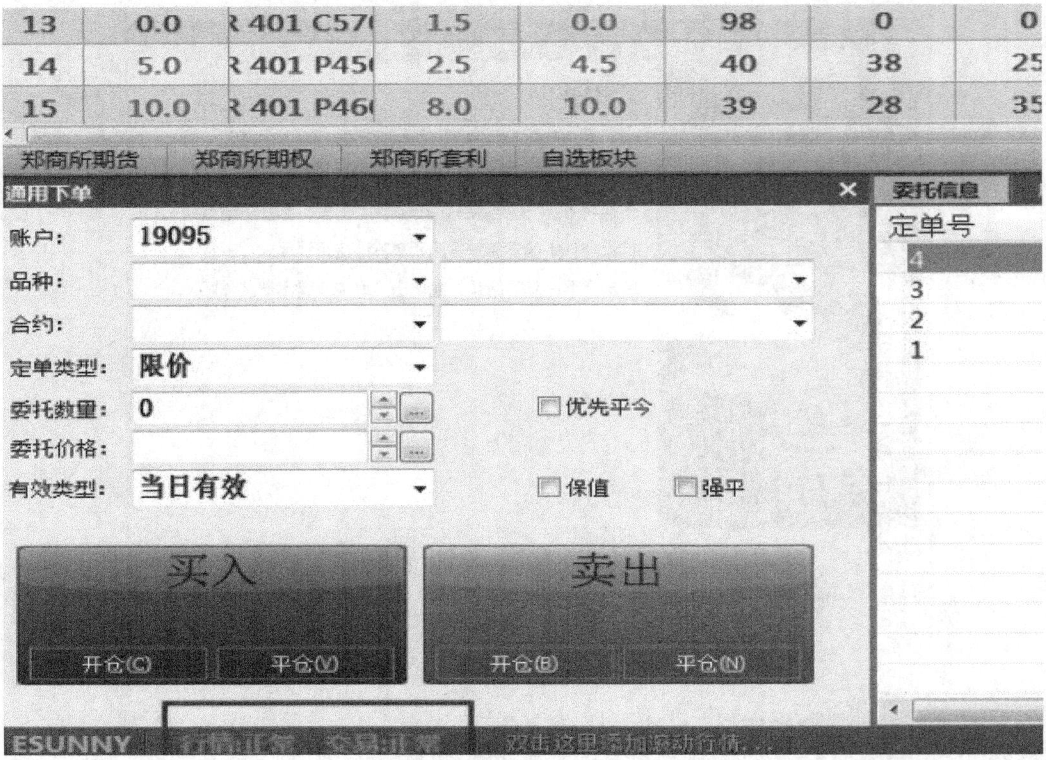

图 7-4　交易界面

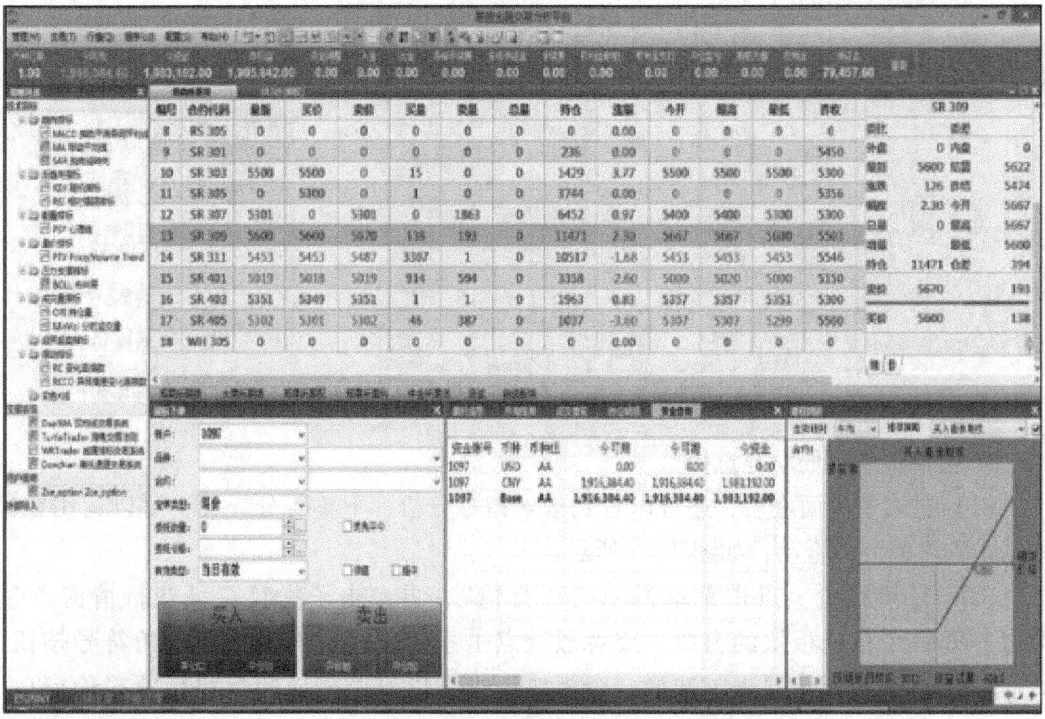

图 7-5　行情主界面

编号	合约全称	合约代码	今开	最高	最低	最新	涨幅	昨收	昨结算	昨持仓	买价	卖价	买
1	棉花 305	CF 305	0	0	0	0	0	0	0	0	0	0	0
2	玻璃 305	FG 305	0	0	0	0	0	0	0	0	0	0	0
3	玻璃 401	FG 401	0	0	0	0	0	0	0	0	0	0	0
4	甲醇 307	ME 307	0	0	0	0	0	0	0	0	0	0	0
5	普麦 305	PM 305	0	0	0	0	0	0	0	0	0	0	0
6	菜粕 305	RM 305	0	0	0	0	0	0	0	0	0	0	0
7	菜油 305	RO 305	0	0	0	0	0	0	0	0	0	0	0
8	菜籽 305	RS 305	0	0	0	0	0	0	0	0	0	0	0
9	白糖 305	SR 305	0	0	0	0	0	5410	5313	127359	0	0	0
10	白糖 309	SR 309	5500	5500	5500	5500	0	5641	5641	7909	0	5500	0
11	白糖 401	SR 401	0	0	0	0	0	4812	4812	16520	0	0	0
12	强麦 305	WH 305	0	0	0	0	0	0	0	0	0	0	0

图 7-6　行情报价

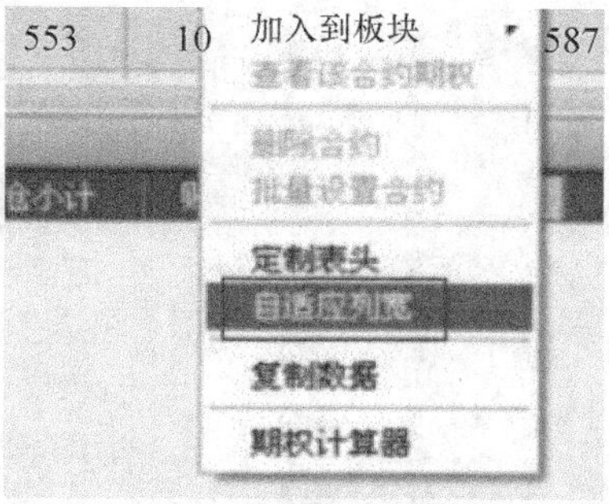

图 7-7　调整表头排序

（3）技术分析。对于行情报价表中的合约可以进行技术分析，通过双击某一行或者直接按回车键就可以打开技术分析图，也就是我们熟悉的 K 线图，如图7-8所示。

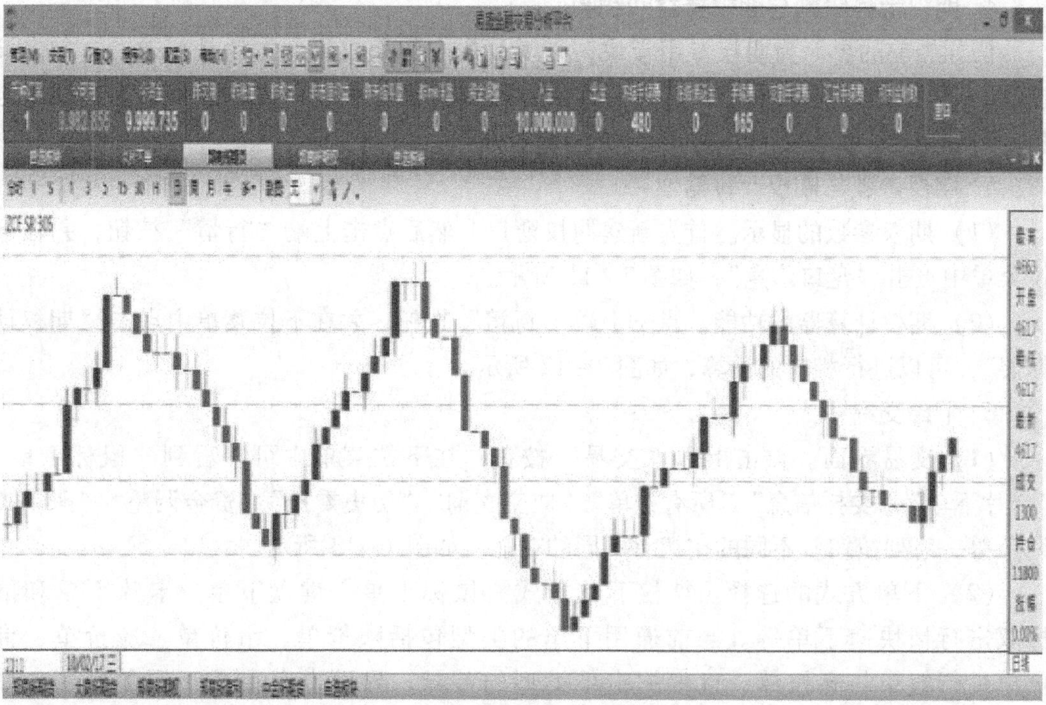

图 7-8　行情报价 K 线图

(4) T型报价界面。期权分为看涨期权与看跌期权，T型报价使得看涨期权与看跌期权在同一窗口中得到显示。首先需要新建期权窗口，选择需要T型报价的合约，在T型报价界面，左边为看涨期权行情，右边为看跌期权行情，如图7－9所示。

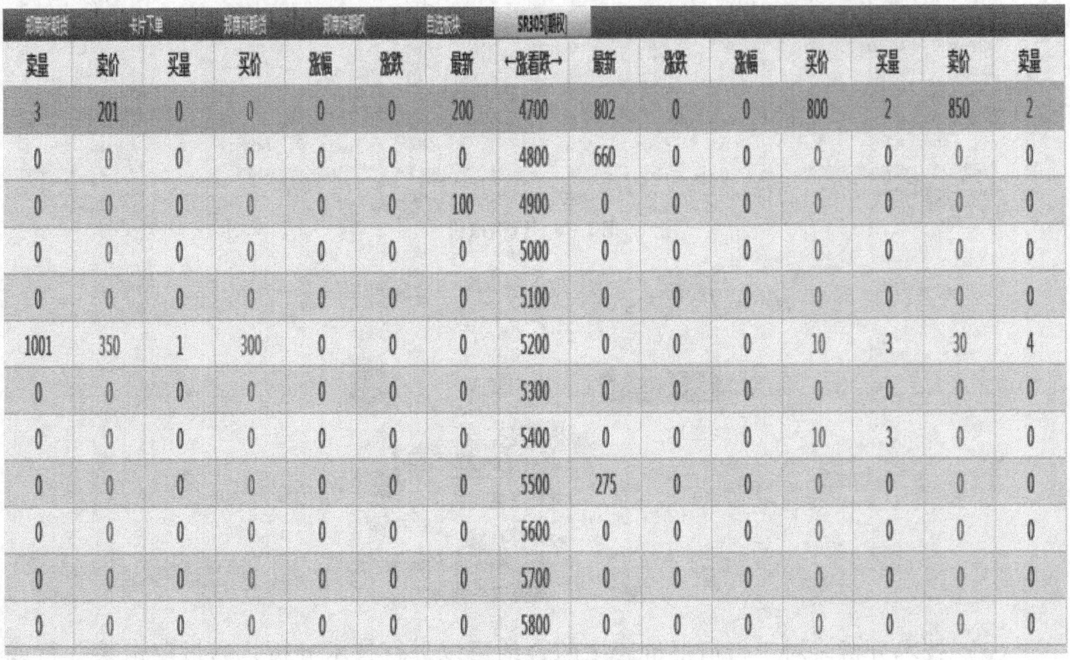

卖量	卖价	买量	买价	涨幅	涨跌	最新	←涨看跌→	最新	涨跌	涨幅	买价	买量	卖价	卖量
3	201	0	0	0	0	200	4700	802	0	0	800	2	850	2
0	0	0	0	0	0	0	4800	660	0	0	0	0	0	0
0	0	0	0	0	0	100	4900	0	0	0	0	0	0	0
0	0	0	0	0	0	0	5000	0	0	0	0	0	0	0
0	0	0	0	0	0	0	5100	0	0	0	0	0	0	0
1001	350	1	300	0	0	0	5200	0	0	0	10	3	30	4
0	0	0	0	0	0	0	5300	0	0	0	0	0	0	0
0	0	0	0	0	0	0	5400	0	0	0	10	3	0	0
0	0	0	0	0	0	0	5500	275	0	0	0	0	0	0
0	0	0	0	0	0	0	5600	0	0	0	0	0	0	0
0	0	0	0	0	0	0	5700	0	0	0	0	0	0	0
0	0	0	0	0	0	0	5800	0	0	0	0	0	0	0

图7－9　T型报价界面

4. 期权走势研判与期权损益曲线图

假如当前的界面为期权专用板块，则工具栏中的期权研判按钮是有效的，单击该按钮，会出现当前板块的相应信息；或者点击“行情”按钮，下拉菜单中也有期权走势研判的功能，如图7－10所示。

5. 期权参数与期权计算器

(1) 期权参数的显示。首先新建期权窗口，然后点击上端“行情”按钮，并在下拉菜单中点击“盘口信息”，如图7－11所示。

(2) 期权计算器的功能。点击上端“行情”按钮，并在下拉菜单中点击“期权计算器”，可以进行相应的计算，如图7－12所示。

6. 下单交易

(1) 交易界面。点击上端“交易”按钮，在下拉菜单中可以看到“鼠标下单”“卡片下单”“委托信息”“所有挂单”“成交查询”“历史委托”“资金调整”“账单查询”等一系列按钮，不同的按钮有不同的功能，如图7－13所示。

(2) 下单方式的选择。期权下单方式有鼠标下单、键盘下单、卡片下单和鼠标双击行情快速下单等。当前通用下单的类型包括限价单、市价单、应价单、询价单、行权单与弃权单，且根据定单类型的差异，界面也存在着一定的区别，如图7－14所示。

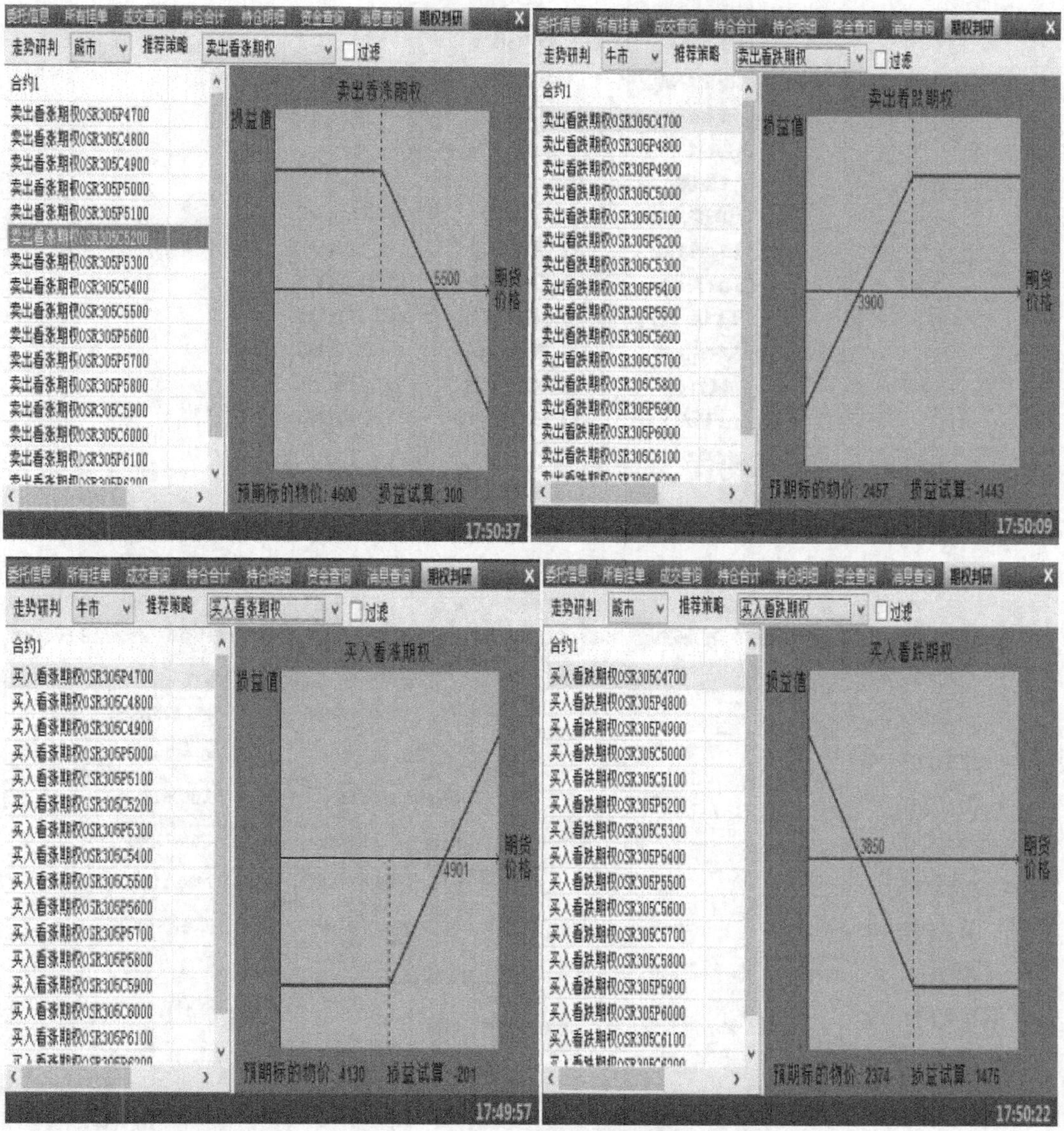

图7-10 期权走势与期权损益曲线图

使用快速下单方法时，在行情面板中双击“买价”或者“卖价”两列当中的价格，则“委托价格”会自动显示在面板中，如图7-15所示。

使用卡片下单时，点击“交易”按钮，再点击下拉菜单中“卡片下单”按钮，打开卡片下单界面。卡片下单提供在行情报价板块上快速下单的功能，操作方式与行情报价基本一致，区别在于行情报价可以提供委托手数的输入，如图7-16所示。

在行情界面下选择下单合约，点击右键选择点价下单按钮，可以看到点价下单界面（浅色底框中的数字为最新价）。点价下单可以快速选择委托价与委托数量，如图7-17所示。

SR 311		
6200	看涨	看跌
卖价	0	0
买价	0	0
最新	0	0
理论价	26.80	651.66
Delta	0.1162	-0.8694
Gamma	0.0004	0.0004
Theta	-0.4448	-0.3592
Vega	5.8396	5.8396
Rho	-0.0778	-1.8925
IV	0.0000	0.0000
波动率		16.28
委比	委差	

图 7－11　期权参数

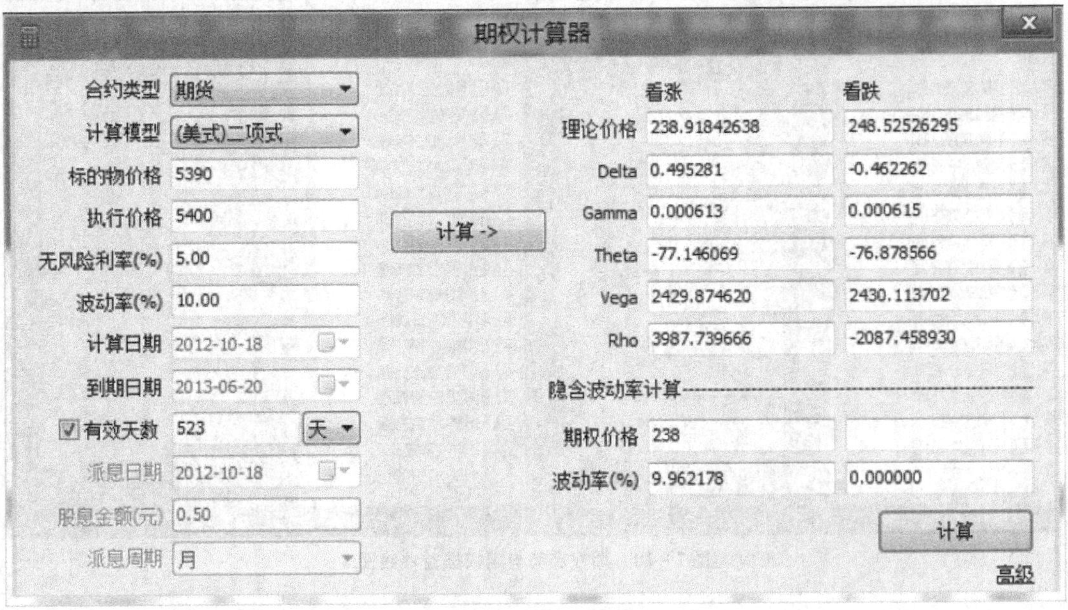

图 7－12　期权计算器

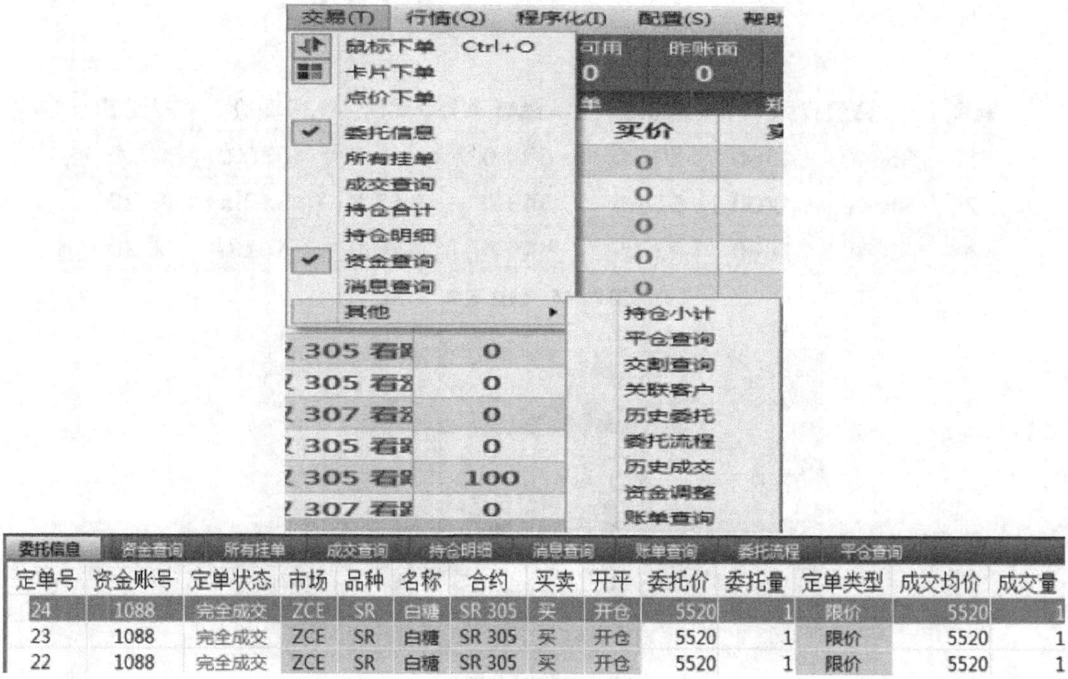

图 7－13　交易界面

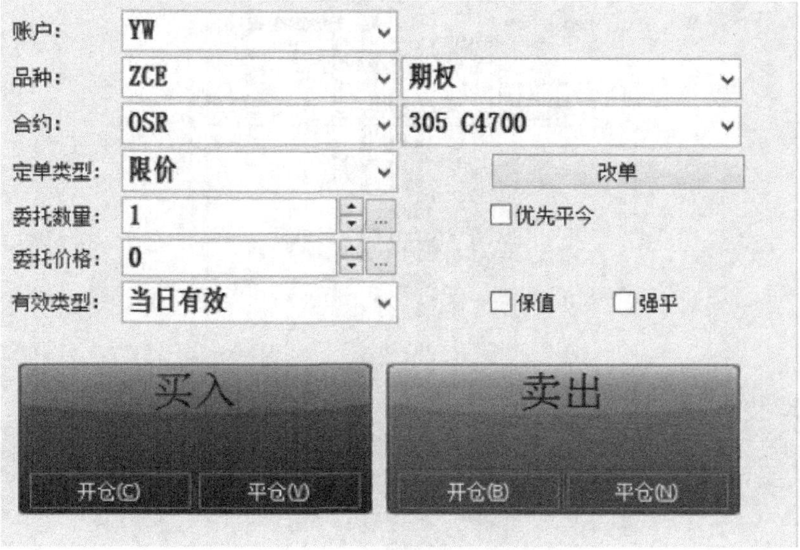

图 7－14　期权下单方式

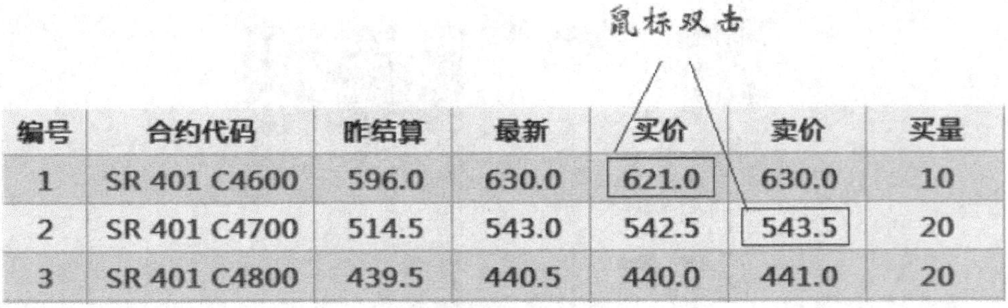

编号	合约代码	昨结算	最新	买价	卖价	买量
1	SR 401 C4600	596.0	630.0	621.0	630.0	10
2	SR 401 C4700	514.5	543.0	542.5	543.5	20
3	SR 401 C4800	439.5	440.5	440.0	441.0	20

图 7－15　快速下单

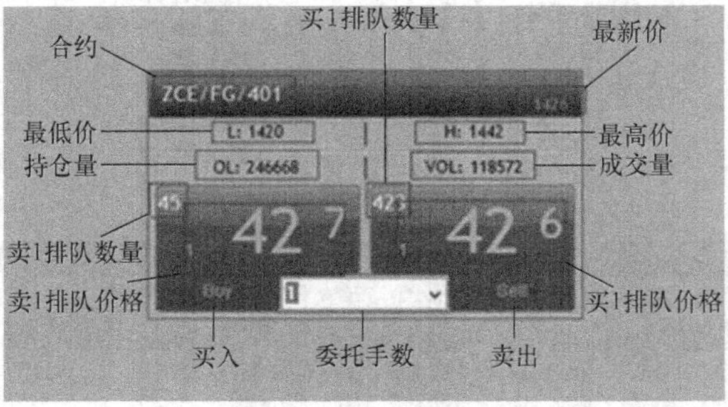

图 7－16　卡片下单

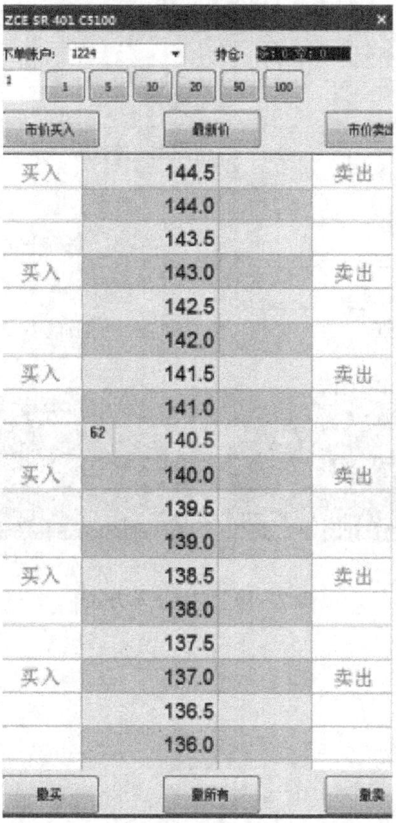

图 7－17　点价下单

实验模块14：金融期权交易模拟实验

一、实验名称

金融期权交易模拟实验。

二、实验目的

通过本实验课程的学习，使学生了解我国证券市场中金融期权交易的基本知识，掌握金融期权交易的流程，熟练进行盈亏计算。

三、实验步骤与要求

（1）登录模拟金融期权交易系统，设立模拟50ETF期权交易账户。

（2）运用行情显示模块选择交易的50ETF期权。

（3）进行50ETF期权交易委托下单练习。

（4）选择50ETF期权，进行基本面和技术面分析后，列出其标的资产的价格，计算其为价内、价外、平价；同时，将练习过程、交易结果和盈亏计算等填写在实验报告中。

四、实验说明

（一）个股期权合约

个股期权（Stock Option）合约，也称为股票期权、个股选择权，是指由交易所统一制定的、规定合约买方有权在将来某一时间以特定价格买入或者卖出约定标的的股票或者交易型开放式指数基金（Exchange Traded Funds，ETF）的标准化合约。买方以支付一定数量的期权费（权利金）为代价而拥有了这种权利，但不承担必须买进或卖出的义务。卖方则在收取了一定数量的期权费后，在一定期限内必须无条件服从买方的选择并履行成交时的允诺。个股期权主要可分为认购和认沽两大类。但是无论买入的是认购期权还是认沽期权都只有权利而无义务，即到期可按照约定价格买入或者卖出相关标的物，而不负必须买入或卖出的义务。因而理论上来说期权的买方风险有限而潜在收益无限。

个股期权合约主要包括的内容有：合约标的、合约类型、合约单位、申报单位、最小变动单位、到期月份、最后交易日、行权日、履约方式、交割方式等。表7-2和表7-3为上海证券交易所期权全真模拟交易合约表，表7-4为上海证券交易所50ETF期权交易合约表。

表 7－2　上海证券交易所中国平安股票期权全真模拟交易合约表

合约标的	中国平安（601318）
合约类型	认购期权、认沽期权
合约单位	1000
最小变动价位	0．001 元
申报单位	张
合约到期月份	当月、下月及随后两个季月
交易时间	开盘集合竞价时间：上午 9：15～9：25； 连续竞价时间：上午 9：30～11：30；下午 13：00～15：00
行权时间	上午：9：15～9：25，9：30～11：30；下午：13：00～15：30
最后交易日	到期月份的第四个星期三（遇国家法定节假日顺延）
合约到期日	同最后交易日
行权日	同最后交易日
履约方式	欧式
交割方式	实物交割（特殊情况下，可能采用现金交割）
交易经手费（虚拟资金）	2 元/张

资料来源：上海证券交易所。

表 7－3　上海证券交易所 180ETF 期权全真模拟交易合约表

合约标的	180ETF（510180）
合约类型	认购期权、认沽期权
合约单位	10000
最小变动价位	0．001 元
申报单位	张
合约到期月份	当月、下月及随后两个季月
交易时间	开盘集合竞价时间：上午 9：15～9：25； 连续竞价时间：上午 9：30～11：30，下午 13：00～15：00
行权时间	上午：9：15～9：25，9：30～11：30；下午：13：00～15：30
最后交易日	到期月份的第四个星期三（遇国家法定节假日顺延）
合约到期日	同最后交易日
行权日	同最后交易日
履约方式	欧式
交割方式	实物交割（特殊情况下，可能采用现金交割）
交易经手费（虚拟资金）	1 元/张

资料来源：上海证券交易所。

表7－4　上海证券交易所50ETF期权交易合约表

合约标的	上证50交易型开放式指数证券投资基金（“50ETF”）
合约类型	认购期权和认沽期权
合约单位	10 000份
合约到期月份	当月、下月及随后两个季月
行权价格	9个（1个平值合约、4个虚值合约、4个实值合约）
行权价格间距	3元或以下为0．05元，3元至5元（含）为0．1元，5元至10元（含）为0．25元，10元至20元（含）为0．5元，20元至50元（含）为1元，50元至100元（含）为2．5元，100元以上为5元
行权方式	到期日行权（欧式）
交割方式	实物交割（业务规则另有规定的除外）
到期日	到期月份的第四个星期三（遇法定节假日顺延）
行权日	同合约到期日，行权指令提交时间为9：15－9：25，9：30－11：30，13：00－15：30
交收日	行权日次一交易日
交易时间	上午9：15－9：25，9：30－11：30（9：15－9：25为开盘集合竞价时间） 下午13：00－15：00（14：57－15：00为收盘集合竞价时间）
委托类型	普通限价委托、市价剩余转限价委托、市价剩余撤销委托、全额即时限价委托、全额即时市价委托以及业务规则规定的其他委托类型
买卖类型	买入开仓、买入平仓、卖出开仓、卖出平仓、备兑开仓、备兑平仓以及业务规则规定的其他买卖类型
最小报价单位	0．0001元
申报单位	1张或其整数倍
涨跌幅限制	认购期权最大涨幅＝max｛合约标的前收盘价×0．5%，min［（2×合约标的前收盘价－行权价格），合约标的前收盘价］×10%｝ 认购期权最大跌幅＝合约标的前收盘价×10% 认沽期权最大涨幅＝max｛行权价格×0．5%，min［（2×行权价格－合约标的前收盘价），合约标的前收盘价］×10%｝ 认沽期权最大跌幅＝合约标的前收盘价×10%
熔断机制	连续竞价期间，期权合约盘中交易价格较最近参考价格涨跌幅度达到或者超过50%且价格涨跌绝对值达到或者超过5个最小报价单位时，期权合约进入3分钟的集合竞价交易阶段
开仓保证金最低标准	认购期权义务仓开仓保证金＝［合约前结算价＋max（12%×合约标的前收盘价－认购期权虚值，7%×合约标的前收盘价）］×合约单位 认沽期权义务仓开仓保证金＝min［合约前结算价＋max（12%×合约标的前收盘价－认沽期权虚值，7%×行权价格），行权价格］×合约单位

续表

合约标的	上证50交易型开放式指数证券投资基金（“50ETF”）
维持保证金最低标准	认购期权义务仓维持保证金 = ［合约结算价 + max（12% × 合约标的收盘价 - 认购期权虚值，7% × 合约标的收盘价）］ × 合约单位 认沽期权义务仓维持保证金 = min［合约结算价 + max（12% × 合标的收盘价 - 认沽期权虚值，7% × 行权价格），行权价格］ × 合约单位

资料来源：上海证券交易所。

（二）股票指数期货期权

股指期权（Stock Index Option）是指以某一股票市场的价格指数或某种股价指数期货合约作为标的物的期权。股指期货期权1982年上市，与股指期货合约一样，其期权合约的价格也是以点数来表示的，这一点与股票期权等直接以货币来表示的期权有很大的不同。

股指期货期权的双方将根据履约价格把期权头寸转化为相应的期货头寸，并在期货合约到期前根据当时市场价格进行逐日的结算，在期货合约到期时再根据最后结算价格进行现金结算，以完成整个指数期权的交易。

进行股指期货期权交易可以较为有效地对股指期货交易进行对冲，从而降低交易者的市场风险。期权与期货交易的对冲是指在买进股指期货合约的同时，买进一份认沽股指期权。当出现熊市时，交易者从期权交易中获得利润弥补股指期货交易带来的损失；若出现牛市，对于期权可以放弃行权，损失权利金，从股指期货交易的盈利中可以弥补权利金损失。相反，也可以做相反操作。

股指期权合约包括的内容条款相当丰富，包含有合约标的、合约乘数、合约类型、报价单位、最小变动价位、每日价格最大波动限制（又称每日价格涨跌停板幅度）、合约月份、行权价格间距、行权方式、交易时间、最后交易日、到期日、交割方式、交易代码、上市交易所等内容。表7-5是中国金融期货交易所开展的沪深300股指期权仿真交易合约表。

表7-5　沪深300股指期权仿真交易合约表

合约标的	沪深300指数	
合约乘数	每点100元人民币	
合约类型	认购期权、认沽期权	
报价单位	点	
最小变动单位	0.1点	
每日价格最大波动限制	上一交易日沪深300指数收盘价的±10%	
合约月份	当月、下两个月及随后两个季月	
行权价格间距	当月与下两个月合约	季月合约
	50点	100点

续表

合约标的	沪深 300 指数
行权方式	欧式
交易时间	9：15～11：30，13：00～15：15
最后交易日交易时间	9：15～11：30，13：00～15：00
最后交易日	合约到期月份的第三个星期五，遇国家法定假日顺延。
到期日	同最后交易日
交割方式	现金交割
交易代码	IO
上市交易所	中国金融期货交易所

资料来源：中国金融期货交易所。

五、实验示例

（一）金融期权模拟交易软件下载与安装

登陆中信证券首页，进入软件下载电脑客户端界面，下载并安装中信证券期权全真模拟交易系统——汇点全真版或至信全真版，两个版本的界面有所不同，如图 7－18 至图 7－21 所示。

图 7－18　软件下载（1）

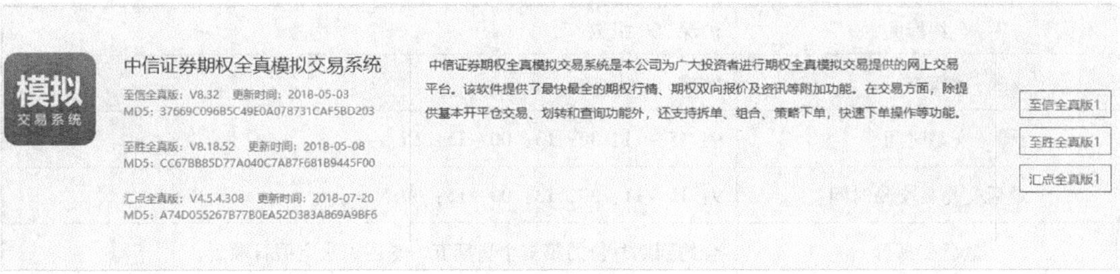

图 7－19　软件下载（2）

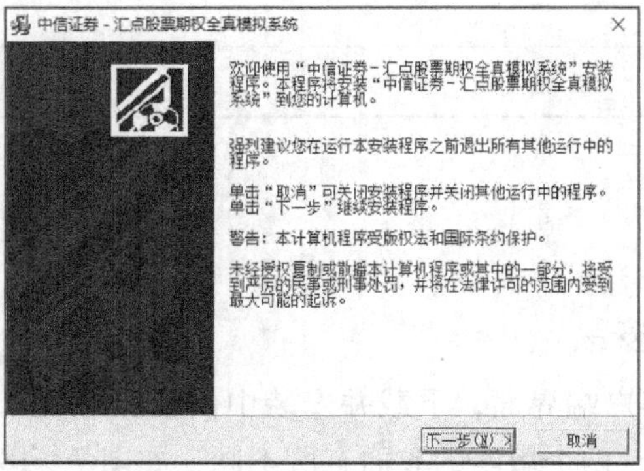

图 7－20　汇点期权软件安装

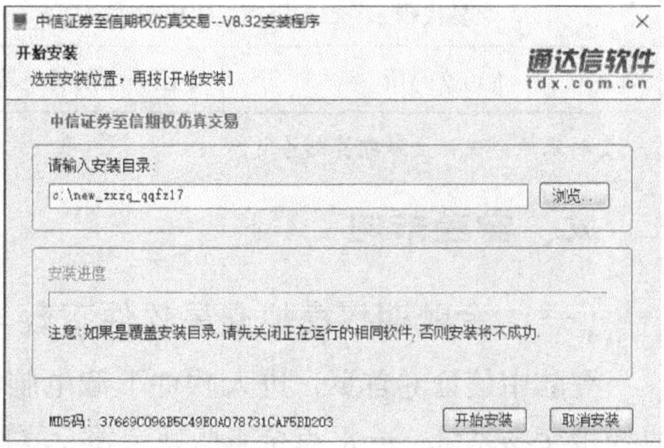

图 7－21　至信全真版软件安装

（二）金融期权模拟交易系统登录

登陆汇点全真版或至信全真版后，即可进入期权行情显示系统，登录系统主界面后，还可以选择期权 T 型报价、波动率指数、股票期权模拟、正股关联模拟、期权交易策略等选项。如图 7－22 至图 7－25 所示。

图 7－22　汇点期权系统登录

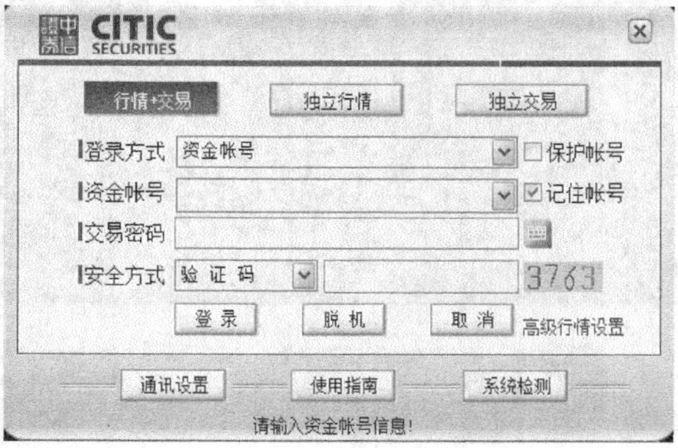

图 7－23　至信全真版系统登录

图 7－24　汇点期权行情界面

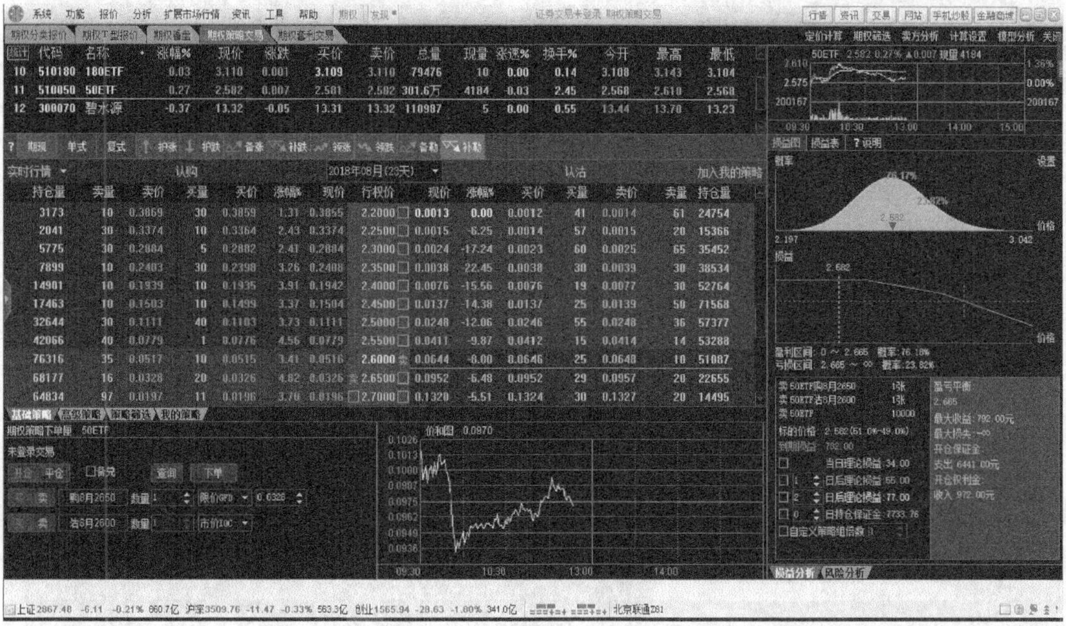

图 7－25　至信全真版行情界面

（三）50ETF 期权模拟交易行情显示与选择

1. 期权 T 型报价

点击菜单栏中的【期权 T 型报价】，在期权 T 型报价界面可以查看期权行情、指标、风险、信息、合约选择、日期等，如图 7－26 所示。

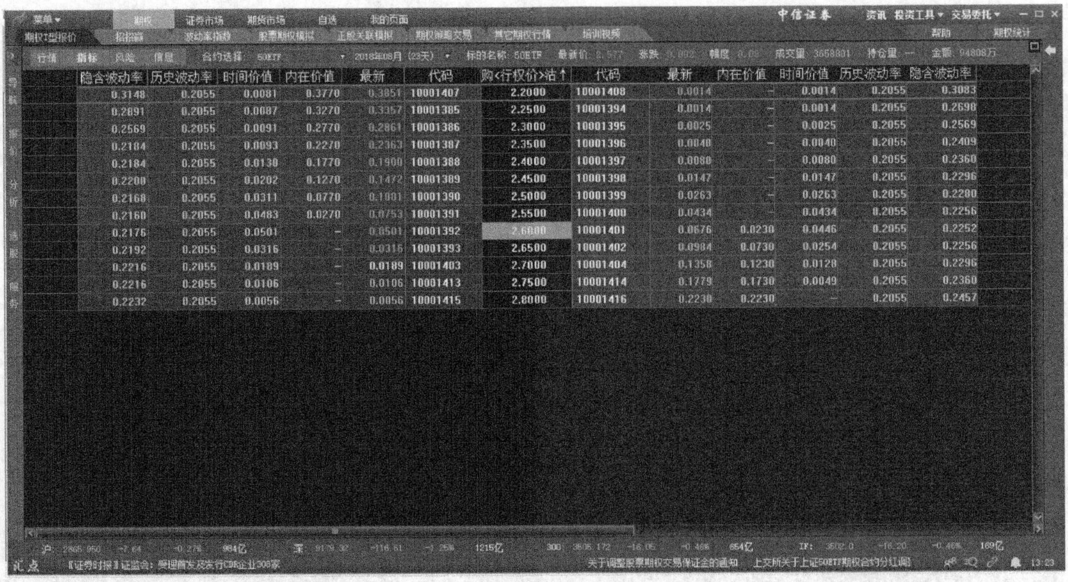

图 7-26　期权 T 型报价界面

2. 招招赢

点击菜单栏中的【招招赢】，在招招赢界面可以查看后市在看涨、看跌、突破、盘整等预期下，不同 50ETF 期权交易合约的盈利预期、损益分析、盈亏图等，如图 7-27 所示。

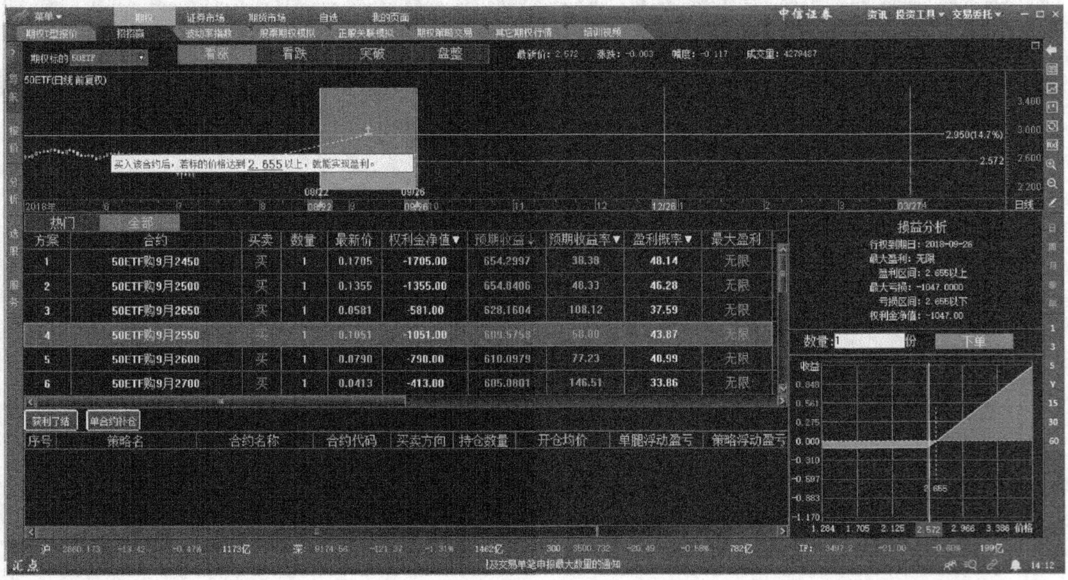

图 7-27　招招赢界面

3. 波动率指数

点击菜单栏中的【波动率指数】，可以查看相关期权波动率指数，如图7－28所示。

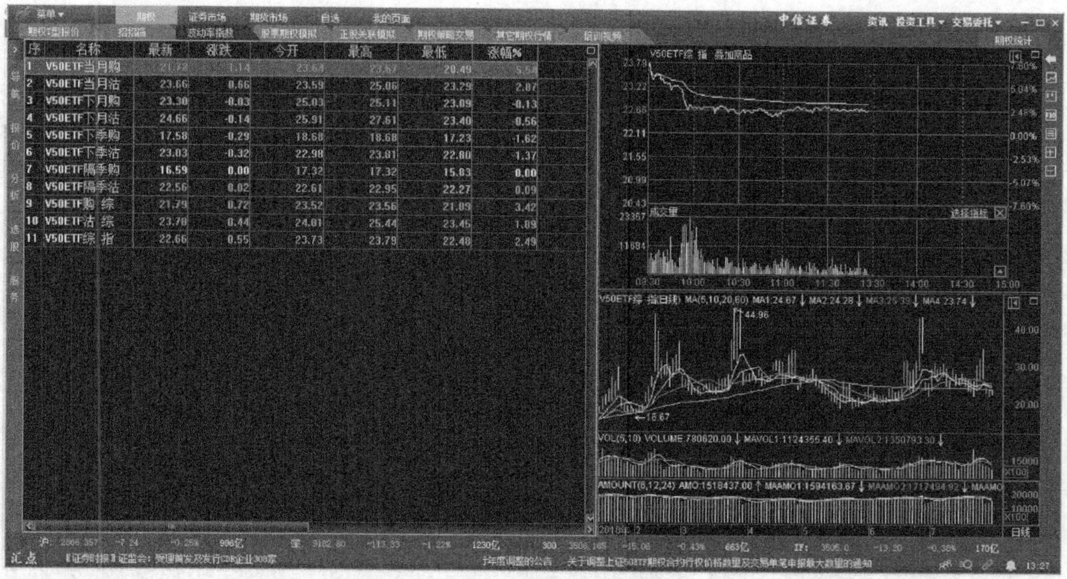

图7－28 波动率指数

4. 股票期权模拟

点击菜单栏中的【股票期权模拟】，可以查看期权行情、期权特征值以及相关指标等，如图7－29所示。

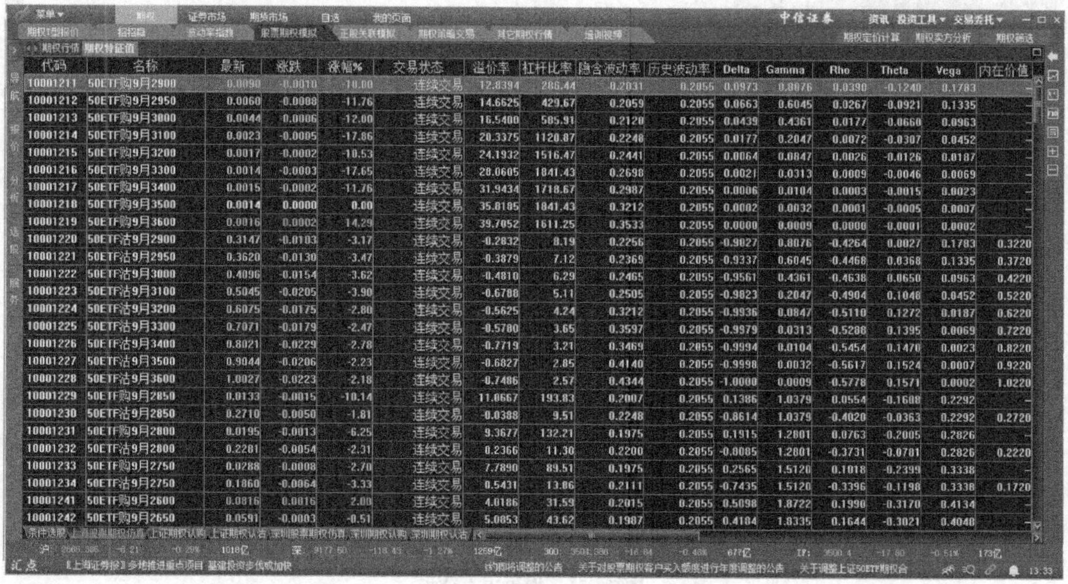

图7－29 股票期权模拟

5. 正股关联模拟

点击菜单栏中的【正股关联模拟】，可以选择有关期权进行期权定价计算、期权卖方分析等，如图 7－30 和图 7－31 所示。

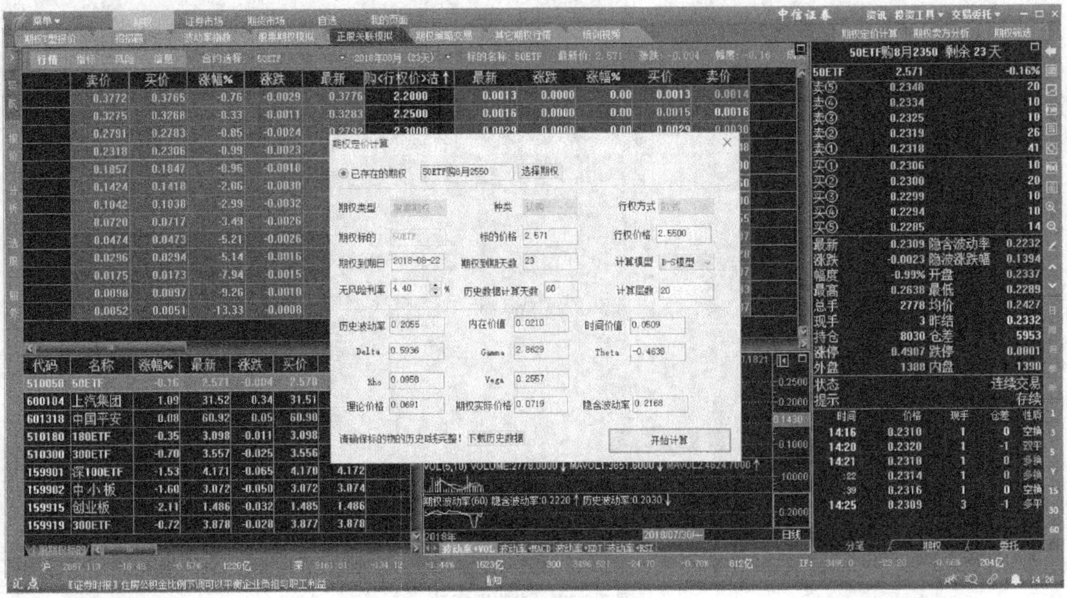

图 7－30　期权定价计算

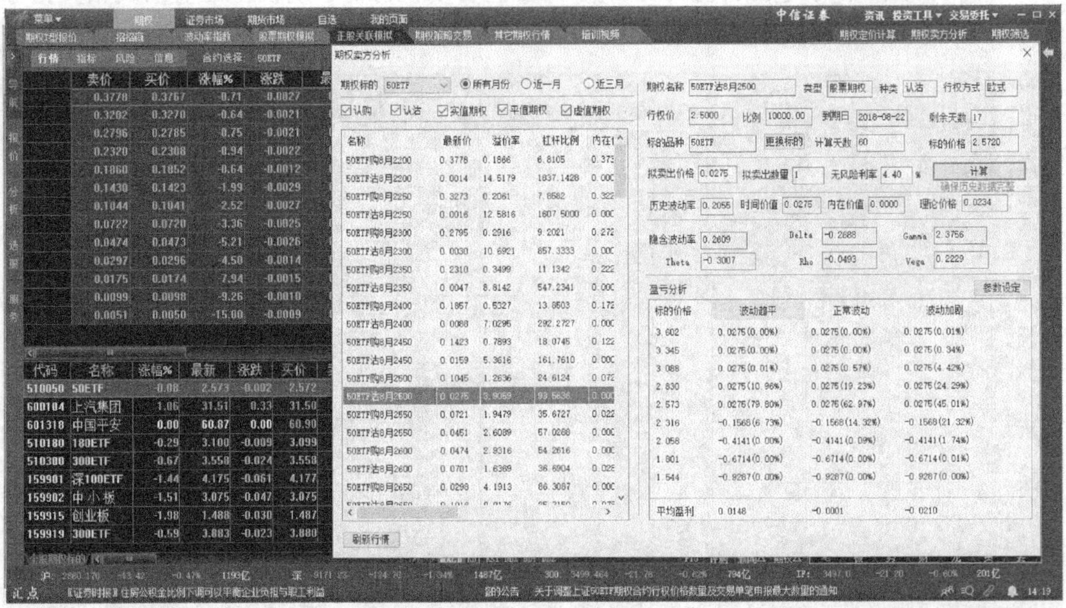

图 7－31　期权卖方分析

6. **期权策略交易**

点击菜单栏中的【期权策略交易】，可以查看期权各种交易策略、盈亏图、盈亏分析等，如图7－32所示。

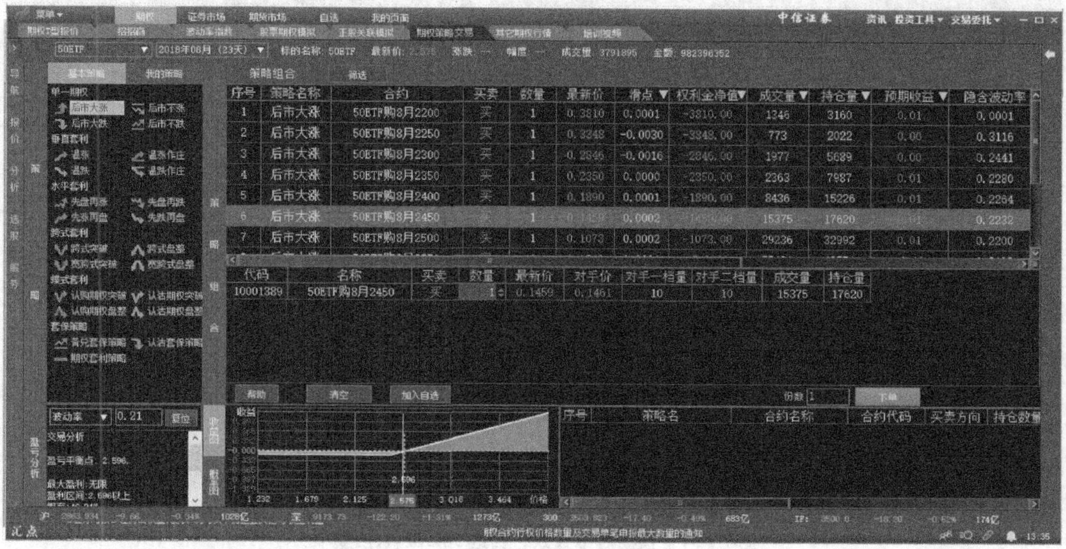

图7－32 期权策略交易

（四）50ETF期权模拟交易单一期权策略

在期权交易策略界面，可以查看单一期权交易策略在不同市场预期下，50ETF期权交易的合约执行价格、期权费、滑点、权利金净值、持仓量、预期收益、交易盈亏，盈亏图等，如图7－33至7－36所示。

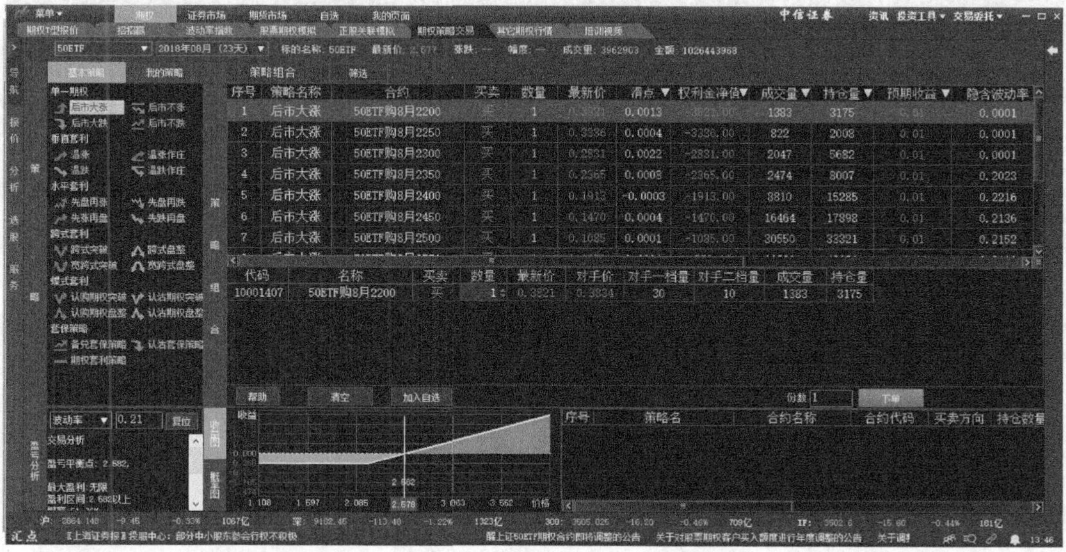

图7－33 预期后市大涨，买进50ETF认购期权

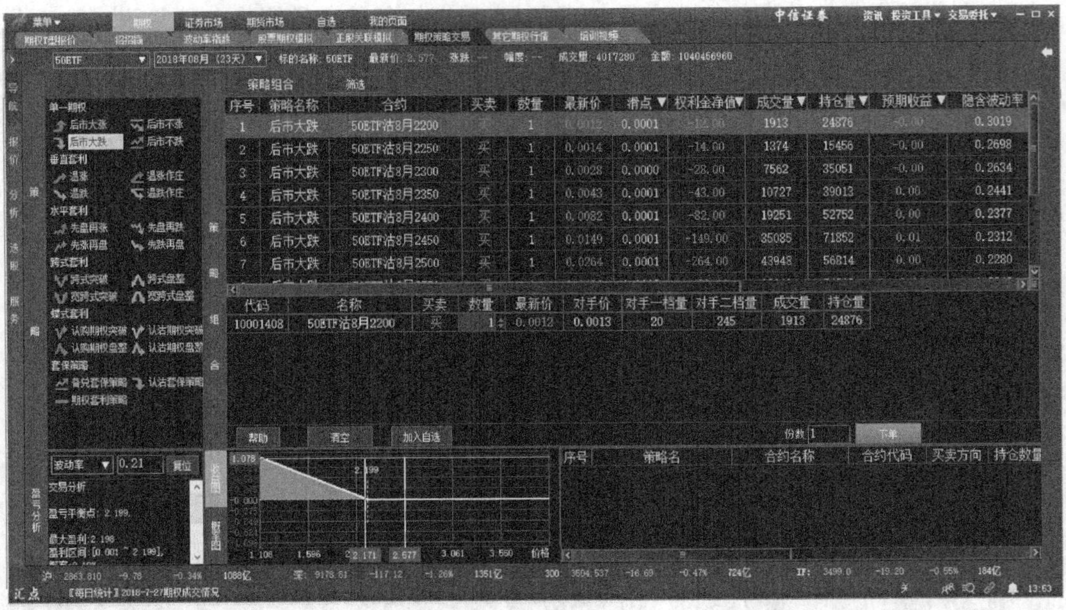

图 7－34　预期后市大跌，买进 50ETF 认沽期权

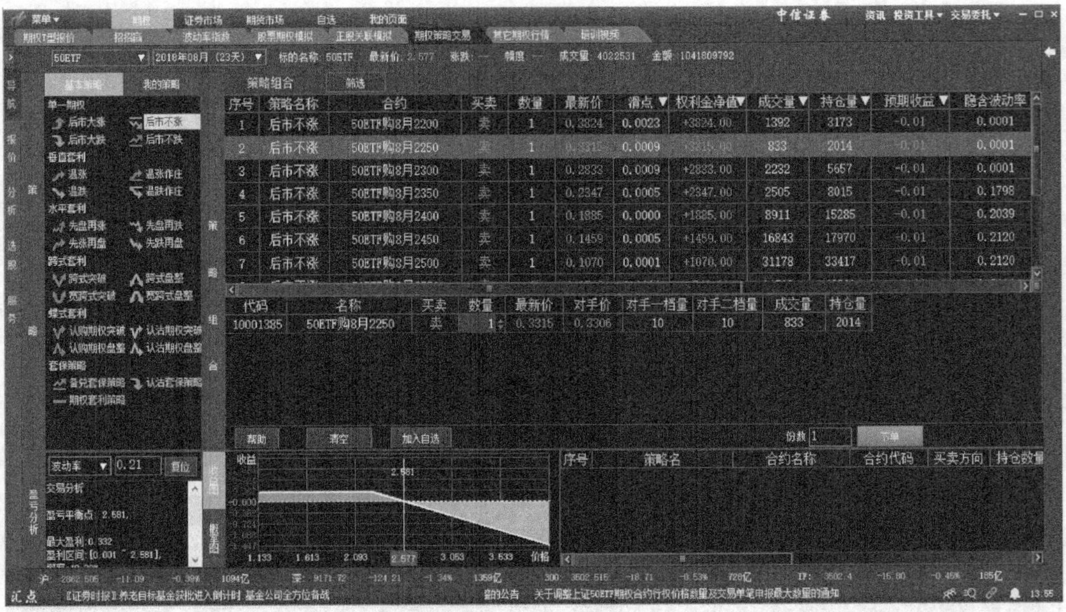

图 7－35　预期后市不涨，卖出 50ETF 认购期权

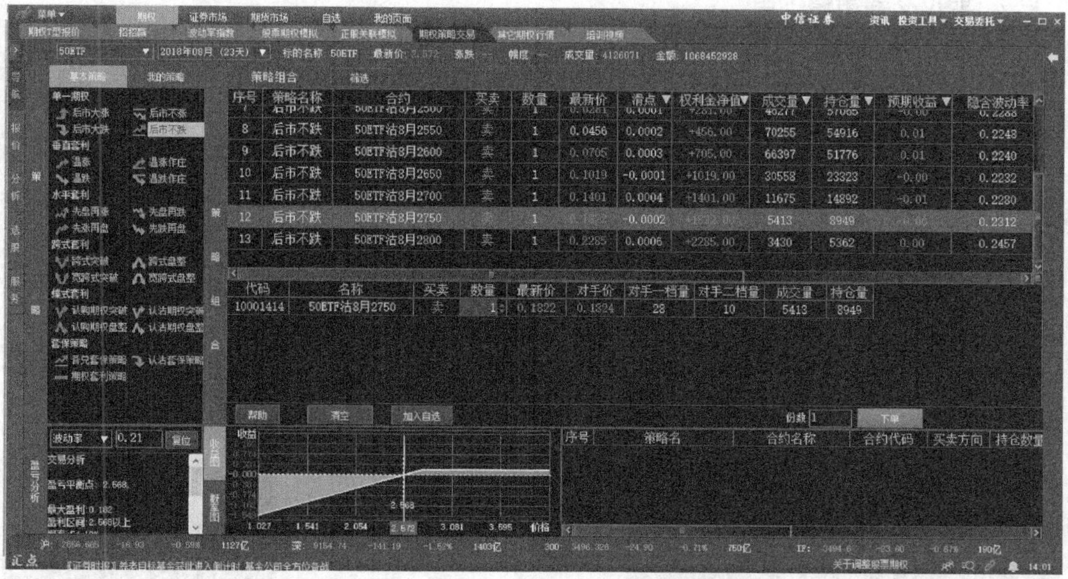

图 7－36　预期后市不跌，卖出 50ETF 认沽期权

（五）50ETF 期权模拟交易下单

投资者在开通了期权模拟账号后，可以进行 50ETF 期权的模拟交易。

1. 招招赢下单

可以在招招赢界面，选择相关合约，点击右侧【下单】按钮，在弹出的下单界面直接下单，如图 7－37 所示。

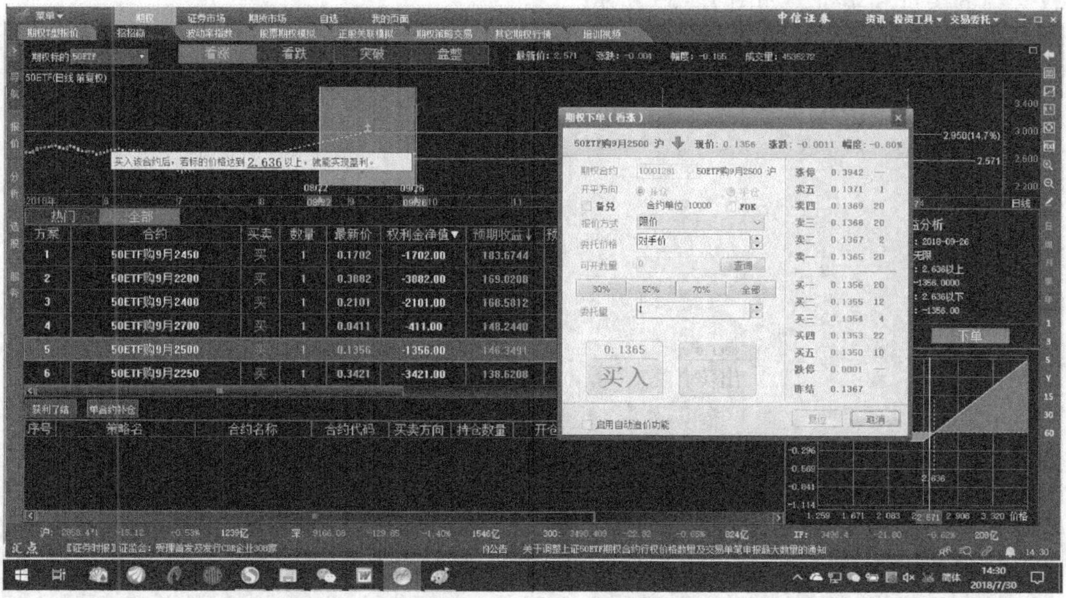

图 7－37　招招赢下单

2. 期权交易策略下单

可以在期权策略交易界面，选择相关合约，点击右侧【下单】按钮，在弹出的下单界面直接下单，如图7-38所示。

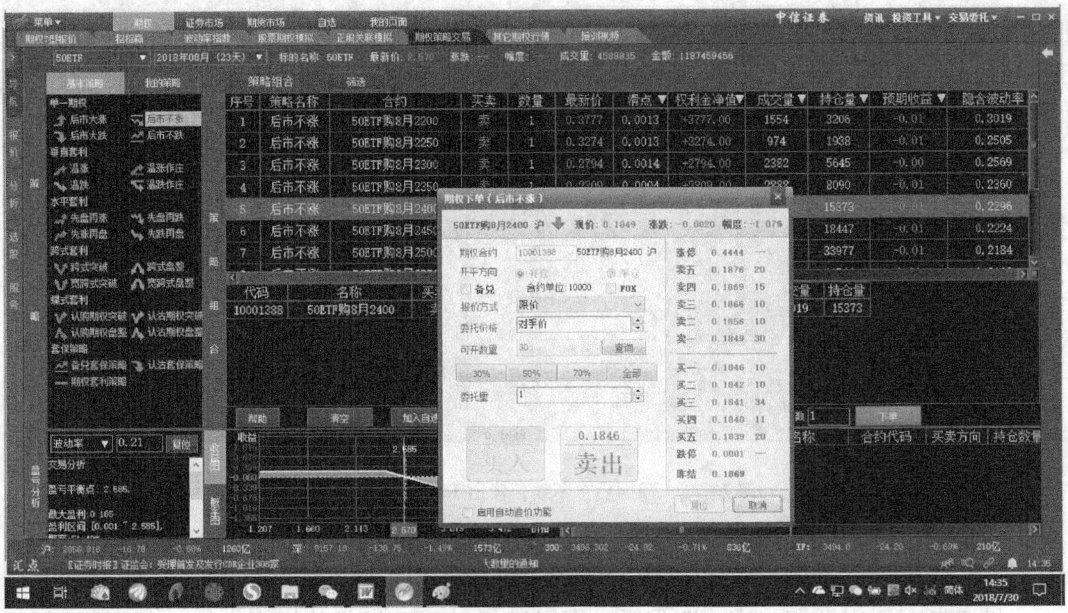

图7-38　期权策略下单

3. 合约行情页面下单

可在某一具体50ETF期权合约右下方选择下单，此处同时显示认购期权或认沽期权合约的买价和卖价，如图7-39所示。

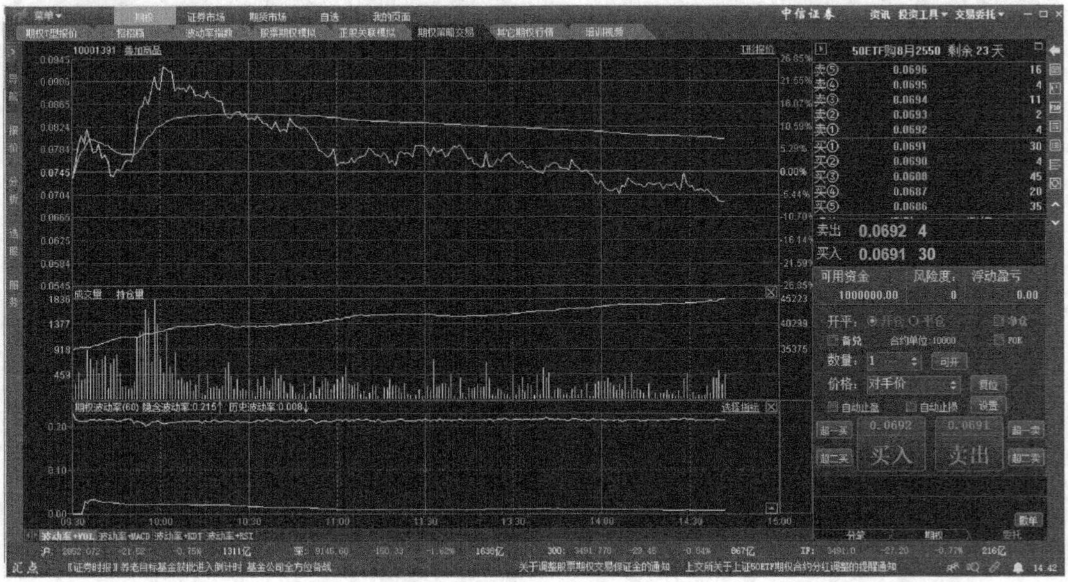

图7-39　合约行情页面下单

4. 交易委托界面下单

可在交易委托界面输入具体期权合约代码，进行下单，并可查询期权持仓、委托等，如图7－40所示。

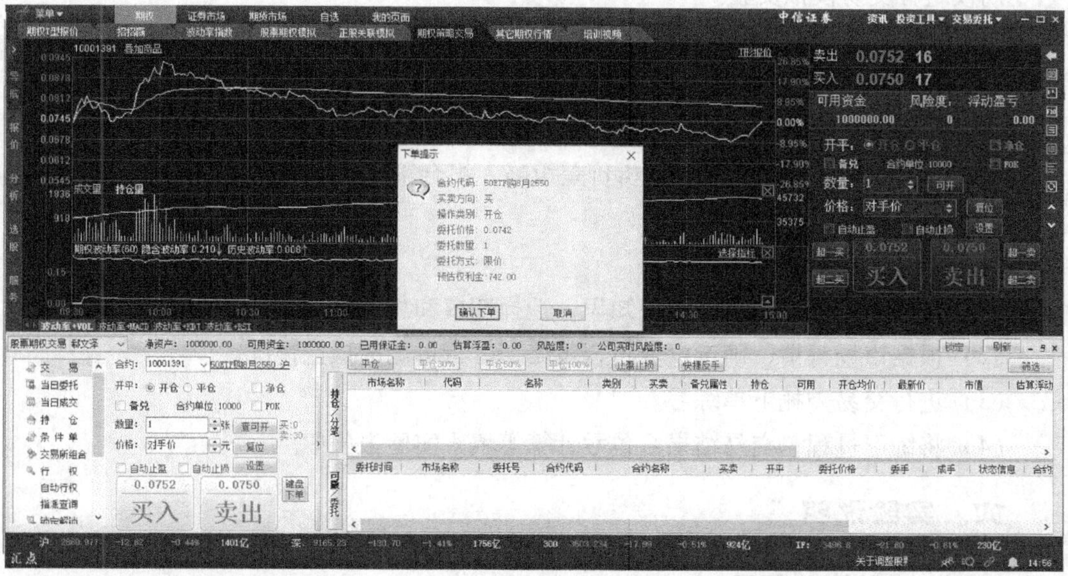

图7－40 交易委托界面下单

实验模块 15：期权组合交易模拟实验

一、实验名称

期权组合交易模拟实验。

二、实验目的

通过本实验课程的学习，使学生了解期权交易的基本策略，掌握期权价差策略、期权组合策略、套保策略，能够分析价差策略、组合策略、套保策略的损益情况。

三、实验步骤与要求

（1）运用期权交易策略的相关知识，选择期权和相关标的，构建期权组合。
（2）根据市场行情，确定投资组合策略，分析可能的损益情况。
（3）进行交易委托下单练习。
（4）将练习过程、交易结果、盈亏计算等填入实验报告中。

四、实验说明

（一）期权价差策略

1. 垂直价差策略

垂直价差，也称为“价格价差（Price Spread）”或“货币价差（Money Spread）”，是指投资者在买进一个期权的同时又卖出另一个期权，这两个期权有着相同的到期日和标的资产，但有着不同的协定价格。协定价格既然不相同，内在价值也就不相同，从而期权费也就不相同。投资者在交易中的盈亏正是来自这两个期权的内在价值和期权费的不同。

根据投资者对市场行情的不同预测，垂直价差可以分为牛市价差和熊市价差两类。而在牛市价差和熊市价差中，投资者既可以运用认购期权来操作，也可以运用认沽期权来操作。因此，垂直价差可分为四类：

（1）牛市看涨期权价差，是指投资者在买进一个协定价格较低的认购期权的同时再卖出一个到期日相同但协定价格较高的认购期权。由于随着执行价格的上涨，认购期权的价格通常会随之下跌，卖出的执行价格较高的认购期权的价值总是小于买进的执行价格较低的认购期权的价值。因此，牛市认购期权价差交易期初产生期权费的净支出。

（2）牛市看跌期权价差，是指投资者买进一个协定价格较低的认沽期权的同时再卖出一个到期日相同但协定价格较高的认沽期权。由于随着执行价格的下跌，认沽期权的价格通常会随之下跌，卖出的执行价格较高的认沽期权的价值总是大于买进的执行价格较低的认沽期权的价值。因此，牛市认沽期权价差交易期初产生期权费的净收入。

（3）熊市看涨期权价差，是指投资者在买进一个协定价格较高的认购期权的同时再卖出一个到期日相同但协定价格较低的认购期权。这两个期权的标的资产和到期日均相同。可见，熊市认购期权价差交易正好是牛市认购期权价差交易的反向操作。

（4）熊市看跌期权价差，是指投资者在买进一个协定价格较高的认沽期权的同时再卖出一个到期日相同但协定价格较低的认沽期权。这两个期权的标的资产和到期日均相同。可见，熊市认沽期权价差交易正好是牛市认沽期权价差交易的反向操作。投资者之所以如此操作是因为他预测标的资产的市场价格将有温和的下跌。通过这种交易，投资者将在市场价格下跌时获利，而在市场价格上涨时受损。当然投资者在熊市认沽期权价差交易中的收益和损失都是有限的。

2. 水平价差策略

水平价差，也称为“日历价差（Calendar Spread）”或“时间价差（Time Spread）”，是指投资者买进距离到期日较远的期权，同时又卖出相同协定价格、相同数量但距离到期日较近的期权，以获取利润的期权交易方式。它有四种类型：

（1）看涨期权的正向价差，由一份认购期权多头与一份期限较短的认购期权空头的组合构成。

（2）看涨期权的反向价差，由一份认购期权多头与一份期限较长的认购期权空头的组合构成。

（3）看跌期权的正向价差，由一份认沽期权多头与一份期限较短的认沽期权空头的组合构成。

（4）看跌期权的反向价差，由一份认沽期权多头与一份期限较长的认沽期权空头的组合构成。

3. 蝶式价差策略

蝶式价差（Butterfly Spreads）交易策略是由投资者买进两个期权和卖出两个期权所组成的。这些买进的期权和卖出的期权的到期日相同而协定价格不同。根据具体的交易方式的不同，蝶式价差交易可以分为多头蝶式价差交易和空头蝶式价差交易两种。无论是多头蝶式价差交易还是空头蝶式价差交易既可以用认购期权来操作，也可以用认沽期权来操作。它有四种类型：

（1）看涨期权的多头蝶式价差，它由协定价格分别为 X_1 和 X_3 的认购期权多头和两份协定价格为 X_2 的认购期权空头组成。

（2）看涨期权的空头蝶式价差，它由协定价格分别为 X_1 和 X_3 的认购期权空头和两份协定价格为 X_2 的认购期权多头组成。

（3）看跌期权的多头蝶式价差，它由协定价格分别为 X_1 和 X_3 的认沽期权多头和两份协定价格为 X_2 的认沽期权空头组成。

（4）看跌期权的空头蝶式价差，它由协定价格分别为 X_1 和 X_3 的认沽期权空头和两份协定价格为 X_2 的认沽期权多头组成。

（二）期权组合策略

1. 跨式组合策略

跨式组合（Straddle）期权交易策略由具有相同协定价格、相同期限、同种金融工具的一份认购期权和一份认沽期权组成，分为两种：

（1）底部跨式组合（Bottom Straddle）期权交易策略，是指同时买进具有相同协定价格、相同期限、同种金融工具的一份认购期权和一份认沽期权。这种策略主要运用于金融工具的价格剧烈变动且难以预料的情况。

（2）顶部跨式组合（Top Straddle）期权交易策略，是指同时出售具有相同协定价格、相同期限、同种金融工具的一份认购期权和一份认沽期权。这是一种高风险的策略，一旦标的资产价格在任何方向上有重大变化，其损失是无限的。

2. 宽跨式组合策略

宽跨式组合（Strangle）是由投资者购买到期日相同但协定价格不同的一份认购期权和一份认沽期权组成，其中认购期权的协定价格高于认沽期权。宽跨式组合也分为底部和顶部，底部由多头组成，顶部由空头组成。

3. 条式组合策略

条式组合（Strip）由具有相同协定价格、相同期限、同种金融工具的一份认购期权和两份认沽期权组成。条式组合也分为底部和顶部两种，底部由多头构成，顶部由空头构成。

4. 带式组合策略

带式组合（Strap）由具有相同协定价格、相同期限、同种金融工具的两份认购期权和一份认沽期权组成，带式组合也分为底部和顶部两种，底部由多头组成，顶部由空头组成。

（三）期权套保策略

1. 备兑保值策略

备兑保值策略是开仓卖出行权价比标的现价高的虚值认购期权。

2. 认沽套保策略

认沽套保策略是开仓买入行权价比标的现价低的虚值认沽期权。

3. 领口期权策略

领口期权策略是在相同行权价上卖出认购期权并买入认沽期权，同时买入证券现货。

五、实验示例

在期权策略交易页面左边的基本策略一栏，可以选择相应的期权价差策略、组合策略、套保策略，并观察交易分析结果、盈亏图、概率图等。投资者可根据对市场未来行情预期判断，选择相应期权策略下单。

（一）期权价差策略

1. 垂直价差策略

（1）牛市看涨期权价差策略。如图 7－41 所示。

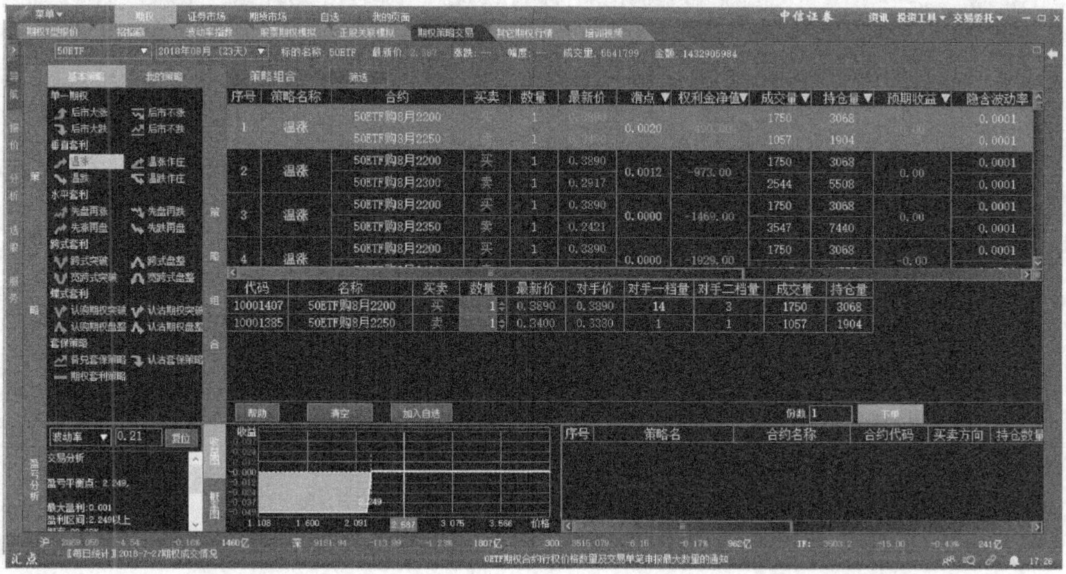

图 7－41　牛市看涨期权价差策略

（2）牛市看跌期权价差策略。如图 7－42 所示。

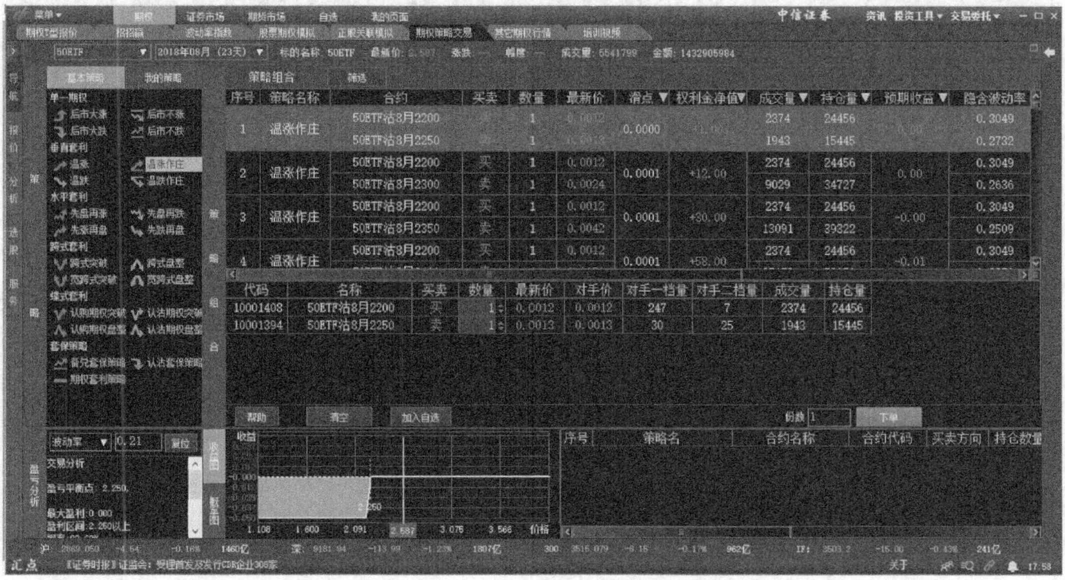

图 7－42　牛市看跌期权价差策略

(3) 熊市看涨期权价差策略。如图 7－43 所示。

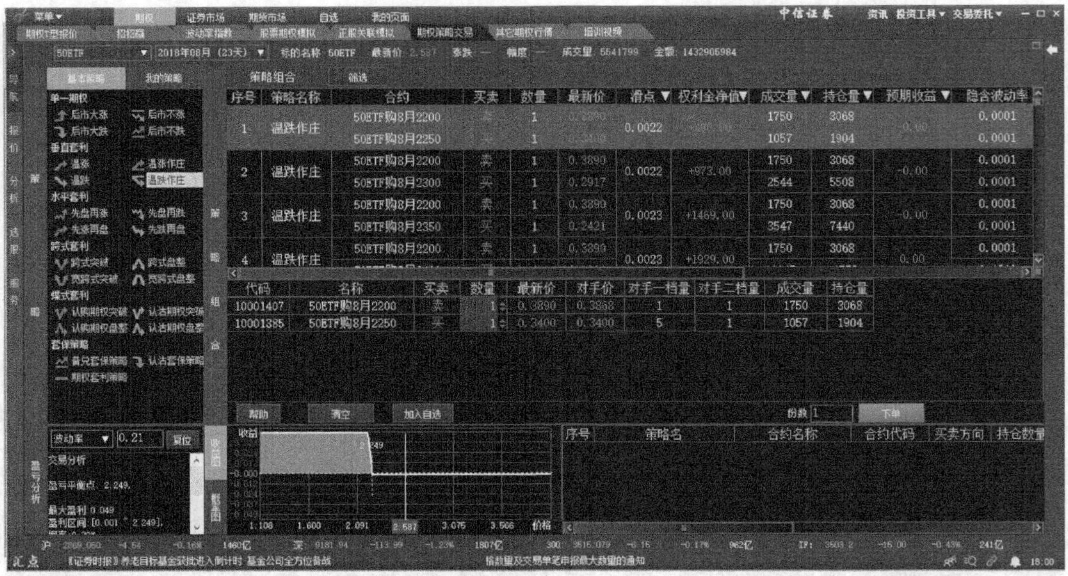

图 7－43　熊市看涨期权价差策略

(4) 熊市看跌期权价差策略。如图 7－44 所示。

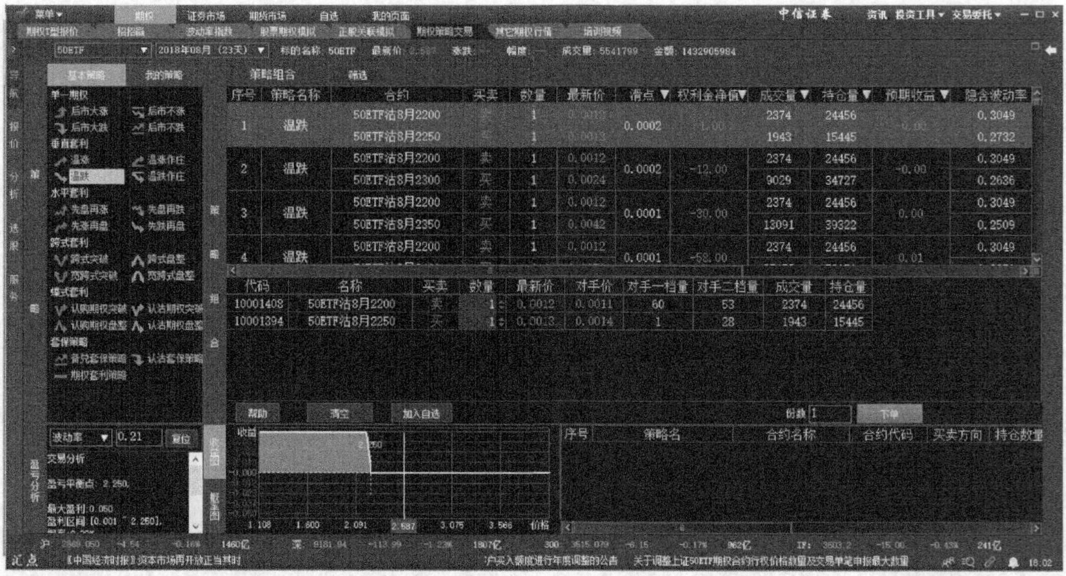

图 7－44　熊市看跌期权价差策略

2. 水平价差策略

(1) 看涨期权的正向价差策略。如图 7－45 所示。

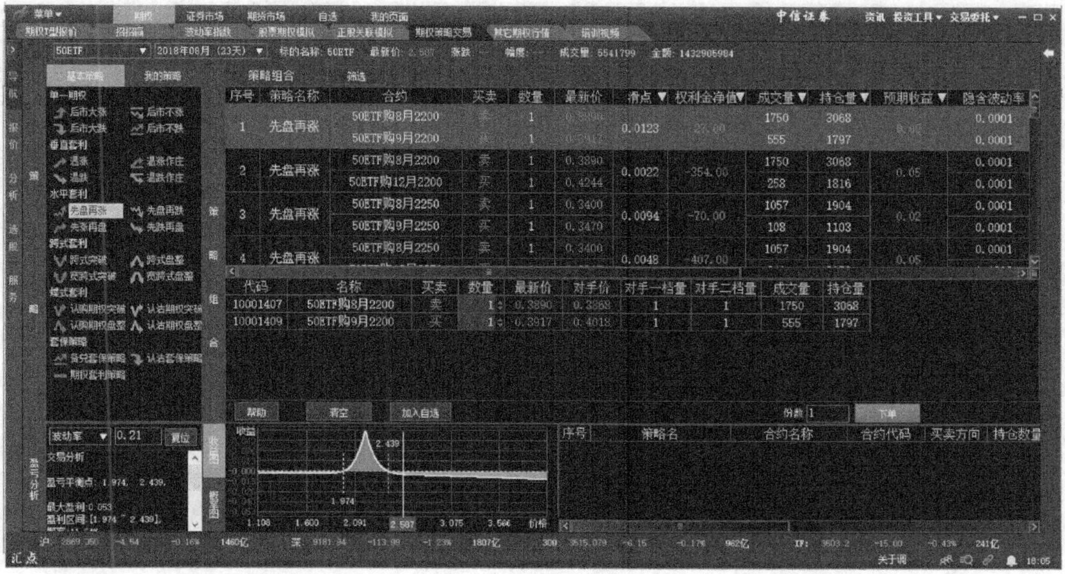

图7－45 看涨期权的正向价差策略

（2）看涨期权的反向价差策略。如图7－46所示。

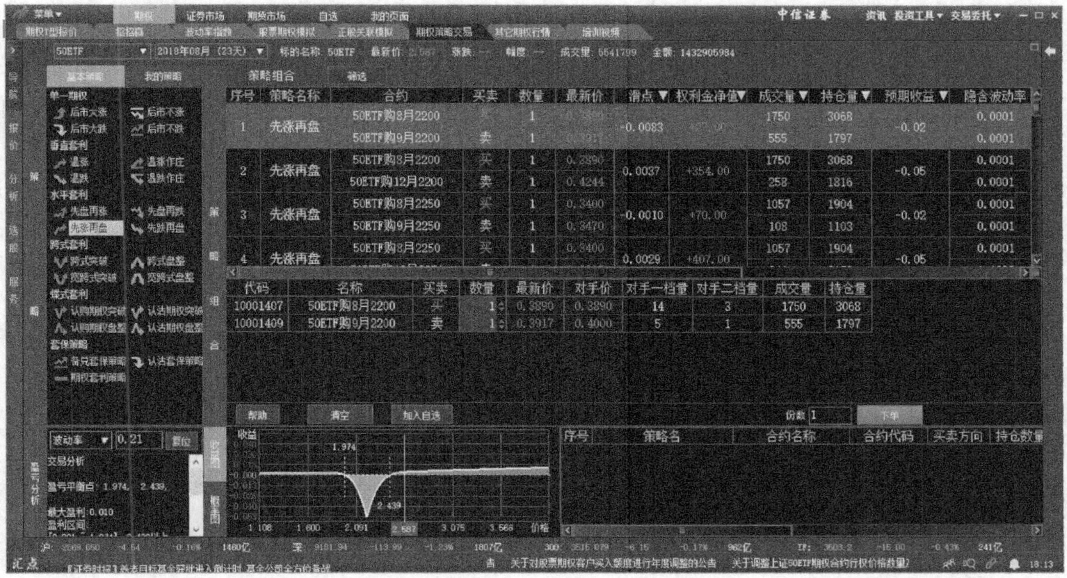

图7－46 看涨期权的反向价差策略

（3）看跌期权的正向价差策略。如图7－47所示。

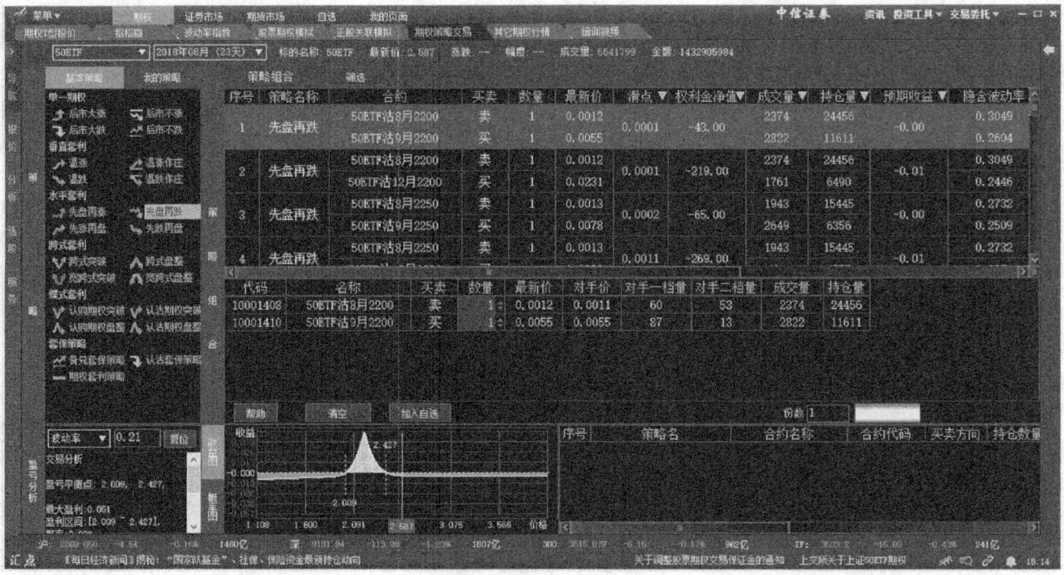

图 7－47　看跌期权的正向价差策略

（4）看跌期权的反向价差策略。如图 7－48 所示。

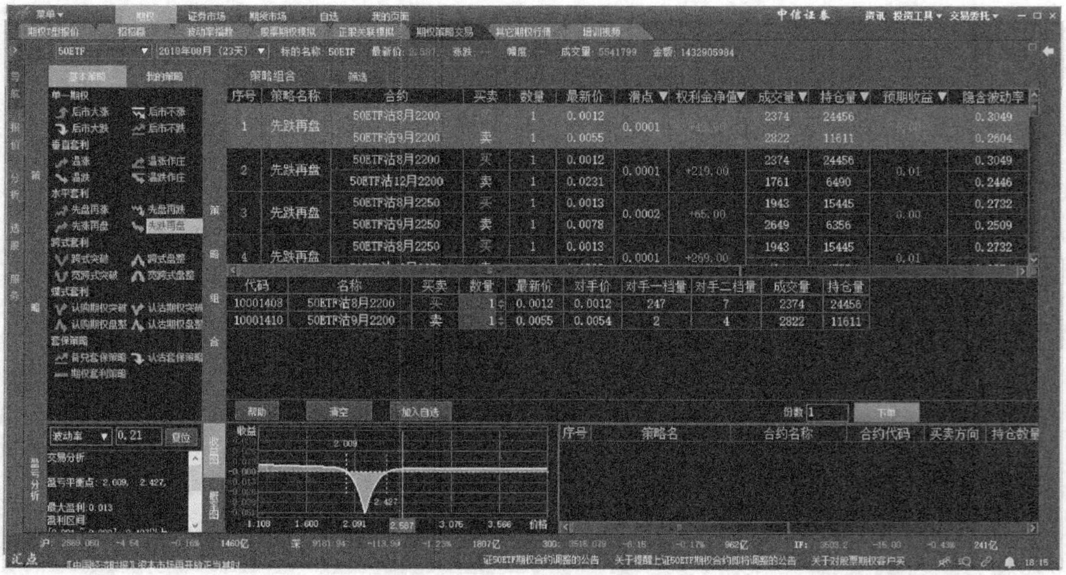

图 7－48　看跌期权的反向价差策略

3. 蝶式价差策略

（1）看涨期权的多头蝶式价差策略。如图 7－49 所示。

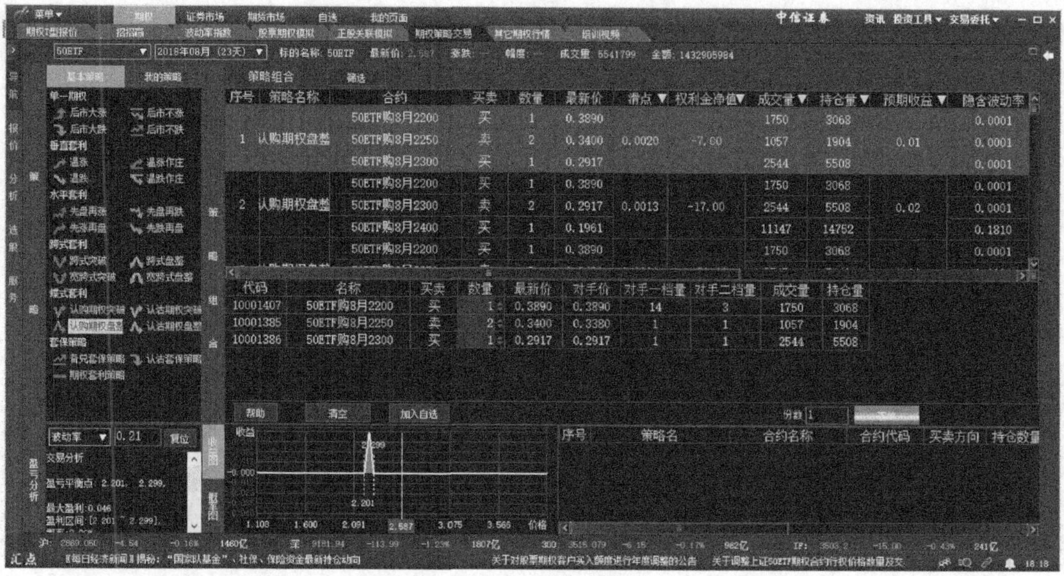

图 7－49　看涨期权的多头蝶式价差策略

（2）看涨期权的空头蝶式价差策略。如图 7－50 所示。

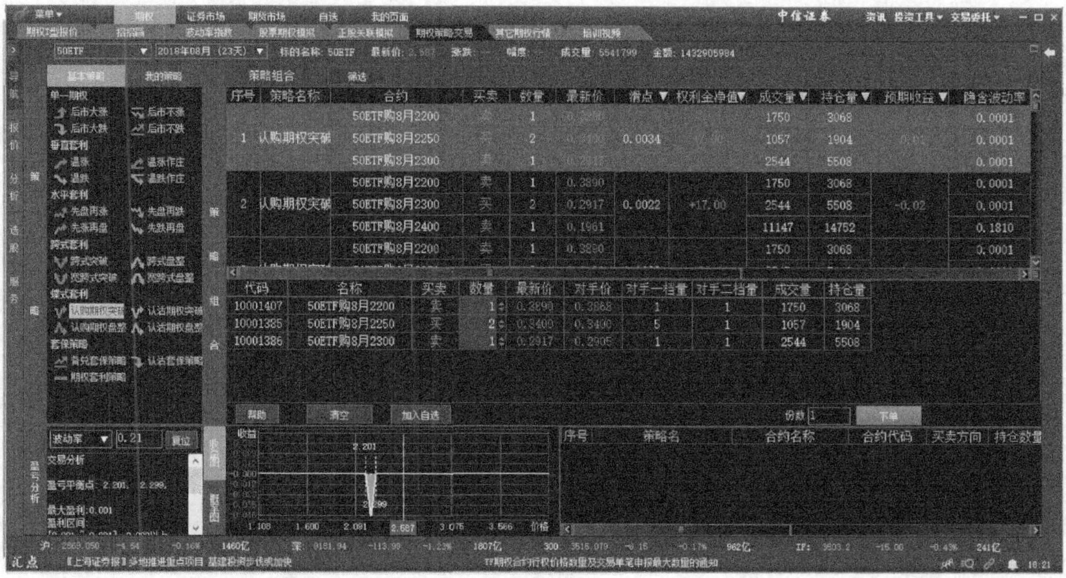

图 7－50　看涨期权的空头蝶式价差策略

（3）看跌期权的多头蝶式价差策略。如图 7－51 所示。

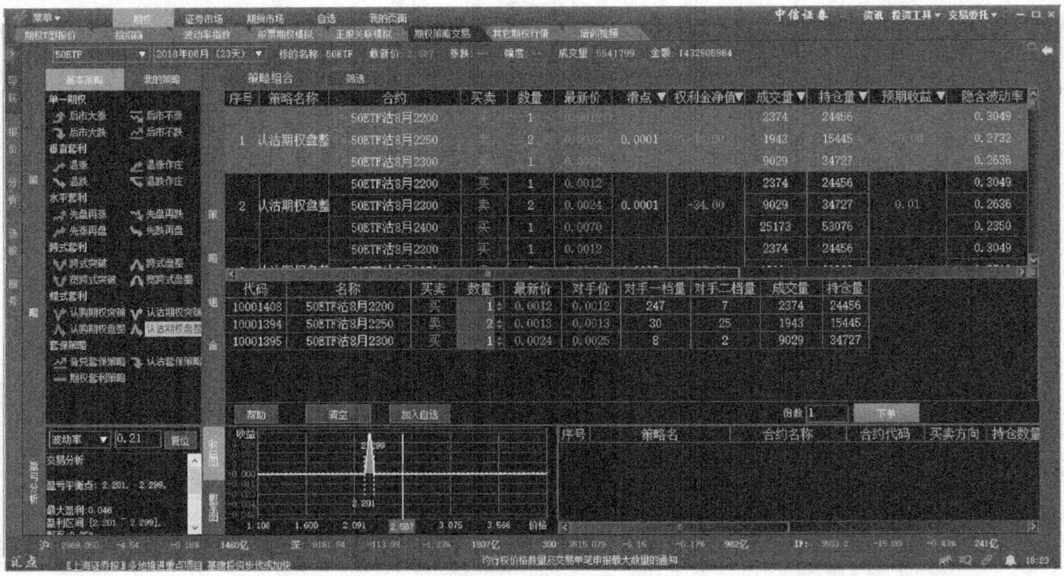

图 7-51 看跌期权的多头蝶式价差策略

（4）看跌期权的空头蝶式价差策略。如图 7-52 所示。

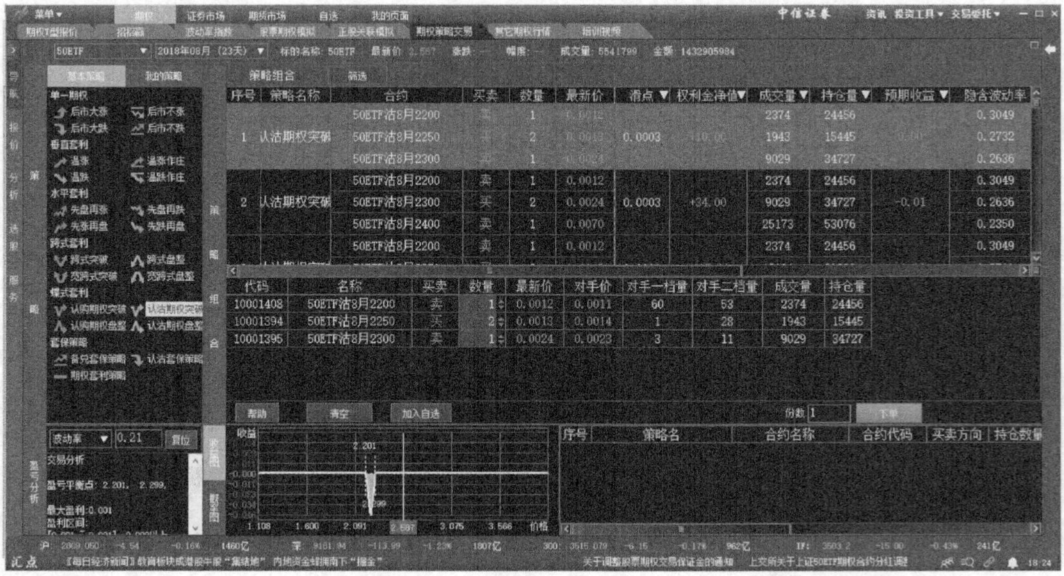

图 7-52 看跌期权的空头蝶式价差策略

（二）期权跨式组合策略

1. 跨式组合策略

（1）底部跨式组合策略。如图 7-53 所示。

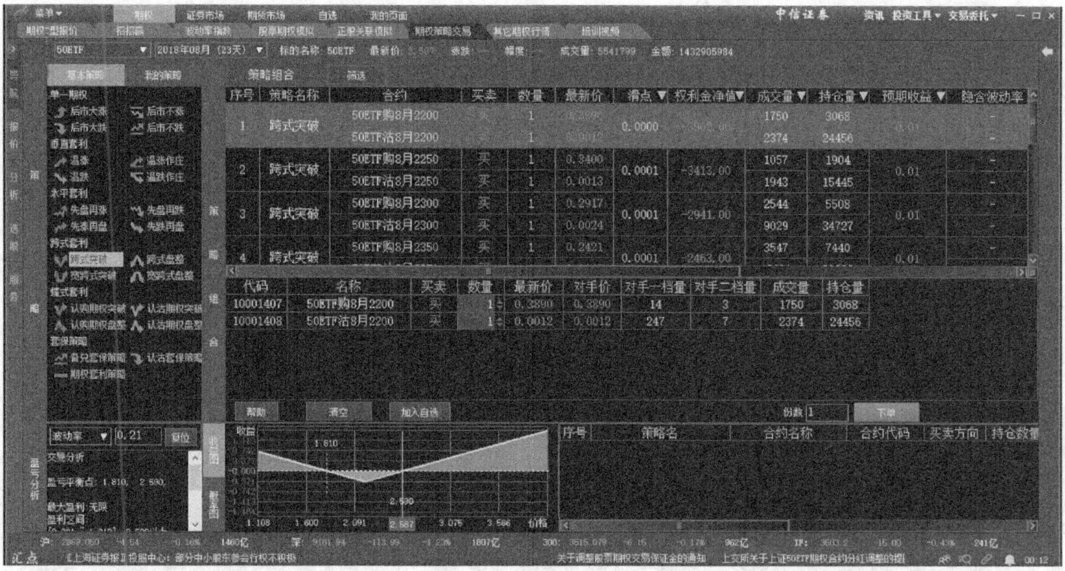

图 7－53　底部跨式组合策略

（2）顶部跨式组合策略。如图 7－54 所示。

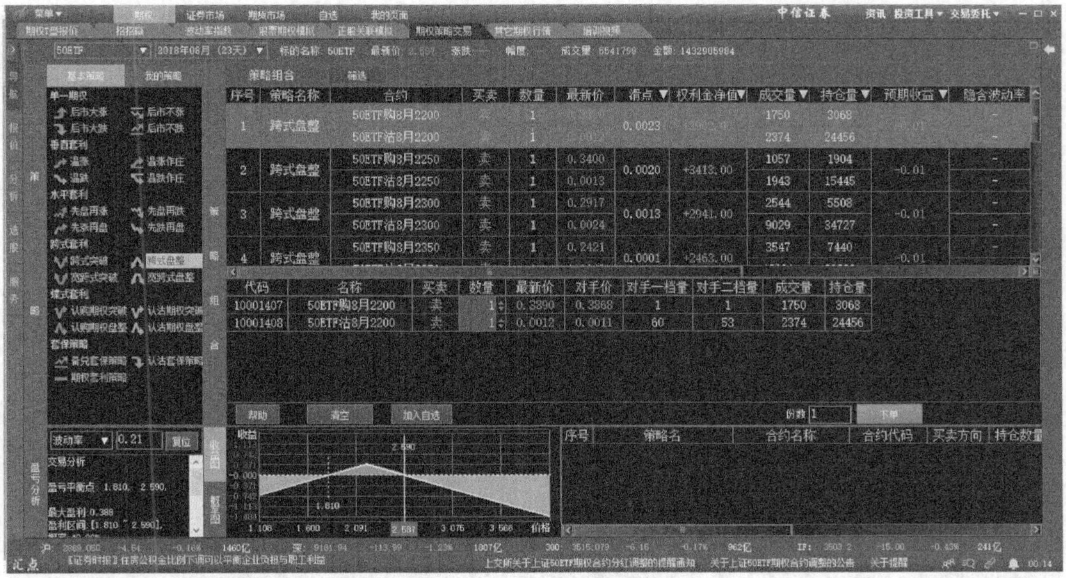

图 7－54　顶部跨式组合策略

2. 宽跨式组合策略

（1）底部宽跨式组合策略。如图 7－55 所示。

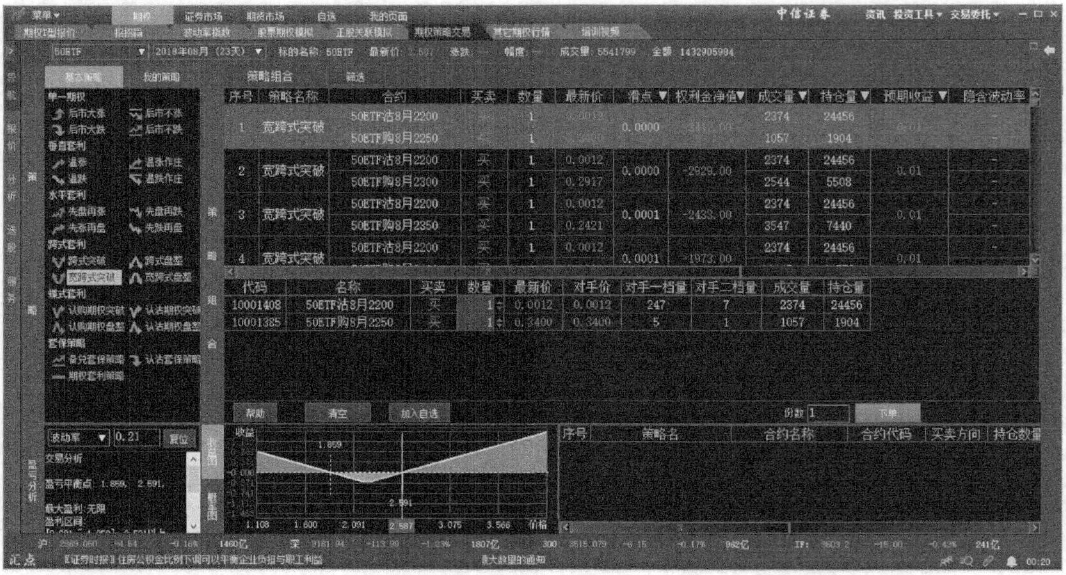

图 7-55　底部宽跨式组合策略

（2）顶部宽跨式组合策略。如图 7-56 所示。

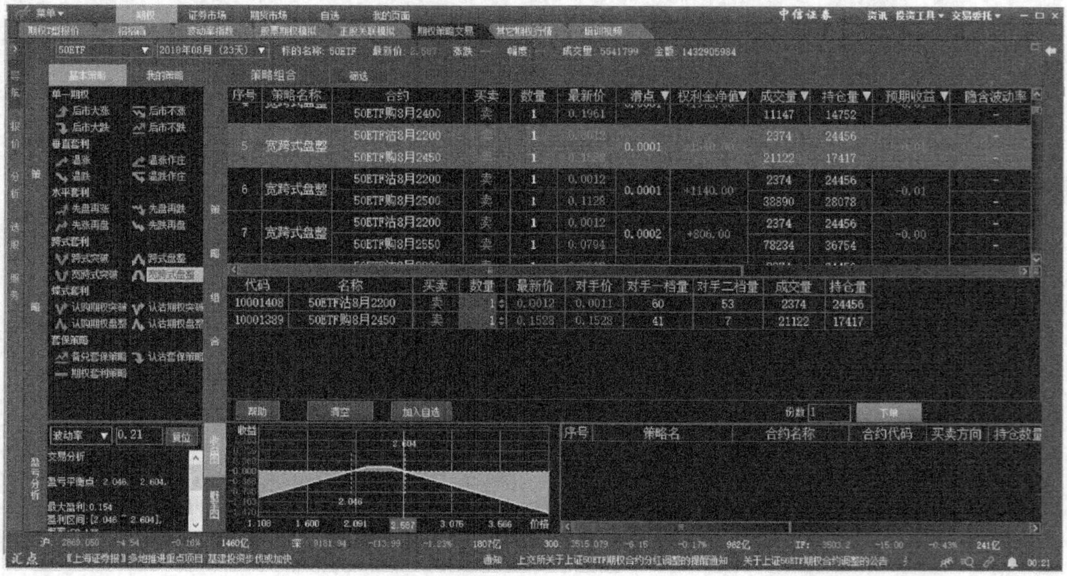

图 7-56　顶部宽跨式组合策略

（三）期权套保策略

1. 备兑保值策略

如图 7-57 所示。

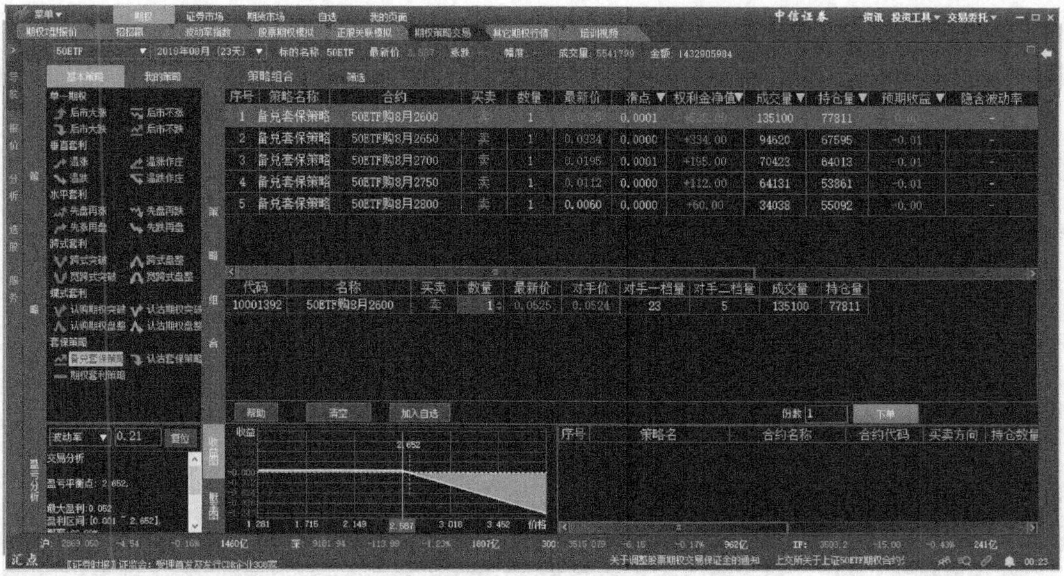

图 7－57　备兑保值策略

2. 认沽套保策略

如图 7－58 所示。

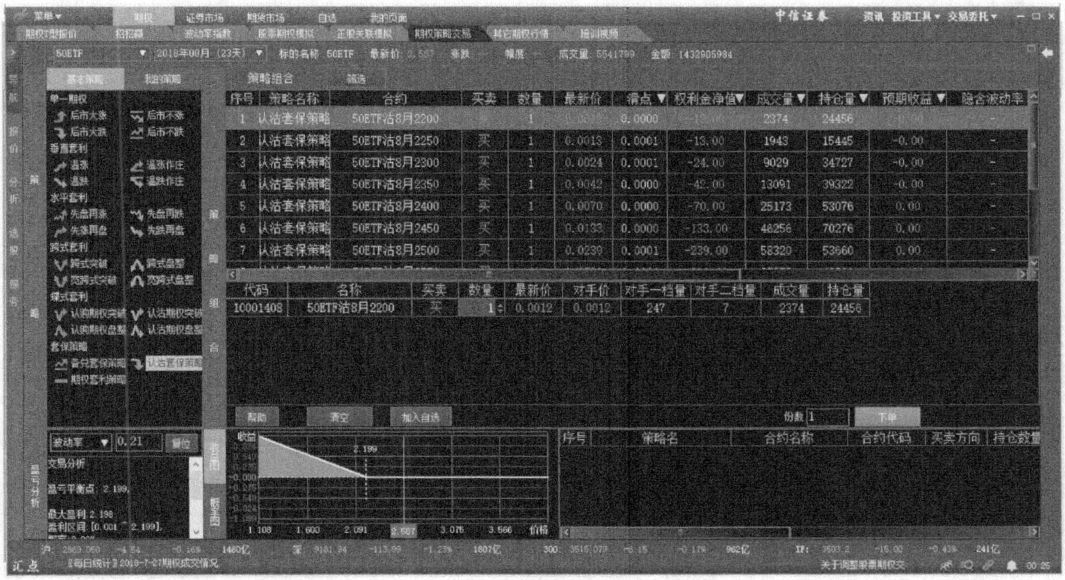

图 7－58　认沽套保策略

3. 领口期权策略

如图 7－59 所示。

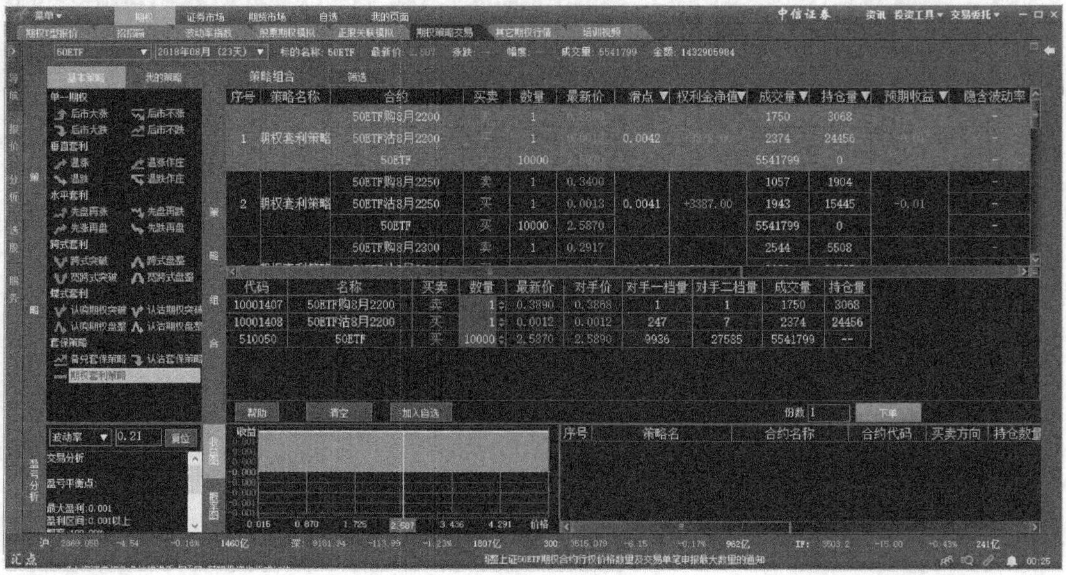

图 7－59　领口期权策略

第8章

外汇交易模拟实验

实验模块16：外汇交易模拟实验

一、实验名称

外汇交易模拟实验。

二、实验目的

通过本实验课程的学习，使学生掌握外汇交易的基本操作方法，熟悉开立账户、委托和交割等交易步骤；掌握外汇保证金交易的概念与特点、基点与点差、保证金及其计算、对交易头寸盈亏的分析等。

三、实验步骤与要求

（1）登录 e－cube 版外汇模拟交易系统，进入外汇模拟交易的界面。

（2）运用外汇行情显示模块，选择交易的外汇。

（3）进行委托交易练习。

（4）将练习过程、交易结果和盈亏水平等填写在实验报告中。

四、实验说明

（一）开户

外汇交易分为外汇实盘交易和外汇保证金交易。参与外汇交易，首先要开立账户。账户分为实盘账户和保证金账户。

1. 外汇实盘交易

目前，国内的商业银行为外汇实盘交易提供了多种交易方式，客户可以通过银行柜台、银行营业厅内的个人理财终端、电话和互联网进行外汇实盘交易。如果客户选择柜台交易或使用个人理财终端进行交易，交易时间仅限于银行正常工作日的工作时间，多为周一至周五的9：00～17：00，公休日、法定节假日及国际市场休市均无法进行交易。如果客户选择电话交易或者互联网交易，交易时间一般是从周一早8：00一直持续到周六凌晨5：00，公休日、法定节假日及国际市场休市同样不能交易。

外汇实盘交易的特点是风险和收益都比较小，交易点差过大（一般为 10～50 点），手续费高，且只能单边交易。

2. 外汇保证金交易

外汇保证金交易即投资者以银行、做市商或经纪商提供的融资进行的外汇交易。不同的外汇交易品种融资比例有所不同，即保证金率不同，一般为合约价值的 1%～10%；投机交易，保证金率为 5%～7%；套期保值头寸，保证金率为 2%～4%。保证金率越小，即融资的比例越大，客户需要付出的资金也越少。例如，交易商提供的保证金融资比例是 400 倍，即最低的保证金率要求是 0.25%，投资者只要 250 美元就可以进行高达100 000美元的交易，充分利用了以小搏大的杠杆效用。

除了资金被放大之外，外汇保证金投资另一项吸引人的特色是可以双向操作，既可以在汇率上升时买入（做多头）获利，又可以在汇率下降时卖出（做空头）获利，而不像外汇实盘交易只能进行单边交易。

（二）委托

外汇交易的委托方式包括即时委托和限价委托。即时委托是指当外汇交易员下达买卖某种货币的交易指令后，交易模拟系统将会自动根据当前相关货币的即时报价立即成交，成交结果将会出现在历史成交记录中，同时，相应的货币持仓情况也会立即发生改变；限价委托中，外汇交易员不仅需要确定买卖货币的种类，还需要特别指定成交的限制性价格，只有当市场价格达到交易员的限价时，该笔交易委托才会被执行。同时，外汇交易员还需要指定该笔限价交易委托的有效期限，当时间超过有效期时，如果市场价格仍未达到限价要求，则该笔委托自动作废。

（三）交割

交割是指外汇买卖成交后，交易双方通过银行系统互换货币的过程。交割方式主要有即日交割和远期交割等。即日交割即当外汇交易完成后，在两个银行营业日完成货币的交换过程；远期交割即交易双方事先约定外汇交易的汇率和未来交割时间，只有在未来到期日才依据事先商定的汇率完成货币交换过程。

（四）汇率及标价方式

汇率，又称汇价，是指一国货币以另一国货币表示的价格，或者说是两国货币之间的比价，通常用两种货币之间的兑换比例表示。比如，USD/JPY＝120.40，表示 1 美元等于 120.40 日元，这里美元称为单位货币，日元称为计价货币。

汇率的标价方式分为两种：直接标价法和间接标价法。

1. 直接标价法

直接标价法又称为应付标价法。它是以一定单位的外国货币为标准计算应支付多少单位的本国货币，相当于计算买入一定单位外币所应支付的本币数量，所以称为应付标价法。中国以及世界上绝大多数国家目前都采用直接标价法。在国际外汇市场上，日元、瑞士法郎和加元等均为直接标价法，如日元 119. 95，即 1 美元兑 119. 95 日元。

在直接标价法下，外币的数额保持不变，本币的数额随着外币币值的对比变化而变动。若一定单位的外币折合的本币数额多于前期，则表明外币币值上升或本币币值下降，即汇率上升；反之，若一定单位的外币折合的本币数额少于前期，则表明外币币值下降或本币币值上升，即汇率下降。即在直接标价法下，外币的价值与汇率的升降成正比，本币的价值与汇率的升降成反比。

2. 间接标价法

间接标价法又称为应收标价法。它是以一定单位的本国货币为标准计算应收取多少单位的外国货币。相当于计算卖出一定单位本币所应收取的外币数量，所以称为应收标价法。在国际外汇市场上，欧元、英镑、澳元等均为间接标价法，如欧元0. 970 5，即 1 欧元兑 0. 970 5 美元。

在间接标价法中，本币的数额保持不变，外币的数额随着本币币值的对比变化而变动。若一定单位的本币能兑换的外币数额少于前期，则表明外币币值上升或本币币值下降，即汇率下降；反之，若一定单位的本币能兑换的外币数额多于前期，则表明外币币值下降或本币币值上升，即汇率上升。即在间接标价法下，外币的价值与汇率的升降成反比，本币的价值与汇率的升降成正比。

（五）外汇实盘交易的盈亏计算

假设某银行交易员在某日上午 10 时从另一家银行以 1 欧元兑 1. 014 5 美元的汇率用美元买入 500 万欧元，同日上午 11 时又将 500 万欧元以 1 欧元兑 1. 015 5 美元的价格卖出，换回美元，其盈亏情况如下：

$$500 \times 1.0155 - 500 \times 1.0145 = 500 \times (1.0155 - 1.0145) = 0.5 \text{（万欧元）}$$

这一假设事例是说明外汇银行之间的自营交易，外汇交易的盈亏来自于汇率的波动，交易双方都不会向对方收取交易手续费。但在外汇零售市场上，当外汇银行同普通客户进行外汇交易时可能会收取外汇交易手续费，一般按照成交金额的百分比收取手续费，具体比例会因银行不同而有所不同。此时，外汇银行交易的赢利既来自手续费收入，也来自买卖的差价。

（六）外汇保证金交易的基点与点差

在外汇市场上，汇率是以五位数字显示的，例如：EUR/USD 报价为 1. 065 3，即表示每1 欧元兑换 1. 065 3 美元；USD/JPY 报价为 117. 65，即表示每 1 美元兑换 117. 65 日元。简单来说，基点就是一个货币对的价格变动的最小单位，通常，货币对价格的小数点后第四位的价格每波动一个单位称为一个点（日元为小数点后第二位的价格变动），比如，EUR/USD 现在的价格是 1. 260 0，当价格变动为 1. 260 5 时就称 EUR/USD 上涨了 5 个点；再如，USD/JPY 现在的价格是 79. 00，当价格变动为 79. 05 时就称 USD/JPY 上涨了 5 个点。

目前大部分的经纪商都是五位数报价（日元是三位数报价），也就是说，小数点后有五位，但习惯上仍以第四位的最小变动为一个基点。当然，在交易平台上则是将小数点的最后一位（也就是小数点后第五位）的最小变动称为一个点的，因为在交易过程中，需要设置的止盈、止损和追踪止损等都是按照小数点最后一位计算的，这是需要投资者了解和掌握的投资知识。

外汇市场上的报价一般为双向报价，即由报价方同时报出买入价和卖出价，由客户自行决定买卖方向。买入价和卖出价的价差越小，对于投资者来说意味着成本越小。银行间交易的报价点差正常为2~3点，银行（或交易商）向客户的报价点差依各家的情况差别较大，目前国外保证金交易的报价点差基本上为3~5点，香港为6~8点，国内银行实盘交易为10~50点不等。

点差即买价和卖价的点数之差。比如，一个货币对的报价 EURUSD = 1.260 0/1.260 2，这里 EURUSD 的点差为2个点。

（七）外汇保证金交易的点值计算

由于目前外汇保证金交易的计算都是以美元为基准进行的，因此，需要把各个报价按照当时的汇率兑换成美元。

1. 报价货币为美元

如果报价货币为美元，1个标准手的一个基点的点值为10美元。比如，EURUSD 或者 GBPUSD 等波动一个点就是0.000 1美元，而1个标准手代表的是10万个单位货币，因此就是10美元。

2. 基准货币为美元，报价货币为非美元

如果报价货币为非美元，要由报价货币与美元的汇率确定点值，比如，USDJPY波动一个点是0.01日元（日元为小数点两位数报价），USDCHF 波动一个点就是0.000 1瑞士法郎，因此，1个标准手的 USDJPY 波动一个点就是1 000日元，1个标准手的 USDCHF 波动一个点就是10瑞士法郎。比如，目前 USDJPY 的价格为79.00，1 000日元就相当于1 000/79.00，即12.66美元；若 USDCHF 的价格为0.950 0，10瑞士法郎就相当于10/0.950 0，即10.52美元。

3. 基准货币和报价货币都为非美元

与第二种情况一样，计算点值主要看报价货币而非基准货币，比如，EURGBP 波动一个点位0.000 1英镑，而现在 GBPUSD 的报价为1.566 0，因此，1个标准手的 EURGBP 波动一个点就是10英镑，兑换成美元就是15.66（10×1.566 0）美元。

（八）外汇保证金交易的保证金计算

外汇保证金交易的保证金计算分别按直盘、交叉盘或基准货币类型的划分进行说明。

1. **基准货币为非美元的直盘交易**

既然是计算保证金，就要知道每个账户的杠杆比例是多少，假如杠杆比例是1:100，欧元兑美元现在的价位是1.250 0，那么投资者交易一个标准手（100 000）的欧元/美元（EUR/USD）的保证金需要多少？交易EURUSD基准货币是欧元，投资者买一标准手EURUSD就相当于买了100 000EUR，投资者实际需要的资金为100 000EUR，那么，按照现在的汇率，折合成美元就是125 000USD，而在杠杆是1:100的保证金交易中，投资者只需动用1×125 000/100USD的资金，也就是保证金为1 250美元。

2. **基准货币为非美元的交叉盘交易**

如果投资者买一个标准手的英镑兑日元（GBPJPY），比如，现在GBPUSD为1.550 0，也就相当于投资者买了10万个单位的英镑，即100 000GBP，投资者实际需要的资金为100 000GBP，或155 000USD，按照杠杆比例为1:100计算，客户实际动用的保证金仅为1 550USD。

3. **基准货币为美元的交易**

如果投资者买一个标准手的美元兑日元（USDJPY），USDJPY就相当于客户买100 000USD，还是按照杠杆比例为1:100计算，客户实际动用的保证金为1 000美元。

也就是说，基准货币为美元的话，如果杠杆比例为1:100，那么保证金则需要固定的1 000美金。

4. **对冲交易的保证金计算**

目前有很多经纪商（美国经纪商除外）都提供对冲交易功能，那么客户在进行对冲交易时的保证金收取则需要由各自的经纪商确定，一般经纪商关于如何收取对冲单的保证金有三种情况。

（1）单边收取。即客户买一标准手的USDJPY，同时再卖一标准手的USDJPY，经纪商只收取客户一次的保证金，即这两张订单共需动用保证金1 000美元（杠杆比例为1:100）。

（2）双边收取。还是按照上述两张订单，那么经纪商就会收取客户两次的保证金，即2 000美元（杠杆比例为1:100）。

（3）不收取。有些经纪商在客户进行对冲交易时是不收取保证金的，原因很简单，即客户在进行对冲交易时就已经锁定了盈利或亏损，因此，还是上述两张订单，客户需要动用的保证金则为0。

（九）世界主要外汇市场及交易时间

世界主要外汇市场及交易时间见表8－1。

表8－1 世界主要外汇市场及交易时间

外汇市场	交易时间（北京）
新西兰——惠灵顿	04：00～12：00
澳大利亚——悉尼	06：00～14：00

续表

外汇市场	交易时间（北京）
日本——东京	08：00~14：30
新加坡	9：00~16：00
香港	9：00~16：00
德国——法兰克福	14：30~23：00
美国——伦敦	15：30~23：30　冬令时间：16：30~00：30
美国——纽约	20：20~03：00　冬令时间：21：20~04：00

（十）常用货币代码

常用货币代码如表 8－2 所示。

表 8－2　常用货币代码

货币	代码	货币	代码
美元	USD	新加坡元	SGD
欧元	EUR	荷兰盾	NLG
日元	JPY	芬兰马克	FIM
英镑	GBP	泰国铢	THB
瑞士法郎	CHF	瑞典克朗	SEK
澳大利亚元	AUD	丹麦克朗	DKK
新西兰元	NZD	挪威克朗	NOK
加拿大元	CAD	奥地利先令	ATS
港币	HKD	菲律宾比索	PHP
法国法郎	FRF	西班牙比塞塔	ESP
意大利里拉	ITL	澳门元	MOP
比利时法郎	BEF	德国马克	DEM

五、实验示例

本项实验利用 e－cube 版模拟交易系统进行模拟外汇交易的分析说明。

（一）登录与主界面

打开浏览器，在浏览器中输入模拟交易系统用户前台地址 http://tjufetrade.shihua.com.cn/，按下回车键，如图 8－1 所示。用户输入用户名、密码、验证码并选择活动，进入市场总览页面。

图8－1 系统登录

（二）显示行情信息

登录 e－cube 版模拟交易系统进入市场总览页面后，可以看到各个市场的行情及相关资讯。点击“外汇”选项，进入外汇市场行情主界面，如图8－2和图8－3所示。

图8－2 外汇市场行情

图 8-3　美元

（三）委托交易

可直接点击"买入/卖出"，进入交易界面，或选择某种货币进入交易界面，如图 8-4 所示。

点击"保证金下单"，进入下单界面；同时，可以选择即时委托和限价委托两种交易方式，如图 8-5 至图 8-10 所示。

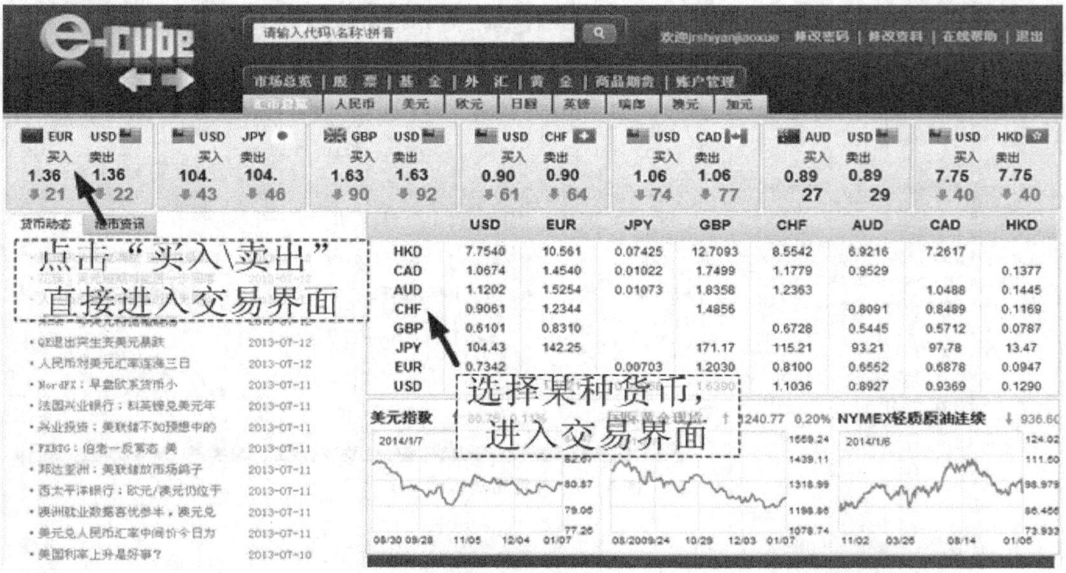

图 8-4　交易界面

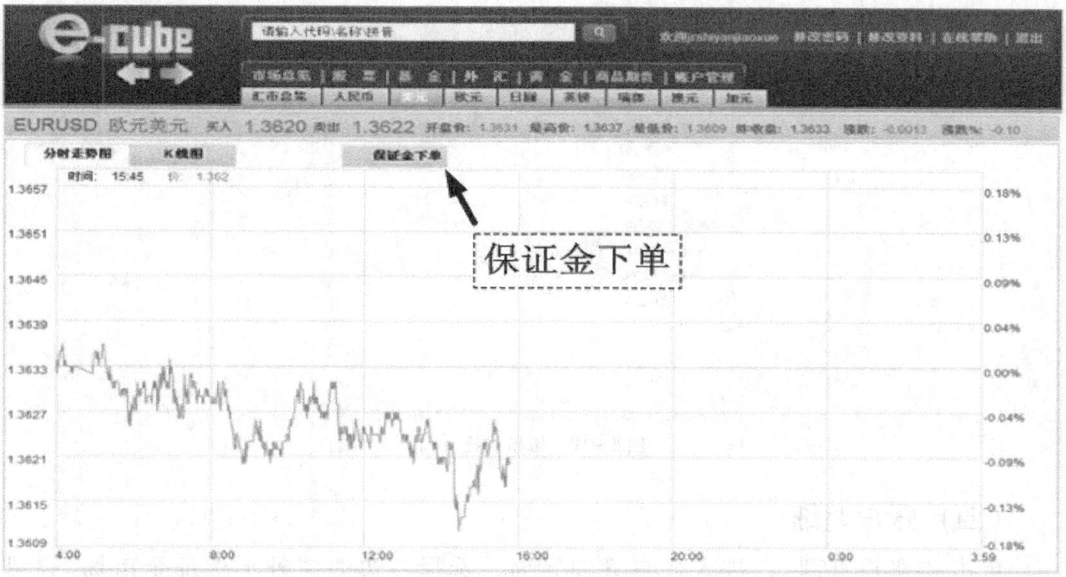

图8-5　保证金下单

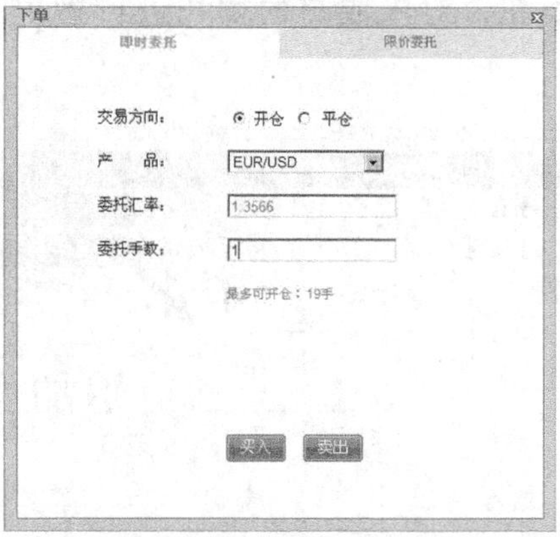

图8-6　即时委托（1）

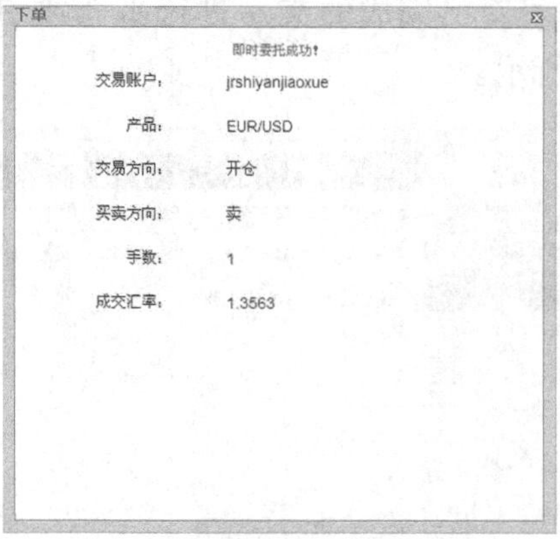

图8-7　即时委托（2）

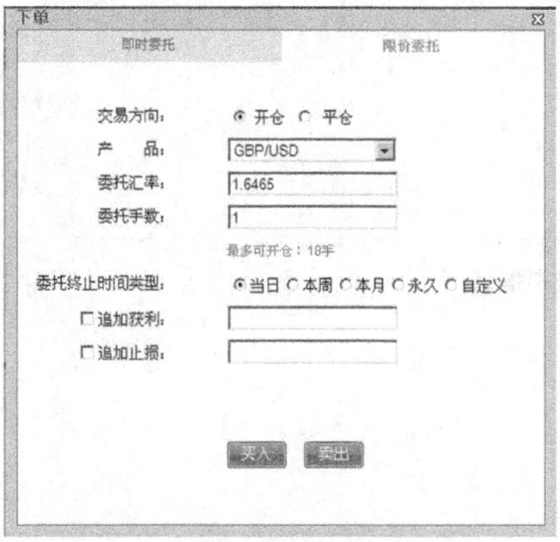

图8-8　限价委托（1）

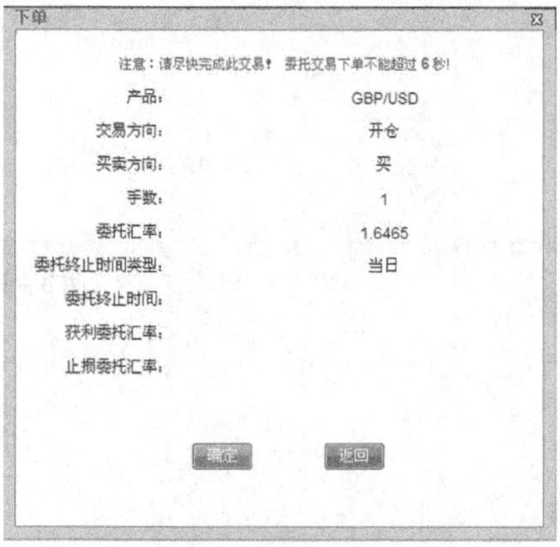

图8-9　限价委托（2）

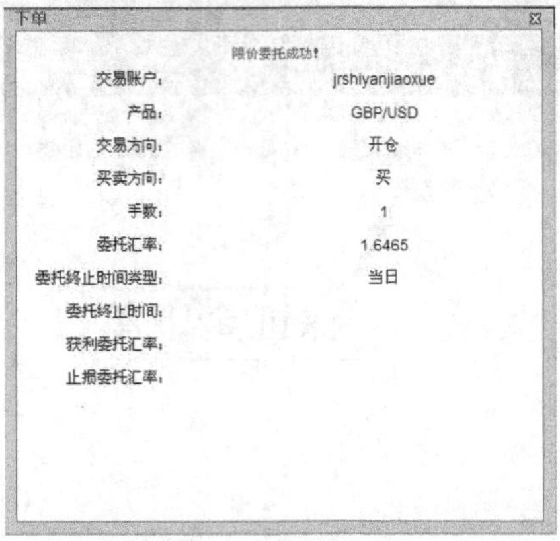

图 8－10　限价委托（3）

（四）账户明细

单击“账户管理”，进入账户管理界面，选择左边的“外汇保证金市场”，可分别选择“持仓查询”“资金明细”“成交明细”“委托明细”进行相应的查询；同时，可对已完成的交易进行平仓或追加委托，对未成交的委托进行撤单。如图 8－11所示。

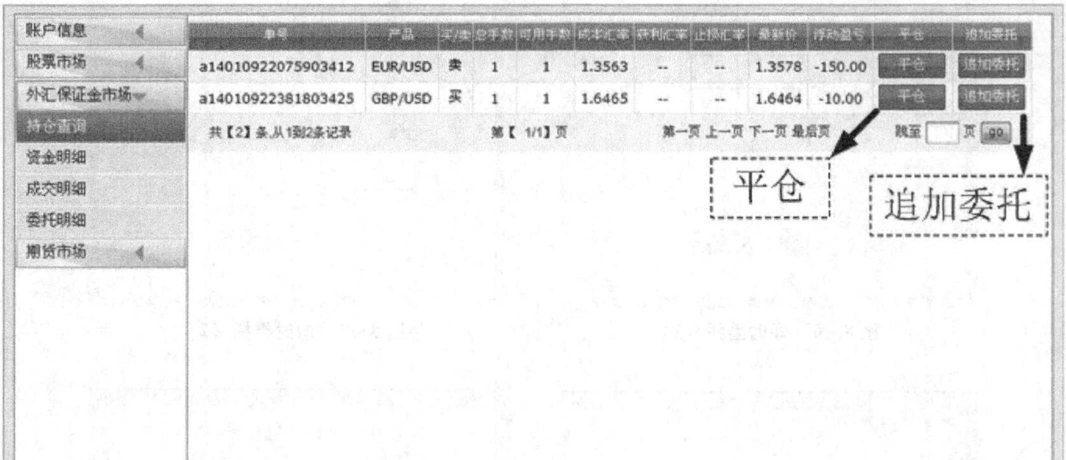

图 8－11　账户信息

第三篇

综合分析篇

第9章

综合分析实验（一）

实验模块17：移动平均综合模拟实验

一、实验名称

移动平均综合模拟试验。

二、实验目的

通过本实验课程的学习，使学生掌握分时走势图、K线图和移动平均线的基本图形特征，熟悉分时走势图的各项要素，能够对K线图进行走势分析，并学会运用移动平均线对市场行情进行买入点和卖出点的判断。

三、实验步骤与要求

（1）登录e－cube版模拟交易系统，进入所要分析股票的界面。
（2）进行分时走势图、K线图和移动平均线分析的练习。
（3）将练习过程、分析结果填写在实验报告中。

四、实验说明

（一）分时走势图

1. 分时走势图简介

分时走势图是把股票市场的交易信息实时地用曲线在坐标图上加以显示的技术图形。坐标的横轴是开市的时间，纵轴上半部分的左边是股价或指数，右边是股价或指数变动的幅度，纵轴的下半部分显示的是成交量。分时走势图是股市现场交易的即时资料。分时走势图分为指数分时走势图和个股分时走势图。

2. 指数分时走势图

上证指数分时走势图如图9－1所示。

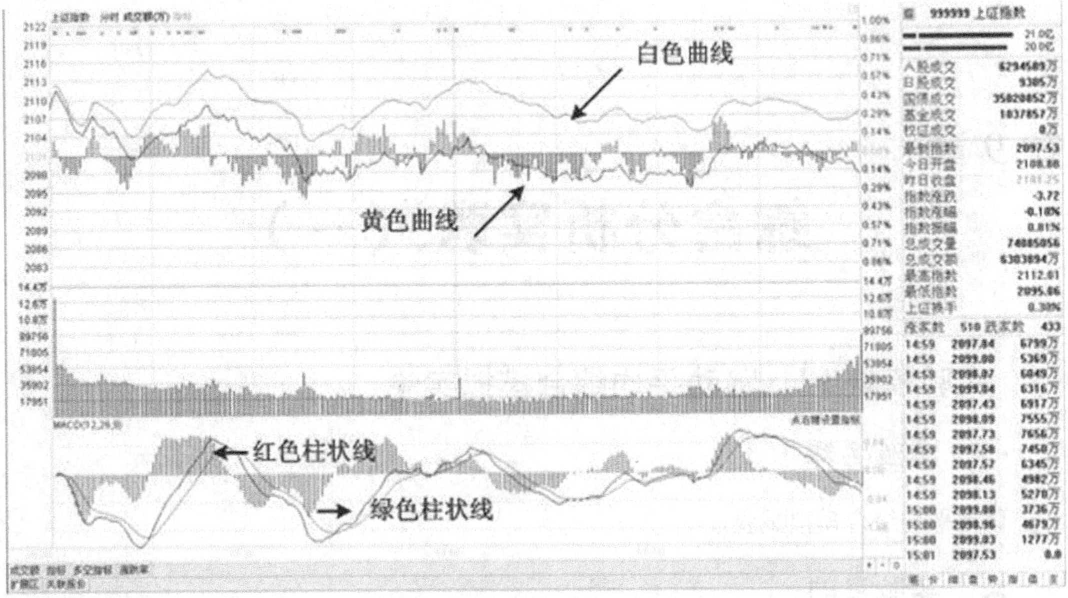

图 9－1　上证指数分时走势图

以上证指数为例，界面中的白色曲线表示上海证券交易所对外公布的通常意义下的大盘指数，也就是加权数；黄色曲线是不考虑上市股票发行数量的多少，将所有股票对上证指数的影响等同对待的不含加权数的大盘指数。参考白色、黄色曲线的相对位置关系，可以得到以下信息：

当指数上涨，黄色曲线在白色曲线走势之上时，表示发行数量少（盘小）的股票涨幅较大；当黄色曲线在白色曲线走势之下时，表示发行数量多（盘大）的股票涨幅较大。当指数下跌时，如果黄色曲线仍然在白色曲线之上，表示小盘股的跌幅小于大盘股的跌幅；如果白色曲线反居黄色曲线之上，则说明小盘股的跌幅大于大盘股的跌幅。

界面中红色、绿色的柱状线反映当前大盘所有股票的买盘与卖盘的数量对比情况。红色柱状线加长，表示买盘大于卖盘，指数将逐渐上涨；红色柱状线缩短，表示卖盘大于买盘，指数将逐渐下跌。绿色柱状线加长，表示指数下跌量增加；绿色柱状线缩短，表示指数下跌量减小。黄色柱状线表示每分钟的成交量，单位为手（100 股/手）。

3. 个股分时走势图

个股分时走势图如图 9－2 所示。

界面中的白色曲线表示该种股票的分时成交价，黄色曲线表示该种股票的平均价格，黄色柱状线表示每分钟的成交量，单位为手（100 股/手）。

第一，分时走势图中经常出现的名词及其含义。

（1）外盘与内盘：外盘为成交价，是卖出价时成交手数的总和，称为外盘；内盘为成交价，是买入价时成交手数的总和，称为内盘。当外盘累计数量比内盘累计数量大，而股价也在上涨时，表明很多人在抢盘买入股票；当内盘累计数量比外盘累计数

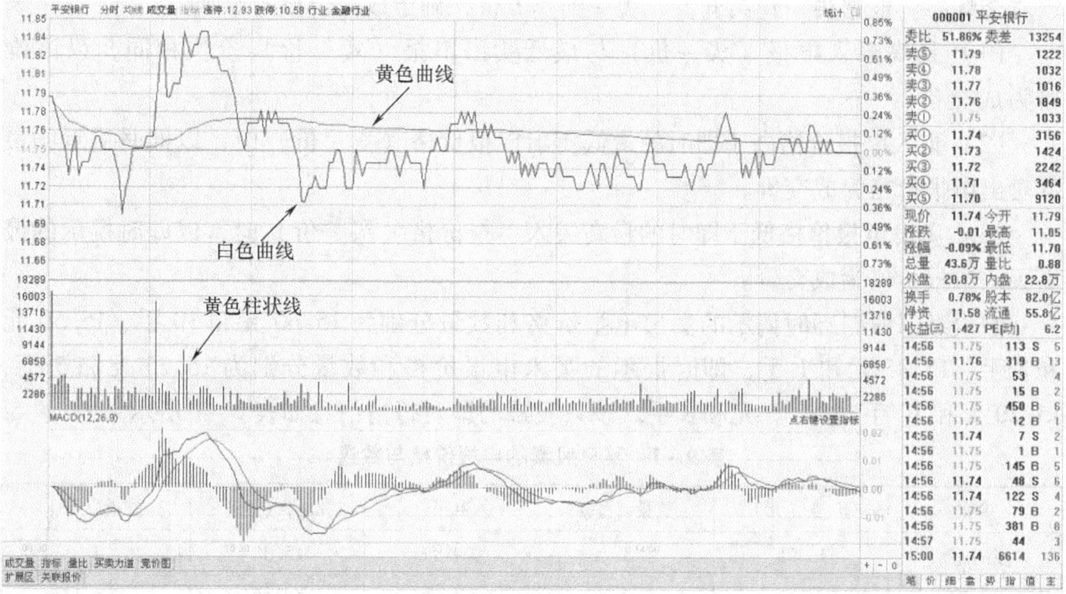

图9-2 个股分时走势图

量大很多，而股价下跌时，表示很多人在抛售股票。

(2) 委买手数与委卖手数：委买手数为所有委托买入手数相加的总和；委卖手数为所有委托卖出手数相加的总和。

(3) 委比：委买委卖手数之差与之和的比值。委比旁边的数值为委买手数与委卖手数的差值，称为委差。当委比为正值时，表示买方的力量比卖方强，股价上涨的概率大；当委比为负值时，表示卖方的力量比买方强，股价下跌的概率大。显然，委比的取值介于-1与+1之间。在行情分析系统中，委比或委差为正值时用红色数字显示；委比或委差为负值时以绿色数字显示。

(4) 量比：当日总成交手数与近期平均成交手数的比值。如果量比数值大于1，表示这个时刻的成交总手数已经增加；若量比数值小于1，表示这个时刻成交总手萎缩。

(5) 现手：已经成交的最新一笔买卖的手数。在盘面的右下方为即时的每笔成交明细，B表示以卖出价成交的每笔手数，S表示以买入价成交的每笔手数。

(6) 换手：一定时间内市场中股票转手买卖的频率，是反映股票流通性强弱的指标之一，其计算公式为：换手率=某一段时期内的成交量/发行总股数×100%。其数值越大，意味着该只股票的交易越活跃，属于近期的热门股。

第二，分时走势图中的成交原则。

在个股分时走势图中，比较重要的一组概念是界面右上方显示的买一到买五、卖一到卖五。买一、买二、买三、买四、买五为行情显示的该股票五种即时的委托买入价格，其中买一为最高申买价格；卖一、卖二、卖三、卖四、卖五为行情显示的该股票五种即时的委托卖出价格，其中卖一为最低申卖价格。

在连续竞价的4小时交易时间内，交易所遵循“时间优先、价格优先”的原则确定成交顺序。根据买一到买五价、卖一到卖五价，确定成交价格的原则。

(1) 最高买入申报（买一价）与最低卖出申报（卖一价）价位相同，以该价格为成交价。

(2) 买入申报价格高于即时的最低卖出申报价格（卖一价）时，以即时揭示的最低卖出申报价格为成交价。

(3) 卖出申报价格低于即时的最高买入申报价格（买一价）时，以即时揭示的最高买入申报价格为成交价。

假设某只股票即时揭示的卖出申报价格和数量分别为15.60元和10手、15.50元和8手、15.35元和1手；即时揭示的买入申报价格和数量分别为15.25元和5手、15.20元和10手、15.15元和8手。该只股票的即时行情信息如表9-1所示。

表9-1　某只股票的申报价格与数量

申报	价格（元）	数量（手）	申报	价格（元）	数量（手）
买一价	15.25	5	卖一价	15.35	1
买二价	15.20	10	卖二价	15.50	8
买三价	15.15	8	卖三价	15.60	10

若此时该只股票有一笔买入申报进入交易系统，价格为15.50元，数量为600股，则先根据成交原则（2），以15.35元成交1手（100股），再根据成交原则（1），以15.50元成交5手（500股）。忽略交易费用，每股的成本价为：

$$(15.35\times 1+15.50\times 5)\div 6=15.48\text{（元）}$$

（二）K线图

1. K线图的基本形状

K线图最早是日本德川幕府时代大阪的米商用来记录一天、一周或一月中米价涨跌行情的图示法，后被引入股市。K线图有直观、立体感强、携带信息量大的特点，蕴含着丰富的东方哲学思想，能充分显示股价趋势的强弱、买卖双方力量平衡的变化，预测后市走向较准确，是各类传播媒介、电脑实时分析系统应用较多的技术分析手段（见图9-3）。

日K线是根据股价（指数）一天走势中形成的4个价位（开盘价、收盘价、最高价、最低价）绘制而成的。

收盘价高于开盘价时，则开盘价在下、收盘价在上，二者之间的长方柱用红色或空心绘出，称为阳线；其上影线的最高点为最高价，下影线的最低点为最低价。

收盘价低于开盘价时，则开盘价在上、收盘价在下，二者之间的长方柱用黑色或实心绘出，称为阴线；其上影线的最高点为最高价，下影线的最低点为最低价。

单根K线除了图9-3所示的两种情况（称之为标准K线）外，还有其余的10种形状，如图9-4所示。

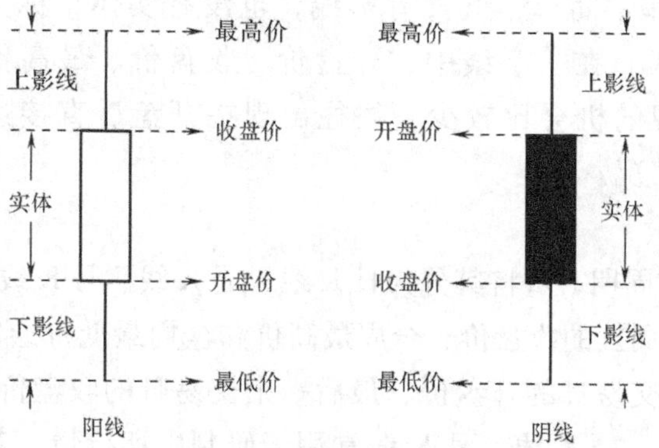

图9-3 单根标准K线示意图

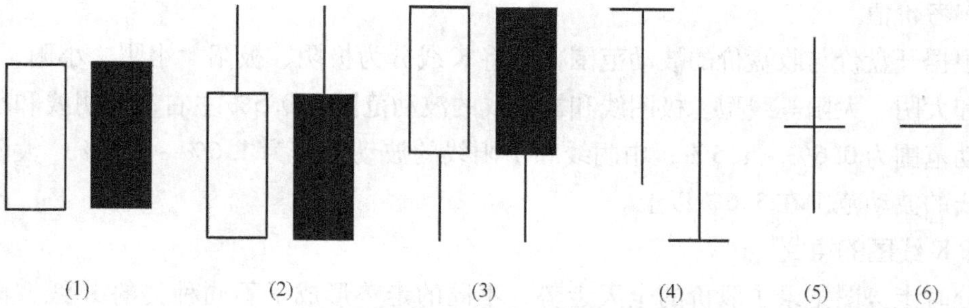

图9-4 单根K线的其余10种形状

(1) 图的K线称为光头光脚阳(阴)线，即标准K线的上下两头都没有影线的阳(阴)线实体。这里所说的没有影线，是指影线的长度相对于实体的长度来说很短，有时如果影线很短，也可以认为是没有影线。

(2) 图的K线称为光脚阳(阴)线，即没有下影线。如果是光脚阳线，说明当天的开盘价是最低价，表示强势；如果是光脚阴线，说明收盘价是最低价，通常被认为是表示弱市的K线。

(3) 图的K线称为光头阳(阴)线，即没有上影线。如果是光头阳线，说明当天的收盘价是最高价，表示强势；如果是光头阴线，表示开盘价是最高价，被认为是弱市。

(4) 图左边的K线没有上影线和实体，称为"T"线，出现在开盘和收盘处在全天最高点的时候，这种K线通常出现在市场的转折点，也称之为蜻蜓线。

图右边的K线没有下影线和实体，称为倒"T"线，价格开盘后全天在高位运行，但收盘又回到了开盘，这也是当天的最低价格，通常被认为是反弹失败(受阻)，也称之为墓碑线。

(5) 图的K线称为无实体线，即标准K线缺少了实体部分，出现在开盘价和收盘价几乎相等的时候。无实体线单独出现，是一个不能被忽视的有关不可靠因素出现的信号。

（6）图的K线非常简单，既没有影线，也没有实体，称为一字线，是无实体线最特殊的表现形式。在一字线中，开盘价、收盘价、最高价、最低价4个价格相同，在市场中出现的机会比较少，往往出现在开盘后直接达到涨跌停板或交易期间价格无波动的情况。

2. K线图的分类

根据K线的计算周期，可将其分为日K线、周K线、月K线和年K线。周K线是指以周一的开盘价、周五的收盘价、全周最高价和全周最低价绘制的K线图；月K线是以一个月的第一个交易日的开盘价、最后一个交易日的收盘价、全月最高价与全月最低价绘制的K线图。周K线、月K线常用于研判中期行情。对于短线操作者来说，诸多分析软件提供的5分钟K线、15分钟K线、30分钟K线和60分钟K线也具有重要的参考价值。

根据开盘价与收盘价的波动范围，可将K线分为极阴、极阳，小阴、小阳，中阴、中阳和大阴、大阳等线型。极阴线和极阳线的波动范围在0.5%左右；小阴线和小阳线的波动范围为0.6%～1.5%；中阴线和中阳线的波动范围为1.6%～3.5%；大阴线和大阳线的波动范围在3.6%以上。

3. K线图的意义

分时走势图记录了股价的全天走势，不同的走势形成了不同种类的K线，而同一种K线却因股价走势不同而各具不同的含义。

K线图谱中蕴含着丰富的东方哲学思想，以阴阳之变表现出多方和空方双方“势”的相互转换。单一的K线代表的是多方和空方一天之内博弈的结果，不足以反映连续的市场变化，多条K线的组合图谱才可能更详尽地表述多方和空方一段时间内“势”的转化。多方和空方双方中任何一方突破盘局获得优势，都将形成一段上涨或下跌的行情，这就是所谓“势在必行”。而随着这种行情的不断发展，又为对方积攒着反攻的能量，也就是“盛极而衰”。研判K线组合图谱的目的，就是通过观察多方和空方势力强弱盛衰的变化，感受双方“势”的转化，顺势而为，寻找并参与蓄势待发的底部。

K线图谱要结合成交量与移动平均线共同使用（见图9－5）。成交量是多方和空方双方博弈过程中能量损耗的表述，移动平均线则是双方进攻与退守的一道道防线。这种图形组合是东方哲学与西方统计学的结合。

（三）移动平均线

1. 移动平均线的原理

移动平均线（MA）是以道·琼斯的“平均成本概念”为理论基础，采用统计学中“移动平均”的原理，将一定时期内股票价格的平均值连成曲线，用来显示股价的历史波动情况，进而反映股价或指数未来发展趋势的技术分析方法。它是道氏理论的形象化表述，其原理可通过下述的假设加以说明。

图9－5　K线与移动平均线

假设某只股票连续10个交易日的收盘价分别为8.15，8.07，8.84，8.10，8.40，9.10，9.20，9.10，8.95，8.70（单位：元）。

以5日均线为例：

第5天均值＝（8.15＋8.07＋8.84＋8.10＋8.40）/5＝8.31

第6天均值＝（8.07＋8.84＋8.10＋8.40＋9.10）/5＝8.50

第7天均值＝（8.84＋8.10＋8.40＋9.10＋9.20）/5＝8.73

第8天均值＝（8.10＋8.40＋9.10＋9.20＋9.10）/5＝8.78

第9天均值＝（8.40＋9.10＋9.20＋9.10＋8.95）/5＝8.95

第10天均值＝（9.10＋9.20＋9.10＋8.95＋8.70）/5＝9.01

以此类推，根据计算得到的均值绘制出5日均线。

2. 移动平均线的分类

移动平均线依计算周期分为短期（如5日、10日）、中期（如20日、30日）和长期（如60日）移动平均线。移动平均线依算法分为算术移动平均线、线形加权移动平均线、阶梯形移动平均线和平滑移动平均线等多种，最为常用的是算术移动平均线。移动平均线通常与K线（股价）一同使用。

3. 移动平均线的应用

移动平均线的应用表述为两对概念：黄金交叉和死亡交叉、多头排列和空头排列。

（1）黄金交叉和死亡交叉。在股市行情上升初期，短期移动平均线从下向上突破中长期移动平均线形成的交叉称为黄金交叉，预示股价将上涨。如图9－5所示的5日均线上穿10日均线形成的交叉，10日均线上穿20日均线形成的交叉均为黄金交叉。

短期移动平均线向下跌破中长期移动平均线形成的交叉称为死亡交叉，预示股价将下跌。如图9－5所示的5日均线下穿10日均线形成的交叉，10日均线下穿20日均线形成的交叉均为死亡交叉。

（2）多头排列和空头排列。在股市行情上升进入稳定期，5日、10日、20日移动平均线从上而下依次顺序排列，向右上方移动，称为多头排列，预示股价将大幅上涨。

在股市行情上升中股价位于移动平均线之上，走多头排列的均线可视为多方的防线。当股价回档至移动平均线附近时，各条移动平均线依次产生支撑力量，买盘入场推动股价再度上升，这就是移动平均线的助涨作用。

相反，在股市行情下跌中，5日、10日、20日移动平均线自下而上依次顺序排列，向右下方移动，称为空头排列，预示股价将下跌。

在股市行情下跌中，股价在移动平均线的下方，呈空头排列的移动平均线可以视为空方的防线，当股价反弹到移动平均线附近时便会遇到阻力，卖盘涌出，促使股价进一步下跌，这就是移动平均线的助跌作用。

最后，当移动平均线由上升转为下降时出现最高点，由下降转为上升时出现最低点，这是移动平均线的转折点，预示股价走势将发生反转。

4. K线图与移动平均线的结合——葛兰碧法则

前面介绍了K线图的识别和移动平均线的应用，现在将移动平均线与K线（股价）结合使用，这就是葛兰碧移动平均线八大法则，其主要内容如图9－6所示并做如下分析。

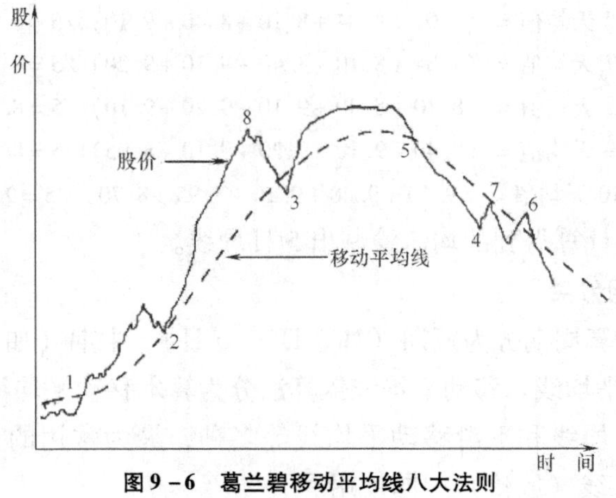

图9－6　葛兰碧移动平均线八大法则

（1）移动平均线从下降逐渐走平且略向上方抬头，而股价从移动平均线下方向上方突破为买进信号（点1）。

（2）股价位于移动平均线之上运行，回档时跌破移动平均线后又再度上升时为买进时机（点2）。

（3）股价位于移动平均线之上运行，回档时跌破移动平均线，但短期移动平均线继续呈上升趋势为买进时机（点3）。

（4）股价位于移动平均线下方运行，突然暴跌，距离移动平均线太远，极有可能向移动平均线靠近（物极必反，下跌反弹）为买进时机（点4）。

（5）股价位于移动平均线之上运行，连续数日大涨，距离移动平均线越来越远，说明近期内购买股票者获利丰厚，随时会产生获利回吐的卖压，应暂时卖出持股（点8）。

（6）移动平均线从上升逐渐走平，而股价从移动平均线上方向下跌破移动平均线，说明卖压渐重，应卖出所持股票（点5）。

（7）股价位于移动平均线下方运行，反弹时未突破移动平均线，且移动平均线跌势减缓，趋于水平后又出现下跌趋势，此时为卖出时机（点7）。

（8）股价反弹后在移动平均线上方徘徊，而移动平均线却继续下跌，宜卖出所持股票（点6）。

由上述可以看出，葛兰碧移动平均线法则分别给出了4个买入信号和卖出信号，且一一对应。以上八大法则中，（3）和（8）法则不易掌握，具体运用时风险较大，在未熟练掌握移动平均线的使用法则前，可以考虑放弃使用；（4）和（5）法则没有明确股价距离移动平均线多远时才是买卖时机，可以参照乖离率来解决。

5. 乖离率

（1）乖离率简介。乖离率（BIAS）又称为y值，是反映股价在波动过程中与移动平均线偏离程度的技术指标。它的理论基础是：不论股价在移动平均线之上或之下，只要偏离距离过远，就会向移动平均线趋近，据此计算股价偏离移动平均线百分比的大小，用以判断买卖时机（见图9－7）。葛兰碧移动平均线法则中的（3）和（8）两大法则就体现了这一思想，说明“物极必反”的原理。

（2）乖离率表示的意义。当股价在移动平均线之上时，称为正乖离率，反之称为负乖离率；当股价与移动平均线重合时，乖离率为0。在股价的升降过程中，乖离率反复在0点两侧变化，数值的大小对未来股价的走势分析具有一定的预测功能。正乖离率超过一定数值，显示短期内多头获利较大，进入超买区，获利回吐的可能性大，为卖出信号；负乖离率超过一定数值时，说明空头回补的可能性较大，进入超卖区，为买入信号。

如图9－7所示，界面上BIAS指标有两条指标线，参数N（天数）一般设置为6日和12日，其计算公式为：

$$\text{BIAS}=（收盘价-收盘价的N日算术平均）/收盘价的N日算术平均\times 100$$

按照经验值，6日BIAS > +4.5%，为卖出时机；6日BIAS < －4%，为买入时机。12日BIAS > +6%，为卖出时机；12日BIAS < －5.5%，为买入时机。显然，BIAS指标的缺陷是买卖信号过于频繁。

图 9－7　乖离率示意图

五、实验示例

（一）分时走势图的调用

登录 e－cube 版模拟交易系统，在“请输入代码/名称/简称”处输入 6 位股票代码，或直接输入股票中文名称的拼音首字母（如“东风汽车”可直接输入代码 600006 或输入简称 DFQC)，单击查询即可进入“东风汽车”股票界面。分时走势图的调用方法如图9－8和图 9－9 所示。

（二）K 线图的调用

1. 调用方法

单击“K 线图”选项，进入 K 线分析界面。

2. 更改 K 线图的显示区域

（1）单击 K 线图界面右上角向左和向右的图标，可调节 K 线图显示的时间范围。

（2）单击 K 线图界面右上角放大和缩小的图标，可以调节 K 线图的显示比例。

3. 查价

单击 K 线界面，利用移动的十字线，可以查看股票在各交易时间的价格与成交量。

4. 切换时间单位

单击 K 线图界面右上角切换周期图标，可以更改 K 线显示的时间周期。

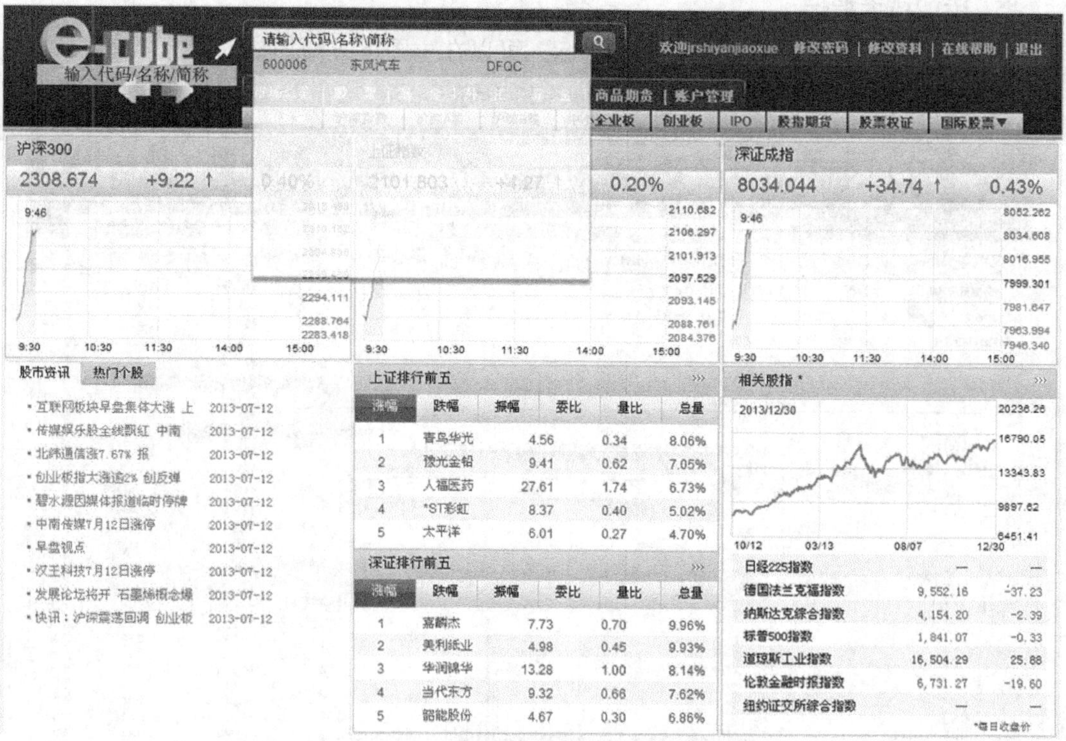

图9-8 登录模拟交易系统

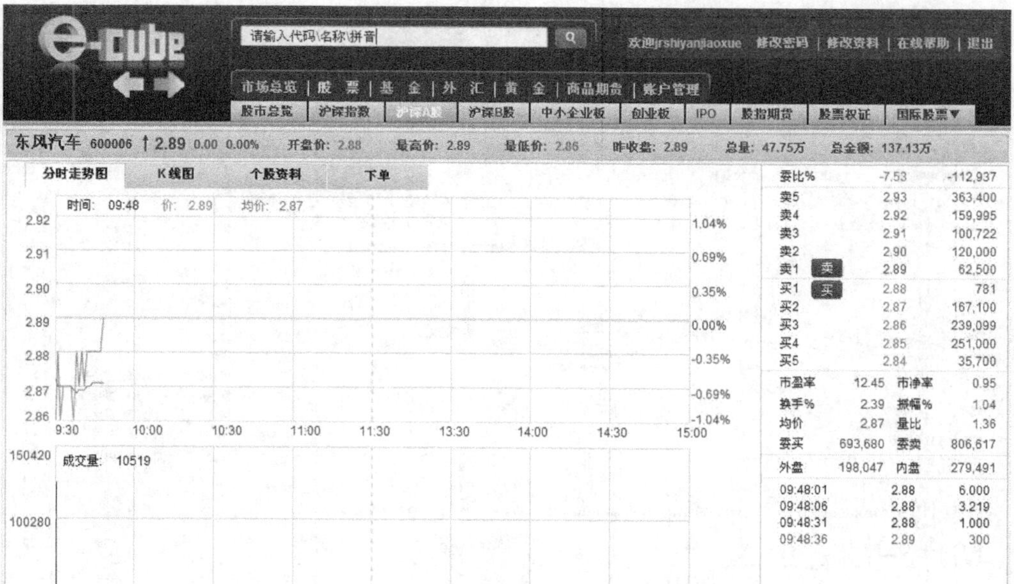

图9-9 分时走势图

5. 添加技术指标

单击 K 线图界面右上角添加副图图标，可以在主图下方增加技术指标界面。K 线图的调用方法如图 9－10 和图 9－11 所示。

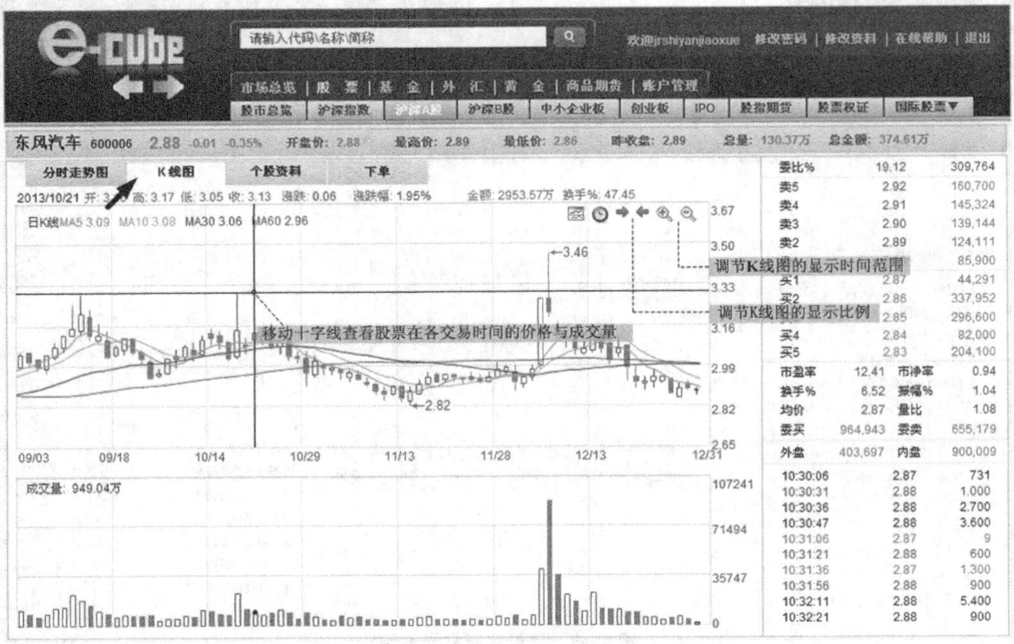

图 9－10　K 线图调用方法（1）

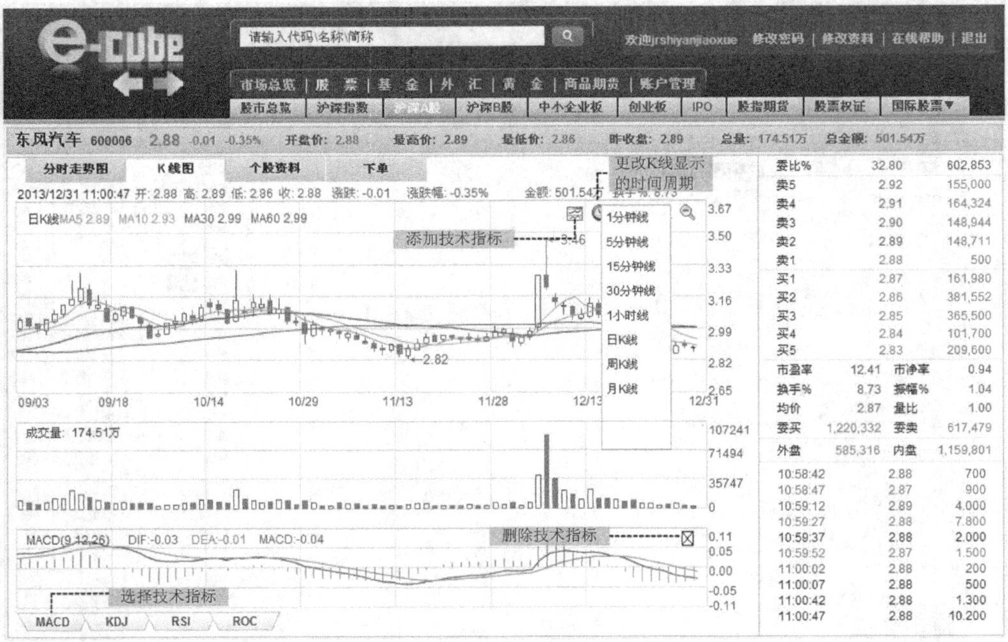

图 9－11　K 线图调用方法（2）

（三）K 线图与移动平均线分析示例

从分时走势图（见图 9－12）的分析来看，本日该股低开低走，上个交易日以

5.25元收盘，本日以5.22元开盘，开盘后小幅下挫，随后近1小时内股价窄幅振荡，至临近上午收盘时跌至全天最低价5.12元。午盘开市后惯性冲高，冲高遇阻直至全天收盘都在5.18元附近振荡，收盘报收于5.17元。当天该股成交量为99 821手，成交额为0.516亿元。

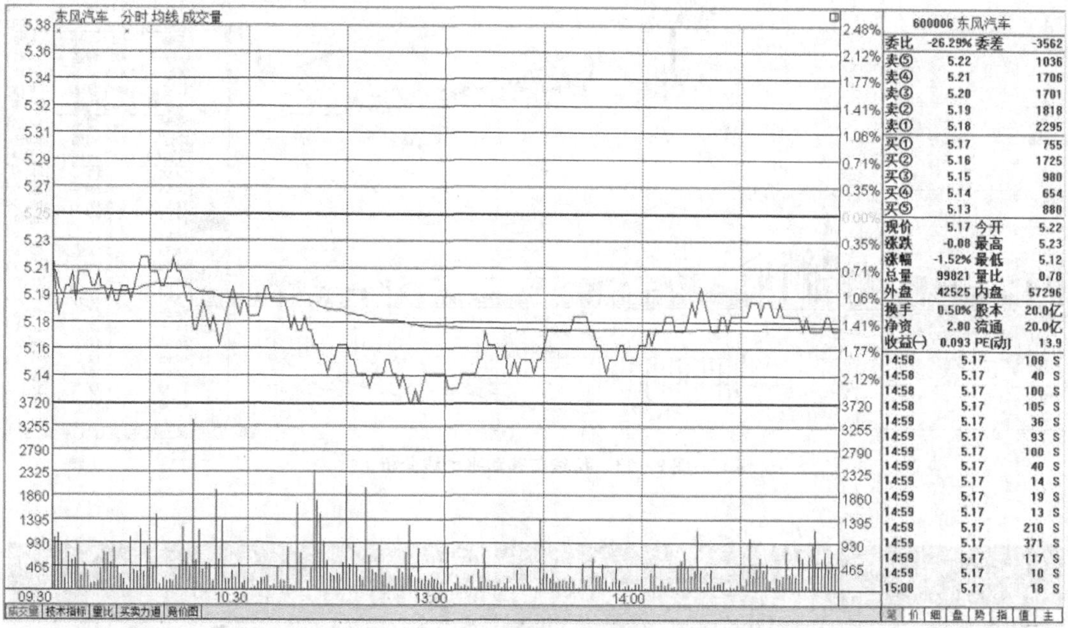

图9-12 分时走势图分析

从K线图和移动平均线来看，自2010年3月16日开盘以后，该股高开高走，移动平均线从下降转为向上，股价从移动平均线下方向上方突破，符合葛兰碧移动平均线的法则（1），其后几天形成连续的黄金交叉，此时为买进时机。随后，移动平均线形成多头排列，股价大涨，涨至4月中旬的最高位7.15元。从4月中旬开始，股价冲高遇阻回落，到4月下旬形成连续的死亡交叉，此时为卖出时机。从4月下旬一直到5月20日左右，移动平均线形成典型的空头排列，股价大幅下挫。从5月下旬一直到6月底，股价始终来回振荡，移动平均线纠缠不清，形势不明朗，应选择观望。从7月2日的局部最低点4.22元开始，股价开始上扬，又形成连续的黄金交叉，开始出现多头排列，出现了3月中旬到4月中旬相似的行情，重现“历史会重演”的现象，此时可以考虑入市买进（见图9-13）。

（四）上市公司基本面资料

点击图9-14中“个股资料”，进入“股本股东”“公司概况”“财务数据”“资金流向”等资料的显示界面，如图9-14和图9-15所示。

1. 公司业绩分析

公司业绩是股票价格变动的根本动力。业绩优良的公司才能保证股票价格的稳步

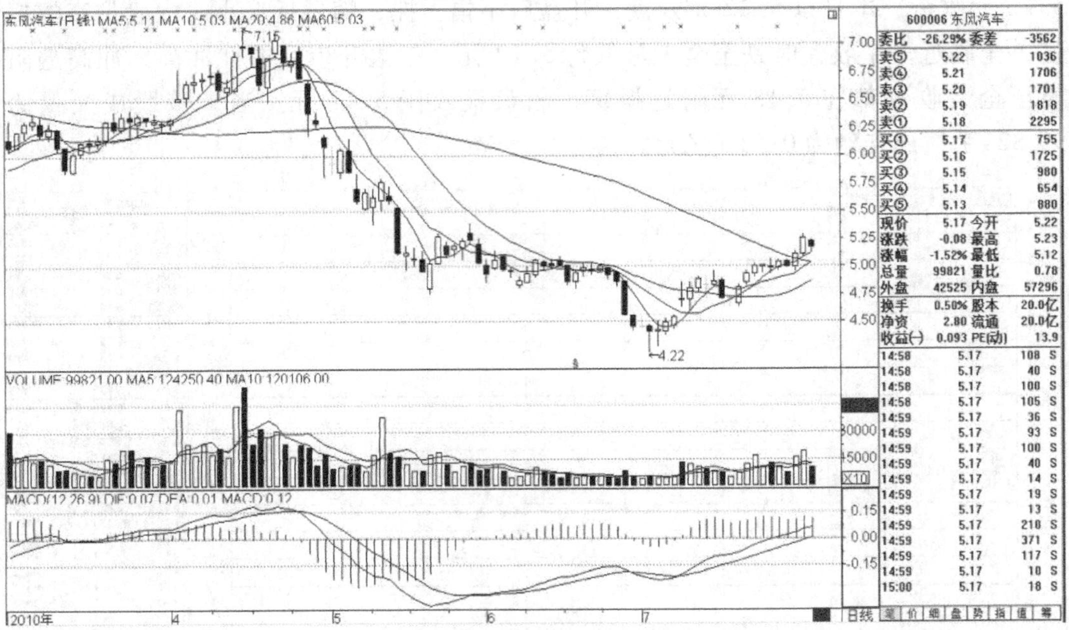

图9-13 K线与移动平均线分析

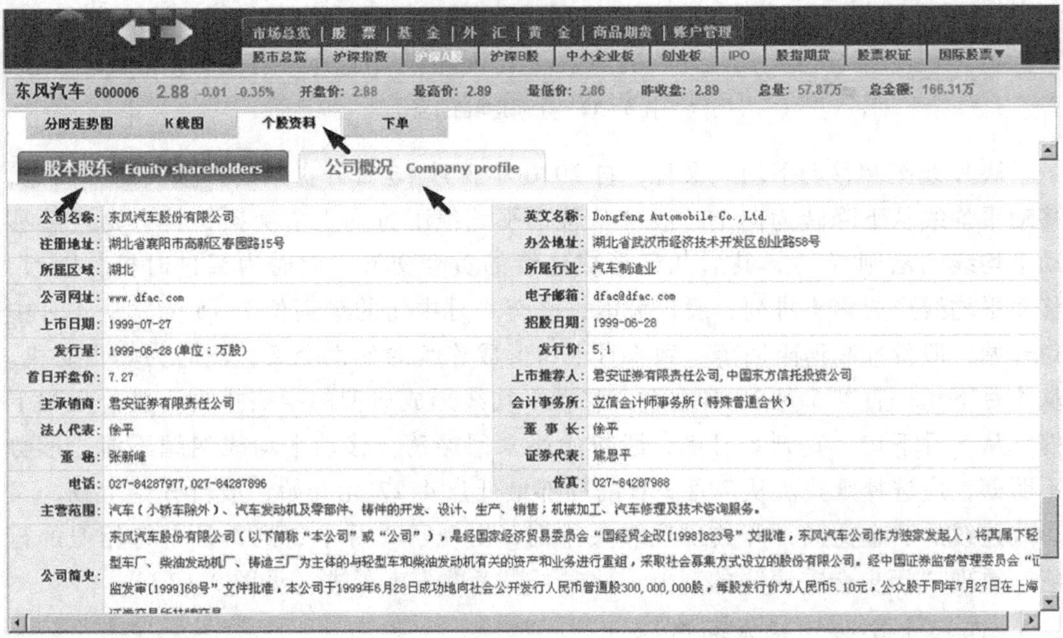

图9-14 上市公司资料显示界面(1)

上升，长线投资者尤其注重公司业绩。衡量公司业绩优劣的最主要指标是市盈率和增长率，选定绩优公司作为投资对象最为合适。

图9－15 上市公司资料显示界面（2）

2. 股票市场表现分析

对投资者，尤其是对短线投资者来说，股票的市场价格波动幅度大，具有较大的上升空间是选购股票的要素。

3. 净利润同比增长率分析

净利润同比增长率是反映公司发展潜力与发展后劲的第一指标。在相同的市场环境中，有的公司稳步发展，有的却停步不前甚至一路倒退。投资者选定净利润同比增长率高的公司是规避风险、寻求获利最为稳妥的一步。

4. 每股收益和每股净资产分析

股票的净资产值是股票的内在价值，是股票价格变动的内在支配力量。在市价一定的情况下，每股股票收益越高、净资产值越大越有投资价值，而收益很少甚至为负数、净资产值大大低于市价的股票是不可取的。

5. 净资产收盈率（ROE）分析

净资产收盈率反映公司资产运用和增值能力，指标高的企业往往具有良好的经营方针和有效的管理手段，投资者把资金交给这样的公司运作相对更为放心。

6. 股票市盈率分析

一般而言，股票的市盈率高低与其投资价值成反比，高的市盈率意味着股票的市价偏高或税后利润偏低。但过低的市盈率也可能是因为该种股票对投资者缺少吸引力，价格在较长时期内上不去，而某些具有较高成长速度的企业虽然当前的股价和市盈率偏高，但预期会产生丰厚的回报，股价和市盈率高也属正常。市盈率低的股票投资风险较小，相对获利机会较多；市盈率高的股票投资风险较大，相对获利机会较少。初入股市，一般应选择市盈率较低且比较活跃或市盈率虽较高但发展潜力较大的股票。

7. **股票的发行量和流通量分析**

发行量和流通量太大的股票本身具有价格稳定、难以炒作的特点，很难期望在短期内出现奇迹般的良好的市场表现。因此，在其他条件相似的情况下，尤其是中短期投资者，最好选择发行量和流通量较小、股本扩张能力较强的股票。

8. **股价涨幅分析**

在同行业股票中涨幅超前的股票，也就是涨价幅度比同期股价指数或其他股票涨幅高的股票，往往是有炒作题材的、业绩比较好的、受到较多投资者认同的股票，是投资者应当率先考虑的选购对象。

9. **确认绩优股**

有些公司业绩优良、收益丰厚且稳定，这类公司被称为绩优公司，发行上市的股票被称为“绩优股”。绩优股价格相对平稳，对股东支付较高的股息红利，是投资者长期投资、稳定获益的首选对象。选择绩优股的最可靠的办法是查阅公司的财务报表。一般来说，前述各项指标均比较优良的公司更值得投资者信赖，投资者也可以通过考察不同发行公司的分红派息政策发现绩优公司。一般来讲，一贯定期支付股息和分红而且数额相对较高，也就是股息支付率（每股股息与每股收益的比率）较高的公司更有可能是绩优公司。

第 10 章

综合分析实验（二）

实验模块 18：形态分析综合模拟实验

一、实验名称

形态分析综合模拟试验。

二、实验目的

通过本实验课程的学习，使学生掌握形态理论的突破反转形态和持续整理形态，了解这两种形态分别包含的类型，熟悉每种类型的形态含义、基本特征及形成条件。通过分析各种类型的形态在股价运行轨迹中的运用，预测股价未来走势，从而指导投资者的投资行为。

三、实验步骤与要求

（1）登录 e－cube 版模拟交易系统，进入所要分析的股票界面。

（2）查找个股 K 线走势图。

（3）观察大盘与个股走势图，重点观察具有两种形态的股指与股价走势图：①突破反转形态：头肩形（头肩顶、头肩底和复合头肩形）、双重顶（底）、三重顶（底）、圆弧形、喇叭形和 V 形等形态；②持续整理形态：三角形（对称、上升和下降）、矩形、旗形和楔形等形态。利用对各种形态的分析预测未来走势，并观察未来价格实际走势与形态分析的结论是否一致，并做出记录。

（4）将分析过程和分析结果填写在实验报告中。

四、实验说明

（一）形态分析法概述

证券价格上下波动的过程实际上是多方和空方进行博弈的过程，在某一时间段，多方和空方力量对比的强弱决定了价格曲线是向上还是向下。形态分析法正是通过分析价格曲线经过的痕迹，研究证券价格曲线表现出的各种形状，以此预测证券价格未来的走向。

在形态分析法中经常会用到两组概念：支撑线和压力线、上升趋势线和下降趋势线。支撑线起到阻止证券价格继续下跌的作用，当价格跌到某个价位附近时，证券价格停止下跌，甚至有可能会回升，往往是由于大量多方在此买入造成的；相反，压力线起到阻止证券价格继续上升的作用，当价格上涨到某价位附近时，证券价格停止上涨，甚至回落，这是由于大量空方在此抛出引起的。

证券价格在上升趋势中，将两个从左到右上升的低点连成一条直线，就得到上升趋势线；证券价格在下降趋势中，将两个从左到右下降的高点连成一条直线，就得到下降趋势线。显而易见，上升趋势线起支撑作用，下降趋势线起压力作用。也就是说，上升趋势线是支撑线的一种，下降趋势线是压力线的一种。

形态分析法分析各种形态在股价运行轨迹中的作用时，经常涉及支撑和压力的理念，它把证券价格曲线的形态分为两个大类型：突破反转形态和持续整理形态。

（二）突破反转形态

突破反转形态是一种股价趋势逆转的形态，预示着股价由上涨转为下跌或由下跌转为上涨。突破反转形态包括头肩形、双重底、三重顶、圆弧形、喇叭形和V形六种。

1. 头肩形

头肩形股价趋势描述了过去的股价趋势已告一段落，股价未来将向反方向运动。

（1）头肩顶形态（见图10－1）。头肩顶形态一般在升市中出现，当股价上升到某一价位时成交量放大，出现获利回吐，股价回落形成左肩。股价经调整后又上升，升至高于左肩顶点的价位（突破上次高点），受到压力再次回落，而且跌过上次的低点，形成头部；然后股价再次回升，但没能升至左肩顶点的高度转而回落，形成右肩。如果股价继续下跌，跌破颈线（左肩底与头部底相连的直线），且再回升时没能穿过颈线又调头下跌，头肩顶形态完成。

形成头肩顶形态的特征需三个条件：①一般来说，左肩和右肩的高点大致相等，部分头肩顶的右肩较左肩低；②在成交量方面，左肩最大，头部次之，右肩最少；③突破颈线时，成交量不一定放大，也可确认反转形态的成立。

（2）头肩底形态（见图10－2）。头肩底与头肩顶的形状一样，只是整个形态倒转过来，也称“倒头肩式”，一般在股价跌势中出现。股价下跌到某一价位，成交量小幅增加，股价上升，形成左肩；接着，股价调头下跌，跌破上次低点，形成头部；股价受到支撑又从低点回升，升至上次反弹高点又出现第三次回落，股价跌至左肩水平转而回升，形成右肩。如果股价上升，突破颈线，且伴随成交量的明显放大，头肩底形态完成。

形成头肩底形态的特征需两个条件：①一般来说，头肩底形态较为平坦；②股价突破颈线时，必须有成交量激增的配合，形态才可得到确认。

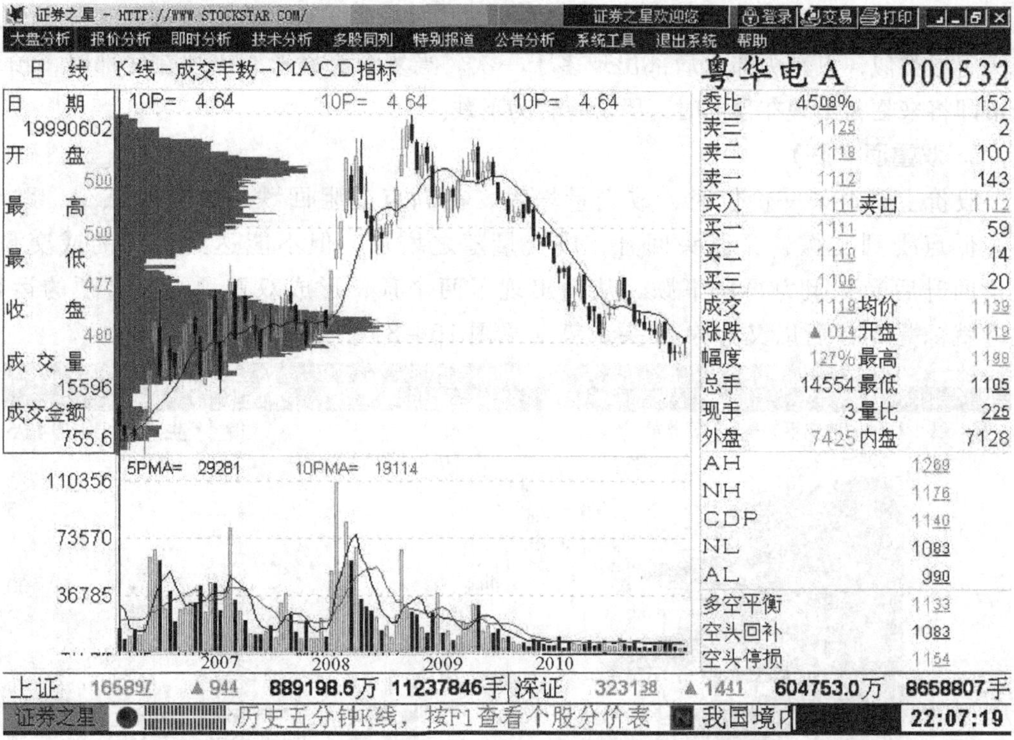

图 10-1　头肩顶形态

图 10-2　头肩底形态

（3）复合头肩形态。复合头肩形态是头肩形的变形走势，其形成过程和分析意义与头肩形类似，只是头部或肩部出现多于一次。当复合头肩形态出现在底部时，预示升市即将来临；出现在顶部时，股价将转为下跌。

2. **双重顶（底）**

股价上升至某一价位时，成交量增大，在高点受阻回跌，成交量减少，跌至某一低点受到支撑，又调头回升，成交量随之增加，但不能达到上次的成交量；股价回升后受到阻力再次下跌，从而出现了两个顶，形成双重顶。双重顶的运行轨迹就像是 M，所以又称为 M 头走势（见图 10－3）。

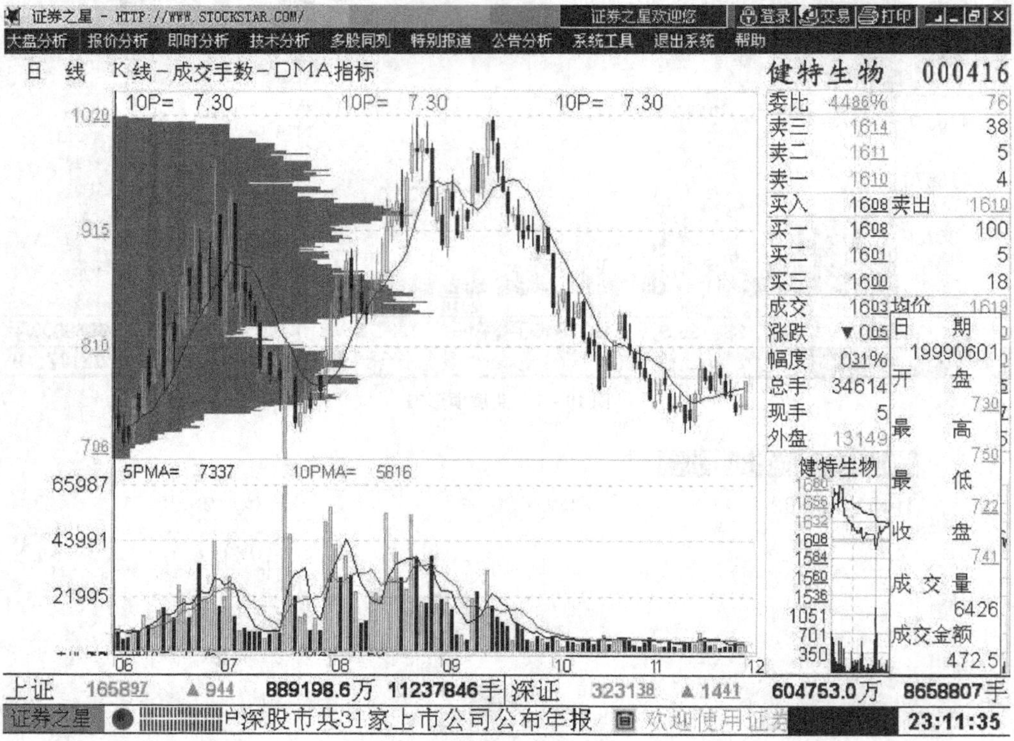

图 10－3　双重顶

与双重顶类似，当股价下跌至某一价位出现反弹，小幅上升后遇到阻力回跌，跌至上次低点获得支撑，再次回升，成交量较前次反弹的成交量大，从而出现两个底，形成双重底。双重底的运行轨迹就像是 W，所以又称为 W 走势（见图 10－4）。

双重顶和双重底都需要突破颈线（M 头的颈线是第一次从高点回落的最低点，W 底的颈线是第一次从低点反弹的最高点），才能确认形态完成。

形成双重顶（底）形态的特征需三个条件：①双头的两个高点不一定在同一水平上，二者相差小于3%就是可接受的，一般是第二个头可能较第一个头高些，双底的第二个低点都较第一个低点高些；②双头向下突破颈线时，不一定要有成交量激增的配合，但双底向上突破颈线时，必须有成交量激增的配合；③双头（底）的最小跌

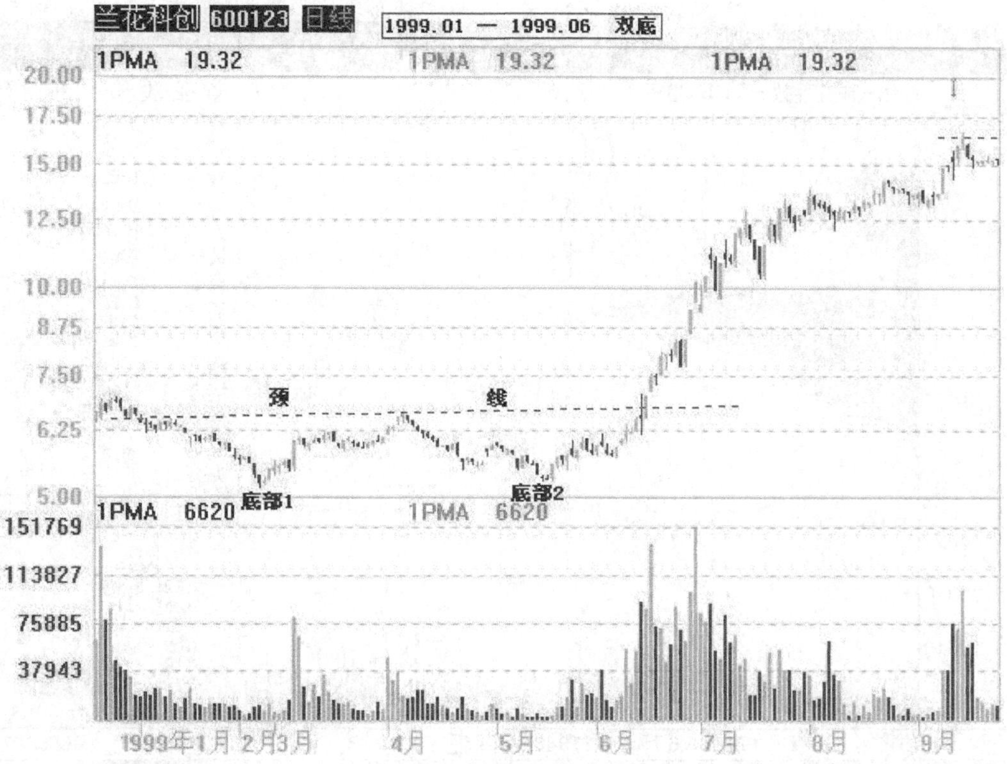

图10－4　双重底

(涨) 幅从颈线开始，至少会下跌（上涨）为从双头（底）最高（低）点和颈线之间的价差距离。

3. **三重顶（底）**

三重顶（底）属于头肩形变形，当头部和肩部大约在同一个价位时，即三个顶峰或三个谷底几乎在同一水平线上时（但有时头部比肩部稍高或稍低），称为三重顶（底）（见图10－5）。

形成三重顶（底）形态的特征需三个条件：①三重顶（底）的顶峰之间或谷底之间的间隔距离与时间不必相等，三重顶的底部与三重底的顶部不一定在同一价位上形成；②三顶点价格不必相等，大约相差3%就可接受；③三重顶的成交量在上升期间逐次减少，第三次的成交量非常小时预示着股价即将下跌，三重底的第三个底部上升时成交量猛增，预示着股价有突破颈线的趋势。

4. **圆弧形**

圆弧形态又称碟形、圆形或碗形，分为圆弧顶和圆弧底。

(1) 圆弧顶。股价呈弧形上升，股价虽不断上升，但每一高点比前一高点高不了多少就回落，开始是新的高点比前一点高，但随后回升点较前一高点低，连接短期高点形成圆弧顶（见图10－6）。

形成圆弧形态的特征需要的条件为：其成交量呈圆弧状，越接近顶部或底部，成

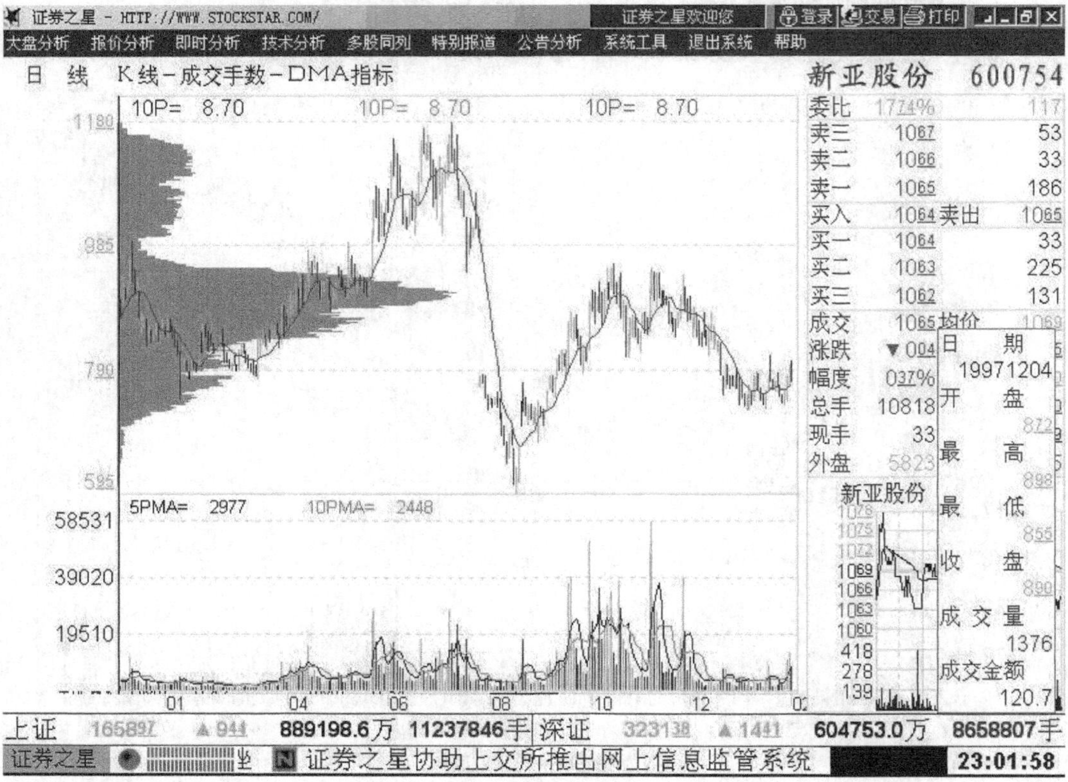

图 10－5 三重顶

交量越小。

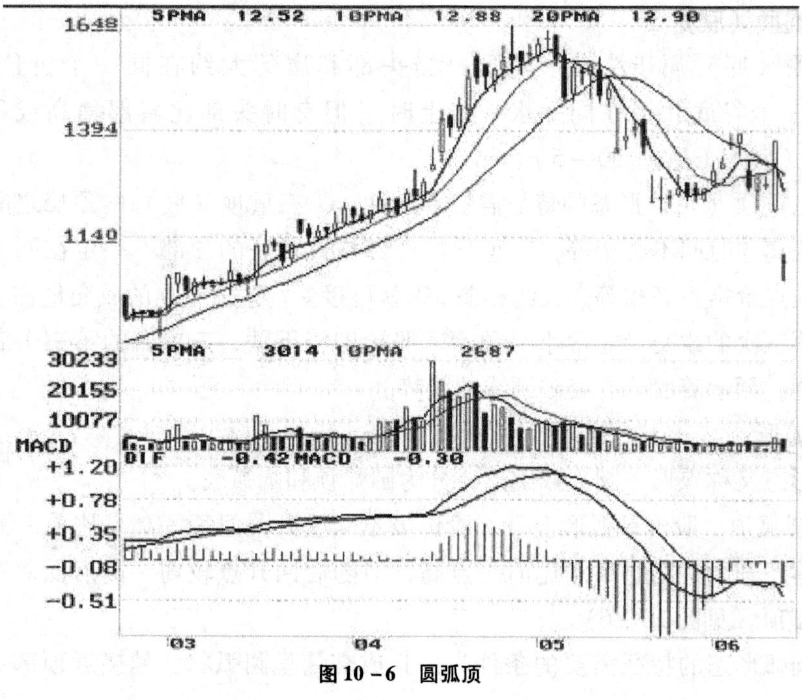

图 10－6 圆弧顶

（2）圆弧底。股价呈弧形下降，但后一低点比前一低点低不了多少就反弹，开始是新低点低于前一点，后来是反弹点高于前一点，连接短期低点形成圆弧底（见图10－7）。

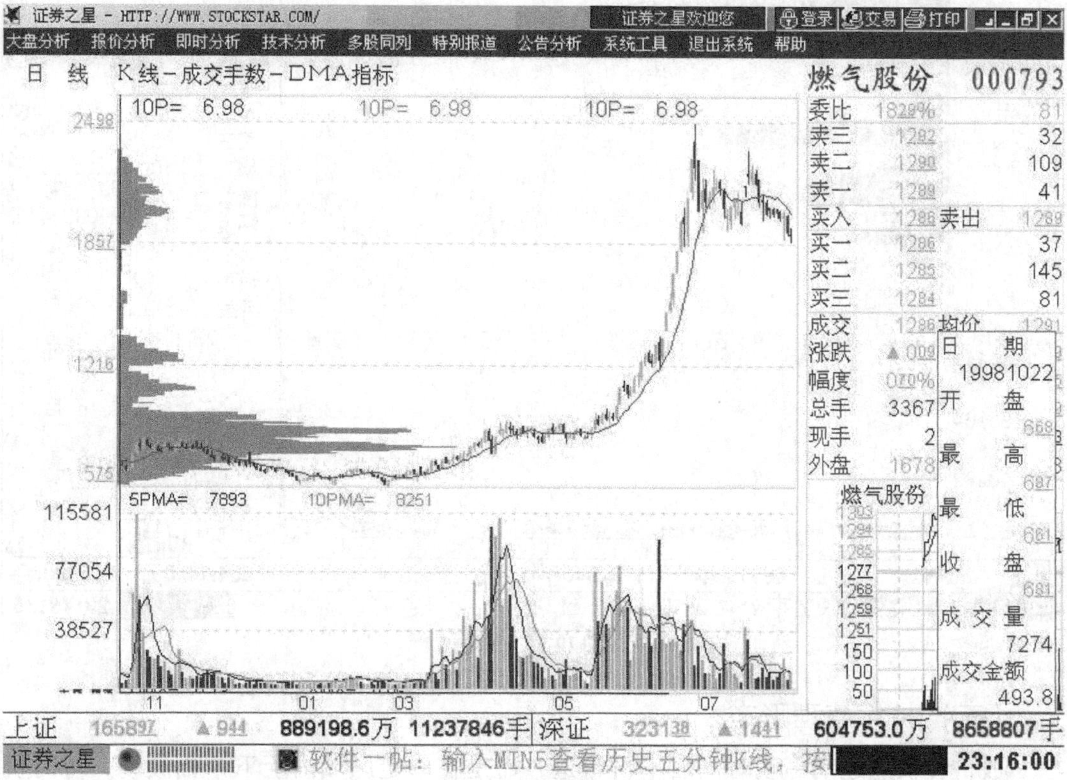

图10－7 圆弧底

5. **喇叭形**

喇叭形态的表现是，股价上升一段时间后下跌，然后再上升、再下跌，上升高点较上次高点高，下跌低点较上次低点低，股价波动幅度越来越大，分别连接上下的高点和低点，形成喇叭形。

形成喇叭形态的特征需三个条件：①至少有三个逐渐升高的高点，两个逐渐降低的低点；②多出现在顶部，是一种比较可靠的看跌形态，但是不经常出现；③成交量大但不规则。

6. **V形**

V形形态的表现是，当股价急剧下跌至某一低点，持续很短的一段时间便发生逆转，股价回升，形成V字形（见图10－8）。V形形态的最低点称为转势点。

形成V形形态的特征需要的条件为：V形走势在转势点的成交量明显增大。

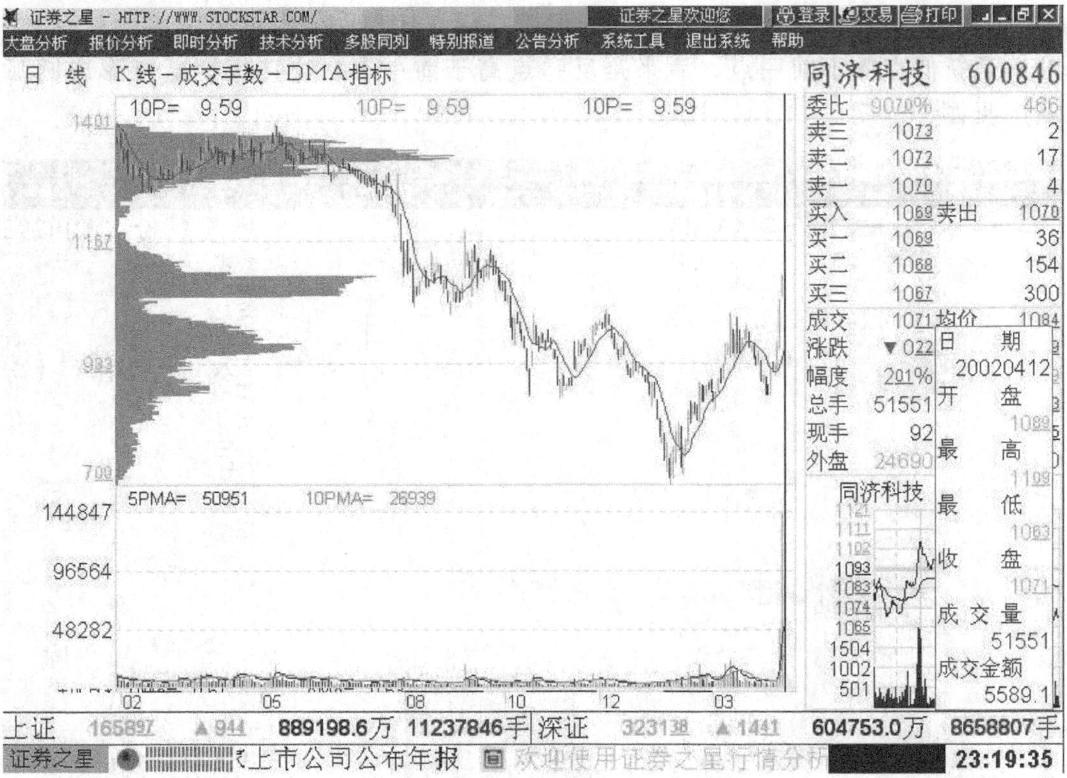

图10－8　V形

（三）持续整理形态

股价在快速运动一段时间后不再行进，而是在一定区域内上下窄幅波动，待时机成熟后再继续原来的走势。这种股价运行轨迹称为持续整理形态。

1. 三角形

（1）对称三角形，又称收敛三角形。股价每轮波动的最高点一次比一次低，最低点一次比一次高，股价波动幅度逐渐减小，连接短期高点为一条向下倾斜的压力线，连接短期低点为一条向上倾斜的支撑线，压力线与支撑线收敛于一点，形成对称三角形（见图10－9）。

形成对称三角形态的特征需三个条件：①向上突破需要有大成交量的配合才能确认形态，向下突破则不需要；②成交量随股价波幅渐窄而递减；③股价一般在横向长度的1/2到3/4的位置发生突破。

（2）上升三角形。连接股价变动的短期高点成一条水平的阻力线，连接短期低点成一条向上倾斜的支撑线，阻力线和支撑线收敛于一点，形成上升三角形（见图10－10）。简单说，上升三角形就是图10－9中表示的对称三角形中的下降趋势线变成了水平线。

形成上升三角形态的特征需两个条件：①成交量在上升三角形态形成过程中不断减少；②股价向上突破必须伴有较大的成交量。

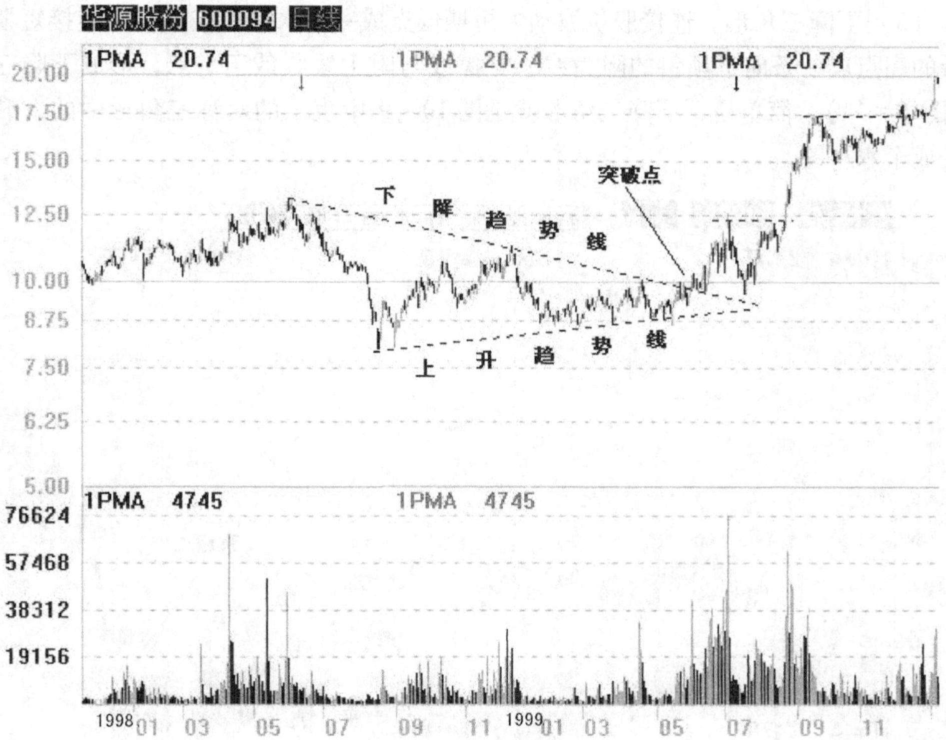

图10-9 对称三角形

图10-10 上升三角形

（3）下降三角形。连接股价波动的短期低点成一条水平的支撑线，连接短期逐渐降低的高点成一条向下倾斜的阻力线，支撑线与阻力线收敛于一点，形成下降三角形（见图10－11）。简单说，下降三角形就是图 10－9 中表示的对称三角形中的上升趋势线变成了水平线。

图 10－11　下降三角形

形成下降三角形态的特征需两个条件：①成交量在整个形态形成过程中一直都很小；②股价向下突破不需要有大成交量的配合。

2. **矩形**

矩形也称箱形，股价在两条水平的上下线之间波动，当股价上升至某一高点时，遇到阻力掉头回落，随后获得支撑，又回升到上次同一高点再次受阻，跌回前次低点时再次获得支撑。连接这些短期低点和高点、形成一条平行发展的通道即为矩形形态（见图10－12）。

形成矩形形态的特征条件为：股价向上突破必须有成交量的配合，向下突破则不需要有成交量的配合。

图 10-12 矩形

3. 旗形

旗形形态多出现在急速而又大幅波动的市场中，股价经过一连串紧密的短期波动后，形成一个与原来趋势呈相反方向稍微倾斜的长方形，称为旗形走势。

(1) 上升旗形。股价急速下跌后，形成一个狭窄的稍微上倾的价格密集区，分别连接高点与低点，形成两条平行而又上倾的直线，形成一条上升通道，称为上升旗形。

(2) 下降旗形。股价经过急速上升后，形成一个狭窄的稍微下倾的价格密集区，分别连接密集区的高点与低点，形成两条平行而又下倾的直线，称为下降旗形。

形成旗形形态的特征需两个条件：①该形态必须在急速上升和下跌后出现，成交量在形态形成其间不断减少；②当上升旗形向上突破时，必须有大成交量的配合，当下降旗形向下突破时，成交量也大幅增加。

4. 楔形

两条同时上倾或下倾的直线收敛于一点，形成楔形。

(1) 上升楔形。股价经过一次下跌后，有强烈的技术性反弹，价格升至某一水平又掉头下落，但回落点较前次高，接着上升至新高点，比上次反弹高点高，再次回落，形成一浪比一浪高的走势，分别连接短期高点和低点，形成两条同时上倾的直线，但下边界比上边界更陡峭，呈收敛之势，形成上升楔形。

（2）下降楔形。股价经过一段时间的上升，出现获利回吐，下跌后接着反弹，但没能升至前次高点又回落，跌至比前次低点高的价位，再次反弹，形成一浪低于一浪的走势，分别连接逐渐下降的高点和下降趋缓的低点，形成两条同时下降且收敛的直线，形成下降楔形。

形成楔形形态的特征需三个条件：①楔形上下两条界线必须明显收敛于一点；②楔形越靠近端点，成交量越小；③上升楔形常在跌市回升中出现，表示股价尚未下跌见底，只是一次跌后的技术性反弹，下降楔形常在上升行情的回落调整中出现，表示股价上升尚未见顶。

五、实验示例

（一）头肩顶形态

如图 10－13 所示，绿大地从 2009 年 12 月初到 2010 年 4 月底的股价走势形成头肩顶形态。该股在 2009 年 12 月 3 日达到局部高点 29.5 元，形成左肩。随后股价下挫，降至低点 25.5 元后一路上扬，在 2010 年 1 月 18 日涨至 30.82 元，形成头部。股价升至最高位后又回跌，但跌至与前次低点差不多的价位，即 25 元左右时获得支撑而回升，在 2010 年 3 月 3 日涨至 29.06 元，形成右肩。从 K 线图上看，在右肩顶部成交量明显比头部和左肩萎缩。在右肩到达高位后，该股惯性冲高回落，开始大幅下挫，2010 年 3 月 30 日直接跳空低开，股价突破颈线，成交量突然放大，头肩顶形态可以确认形成。该股在头肩顶形态形成后，价格继续下滑，其间虽然从 4 月 20 日到 4 月 29 日连续报出阳线，但均未突破颈线。颈线突破未果后，从 5 月开始股价直线下挫，符合头肩顶形态的走势特征。从整体来看，头肩顶的形成历经了 5 个月时间，因此形态特征比较明显。

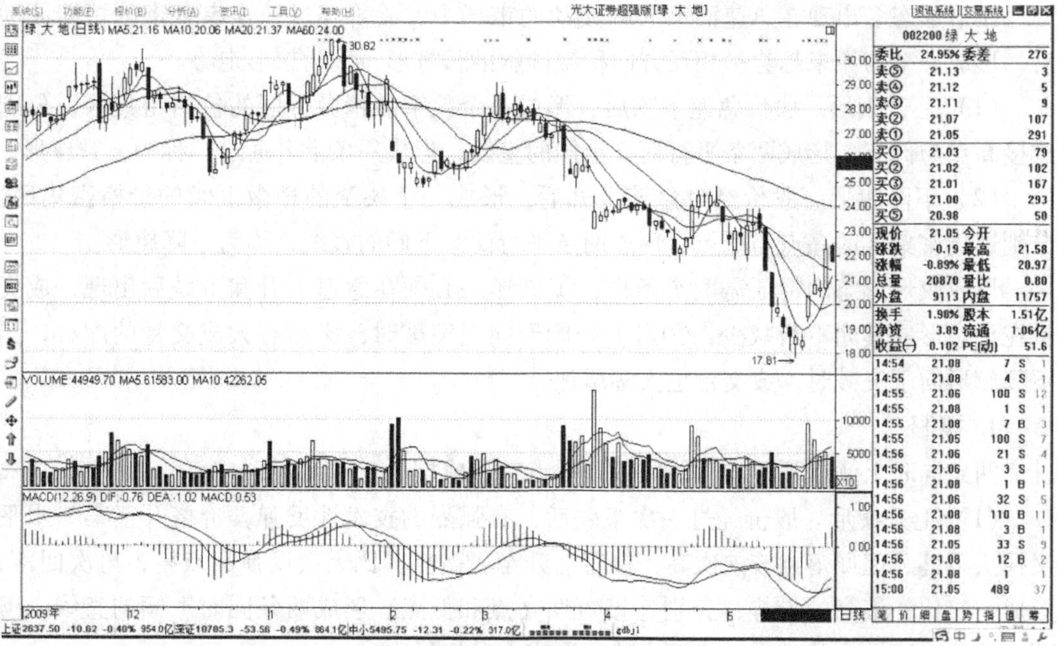

图 10－13　头肩顶形态示例

（二）双重底形态

如图 10－14 所示，洪都航空从 2010 年 4 月底到 7 月中旬形成了双重底（W 底）形态。该股在 2010 年 4 月 27 日到达 40 元左右的高位后开始回落，5 月 18 日跌至最低点 30.08 元，形成第一个低点。此时投资者开始买入，股价回升，股价在涨至 35 元附近时遇阻开始回落，在 6 月 18 日到达了与前次低点相近的价位，即 30.90 元，形成第二个低点。从 K 线图上看，该股从第一次低点到第二次低点形成的 1 个月时间里，成交量没有明显变化。在到达第二次低点后，股价惯性开始回升，到 2010 年 7 月 6 日突破颈线，成交量也随之放大，双重底形态可以确认形成。此后几天该股连续出现黄金交叉，此时是一个很好的买入时机。随后，股价大幅上扬，出现了多头排列，7 月 29 日创下了新高的 44.50 元。从整体来看，该股从 2010 年 4 月底到 7 月中旬形成的 W 底形态的特征条件较明显。

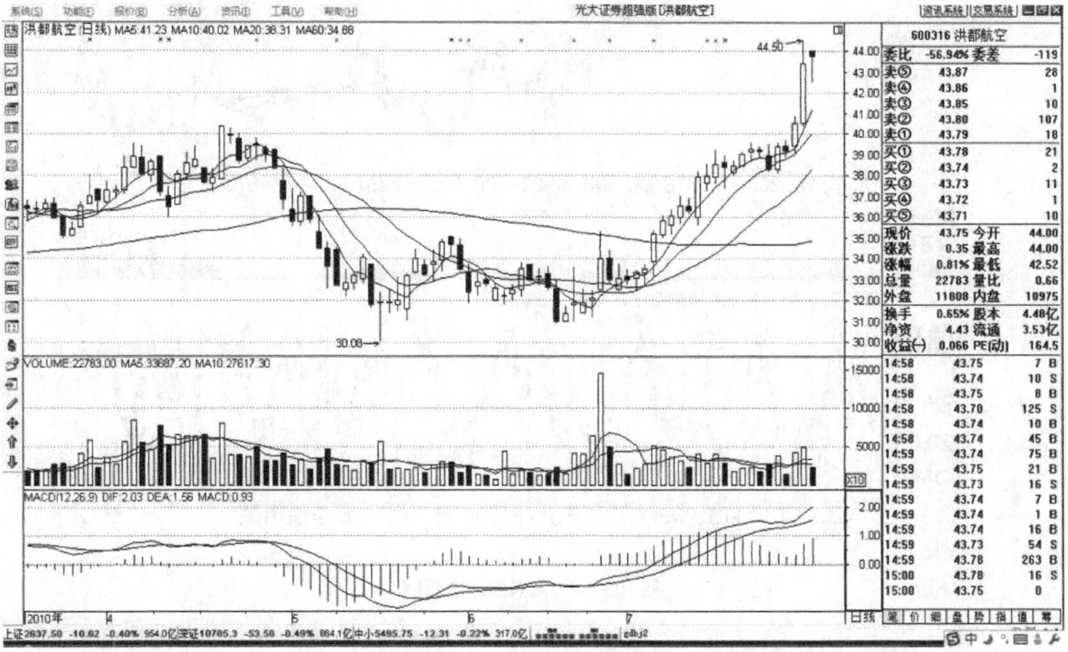

图 10－14　双重底形态示例

（三）圆弧底形态

如图 10－15 所示，全柴动力从 2005 年 9 月 19 日到 2006 年 2 月 9 日的股价走势形成圆弧底形态。该股在 2005 年 9 月 19 日升至短期高点后开始回落，卖方压力不断减小，股价缓慢下跌，跌至 10 月 17 日的 2.48 元，其后开始小幅反弹，升至 10 月 24 日的 2.79 元又回落，10 月 28 日跌至新的低点，即 2.34 元，但只是略低于前一低点，接着是新一轮的反弹回落，跌至 12 月 5 日的 2.35 元，与前一低点几乎是同一价位。因此，趋势线渐近水平，随后开始缓慢回升，反弹高点较前次高点 2.57 元略高，在 12 月 30 日达到 2.59 元。接着，股价急速上升，不断创出新高，2006 年 1 月 9 日升至 2.91 元，2 月 9 日高达 3.3 元。从成交量来看，开始时随股价下跌成交量不断减少，当接近底部时成交量最少，当股价缓慢回升时，成交量逐渐增加，因此，成交量也呈圆弧形。当股价急速上升时，圆弧底形成，预示着一次升势来临，投资者可在圆弧底转升势时及时追入。

图 10－15 圆弧底形态示例

（四）对称三角形形态

如图 10－16 所示，华光股份从 2009 年 9 月初到 11 月初的价格走势形成对称三角形形态。该股从 9 月初的低位开始大幅反弹，连续报出大阳线，在 9 月中旬到达短期高点后掉头回落，9 月 29 日跌至短期低点 17.76 元。由于买方的支撑，推动股价回升至一个新的短期高点，在 10 月 15 日升至 19.98 元，但未能突破前次高点便掉头回落。此后几天股价来回振荡，在 11 月初又跌至低点。从整体来看，多方和空方双方势均力敌，使股价的波动范围逐渐缩小呈收敛状，形成对称三角形。2009 年 11 月 3 日股价高开高走，突破颈线，三角形形态得以确认，随后股价上涨。从 K 线图上看，在三角形形态形成后，成交量也出现放大的情况。

图 10－16　对称三角形形态示例

(五) 矩形形态

如图 10－17 所示，韶钢松山从 2009 年 1 月至 5 月的价格走势形成矩形形态。该股

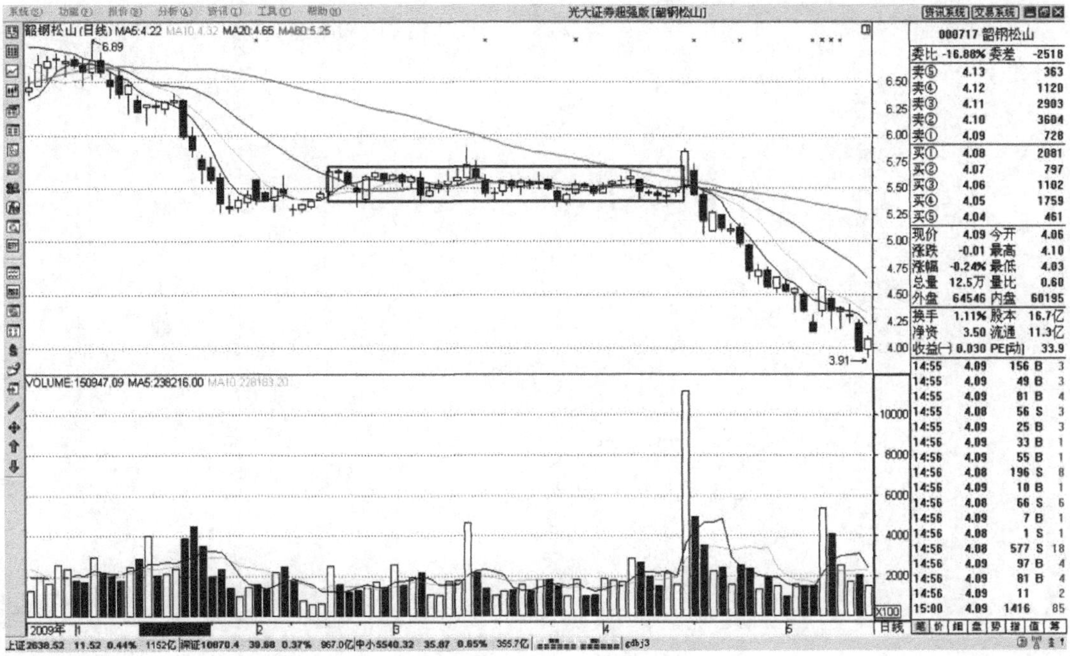

图 10－17　矩形形态示例

自 6. 89 元的高点，经过一段时间的下跌后进入盘整阶段，如图中矩形位置所示。在 2 月 11 日至 4 月 15 日期间，该股股价在 5. 4 元与 5. 7 元区间内小幅震荡。股价在 3 月 11 日曾试图突破盘整状态，但是该次上冲没有成功，随后股价又开始长期小幅震荡，成交量在低位运行，多方和空方双方意图均不明朗。直至 4 月 15 日多方率先表明意图，但随即遭到空方抛压，股价向下突破，随后股价一路下滑。

第 11 章

综合分析实验（三）

实验模块 19：技术指标分析综合模拟实验

一、实验名称

技术指标分析综合模拟实验。

二、实验目的

通过本实验课程的学习，使学生掌握技术指标分析的基本方法，熟悉 MACD、RSI、KDJ、OBV 等技术指标的图形特征、分析要点和应用原则，能够熟练地运用技术指标进行分析。

三、实验步骤与要求

（1）登录 e－cube 版模拟交易系统，进入所要分析的股价及其指标的界面。

（2）运用行情显示模块选择相关的技术指标。

（3）观察大盘与个股的各种技术指标，利用技术指标进行分析，预期个股的未来走势，并观察个股的未来价格实际走势与计算指标的结论是否一致，并做出记录。

（4）将练习过程、分析思路和决策判断填写在实验报告中。

四、实验说明

指标分析与形态分析、K 线图分析共同构成了技术分析的主要内容。指标分析是对原始数据系列公式变化后生成的新数据序列的分析。技术指标虽多，但总体而言，股票技术指标可分为三类：趋势指标、震荡指标和能量指标。

趋势类指标是技术指标中最为重要的一类，它是通过分析股价未来的走势研判买卖信号的一类指标，以平滑异同移动平均线（MACD）指标为代表。

震荡类指标是通过考量一定时期内价格相对上升与下降的强度和分析买卖实力指导操作。震荡类指标有很多，本项实验主要介绍 RSI 指标和 KDJ 指标。

能量类指标是从物理学中的重力原理和惯性原理的角度设计的，认为成交量是股价上升的动力，因此，这类指标通过观察成交量与股价的相对运动判断股价未来走势。以 OBV 指标为代表。

四个技术指标的示意图见图 11－1。

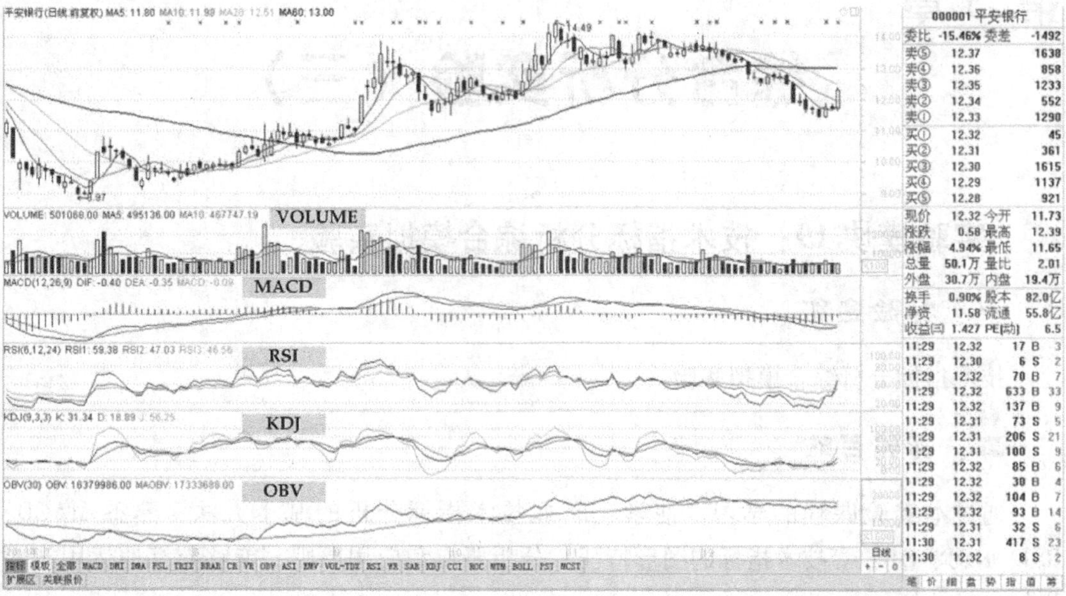

图 11－1　技术指标示意图

（一）平滑异同移动平均线

平滑异同移动平均线（Moving Average Convergence and Divergence，MACD）是查拉尔·阿佩尔（Geral Appel）于 1979 年提出的一项利用短期移动平均线（EMAn1）与长期移动平均线（EMAn2）之间的离差（DIF 线）的相对位置变化，对买进、卖出时机做出研判的技术指标。MACD 指标可以消除移动平均线经常出现的虚假讯号，又保留了移动平均线的优点。但由于该指标对价格变动的灵敏度不高，属于中长线指标，所以在盘整行情中不适用。

1. 计算方法

$\{C_t\}(t=1, 2, \cdots, N)$ 为收盘价序列；$M(C_t, \alpha)$ 为对价格序列 C_t 以 α 为平滑系数的指数平滑平均。

（1）选定 $n_1, n_2 (n_1 < n_2)$

（2）计算 C_t 的移动平均线：$EMA_t(n_i) = M[C_t, 2/(n_i+1)] \quad (i=1,2)$

（3）计算离差线：$DIF_t(n_1, n_2) = EMA_t(n_1) - EMA_t(n_2)$

（4）计算 DIF 的移动平均线 DEA：$DEA_t = M[DIF_t, 1/(n+1)]$

（5）计算 MACD：$MACD = 2 \times (DIF - DEA)$

说明：依据经验，通常取 $n_1 = 12$，$n_2 = 26$，$n = 9$

2. 应用原则

(1) DIF 由下向上突破 DEA 形成黄金交叉，即 DIF 上穿 DEA 形成的交叉；同时，MACD（绿柱线）缩短，为买入信号。

(2) DIF 由上向下突破 DEA 形成死亡交叉，即 DIF 下穿 DEA 形成的交叉；同时，MACD（红柱线）缩短，为卖出信号。

(3) 背离是反转的信号，即如果发现股价走势与指标走势背道而驰，即可判断未来股价走势方向将反转。背离有两种表现：顶背离和底背离。

顶背离：指数或股价逐波升高，而 DIF 及 DEA 不是同步上升，而是逐波下降，即形成顶背离，预示指数或股价即将下跌。如果此时出现 DIF 两次由上向下穿过 DEA，形成两次死亡交叉，则股价将大幅下跌。

底背离：指数或股价逐波下行，而 DIF 及 DEA 不是同步下降，而是逐波上升，与股价走势形成底背离，预示着指数或股价即将上涨。如果此时出现 DIF 两次由下向上穿过 DEA，形成两次黄金交叉，则股价即将大幅度上涨。

（二）相对强弱指标

相对强弱指标（Relative Strength Index，RSI）是根据供求平衡的原理，通过测量一定时期内股价上涨总幅度占股价变化总幅度平均值的百分比，判断多方和空方双方力量的相对强弱，进而研判买卖信号的指标。

1. 计算方法

$$RSI_t(n) = U_t(n)/[U_t(n) + D_t(n)] \times 100\%$$

其中，$RSI_t(n)$ 为第 t 日的 n 日相对强弱指数；$U_t(n)$ 为从 t 日起，向前 n 日的累计上涨数值；$D_t(n)$ 为从 t 日起，向前 n 日的累计下跌数值。

一般情况下，短期 RSI 设 n 为6，长期 RSI 设 n 为12。RSI 值永远在0 ~ 100之内（省去%）变动，数值越大，意味着当期买方实力越强。

2. 应用原则

(1) 根据 RSI 数值的大小判断操作方向：

RSI 值将 0 ~ 100 分为极弱、弱、强、极强四个区域。“强”和“弱”以 50 作为分界线，当 RSI >50 时多方占优，当 RSI <50 时空方占优。

一般认为，当 RSI 值高于 80 进入“极强”区时，股价随时可能形成短期回档，是卖出信号；当 RSI 值低于 20 进入“极弱”区时，股价随时可能形成短期反弹，是买入信号。

(2) 从不同参数的 RSI 曲线的相对位置判断操作方向：

短期 RSI 线在 20 以下，由下向上穿过长期 RSI 线时为买入信号。

短期 RSI 线在 80 以上，由上向下穿过长期 RSI 线时为卖出信号。

(3) 从 RSI 与股价走势的背离判断操作方向：

顶背离：在高价区股价回跌、盘整后再创新高或达到先前高点附近，但 RSI 不能上升到高点，表示后市看弱，反转在即，属卖出信号。

底背离：在低价区股价回升、盘整后再创新低或达到先前低点附近，但 RSI 不能回跌到低点，表示后市看强，反转在即，可买入。

（4）从 RSI 曲线形态判断操作方向：当 RSI 线在高位区或低位区形成了头肩形或多重顶（底）的形态时，可以考虑进行买卖操作。这些形态出现的位置离 50 中轴线越远，信号的可信度就越高，出错的可能性也就越小。

（三）随机指标

随机指标（Stochastics）又称为 KDJ 指标，通过一个在特定的周期内（常为 9 日、9 周等）出现过的最高价、最低价及最后一个计算周期的收盘价及这三者之间的比例关系，计算最后一个计算周期的未成熟随机指数 RSV；然后，根据平滑移动平均线的方法计算 K 值、D 值与 J 值，并绘成曲线图用来研判股票走势。KDJ 综合了动量观念、强弱指标及移动平均线的优点，用来度量股价脱离价格正常范围的变异程度。KDJ 指标考虑的不仅是收盘价，而且有近期的最高价和最低价，这样就避免了仅考虑收盘价而忽视真正波动幅度的弱点。随机指数以 K,D,J 三个符号表示。

1. 计算方法

以日 KDJ 数值的计算为例。

（1）计算未成熟随机指数 RSV，其计算公式为：

$$\mathrm{RSV}_t = [C_t - L_t(n)]/[H_t(n) - L_t(n)] \times 100\%$$

（2）计算随机 K 值和随机 D 值，其计算公式为：

$$K_t(n) = \frac{2}{3}K_{t-1}(n) + \frac{1}{3}\mathrm{RSV}_t(n)$$

$$D_t(n) = \frac{2}{3}D_{t-1}(n) + \frac{1}{3}K_t(n)$$

（3）计算 J 值，其计算公式为：

$$J_t(n) = 3D_t(n) - 2K_t(n)$$

2. 应用原则

（1）从 K,D,J 数值判断操作方向。

K 值在 90 以上为超买，K 值在 10 以下为超卖。

D 值在 80 以上为超买，D 值在 20 以下为超卖。

当 J 值大于 100 时，特别是连续数天以上，股价至少会形成短期头部；反之，J 值小于 10 时，并且连续数天以上，股价至少会形成短期底部。

（2）从 K 线、D 线相对位置变化判断操作方向。

图形上的 K 线向上突破 D 线时，即为买进的信号。K 线和 D 线在 20 以下交叉向上，此时短期买入的信号较为准确；如果 K 线在 50 以下，由下向上接连两次上穿 D 线，形成依次上升的“W”形态时，后市股价可能会有相当的涨幅。

图形上 K 线向下突破 D 线时，即为卖出信号。K 线和 D 线在 80 以上交叉向下，此时短期卖出的信号较为准确；如果 K 线在 50 以上，由上向下接连两次下穿 D 线，形成依次下降的"M"形态时，后市股价可能会有相当的跌幅。

(3) 从 KDJ 指标与股价的背离判断操作方向。

股价创新高，而 K 值、D 值没有创新高，为顶背离，应卖出。

股价创新低，而 K 值、D 值没有创新低，为底背离，应买入。

(四) 累积能量线

累积能量线（On Balance Volume，OBV）又称能量潮，是美国投资分析家格里维尔（Joe Granville）于 1981 年创立的，它的理论基础是"能量是因，股价是果"，即股价的上升要依靠资金能量源源不断地输入才能完成，是从成交量变动趋势来分析股价转势的技术指标。因此，OBV 线不能单独使用，必须与股价曲线相互参照才能发挥作用。

1. 计算方法

$$OBV_t = OBV_{t-1} + q_t \times \mathrm{Sign}(\Delta C_t)$$

其中，q_t 为第 t 日成交量；Sign（ΔC_t）为收盘价差分的符号函数。

2. 应用原则

(1) OBV 线的常见形态。OBV 线最常见的形态是 N 字形。当 OBV 线超越前一次 N 字形的高点时，记下一个向上的箭头；当 OBV 线跌破前一次 N 字形的低点时，记下一个向下的箭头。当 OBV 线连续形成 N 字形上涨状态时，上涨的股价将要出现反转；当 OBV 线呈连续小 N 字形上涨后又出现大 N 字形上涨状态时，行情随时可能出现反转。

(2) 借助 OBV 指标进一步确认股价走势。当股价上升而 OBV 线也跟随上升时，可确认当前是上升趋势；当股价上升而 OBV 线并未相应上升，而呈向下或水平走势时，说明股价上升没有成交量的支撑，后劲已不足，随时有反转的可能，是卖出信号；当股价下跌而 OBV 线上升时，表明有庄家逐步建仓，下档承接力强，股价有可能止跌回升；当股价下跌而 OBV 线也跟随下跌时，可确认当前是下跌趋势，应立即离场观望。

(3) 判断长期盘整后的突破时刻。如果 OBV 线持续一个月以上横向移动后突然上冲，预示股价脱离盘整，上升行情随时可能发生，属买进信号。

五、实验示例

(一) 选择技术指标

第一步，打开行情分析软件，进入个股图表分析界面。

第二步，单击鼠标右键，点击窗口个数，按照分析需要选择窗口数量，增加技术指标分析窗口（如图 11－2 所示）。

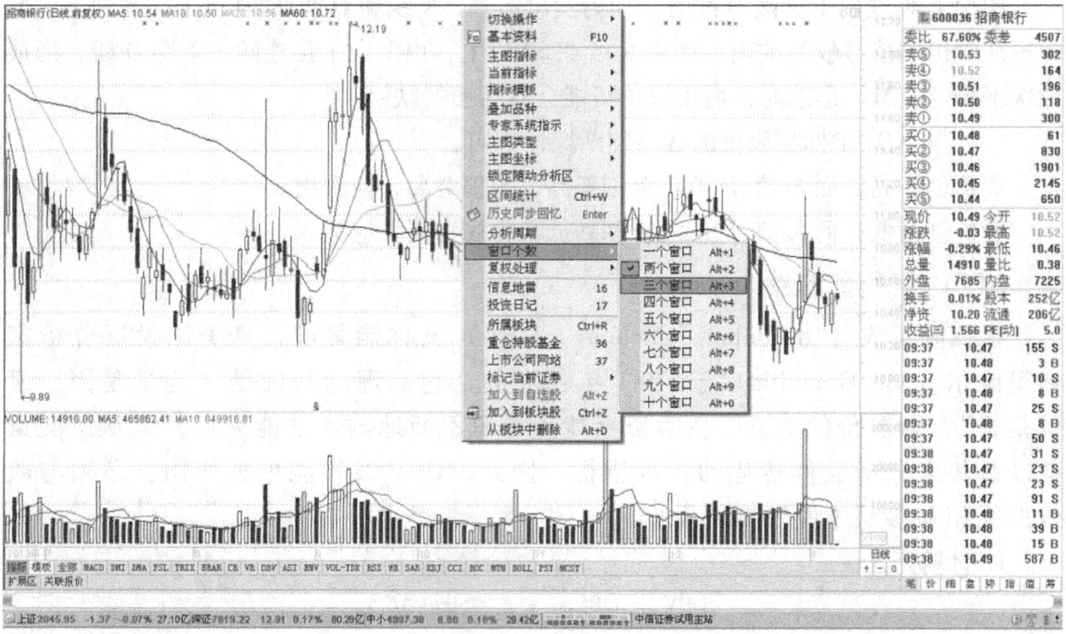

图 11 - 2 多窗口选择

第三步，单击鼠标右键，点击主图指标，按照分析需要选择主图技术指标，或在图表下方直接选择所需分析的技术指标，并同时可在不同技术指标间进行切换（如图 11 - 3 至图 11 - 5 所示）。

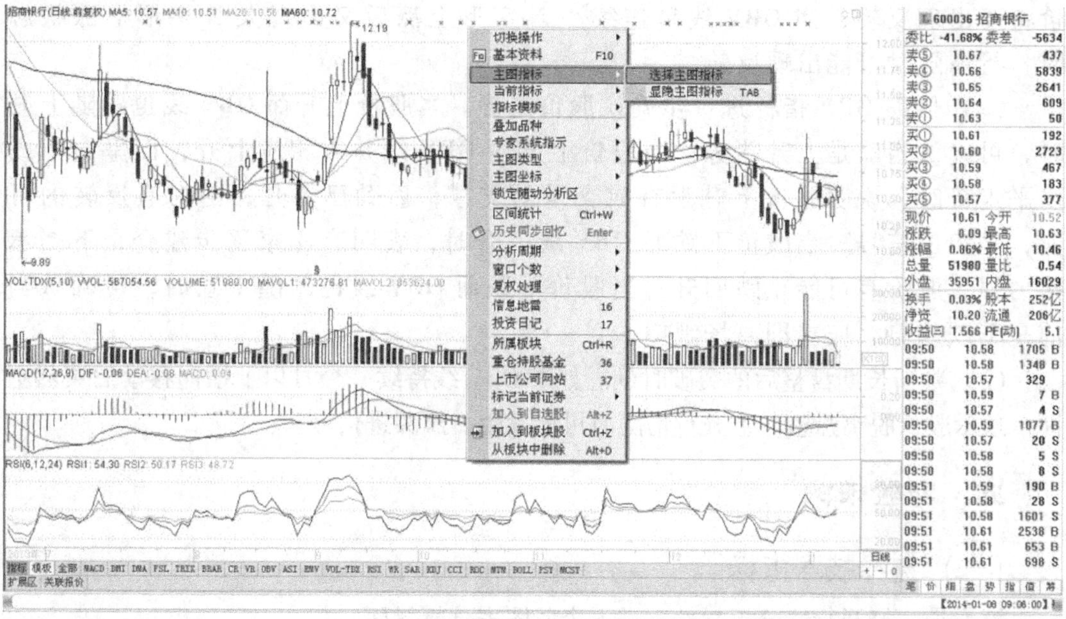

图 11 - 3 选择主图指标（1）

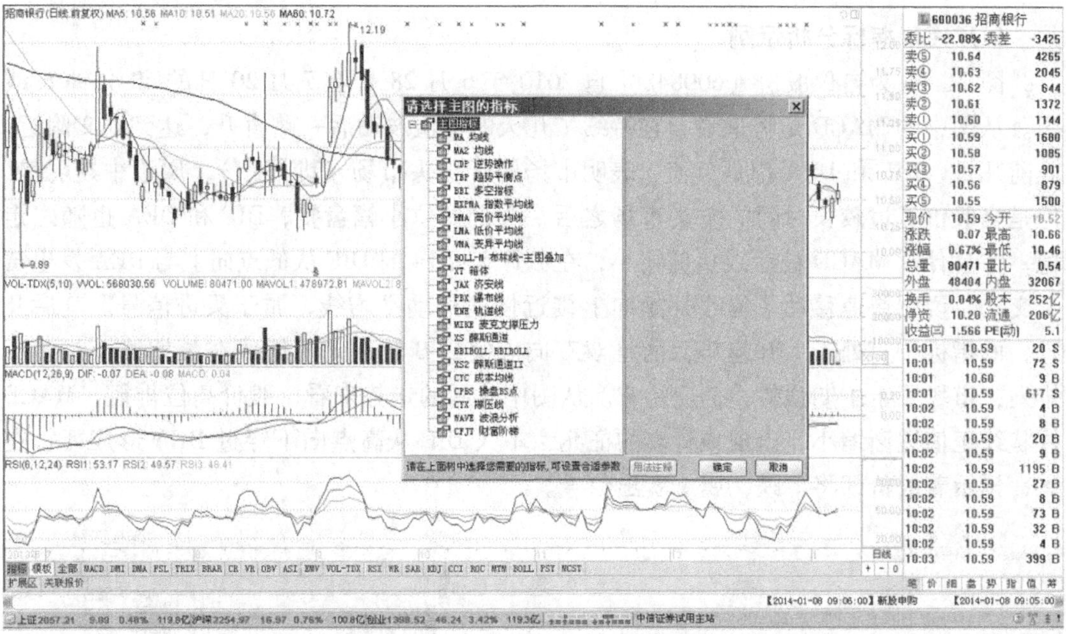

图 11－4 选择主图指标（2）

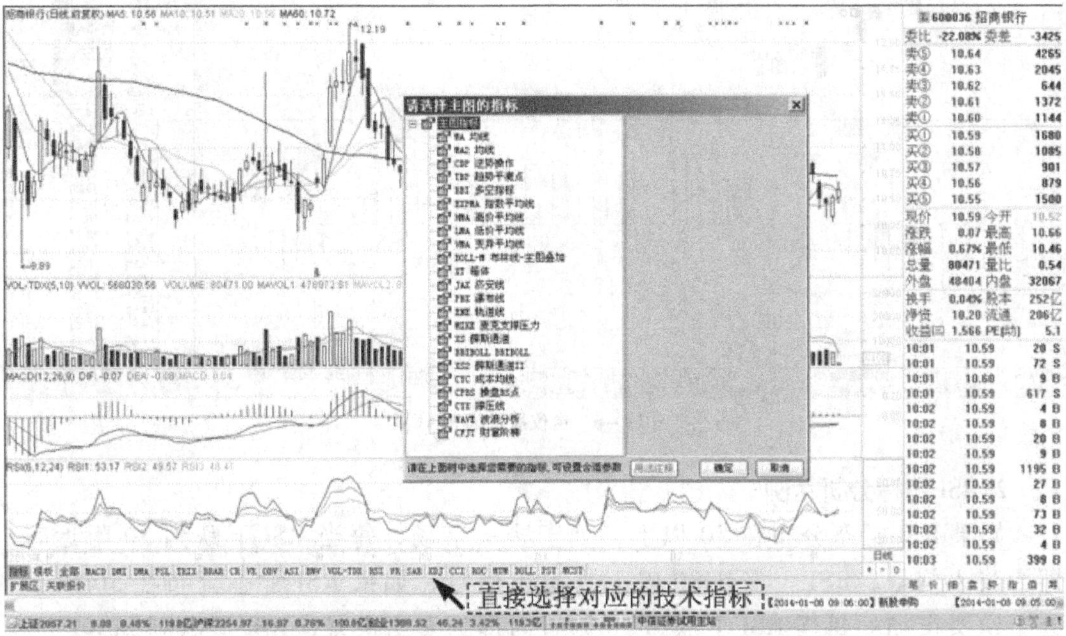

图 11－5 技术指标切换

（二）技术指标分析示例

1. MACD 指标分析示例

图 11－6 为自仪股份（600848）自 2010 年 6 月 28 日至 7 月 20 日的 60 分钟 K 线图。从图中的 MACD 走势来看，在持续了几天的负值波动后一路直升，达到 0.2 附近。此前几日，DIF 和 DEA 都是负值，表明市场处于空头市场（即熊市），属于中期弱势，但是当股价经过较长时间的空头市场之后，股价低位小幅盘整，DIF 和 DEA 也随之走稳，并且伴随 MACD 柱状线负值缩小，在 7 月 5 日 14 时 DIF 从低点向上与 DEA 发生黄金交叉，说明快速移动平均线开始向上接近慢速移动平均线，属于买进信号。其后几日，两指标一直处于上升趋势，而且双双向上突破 0 轴，则短期线在长期线上是多头排列，市场属于中期强势，仍应持有。从图中此后的走势来看，股价高位徘徊，MACD 柱状线正值逐渐缩小，出现顶背离的征兆，不久 DIF 从高点向下穿过 DEA 形成死亡交叉，预示着股价即将下跌，属于卖出信号。

图 11－6　自仪股份的 MACD

2. RSI 指标分析示例

如果 RSI 常态分布在 50 以上，处于多头市场，每当 RSI 下跌到 50 附近时，即为买入信号，RSI 上涨到 80 以上为卖出信号；如果 RSI 常态分布在 50 以下，处于空头市场，每当 RSI 上涨到 50 附近时即为卖出信号，RSI 下跌到 20 以下为买入信号。

图 11－7 为招商银行（600036）自 2010 年 7 月 15～30 日的 60 分钟 K 线图。从图中可以看出，前几日的 RSI 在 25～50 之间徘徊，随后又急剧上升，最

高达到 85，在箭头处，5 日 RSI 线向上穿过 9 日 RSI 线，并且向上穿过 50 中轴，预示市场由空方优势转向多方优势，可以买进。在随后的走势中，从 A，B，C 三点对应的股价和指标不难看出，股价一波比一波高，但 RSI 指标并未随之上升；相反，股价一波比一波低，形成顶背离，未来股价可能反转向下，属卖出信号。而且观察指标值发现，此次背离发生在高位区，A，B，C 三点对应 RSI 值皆高于 80，因而此卖出信号的可靠性较强。

图 11－7　招商银行的 RSI

3. KDJ 指标分析示例

KDJ 的取值范围是 0～100，一般在 80 以上为超买区，20 以下为超卖区，其余为徘徊区。

图 11－8 为电广传媒（000917）自 2010 年 7 月 14～23 日的 30 分钟 K 线图。从 7 月 15 日开始 30 分钟 K 线、D 线快速下跌，跌破 20 后有短时间徘徊，随后转头回升。上升过程中 K 线自下而上穿破 D 线，并且由于此处黄金交叉形成位置在 20 以下，即超买区，是可靠的上升信号。KDJ 指标上升不久后，J 值即突破 100，随后，K 线和 D 线也相继突破 80，超买迹象明显，紧随其后 K 线向下突破 D 线，在超买区形成死亡交叉，是卖出信号，其后一段时间虽有人为托盘，但三线空头排列始终未变，最终于 21 日一同快速下跌。

4. OBV 指标分析示例

图 11－9 是东方电子（000682）自 2009 年 6 月 11 日至 11 月 11 日的股价走势和 OBV 线图。观察矩形框中的 OBV 线走势，OBV 线在连续出现小 N 字形上涨后又出现大 N 字形上涨状态，多头方买势已耗尽，行情随时可能出现反转。果然，8 月 6 日出现一条大阴线，随后股价出现较大幅度的下跌。其后不久，股价下跌至 4 元左右并得到支撑，在该价

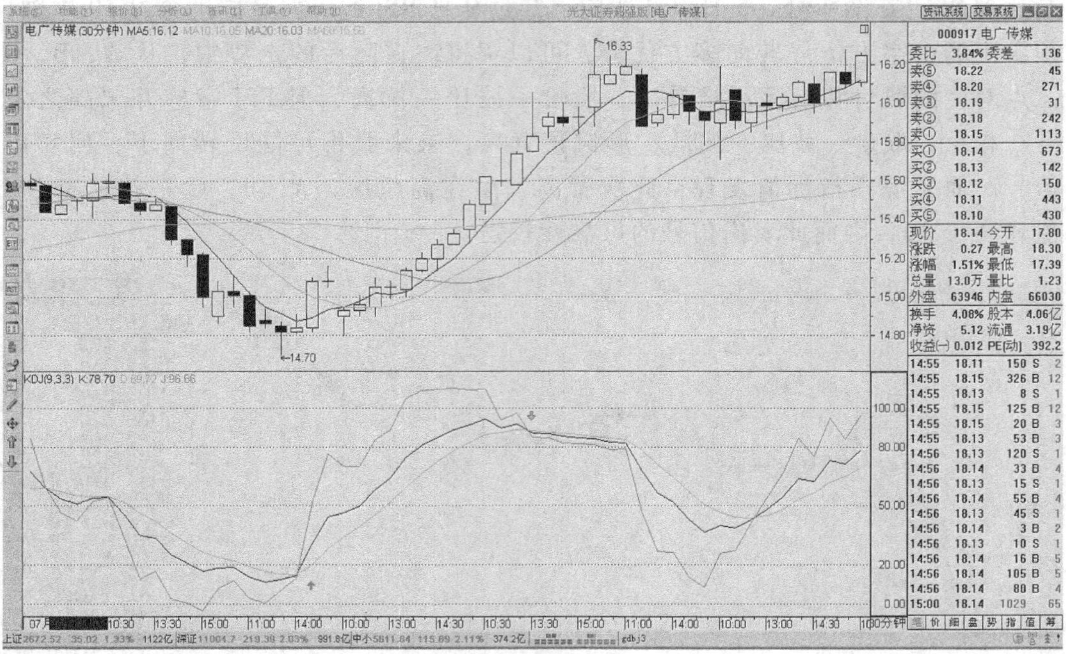

图 11－8　电广传媒的 KDJ

位上盘整，OBV 指标也相应走稳，并在 30 000 上下横向整理了将近 1 个月的时间，其后，9 月 9 日开始大幅上升，表明主力进场，成交量迅速扩大，打破了股价的盘整走势，开始上升行情。

图 11－9　东方电子的 OBV

参考文献

［1］中国证券业协会．证券市场基础知识［M］．北京：中国财政经济出版社，2012.

［2］中国证券业协会．证券交易［M］．北京：中国财政经济出版社，2012.

［3］中国证券业协会．证券投资基金［M］．北京：中国财政经济出版社，2012.

［4］中国期货业协会．期货市场教程［M］．北京：中国财政经济出版社，2012.

［5］张元萍，郗文泽．金融衍生工具［M］．北京：首都经济贸易大学出版社，2015.

［6］魏振祥．商品期权［M］．北京：机械工业出版社，2017.

［7］上海证券交易所．新质押式国债回购交易业务指引，2006.

［8］天天基金网．网址：http：//www. fundfund. cn.

［9］中证网．网址：http：//www. cs. com. cn.

［10］中国金融期货交易所．网址：http：//www. cffex. com. cn/.

［11］人民网——经济频道．网址：http：//finance. people. com. cn.

［12］现货黄金网．网址：http：//www. xhhjw. com.

［13］中国人民银行．网址：http：//www. pbc. gov. cn/.

［14］百度．网址：www. baidu. com.

［15］中国工商银行．网址：http：//www. icbc. com. cn/icbc/.

［16］香港中天黄金．网址：http：//www. hkmidway. com.

［17］陈裕稽．期货实战——概率交易系统与反射交易系统［M］．北京：中国金融出版社，2006.

［18］张九辉，岳冬立．期货投资实战教程［M］．北京：经济管理出版社，2005.

［19］世华财讯网．网址：http：//www. shihua. net.

［20］约翰·墨菲．期货市场技术分析［M］．北京：地震出版社，2005.

［21］中国期货业协会网站．网址：http：//www. cfachina. org/.

［22］天津贵金属交易所网站．网址：http：//www. tjpme. com/.

［23］上海证券交易所—股票期权专栏．网址：http：//www. sse. com. cn/assortment/options/home/.

[24] 上海国际能源交易中心．网址：http：//www. ine. cn/.

[25] 郑州商品期货交易所—白糖期权上市专题．网址：http：//www. czce. com. cn/portal/btqqzt/A0924index_ 1. htm.

[26] 大连商品期货交易所—豆粕期权．网址：http：//www. dce. com. cn/dalianshangpin/sspz/dpqq/index. html. 11，36，39，135，136，151，192 – 197，199 – 204，218

金融投资模拟交易

实 验 报 告

课程名称____

学校________________________学院________________________

系__________________________专业________________________

班级________________________

姓名________________________学号________________________

实验时间________年____月至________年____月　　　第____学期

模拟交易账号____

指导教师____

综合成绩

实验题目	
实验时间________年____月____日　　　　第_______周	
实验内容	
模拟交易情况	
实验体会	

实验题目	
实验时间________年____月____日　　　　　第________周	
实验内容	
模拟交易情况	
实验体会	

实验题目	
实验时间________年____月____日　　　　第________周	
实验内容	
模拟交易情况	
实验体会	

实验题目	
实验时间________年____月____日　　　　第________周	
实验内容	
模拟交易情况	
实验体会	

实验题目	
实验时间________年____月____日　　　　　第________周	
实验内容	
模拟交易情况	
实验体会	

实验题目	
实验时间________年____月____日　　　　第________周	
实验内容	
模拟交易情况	
实验体会	

实验题目	
实验时间________年____月____日　　　　　第________周	
实验内容	
模拟交易情况	
实验体会	

实验题目	
实验时间________年____月____日　　　　第________周	
实验内容	
模拟交易情况	
实验体会	

实验题目	
实验时间________年____月____日　　　　第________周	
实验内容	
模拟交易情况	
实验体会	

实验题目	
实验时间________年____月____日　　　　第________周	
实验内容	
模拟交易情况	
实验体会	

实验题目	
实验时间________年____月____日　　　　　第________周	
实验内容	
模拟交易情况	
实验体会	

实验题目	
实验时间________年____月____日　　　　第________周	
实验内容	
模拟交易情况	
实验体会	

实验题目	
实验时间________年____月____日　　　　第________周	
实验内容	
模拟交易情况	
实验体会	

实验题目	
实验时间________年____月____日　　　　第________周	
实验内容	
模拟交易情况	
实验体会	

实验题目	
实验时间________年____月____日 第________周	
实验内容	
模拟交易情况	
实验体会	

<table>
<tr><td colspan="2">实验题目</td></tr>
<tr><td colspan="2">实验时间________年____月____日　　　　　第________周</td></tr>
<tr><td>实验内容</td><td></td></tr>
<tr><td>模拟交易情况</td><td></td></tr>
<tr><td>实验体会</td><td></td></tr>
</table>

<table>
<tr><td colspan="2">实验题目</td></tr>
<tr><td colspan="2">实验时间________年____月____日　　　　第________周</td></tr>
<tr><td>实验内容</td><td></td></tr>
<tr><td>模拟交易情况</td><td></td></tr>
<tr><td>实验体会</td><td></td></tr>
</table>

实验题目	
实验时间________年____月____日　　　　第________周	
实验内容	
模拟交易情况	
实验体会	

教师点评

年　　　月　　　日

指导教师